中国言语文化简史

ZHONGGUO YANYU WENHUA JIANSHI

钟少华　著

GUANGXI NORMAL UNIVERSITY PRESS
广西师范大学出版社
·桂林·

图书在版编目（CIP）数据

中国言语文化简史 / 钟少华著. —桂林：广西师范大学出版社，2018.12

ISBN 978-7-5598-1390-9

Ⅰ. ①中… Ⅱ. ①钟… Ⅲ. ①文化语言学－文化史－中国 Ⅳ. ①H0-05

中国版本图书馆 CIP 数据核字（2018）第 263519 号

广西师范大学出版社出版发行

（广西桂林市五里店路 9 号　邮政编码：541004
网址：http://www.bbtpress.com）

出版人：张艺兵

全国新华书店经销

桂林日报印刷厂印刷

（广西桂林市八桂路 1 号　邮政编码：541001）

开本：787 mm × 1 092 mm　1/16

印张：25　　字数：350 千字

2018 年 12 月第 1 版　　2018 年 12 月第 1 次印刷

定价：65. 00 元

自　序

本书写到后来，笔者强制自己收笔，因为不能将无尽的文献全搬进来。而在几年前，思索酝酿言语文化史这个主题的时候，一来怕被大家说我是胡思乱想，思路混乱；二来怕文献不足，引不清“经”，说不准“典”，更缺乏“科学的历史观”，故而久久徘徊。而在以往几十年间，我的老办法就是跑到后楼，直接向我的恩师启功老爷子开口询问，因为我清楚每一次都能获得十分满意的答案。但是老爷子仙逝多年了，我这才后悔自己当年为什么不知道多问一点。现在老爷子只是在墙上笑眯眯地看着我发呆的样子，似乎有点生气地说：“看你像是一块榆木疙瘩。”又有一点嘲弄地说：“看你怎么办？”我无言了很久，突然有一天，我似乎想起来顶嘴的老办法，于是我盯着他问道：“老爷子，你的‘大猪跑学’里有言语文化吗？”老爷子更似是笑开了，但他的眼光确实扫向了他赠给我的一堆《启功全集》上面，我琢磨了一下，明白了，我需要自己到他留下的文章找一找。浏览几部之后，我全明白了，用目前的流行语说就大概是：脑洞大开吧。老爷子早已经多次谈到言语文化，以及几千年历史中种种言语因果关系，还把我一直头痛的问题，给出了他的答案，让我能够放心大胆“抄写”出来。这里我必须引述一些老爷子的先见之明：

人用语言表达意识，交流思想；用文字传播语言，记录经验，使得经验不致遗失，并在已有基础上不断增多、扩大。这至少是人类文明、文化逐步发达的一项因素。但人类发明和使用语言、文字，却是很费力的。一个事物，怎样去表示，用什么声音称呼它，用什么符号描摹它？第一个人这样开创，又经多久才被别人同意、承认，以至共同使用它？过程的艰苦，是不难推想的。……用符号表示事物，发展而成文字，过程也是艰难的。……至于语词虚字，表示就更难了。这类虚词，多半是在发出语言时，表示某些情感，某些用意，以至转换、连接等等抽象内容的声音或手势。抓住某个表意或表态的声音、动作来作虚词，其难于捉摸，更是不言而喻的。

我不懂语言学，尤其不懂比较语言学。由于做这些肤浅的探索，愈发感觉到比喻和用典的问题可能是汉语中伸缩变化的主要因素，也是使葛郎玛束手无策的一条条泥鳅。抓不着，摸不住，忽长忽短，忽粗忽细的一种怪物。可巧现在汉文还是有字形的，不是纯拼音的，这个泥鳅的形状，还可看到一小部分轮廓，或说帮助作一些形状的记忆，至少对同音而不同义的词显示一些差别。否则这个怪物凌空而起，更会给捉摸它的人增添无穷的麻烦。

我不懂“训诂学”，但常凭借着工具书来查文言文中许多语词的解释。

后世人想要探讨某些个词的起源或较原始的取义，把搜索古书中对词、语的解释叫作“训诂”，训诂即是解释古代词义。这门学问，称为“训诂学”。……《周礼》《说文》中都曾提到“六书”……细看所象之形、所指之事、所会之意、何形何声、所转所注，无不从比喻而来，便说它们都应算是假借，又有何不可！只是有直接假借和间接假借罢了。由于一切语言和其中各个局部都来自比喻，就发生不周密、不确切的问题。……大家公认这是逻辑问题，其实逻辑学本身的任何语言部分，也都是借来的。若求语言中的每词、每句、每项内容都准确不生误解，那可就麻烦了。

字、词的声调，是口音重的自然抑扬。同一个字，在这句里用抑调，在那句里就可能用扬调。自从古代编韵书的人，把某个字定为某声，无论在何种语气中，都要按照所定的某声来读。但有一定程度的窒碍，于是有一字两收、三收的,也有一字有几个“又音”的。这就是此字可以读成此声,也可以读成彼声。这是因为口语中确实存在明显的分歧,才采取“网开一面”的通融办法。

旧体诗的最大一块绊脚石,要推“韵”的限制了。……作词有各种苛刻条件,例如按照古人原作中那个字的四声去填,不但平仄不能差异,而且每个字都要按古人原作中那个字的四声去填。但这是清末的一时风气,即当时一般作词的人也并不都守这条法则。前代讲词律的书中,偶然探讨某一个字的四声问题,却没有提出通篇逐字也讲求四声的说法。……至于填词讲四声这种自找束缚的变态心理,只是那前后几十年某几个文人意识“逞能”的表现,也没有齐国广泛的影响。……论到旧体诗的主要绊脚石是“韵”,也就是韵书的负面作用。

总而言之,语言根本都从比喻而来,比喻可比镜子照人。用一词称一件事物,好比一个桌子上的镜子,照见一个人脸;寓言故事好比一个大条镜子,照见一串行动;典故好比手持的一个小镜子,可以随时随地从不同角度照见不同事物的不同姿态。所以用典可称为灵活的、可伸缩的比喻。……语言不但不是铁板一块,而且非常灵活。随着民族、地区乃至集团、行业,各自可以形成不同的语言、语词、语汇、语序。如往更深处、更远处探求,问个“为什么这样说”,得到的答案往往是“不得已”“无可奈何”地借用来的。因此可知什么初文、本义、古训、确解等等,都只是相对的。再说到什么主、谓、宾、动、副等等,也只是暂用、借用,说明一部分问题的。①

老爷子的话让我如梦初醒,他简直是以一种全新的不为世俗所左右的视角来展示,来论证。除了他的鞭辟入里般对汉文、汉字的解析,更有关键的提示二:一是自己怎么看就怎么写,只要自圆其说,能够让别人看懂,得罪了谁或不吹嘘了谁,根本不考虑;二是选择的文献尽量为第一手文献,尽量与时代相一致。思想可能有错,文献的引述不能差错。于是我下决心开笔了,天天伏案开

① 启功:《启功全集》,第一卷,192—193、109、145、193—194、129、186—188、202页,北京师范大学出版社,2009年。

机,不知不觉就完成本书稿。

至于本书能够顺利出版,那要感谢广西师范大学出版社的各位,是他们广开了中国学术专著出版的新渠道,容忍我的“信口开河”,使本书能够与读者见面。以此祈望,21 世纪的中国学术能够顺利发展。

谨以此书奉献在启功老爷子灵前,更祈望老爷子能够用眼角扫一扫。

锺少華

目 录 CONTENTS

第一章　言语学理论纲要

第一节　理论纲要

一、言语之义界

西语的言语概念,源自拉丁语 lingua,直译为“舌”。因言语之声,大都发自喉舌,故欧洲人以舌为言语的表述,中国古称翻译者为舌人。

言语多有声音伴随而发;其无声者,则以动作示意,而为姿态。

声音不能持久,于是刻之画之,而成共同符号,是为文字。

姿态发生最早,直接映入眼目。言语较为抽象,直接传入耳鼓。此二者均能直接传达情意。文字产生较迟,但功用广泛持久,能超出时空限制。

姿态、言语、文字,三者均能表达情意,成为人类沟通文化的重要工具,促成人类文化进步。英语 language 实包含以上三者意思,中文无与之相对应的词。惟中文“名”之一字演进之轨迹相近焉。《说文解字》名训为命,注曰:“命,自命也。从口,从夕。夕者冥也,冥不可见,故以口自命。”

现在英语 language 对译成“语言”,英语 parole,对译成“言语”。而在当代中文里面,语言与言语,似乎难以区分。而在 20 世纪 30 年代,则是有明显的区别。这里所讲述的“言语”内涵,则是以近代学人的见解为基本。

对于语言的内涵及问题进行研究,就可能构成语言学;对于言语的内涵及问题进行研究，就可能构成言语学。而日本人则用一个日本词“语学”来涵盖。

语言之广义：语言无所不包——象、形、迹、纹、表情、记事、参禅、姿态、形态、声音、文字等，皆可为语言。

言语之狭义：人类口舌所发出的有系统的音节、声调、音韵、音色等，以表达一定的思想意图。

兹为表征之便，“语言”义界似可以定为：凡人类用以表白情意，传达思想，沟通文化之一切姿态、声音、文字系统，均为语言。分而言之，则如下述：

（一）姿态，有二：一曰面部表情，如眉言目语、开颜、扣舌等；二曰身体动作，如手舞足蹈、哑语等。

（二）言语，有二：一则有声：如喁喁私语、亢声高歌、喑呜长嘶等。二则无声：如寻思、默念、心算、盲文等。

（三）文字，有五：一曰符号标记，如结绳、符记等；二曰图像雕刻，如象形文字等；三曰普通文字，如各种文体、文字；四曰符号电码，如各种公式、暗号、缩写、密码等；五曰数位表格，如数学程序、统计图表等。

（四）姿态与言语结合：如演员之唱与表演，演说家之言辞与姿态，辩论家之措辞与神情。

二、言语之特性

（一）独白性：代表所指的事物或其他对象。每一个人的独白，全是他的心声表述。

（二）传达性：

1.传达之要素：

（1）传达之对象：记录与叙述；抒情与命令；怀疑与判断；劝导与信仰；引申与补充；批评与解释。

（2）发言人。

（3）受言人。

2.传达之条件：

（1）发言者应该知道受言者所不知的事物、关系和信息。

（2）发言者与受言者应该拥有共同知道的事物、关系和信息。

(3)发言者应当选用适当的符号、音调、文字等言语。

(4)受言者应该有了解对方言语的能力。

(5)受言者应当有接受或拒绝的能力。

(三)模糊性:人间万事万物及全部资讯,多数都借言语以交流,由于其数量繁复驳杂,故其模糊性无可避免。可谓利在其中,弊亦在其中。

(四)歧义性:大凡具体言语间都有歧义,如一字多解,一音多读,一手势多解,每自随宜而异,歧解多端。

(五)时效性:言语及姿态,其动静影响,随发随消,时效极短。至若文字则镌以贞珉,寿诸梨枣,时效较长,然每虞湮没,非必永垂不朽。

(六)历史性:人类历史,三百万年,言语之进步,于人类之长存发展关系甚巨。居今世界,交流日亟,言语之功用必不可少,然亦缺点颇多。人人殊言,畛域各异,此文彼言,沟壑难通,交流无碍,正需岁月。人类急需在言语进步上的努力突破障碍,探索更准确、更广泛的新的言语工具。

三、言语之应用

(一)精确的用法:为易于准确了解。多用于针对科学材料。

1.平直用法。

2.叙述用法。

3.实的用法。

4.有条件的用法。

(二)文学用法:为了唤起情感。

1.一字一义。

2.比喻。

3.虚的用法:抽象。

4.无条件用法。

(三)宣传用法:西语“宣传”源自拉丁文,为树枝分叉之意。

宣传原则:宣传自方为真实,敌方为虚假;

不得自相矛盾;固定宣传方针;

迅速传播自方消息;管控及改造他方消息;

严密工作机构(管控资讯出处及路径)。

(四)演讲术。

(五)辩论术。

(六)吟诵术。

(七)歌唱术。

(八)演员独白及歌唱。

笔者为当代语言学与言语学的关系,求教于何九盈教授。蒙他指点,获益良多。他建议,不妨创一新的学科名:“话语学”,以专门解决因口述状况及问题,而引起的在语言学中、言语学中的种种探讨。因为目前的语言学基本上回避这一类口述的问题。笔者为之振奋,因为以“话语”作为新学科探讨课题,是能够成立的。只是笔者又继续借用扫叶科技公司的“扫叶库”进行检索,发现“话语”一词,在古代文献中,仅出现数次, 难以对其进行历史语义的深入分析,而“言”“语”“言语”“语言”等字词运用,则数不胜数,故而斟酌再三,这里还是使用“言语学”为基本表述。自然,这也就限定必须是在言语学范畴内。幸好,近代前辈学者,已经对此多有研究,我们只需要继承并争取弘扬。

第二节　中国古人使用“言语”选

一、使用“言”“辞”表述

将叛者其辞惭,中心疑者其辞枝,古人之辞寡,躁人之辞多,诬善之人其辞游。

《周易》:“失其守者其辞屈。”

《诗经》:“好言自口,莠言自口。”“白圭之玷,尚可磨也;斯言之玷,不可为也。”

《春秋穀梁传》:“言之所以为言者,信也;言而不信,何以为言?”“人之所以为人者,言也;人而不能言,何以为人?”

《管子》:“言而不可复者,君不言也;行而不可再者,君不行也。”

《论语》:“始吾于人也,听其言而信其行;今吾于人也,听其言而观其行。”“言必信,行必果。”

《荀子》:“赠人以言,重于金石珠玉;观人以言,美于黼黻文章;听人以言,乐于钟鼓琴瑟。”

《史记》:“三寸之舌,强于百万之师。”

白居易:“言者志之苗,行者文之根。”

宋苏洵:“疑而问,问而辩,问辩之道。”

二、使用“言语”表述

《易·颐》:“君子慎言语,节饮食。”

《论语》:“言语:宰我,子贡。”

《礼记》:“毋身质言语。”

汉班固:“《两都赋》故言语侍从之臣。”

唐刘禹锡:“常恨言语浅,不如人意深。”

唐陆蒙龟:“七子篇章看月待,百劳言语傍花闻。”

宋陆游:“言语日益工,风节顾弗竞。”“是甚言语?”

宋赵鼎:“知他窗外促织儿,有许多言语。”

元关汉卿:“俺员外言语,着我……”

元王元熙:“山间白雀能言语,莫学江南唱鹧鸪。”

三、使用“语言”表述

《礼记》:“吾欲以语言取人,于予(宰我)邪改之。”

《汉书》:“上弃群臣,无语言。”“昆莫年老,语言不通,公主悲愁。”

晋皇甫谧:“欲屈光到霸所语言。”

唐韩愈:“或虑语言泄,传至落冤雠。”“语言无味。”

唐元稹:“全盛之气,注射语言。”

宋陆游:“众鸟次第来,各矜语言好。”

清程麟:“而语言称呼,各有所忌。”

四、使用“话语”表述

《佛说寂志果经》:“妓乐歌舞,调戏话语。如是之法,异道道行。”

惠洪:“特传话语君恩重,凝睇天阶谢至尊。”

《西游记》:“絮絮叨叨话语多,捻捻掐掐风情有。”“行者闻到众和尚说出这一端的话语。”

《白雪遗音》:“他先到眼前,话语儿连篇。”

《红楼梦》:“性情体贴,话语缠绵。”

第三节 近代学人之言语学研究

近代中国学人注意到西方传来的言语学理论,并将之运用到中文系统,取得相当丰富的成果。笔者觉得,仅是学习当年这些学人的见解,就相当清晰了,故而如实摘录部分如下:

一、刘师培:《文说》

物失其平则鸣,情动于中则言;情感于物,则形于声;声能成文,斯谓之音。故音训为饮,《白虎通》云:“音,饮也,言其刚柔清浊和而相饮也。”声训为鸣。《白虎通》云:“声,鸣也。”上古未有文字,先有语言,物各一名,言各一义,或循天籁,如一二、天地、父母、我彼诸字音是。或效物音,如牛羊、竹木、鸦鹊蛙诸字音是。或因形定音,或因声见义。故心同此理,即同此音,目为元音,谁曰不宜?

太古之文,有音无字。谣谚二体,起源最先。谣训“徒歌”,谚训“传言”。盖言出于口,声音以成,是为有韵之文,咸合自然之节。则古人之文,以音为主。故和声依永,八音于焉克谐;六律五声,五言于焉出纳。声音之道,与政通矣。

况三代之时,学凭记诵。师儒之学,口耳相传;经典之文,声韵相叶。故声教记于《禹贡》,文言著于《羲》经,太学锡成均之名,四教为乐正所掌。而六艺之文,诸子之书,莫不叶音而足语,立均而出度。……厥后孙炎注经,始言反切。……及齐、梁之间,文士辈出,盛解音律,始智四声。……然诸家之文,善识声韵,五字之中,音韵悉异;两句之内,角征不同。……然欲精文韵,厥有三端:一曰撰韵。……二曰发音。……三曰选字。……嗟乎,《说文》之音多与时违,几为沟中之断矣。

刘师培:《文说》,原载《国粹学报》,1906年。

二、刘半农:《四声实验录》

实验语音学是附属于言语学范围之内的;它研究时所取的材料是语言,它所以要研究的目的是为着语言。但它研究的方法,却已经脱离了言语学而与声学、乐音学、算学相关。……

韩愈说,"大凡物不得其平则鸣";我替他改一个字,"大凡物不得其静则鸣",便是声音的真解释。……一切声音,都起源于物体的颤动;决没有绝对静止的物体,可以发生出丝毫的声音。

无论什么音,可以用下面所解释的四件事去断定它:——第一件事是高低。……高低的不同,由于声浪数的多少,就是物体颤动数的多少。……第二件事是音的强弱。……浪幅的长短与声音的强弱成正比例:浪幅长则音强,浪幅短则音弱。……第三件事是音的长短。……只问一个音自始至终所延长的总时间。……第四件事是音的本质,或简称为音质。……音的本质之不同:其一,由于发音物体之不同,所以"丝"与"竹"与"肉"之间,可以分别出两个"不如"来;其二,由于使物体发音的方法不同,所以同是弦音,用手弹与用弓拉,其音不同;其三由于物体发音时自身所有的状况的不同,或发音以后,而遭遇的环境的不同,所以同是人口里的音,呻吟声,咳嗽声,说话声,完全不同。……语音中音质的白话,因为发音时口腔的状况可以任意变化,所以复杂到无可复加,这所以无论何种乐器都不能模拟人声。……乐音语音之间,有一个很大的差别,就是乐音是以音为本位,而语音却以字为本位。以音为本位,其目的在乎"腔圆",在乎美;以字为本位,其目的在乎"字正",在乎合于言语的需要。

刘半农:《四声实验录》,中华书局,1924年。该书利用科学技术手段,对12个不同方言区12个人录制62音后,以图表形式公布,其结论为:“四声之于国语,或者是不成问题,或者是成为一个很大的问题,不能模糊影响地点几个点或加几个圈就算。”

三、沈步洲:《言语学概论》

言语学者,近世科学也。其性质尚模糊不明,论者遂多所误会。就其研究音声之一部而论,应认为自然科学,因其为一定规律所限也;然得全体论之,应认为历史科学。言语之为用,不重在音声而重在意义,仅具音声而无意义,尚不足以为言语。故研究言语学者,不独讲字音相同已也,且须就字根字义而比较之,方足断定各种言语之关系。其根源为人类之智识,其器械为人类之历史,与比较法律及社会学二者相同,自应认为历史科学,无疑义也。案广义之言语学,其与自然科学不同之点如下:

(一)欲研究言语学,必参考人类之情形习惯。

(二)言语之发源,均人为之主宰,非一定规律所能限制。

(三)讲言语声音变化,亦复谈及规律准则;顾此规律准则,绝非普及,依人类意志而成立,即随时可因人类意志而变更。

谈言语学者,必就全世界各种言语而抽象论解之,重在综合。……以下列范围为限:

(一)言语之合。与他动物所用者不同。

(二)言语之分。种类繁杂,组织材料,各不相若。

(三)言语异同之原因及其类别。同者求其轨,异者求其限。

(四)言语与思想之关系。

(五)言语变迁之原因及其方法。

(六)言语之生命及其起源。

(七)发音机关之研究。

（八）国语及英语发展历史。

言语学以字学为根据。在字学不甚精确之时，骤讲言语学，暗中摸索，鲜克有当。近字学渐告完成，乃可由字以及类，由类以及词品，由词品以及片段完整之言语，由一种言语以及他种言语，然则修词之学，其研究先于言语之学，乃一定之步骤也。……以言语为研究之对象，自亚里士多德始。……

吾国言文本一致，古经传中可以为佐证者，不一而足。即就制造文字之原则而论之，义当如是。而卒分离决裂，至有近日之现象者……近今学者，心思才力，大抵囿于文字，各处方言又纷乱无纪；虽有志研究，而苦无门径。如读音统一，如注音字母，皆补苴罅漏之图，非言语学中之正则也。

人类虽有使用言语之本能，然从未见生而能言之人。故言语之来源，颇有足资研究者。……

（一）神源说。……

（二）摹声说。……

（三）感叹词说。……

（四）内蕴说。……

（五）容止说。……

吾国言文合一，简篇中多可考。周诰殷盘，在今虽佶屈难解，其时不过俗语文告，齐民共知。诗三百篇，多行役之歌什，田间士女所作，亦必为流行之恒语。周秦之际，领土渐广，方言相错，渐不齐一，然语言文章，仍相符合，特有楚些、齐语、吴谣、越谚之别耳。汉高以亭长得天下，公侯将帅，来自田间，朝堂之上，始闻野语。而文学侍从之臣，皆穷知竭虑以为文章，文语遂相离贰。然俗语之见于文者，犹斑斑可考。自唐人有俗语不得入文之禁令，而后分解乃严。降及今日，划然难合。……章氏《新方言》，然不成系统。盖考方言之源流，本非易事，如吾国之言文久判，近古语言几无载籍可考者，更无从究诘其全史。今欲言中国语之发展，惟有参观古时文字，旁采诸家著述，就最初语词之孳化，稍稍评论，不敢言详且确也。……

所幸晚近中国语学名家，均信德业语词在表实语词之先。虽最初摹声语词均属表实一类，而近今新语词亦多有反常道而行者，终不能破此恒则也。吾国语古音之枢纽，字声之转变，前代名儒近世著作家论之详矣。兹不复赘。特语词发起，其道至繁，缘于声音之承转迁变者，亦复不少，当分节论之。

（一）由同一声类而孳化之语词　国语音少而义多，每以同一音表若干义。吾辈研究文字观察所得，常见声类相同之字，其义亦复相近。……

（二）由双声叠韵而孳化之语词　吾国语单节者也。守单节之道，而求语词之蜕化，其轨道也甚狭，由一语根层层孳乳，如抽蕉，如剥茧，其技甚细，其道甚琐，或有时而穷也。……

（三）由音容变易而孳化之语词……

（四）由悬拟而孳化之语词……

（五）由类推而孳化之语词……

（六）由复合而孳化之语词……

（七）由实词流转而孳化之语词　言为心声，其形于外者为声音，其蕴于内者为概念。由概念而无音以发展之，或有音而不与概念相联结，皆非语言。必形式实质语二音结合，声音与概念相表里，而后有言语。但所谓实质者，或表彰事物之实，或表彰事物之业，或表彰事物之德，其发起之先后，姑不必论，要之皆为采取多数思想中之一部而标明之。……

（八）与外语接触而孳化之语词　吾国语富有保守性者也，虽经数千年之迁变，犹勉强能维持其特状。海通以还，与外语相接触，既习见其特殊之事物，复习闻其特殊之语词，虽欲保守而不可得；于是异土之语词，渐入本国之字汇。有固有之意义而以新语表彰之者也，有未有之事物而迳采外语以标示之者矣。时会使然，无可逃也。今综汇所谓新名词者而类别之，约计四种：

（甲）日本语词，与吾所习用之语词，多不一致，然因语性相近，转借甚易。……日人译自西语，我迳袭取之而据为己有。

（乙）欧洲语词，与吾国语词性质不同，势难任意篡取。欲借用之，端藉翻译。翻译之道，或复写其音，或摘取其义……皆音译；……皆意译。……

（丙）音意兼译之语词，每苦两不得当。其差强人意者……利用旧字而加以新意；……兼用中西语词之构造法，而特制新字。

（丁）比照西语而全凭意造之语词，如近时习见之她它二字，虽仍限于一部人士，然在白话文中几无不用之。凡兹四者，层见叠出，非特有时僭夺旧语词而代之，且破除单节或二节之原则，不得谓非近年来吾国语所经过之重要变化也。

方言散乱，乃言语本身所造之象，非可勉强趋避者。假令无物以制裁之，则盈天下皆难于沟通之方言，凌乱且倍蓰于近日。惟是由于者，所以通达意志；倘方言范围狭小，不能行使于外，则背于通达意志之要旨，势必不能存在。……标准语者，生于人事之变迁，而不生于言语之本身，盖多少有人为性者也。或原始于政治力之扩张，或发源于阶级之特出，或依借于文学之尊崇。……

清末，外人学习华语，苦于中国无标音之字母，即以罗马字母为音标，以官音为依据，拼而习之。牵强比附，终病隔阂。吾国贤达，渐有觉悟，制音标者，接踵而起……今之国语，以京音为基础，而稍容纳其他方音，论者颇以为非。

沈步洲：《言语学概论》，商务印书馆，1931年。

四、毛文麟：《言语学的体系》

言语学因为在十九世纪之初才成为一种副于名实的科学，是一门年轻的科学，所以它的名称，尚未十分成熟。譬如英国称为Science of Language，又称Linguistic science。德国称为Sprachwissenschaft……法国称为La linguistique……中国因为这门科学尚未萌芽，所以言语学这个名称，可说还是一个新名词。……

言语学时或被误认做实用的言语研究……它是要从种种的国语，检出言语的种种的现象来，再把这种种现象比较研究起来，以发见言语的法理。……今日实际有生命的中国言语，就是它的对象。……不管它是嘴上的谈话，或纸上的文字，都是这一部门的研究对象。这部门的使命，是从音韵、语词、语法等各方面来说明国民的言语精神。……一般的研究，专门以言语的本质作研究的对象，它的使命，便是阐明人类如何地把言语当作思想发表传达的手段，言语与思想的关系，言语与文字的关系，言语变迁的动力，言语与国民性等。……

我们通常所谓言语，便是把我们信众所想的事情，发质于声，传至于人的这个事实。别人听了我们的声，再推测我们的心。不过，我们所发的音声中，不得不附有一定的意义。……像这样精神作用上，伴随着身体的变化中，能从外面知觉的，统名之曰“表出运动”。这表出运动中，有无意识的与有意识的两

种。……通常所谓言语,又当如下:

言语——表出运动

　　有意识的表出运动

　　　　以音响为手段

　　　　　　用人体发音

　　　　　　　　依社会习惯规约排列

言语观念的成立……

- 音声
  - 子音
    - 无声子音(单是声带以外的部分)
      - 无声破裂音(p.t.k 等)
      - 无声摩擦音(s 等)
    - 有声子音
      - 声带以外部分
      - 声带
      - 同时两处音声
        - 有声破裂音(b.d.g 等)
        - 相混有声摩擦音(z 等)
        - 通鼻子音(m.n.ng 等)
  - 元音(单是"声")

文字是把刺激耳的音声,移以刺激目的代表物。所以论言语不得不论及文字。……通常所谓"文字"的本质,是在代表"音声的言语"这一点。……文字直接表示的是音声,因为这音声表示某意义,文字也表示这意义。所以文字表示意义是间接的关系。这一点文字与符号不同。……文字也有具体文字与抽象文字。……文字也有情调的要素。……言语学要研究的,是这抽象的文字。……

音声与文字都有具体与抽象之别:

具体音声——某人某时所发的音声,含有当时的种种临时要素。

抽象音声——从许多人许多时光所发的音声中,抽象出来的只含有固有性质的。

(A)单音——音质上的一种音。

(B)单音的连接——连接上发生高低强弱、大小。

具体文字——某人某时所写的文字,含有当时的临时要素。

抽象文字——从许多人许多时光所写的文字中,抽象出来的只含有固有要素的。

(A)一个文字——约束上规定的字形。

(B)文字的连接——连接上发生的大小、位置。……

音声与文字各成观念之外,相互的观念又联合起来,一方可在意识中唤起他方。它们的关系有如下述:

(1)想起抽象音声从而想起抽象文字。又想起抽象文字从而想起抽象音声。——从抽象到抽象。

(2)听到具体音声,想起抽象音声,想起抽象音声,从而想起抽象文字。——从具体到抽象。

(3)想起抽象音声从而想起抽象文字,拿这抽象文字作基础写具体文字。——从抽象到具体。

(4)听到具体音声想起抽象音声,再想起抽象文字,再以这抽象文字作基础,写具体文字(例如默书)。——从具体到具体。

(5)看到具体文字想起抽象文字,从而想起抽象音声。——从具体到抽象。

(6)想起抽象文字,从而想起抽象音声,再以此作基础发具体音声。——从抽象到具体。

(7)看到具体文字,想起抽象文字,从而想起抽象音声,再以此作基础,发具体音声。——从具体到具体。……

意义　言语以音声表示意义,音声由文字表示,文字又表示意义。所以适当讲起来,言语是由音声文字与意义这三种东西所构成。音声与文字都是表示意义的手段,用这手段的目的是发表传达意义。以譬喻说起来,音声与文字是容器,意义是盛在容器内的物品。从这个关系说,音声与文字是言语的“外形”,意义是言语的“内容”。……言语的意义,一切都是抽象的。……构成言语的音声、文字、意义三种东西,都有抽象的方面与具体的方面。现在将它们再合计如下:

1.音声(例“ㄕㄨ”)

(1)抽象方面:“ㄕㄨ”音的固有要素。不含临时附加的特殊的种种要素。我们的音声观念(概念),大抵由这种要素构成。

(2)具体方面:含有某人某时所发的音声中所含的要素全部。固有要素外加临时要素。

2.文字(例“书”字)

(1)抽象方面:“书”字的固有要素。

(2)具体方面:含有某人某时写的字中所含的要素全部。固有要素外加上临时要素。

3.意义(例“书”)

(1)抽象方面:“书”的概念。不含一定的形状抵消厚薄等要素,“ㄕㄨ”一语的固有意义。

(2)具体方面:含有某册具体书的要素全部。在“ㄕㄨ”语的固有意义外,加上可以作一册具体的书的代表的“ㄕㄨ”这一语所添上的临时要素。

文字先不是音声,以音声作媒介,始成传达意义于人目的手段。然而一定的文字既成了一定的音声的符号,表示一定的意义,这个习惯一固定,这一定的文字,便直接成了意义的符号了。这是自然的趋向。……文字的一定的形状、大小、位置等要素与音声相结合,这一定的形状、大小、位置,表示音声时也成为固定的要素。这固定了的要素,同时又成为表示意义的要素。……总之,音声所不能区别的意义,用字形来区别。字形是表示音声的东西,所以音声能表示的意义,当然也是字形所能表示的,此外,连音声所不能表示的意义也能表示。这是文字超出了表示音声的职务范围外,拿了字形的“激视觉”这个特有的性质,对于意义在尽特别的职务的现象了。……

言语的生命　因为我们不绝地使用,相继地传给子孙,言语方能生存。……言语是发表思想的要具。但是人类的思想随岁月而变迁,因此发表思想的言语,也不得不跟着思想变化。言语不特因这智识的发达的内部的事情而变化,又因气候的不同,社会的不同,政治的不同,风俗习惯的不同等外面的事情而变化。因为有这内的与外的事情的关系,言语的变化非常激烈。但是这变化决非退步,大抵是发达的现象。这变化之中,有或是新语发生,或是旧语消灭,或是意义体形发生变化等的现象。总括发生变化消灭的三种现象,称为言语的生命。

旧语的变化　(1)体形的变化(音声的变化)。体形的变化之中,有缩短与扩延两种倾向。我们若是节约我们的言语或是缩短我们的言语便利,那么便会节约或缩短。若是扩延我们的言语便利,那么就会扩延。缩短与扩延的两种倾向，大概是根基于便利。不过也有因怠惰，不正确发音而惹起变化的。……因为迷信的关系，故意地变化声音的例也有。譬如有些地方，蛇叫青龙。……(2)意义的变化。言语之所以能作思想代表者，无非是联想的结果。然而这联想并非永世同一的，因心的作用的结果，是常在变化的。因此，以往表彰某思想的言语，渐渐变化为表彰别个思想的言语。意义的变化中，一种是因为误解的关系，变为表彰全不相同的思想；一种是因为从一种思想转移到别的思想，而发生意义的变化。误解有种种。主要的，第一，是谈者与听者间的心意的状态、智识程度的差异。谈者与听者的心意状态或智识程度互相一致的时光，对于某语的观念也殆乎一致。若是心意状态、智识程度不一致的时光，那么言语的观念也不一致了。第二，谈者与听者的过去的经验各不相同的时光，对于同一语便有不同的观念发生。因此交谈的时光，常要发生误解。……第三，因读者与听者的不注意，发生种种误解。……人智的发达，也是引起意义变化的大原因。意义变化进展的速度，因时代而不同。……

旧语的消灭　引起言语消灭的原因，大略有三种：(1)旧来思想消灭的时候，表彰这种思想的言语，大部分迟早终要消灭。若是将它保存在记录上，固然可以留作过去的纪念物，然而在我们日常生活的口语中已不能听到了。(2)历史上的事件，对于言语能引起极大的变动。例如封建制度消灭的结果，关于那时代特有的名称及术语，在今日的口语中已消灭，就是关于那时代特有的思想名称，也大都消灭了。(3)言语的生存竞争，也是促成言语消灭的原因。……

新语的发生　促成新语发生的原因，是社会的进化与智识的发达。……因为新语的发生，言语才可随伴着思想的发达。……所发生的新语分类起来，可得五种：1.结合语。2.分出语。3.由外国语的材料创作的。4.模仿天然的音声的。5.转移品词的。

毛文麟：《言语学的体系》，原载《学艺》，第十一卷，1—5期，1931年。

五、施畸:《中国文词学研究》

《乐记》上曾有一段说:“乐者,音之所由生也。其本,在人心之感于物业。是故其哀心感者,其声噍以杀。其乐心感者,其声啴以缓。其喜心感者,其声发以散。其怒心感者,其声粗以厉。其敬心感者,其声直以廉。其爱心感者,其声和以柔。六者非性也,感于物而后动。……”此说虽不能谓为不当;然以科学态度看去,则似过于含混。于是我们就不得不依据心理学及音乐学一加考虑。以我的研究来说,大略如下:

1.由音之高低上说:

(1)抑声多伴庄严、伟大之感。

(2)扬声多伴清澈、澄冽之感。

2.由音之急徐上说:

(1)徐声多伴悠扬、缓舒、沉静、闲逸、敬虔之感。

(2)急声多伴促迫、急激、噪扰、繁多、喜诞之感。

3.由音色上说:

(1)差音少,或至于没有差音的声则生快感。

(2)差音多的声,则生不快感。……

施畸:《中国文词学研究》,上海出版合作社,1925年。

六、高名凯:《语言论》

创造语言的行为所造出的语言成分的总和,或说话时所运用的工具,大体上说来就是语言;运用语言机能的行为(包括创造语言和运用语言的行为)和运用语言所说出的话就叫作“言语”。……

十九世纪初年才有德国的语言学家方·洪堡尔特注意到区别语言和言语的必要。方·洪堡尔特说:“活的言语是首要的和真正的语言财富;如果我们要走进活的语言本质里边来的话，在研究语言的情况之下，我们就无论如何也不应该忘记这一点。……”方·洪堡尔特指出，语言是一切所说的话的总合，而言语则是日常运用语言的每一个活的动作。……

在近代的语言学历史中，给语言和言语的区分作出有系统的理论解释的是德.苏胥尔。他在分析语言学的对象时，认为人类的语言机能(langage)可以分为两部分，一是语言(langue)，一是言语(parole)。语言是社会现象，言语是个人现象。……言语……它是人们所说的话的总和，里面包括：(1)依赖于说话者的意志的个人的组合；(2)实现这些组合所必须的同样是与意志有关的发音动作。

高名凯：《语言论》，科学出版社，1963年。

七、北京大学语言学教研室编：《语言学名词解释》

言语　平时我们并不严格地区分“言语”和“语言”这两个术语，混用的时候很多。在语言学中，区别它们是必要的。言语指说话的过程，也指所说的话(包括用文字写下来的话)。它是语言的存在形式。或者说，言语是在一定条件下对于语言手段的使用；而语言则是由于所使用的一般手段的总和。……平时我们说的“作家语言”“诗歌语言”“书面语”“口语”“语言不顺通”等等，实际上指的都是“言语”而不是“语言”。

言语离不开语言；离开了语言，它就会变成不为生活所理解的东西，也就不成其为言语。但言语中也有超出于语言之外的部分，比如个人偶然发音的错误、嗓音的特点、对个别词的意义的理解上的特点，也包括一定的文学上的音响效果(如在一定时间内重复某个韵脚，这些是社会共同的，但却不是属于语言的)，等等。

应当把言语和语言区别开来，但是不能把两者对立起来。有些资产阶级语言学家，如德·索绪尔，就认为语言是生活的，而言语则是个人的。其实，无论语言或者言语，就本质说，都是社会的，不过言语中有一定的个人成分。索绪尔还认为，语音只是言语具有的，语言只是心理的印象。事实上，语言既有意义的方面，也有音响的方面，否则就不可能起交际工具的作用。

说的或写的话又叫作“言语作品”。小到一个句子，大到一篇文章、一本书，都是言语作品。言语作品都是有所为而发的。语言没有阶级性，但言语作品且可以有阶级性。

语言学研究的对象主要是语言而不是言语。但由于使用研究语言的原始材料，语言研究者应当注意大量的普遍的言语事实。

北京大学语言学教研室编：《语言学名词解释》，商务印书馆，1960年。

第四节　口述在言语学中

一、口述观念在古汉语中的丰富表述

唐朝诗人李商隐就使用过“口述”这个词，而且古文中有极大量的与“口述”相近的语词，多到如果编一部与“口述”相关的辞书，都是编辑不完的。当然也很可惜，中文到现在还没有以“口述”为主旨的工具书。这里仅能选出很少部分为例。

现在拿“口述”来作为“口头表述”或“口腔运动”的总合名词，容易代表其他由于口述而造成的许多相关词语。

当代日本学者佐藤亨在2007年编辑出版的《幕末・明治初期汉语辞典》中，将“口述”（こぅじゆっ），说成是日本人在1875年创造出的新词。这是他们的见解，但是在中国现代辞书上面，居然没有这个词的古代出处，或者是认为就是从近代日文传来的，这就错误了。唐代李商隐的文中写道：“其他并附李侍御口述。”宋代司马光写道：“不可以口述。”他们用得都很明白，现在中国学人反倒稀里糊涂把创作权随便就送给了日本人，一声都不吭。

英文ORAL早在1822年就来到中文里，英国人马礼逊在澳门编辑出版的《英华字典》里就有：“ORAL，口说的；口遗传。”还有例句：“口授而无章句。”

到1866年，德国人罗存德在香港编辑出版《英华字典》中有："Oral，口嘅、口的、口话的、口说的、口授的、口谈的、口传的、口证。""Orator，公讲的、讲者、说者、口才之人、能言之人。""Oratory，善讲之法、口才之艺、习讲、习说、练讲。"

下列古文部分用例：明示中国古人曾经创造出如此多的口述词。

口——汉《史记》："蚡辩有口，学《盘盂》诸书。"

口才——《孔子家语》："宰予字子我，鲁人，有口才著名。"

口大——金《西厢记诸宫调》："不是咱家口大，略使权术，立退干戈。"

口口——宋文天祥："口口是忠臣，某如何敢杀相公？"

口口相传——宋洪迈《夷坚丙志》："令闻此者口口相传。"

口子——唐张鷟《游仙窟》："口子郁郁，鼻似熏穿，舌子芬芳，颊疑钻破。"

口不择言——《北史》："当其急也，口不择言，手自锤击。"

口不应心——《三国演义》："只恐口不应心。"

口歹——元高文秀《黑旋风》："不是您兄弟口歹也。"

口中雌黄——晋孙盛《晋阳秋》："能言，于意有不安者，辄更易之，时号口中雌黄。"

口占——《汉书》："遵冯几，口占书吏，且省官事。"

口白——《后汉书》："口白单于，无文书簿领焉。"

口令——《大慧普觉禅师语录》："恰如村人打传口令相似。"

口耳之学——宋陆游："今诸家徒欲以口耳之学揣摩得知，可乎？"

口吃——《史记》："非为人口吃，不能道说。"

口回——清《日知录》："吾法中有口回之罪。"

口舌——《易·说卦》："为口舌。"

口伐——《新唐书》："知公口伐，可汗如约。"

口技——张潮《虞初新志》："京中有善口技者。"

口吟舌音——《后汉书》："口吟舌音，裁能书记。"

口吻——晋成公绥《啸赋》："随口吻而发扬，假芳气儿远逝。"

口利——《鹖冠子》："口利辞巧，足以知辩。"

口兵——唐刘禹锡："口兵之起，其刑渥焉。"

口含天宪——《后汉书》："手握王爵，口含天宪。"

口角——唐韩愈:“浊醪沸入喧,口角如衔箝。”

口角春风——《歧路灯》:“万望口角春风,我就一步升天。”

口言——汉王充《论衡》:“故口言以明志,言恐灭遗,故着之文字。”

口快——宋《萍洲可谈》:“俗谓口快,乃是大病。”

口快心直——元《李逵负荆》:“你也忒口快心直哩。”

口抹——元《后庭花》:“觑了他精神口抹,再言语还重打。”

口事——《战国策》:“固知将有口事,故献御书而行。”

口供——《儒林外史》:“并无一句口供。”

口采——清梁绍壬:“口采,吉语也。”

口受——《史记》:“七十子之徒口受其传指。”

口服——宋司马光:“口服而心非之者,比肩是也。”

口奏——《宋史》:“及面对口奏不预焉。”

口刺——明沈德符:“亦口刺而心服之。”

口面——《水浒传》:“休在此间惹口面不好。”

口是心苗——元白朴:“却不道口是心苗,不住地频频叫。”

口是心非——晋《抱朴子》:“口是心非,背向异辞。”

口信——《宋书》:“得征南参军事谢俨口信。”

口风——《醒世恒言》:“刚有了这句口风,那些美人互相传说。”

口音——《儿女英雄传》:“却又有些外路口音。”

口灰——《醒世姻缘传》:“我嫌口灰,说不出来。”

口宣——《晋书》:“口宣帝旨使作遗诏。”

口柔——南朝陈后主:“而口柔之辞,傥闻于在位;腹诽之意,或隐于具僚。”

口气——清李渔:“口气也像女人口气。”

口案——五代王仁裕:“时人谓之张公口案。”

口陈——《汉书》:“口陈至诚。”

口授——《汉书》:“不可书见,口授弟子,弟子退而异言。”

口教——《韩非子》:“夫是以人主虽不口教百官。”

口敕——《南齐书》:“上复遣荀伯玉口敕。”

口哼——《荀子》:“无取口哼。”

口过——唐白居易:“好议论,而无口过。”

口甜——《二刻拍案惊奇》:“至今不信口甜人。”

口诀——晋《抱朴子》:“登坛歃血,乃传口诀。”

口达——《后汉书》:“因侍中金迁口达至诚。”

口报——《史记》:“无文书,口报曰:……”

口栈——《水浒传》:“不是我口栈。”

口惠——《礼记》:“口惠而实不至。”

口敞——《西游记》:“你这猴儿口敞。”

口无择言——《孝经》:“口无择言,身无择行。”

口顺——元关汉卿:“人口顺唤作……”

口词——元吴昌龄:“我为甚先吐了这招承的口词?”

口诏——《晋书》:“面受口诏,然后为信。”

口滑——《水浒传》:“宋江口滑,揎拳裸袖。”

口惛——《吕氏春秋》:“口惛之命不愉。”

口强——金董解元:“是口强,难割舍我儿模样。”

口费——《礼记》:“口费而烦,易出难悔,易以溺人。”

口画——《史记》:“愿得望见,口画天下便事。”

口给——《论语》:“御人以口给,屡憎于人。”

口碑——《五灯会元》:“路上行人口似碑。”

口碑载道——明张煌言:“口碑载道是还非,谁识蹉跎心事违。”

口碎——明康海:“您众位不嫌口碎么?”

口业——《大慧普觉禅师语录》:“晚间纵口业骂詈人。”

口号——南朝梁简文帝:“仰和卫尉新渝侯巡城口号。”

口传——《淮南子》:“而圣人之所不口传也。”

口传心授——明解缙:“非口传心授,不得其精。”

口钳舌卷——宋苏舜钦:“则口钳舌卷,鲜肯言天下事。”

口诛笔伐——明汪廷讷:“全不知口诛笔伐是诗人句。”

口话——《红楼梦》:“只听见鸳鸯姐姐们的口话儿。”

口义——《新唐书》:“明经停口义,复试墨义十条。”

口轻舌薄——《天雨花》:“口轻舌薄诮谁人?”

口紧——《古今小说》:“我们出家人,第一口紧。”

口对——《史记》:“欲以观其口对响应无穷事。”

口称——《金史》:“可以取口称而不可以得首肯。”

口语——汉司马迁:“仆以口语遇此祸,重为乡党所笑。”

口说无凭——元乔吉:“咱两个口说无凭。”

口诵心维——明沈德符:“使其口诵心维,可以遵善改过。”

口蜜腹剑——明王世贞:“这厮口蜜腹剑。”

口坠天花——明吕坤:“口坠天花,而试之小小设施。”

口锐——汉刘向:“口锐者多诞而寡信。”

口谀——《三国演义》:“汝等乃口谀之人。”

口论——汉王充:“夫口论以分明为公,笔辩以荴露为通。”

口谈——《庄子》:“然惠施之口谈,自以为最贤。”

口写——《聊斋志异》:“神情态度,口写而手状之。”

口头——明李贽:“口头有十万首诗书,亦足以惊世而骇俗。”

口头语——清赵翼:“眼前景,口头语,自能沁人心脾,耐人咀嚼。”

口头禅——宋王楙:“生平不学口头禅,脚踏实地性虚天。”

口哕——《南齐书》:“何意轻肆口哕,诋目朝士。”

口嘴——《五灯会元》:“口嘴不中,祥老子爱向丛林鼓是非。”

口谐辞给——《汉书》:“上以朔口谐辞给,好作问之。”

口壅若川——南朝刘勰《文心雕龙》:“夫心险如山,口壅若川。”

口声——元郑廷玉:“你怎么口声的就招伏。”

口藏——唐白居易:“口藏传宣十二部,心台照耀百千灯。”

口讲指画——唐韩愈:“其经承子厚口讲指画为文词者。”

口愿——《元典章》:“多以祈福赛还口愿。”

口辩——《史记》:“有口辩。”

口谗——《韩诗外传》:“无取口谗。”

口铎——1635 年艾儒略《口铎日抄》。

以上仅是以“口”组成词，并且是与口述相关的，就已经如此之多。如果我们再把以“说”“话”“言”“语”“吟”“唱”“念”“音”“嚎”“叫”“声”“述”“谈”“讲”“喊”等字组成的相关词列出来，绝对成一部辞书，这里就难以罗列了。可见，中国古人运用口述，是多么丰富热闹。这还不值得现代学人加以广泛地研究吗？

二、口述研究

1.研究的第一步，就是要有一个统帅相关全部内容的名称，笔者采用了“言语文化学”这个词。

笔者不用“语言学”来统帅，是因为现代语言学已经太大太庞杂。并且，笔者更不参加20世纪50年代末中国发生的“语言学与言语学的语言、言语阶级性”的政治争吵，因为它不在学术自由的范围内。

笔者不单单用“言语学”来统帅，是因为言语学固然合适，但这里并非以言语学的全面内容为主旨，而是将重点放在因人的口腔运动而引发的种种文化现象，试图进行梳理及探索其中特色。

笔者采用“言语文化学”来统帅，正是企图表述自己的认知基础，是通过广泛的悠久的言语学中的口述内涵，而发掘其中文化现象及其文化因缘，企图展示中文言语在历史、社会中，所曾深入利用及刻画中国人言语心态的基本状况。很自然，就会牵涉到史学、社会学、心理学、声学、乐音学、文化学、民俗学、言语艺术等许多相关联的学科；并且能够在现代中国口述史学中，清晰地发挥理论支持作用，发挥实践操作的技巧作用。

注意：言语的载体并非仅是口腔言语，还有记录言语的文字，表达言语声音的词语，以及肢体言语，还必须有现代相关的科技工具。

研究的第二步，则是搜集极大量言语资料。言语资料是永远收集不完的，因此需要符合需求的主题资料。其主题的设定，可以覆盖任何领域的相关言语。例如“中国传承人”这个主题，就应该是相应的符合：

(1)中国人这个限定。比如汉奸算不算呢？拿美国绿卡的算不算呢？中国古人算不算呢？

(2)传承人应该是指所有传承中国文化的人全算？从皇帝统治者到妇女儿童全算？任何行业、任何左中右见解的人全算？那就不仅是非物质文化传承人才算。

(3)中国传承人如果传承了全人类普世价值的内涵,如果中国人传承了西方某国某地区文化的思想、技能和方法,还算不算中国传承人?

(4)传承和创新是什么关系?诸如此类的问题,都需要在引用前给予理论上的合理的证明。

搜集"口述"本身就是一个科学的认真的仔细的过程。

2.言语文化学之所以为学,可以从多个方面详加研究,诸如:

(1)定义:

(2)体系结构:

A.自述:

B.他述:

C.合述:

D.转述:

E.电脑仿述:

(3)理论:

(4)文化价值:

(5)方法:

(6)沿革:

3.口述作为言语学中的主角

口述的声音所表达的意义,与声音所加工成为的文字表达的意义,以及姿态所表述的意义,三者在言语学中可以归纳为相同的意思。

一般言语学所研究的音频、音量、音调、音韵、音色等,皆可以由此把人的口述分类;也可以把不同民族、不同时代、不同方言、不同年龄、不同男女老幼等,去进行分类研究。但这都不是笔者所关心的。

笔者欣赏古人说的"言为心声"这句话,表明既然人的口述肯定是人的心意的表述,那么,口述的分类就完全可以按照人的心意来区分。古人说话太简约,没有规定心声有多少种。其实,现代心声是可以区分出许多种的,笔者这里仅简单介绍数种:

(1)欢乐的口述：

(2)痛苦的口述：

(3)平静的口述：

(4)难过的口述：

(5)哀怨的口述：

(6)害怕的口述：

(7)上对下的口述：

(8)下对上的口述：

(9)平等的口述：

(10)浪漫的口述：

(11)激情的口述：

(12)虚情假意的口述：

(13)胡编乱造的口述：

(14)狂暴的口述：

(15)吟诵的口述：

(16)歌唱的口述：

(17)诗、词、赋、韵白的口述：

(18)命令的口述：

(19)顺口溜的口述：

(20)唱念交杂的口述：

(21)声、字、形结合的口述：

(22)无声的口述：

(23)伪的口述：

……

4.口述形成的文化现象

人自一出生，就浸泡在社会声音的文化中。鲁滨孙在孤岛上最难受的事就是听不到别人的声音；莎士比亚利用声音文化创造出如此打动人心的戏剧，至今不衰；贝多芬更以乐音符组合，让声音鼓舞着无数心力疲乏的人去奋发图强。

一个人自小到老，曾经在社会中发出多少口述音响？悲欢离合、装欢卖笑、高歌低吟、争辩胡言，种种，都是为了阐明和维护自己的见解与利益。

一个人自小到老，一直浸泡在社会其他人的声音文化中。你必须听清楚，哪类声音是爱护你的声音？哪类声音是不怀好意的？哪类声音是危险的信号？哪类声音是言之有理的？哪类声音是胡说八道的？哪类声音是甜言蜜语的？哪类声音是扰人心态的噪音？甚至哪类声音是“神”的或“鬼”的？

如何学习倾听他人的声音，是很重要的学问。

如何能够平等清晰地与他人对谈，是更必要的学问。

表演口述，已经流行几千年。史料记载，不计其数。

一群人在社会中磨炼凝固出一个同一的声音，那意味着社会的病态。

一群人在社会生活中七嘴八舌，是正常现象。真理的辨识可以在七嘴八舌中，也可能在七嘴八舌外。

电脑的技术仿生声音，前途无量；但对于人类不知是福还是祸。一旦仿生声音变成杀人武器，谁能说好或坏？

5.完全可以进行口述哲学研究

6.丰富的口述言语学方法

7.口述进入艺术层面的研究——口述艺术；艺术口述。

第五节　呼唤中国口述史学腾飞

口述史学在20世纪的世界学术界中已经广泛盛行约60年了。口述史方法更是长期在许多学科中广泛运用，获得许多令人满意或不满意的成果，成为现代世界学术界中的已经普及使用的研究方法之一。尤其是在人文学科和社会学科中，更能够通过口述方法的独特优势，而经常触及人们心灵深处精神活动的奇妙所在，获得不论民族、不论男女、不论年龄层次、不论经济地位、不论资历高低、不论文化深浅、不论虚名势力等各类人物的认可和利用。大可至政治斗争中成为攻击的武器，也可成为法庭上举证的证据，也可通过媒体传播出精彩的声音感染力；也可小到情人间的甜言蜜语，市侩间的恶言碎语；更能够通过有计划有目的地收集整理各类有历史价值的人物的声音,即主题访谈,而为后代留下可能再也无法再现的口述历史资料。

更由于近年来,人类优秀的文化艺术遗产的保护在世界范围内引起越来越广泛的关注。1997 年 11 月,联合国教科文组织第 29 届大会正式通过建立《人类口头及非物质遗产优秀作品》的决议。这是继 1972 年该组织推出《世界遗产名录》,陆续确立了 690 处世界最著名的历史文化遗存和自然保护区以来,在世界传统文化保护方面的又一个十分重要的举措。新世纪的 2000 年 4 月,联合国教科文组织正式启动了"人类口头及非物质遗产优秀作品"的申报工作和评选工作。它的目的是:号召各国政府、非政府组织和地方社区采取行动对那些被认为是民间集体的保管和记忆的口头及非物质遗产进行鉴别、保护和利用。只有这样,才能保证这些文化特异性永存不灭。它的定义为:传统的民间文化是指来自某一文化社区的全部创作,这些创作以传统为依据,由某一群体或一些个体所表达并被认为是符合社区期望的,作为其文化和社会特性的表达形式、准则和价值通过模仿或其他方式口头相传。入选项目的要求是:能够体现人类天才创造性和文化多样性的有代表性的非物质遗产,或者是从历史、艺术、人种学、社会学、人类学、语言学及文学角度,具有突出价值并广为流传的传统文化表现形式。具体如民间语言、口头文学、音乐、舞蹈、竞技、神话、礼仪、风俗、服装、手工技能、建筑艺术,以及历史悠久的用于进行传统文化活动的场所,或者定期举行的活动(如传统礼仪、年度狂欢节、例行演出等),还有传统形式的联络和信息等。这样一来,人类的口头和非物质遗产就被确定并明确为全球文化中重要的组成部分,与物质遗产一样被现代人们所关注。中国作为文化大国,自然十分重视参与这种功德无量的盛举。中国文化部当年就委托中国艺术研究院,申报了五个项目,分别是:昆曲、川剧、古琴、剪纸和少数民族艺术。当年共有 35 个项目参加评选,经过 19 位国际评委严格选评,最后有 19 个项目脱颖而出。中国的昆曲是四个获得全票通过的项目之一。其他首批入选的项目还有:日本的能乐,印度的一处古剧场,韩国一处古代国王祭祖典礼和仪式中的音乐,菲律宾的圣歌,北美洲伯利兹的音乐舞蹈,厄瓜多尔和秘鲁的民间说唱艺术,玻利维亚奥鲁洛的嘉年华会,科特迪瓦的一处古社区,几内亚的一处文化遗址,摩洛哥的一处供说书人、乐师及弄蛇人表演的公共广场,意大利西西里岛的木偶剧场，立陶宛的十字形民间工艺，俄罗斯的一项口头文化，西班牙厄尔车的神秘剧，等等。以后还将会有第二批、第三批陆续从世界关注范围中抢救下去。

联合国的活动对于中国学者应该是一个鼓舞，因为想获得和保护好人类自身的口头遗产，想对于自己民族文化遗产有所弘扬，就必须有丰富的口述史方法做基础，就必须有科学的认真措施和能够实现的工作者，也必须有口述史学这样的学科建设。为此，我们中国大陆的口述史学观念，就有必要理顺我们的工作平台和已经获得的成果和不足。这里下面将以个人眼光，介绍近 20 年来的中国口述史学状况。分列为：口述史学定义；中国传统口述史的优势与缺陷；口述史的重要性；把握口述方法；二十年来中国口述史的状况；呼唤腾飞。由于个人学识相当笨拙和有限，故而会有差错，敬请方家教正。

一、口述史学定义

几万年以来，语言一直是人类文明的重要工具和标志，人们互相间主要依靠语言来传递信息和指令。中文的“古”字，正是十口相传的意思，即是古代事情是由人们口述，代代流传，而保存下来的。我们今天能够知道有盘古开天地、女娲补天、燧人氏、有巢氏、神农氏等老祖宗的事迹，知道有宙斯众神和诺亚方舟等神话，根由正是不知道经历过多少代人们口头传流下来。由口述到文字，文字又再写到纸上，这是一个漫长的过程。这个漫长过程中就难免有变形或掺假，中国汉儒以后就出现许多神仙语录、神仙仙迹及字画，还有“诚则灵”的神仙庙宇，给后人平添更多的麻烦。现代的人类已经进步到拥有许多专门为利用信息的工具，包括电脑，但是人们还没有愚蠢到提出要取消语言。恰恰相反，语言中的困难，依然是当前全球化的主要难点之一，人们的嘴巴依然还是人类基本的信息传递工具，“口腔运动”能够为人类开创出多么精彩的事业啊！全球有识之士一直在努力争取与尝试。

口述传说（Oral tradition），是一种文学工作形态，似乎像是一种无形的口述制度，从远古到如今的中国和世界许多国家民族中，一直有着十分兴旺的活力，我们很容易在各地民众的习俗技艺和生活方式中，发现大量口述精彩故事传说，以及清晰的口传方式。在很多民族部落内，口述传说实际上是在执行教育和合法性灌输思想的任务。其丰富的形态，真是世传不辍，洋洋大观，甚至蔚为奇观，这是由于构成各民族部落文化特质不同所致。仿佛某个传说是一直活着的故事家讲述千百年了。在现代学术界，将关注、运用和研究口述传说，归之于文学、民俗学、人类学、社会学、神话学等学科。这本来为的是方便讨论，但是如果有人将之与口述历史（Oral history）绝对对立起来，或者混淆起来，或者合二为一，或者谁领导谁，就可能是添加矛盾了。因为传说有可读性，亦多有历代文人艺术加工的痕迹，多是非物质的精神产物，容易归之于文学；但从史学讲，亦是历史中可能发生过的事情，不过很难按照史学考据方法给出证明，甚至根本不可能证明某传说的本来面目。可是史学还是鼓励考据传说，并努力找到物质性证据，或者作为某种精神财富而存留人间。口述历史正是可以在史学圈内外作这种努力的一种史学方法，我们如果从"口述"角度来认识就容易清楚了。其中关键是"口述"本身，其叙述者口述的内容可能是真实的，也可能是想象的，但是访谈者和叙述者的"口述"本身必须是真实的，并且是严格地按照规范操作整理他们的"口述"内容，访谈者不允许改变叙述者口述的内容。这都是史学工作的原则，对于口述历史和口述传说都适用，而作家则可以为自己的爱好而随意编造口述者的口述内容。

由此，笔者给出定义如下：口述史学又称作口碑史学或口头史学，是以口述史料和口述史作为主要研究对象的史学。从形态上是与文字史学并列，在实质上与以文字为主的史学一致。口述史料是指通过访谈者与叙述者合作访谈口述而收集到的相关史料，可以是录音形式，可以是录像形式，也可以是文字形式，但文字一定要有录音为依据。

笔者的基本看法是：口述历史是叙述者与访谈者（历史工作者）合作的产物。利用人类特有的语言文字，利用科技设备，利用学术原则，双方合作谈话的录音即是口述史料，其可信度与文字史料相当，可以归入档案类别。将原录音整理成文字稿，再经过研究加工，可以写成各种口述历史专著。判断口述史书（或文字稿）应该有两个标准：一是要有原始录音录像，可以公开核对；并且最好有双方对谈的知识产权协议书。二是要符合史学的基本原则，排除幻想乱编的内容，不允许文字稿制作者篡改录音口述的内容。口述史有如下五个特点：

（1）纠正文字的偏见，特别能够形成生动的艺术形象，特别适用于表述人际生活中各种基本活动和情感的美妙联系。口述的心理效果是远胜过呆板的文字的，文字组成的每一句话，都很难清晰反映其中语气的深浅分量、高昂低回。当然，口述史并不是也不能取代文字史，它们各有其适用度，它们之间可以在许多方面互补和参照纠正。

(2) 口述史重视的是重现历史，而不是解释历史。重现历史是现代历史学界的主流工作，尤其在面对假冒伪劣的“历史商品”太多的时候。

(3) 口述史所运用的口述方法，是一种独特的方法，不能够像传统史学那样仅是在书斋中查阅旧书就可以研究了。口述方法是需要田野作业和书斋作业相结合的，并且有一套国际通用的规范程序来操作。

(4) 口述史工作计划可以多样化，不论是以人物为访谈中心，或是以事件为访谈中心，还是以主题为访谈中心，都是可以事前设计安排的。事后也可以重新加以阐释，并且能够接受检查鉴定。

(5) 口述史是一种可取的学术方式，可以对某些学术界上层垄断提出挑战，因为普通的叙述者和访谈者都可以成为历史角色。也就是说，人民群众的历史性和历史的群众性，都是可以通过口述史来表述，而不再是停留在某些政治家的口头上。

根据以上定义和特点，我们就能够容易地区分口述史和文字史和文学作品，区分口述史料和文字史料和作品素材。有些历史学家偏偏想要混淆这些界限，例如荣孟源先生的书中，关于口碑史料，他的说法是：“区分为四个项目：1.回忆录；2.调查记；3.群众传说；4.文艺作品。”[①]笔者无法认同，因为这四种资料，绝不一定是口述史料。“回忆录”就分有“笔录”和“口录”或“他人编录”；“调查记”也可能是“笔记”，也可能是“口记”等，口与手是会产生不同的史料的。口述史料的分类前提也当然是“口述”，这是个基本逻辑问题，本来无须讨论。

当利用口述史料的人，将之运用到对于历史的考证或说明记录，就属于口述史学；将之运用到对于社会上人际群体间的描述，就属于口述社会学；将之运用到人种家族内宗族关系的描述，就属于口述人类学或口述民族学；将之运用到人的信仰情感描述，就属于口述宗教学；将之运用到文艺作品中，就属于口述文学；将之运用到时事新闻中，就属于口述新闻；将之运用到法庭上，就属于口

---

① 荣孟源：《史料和历史科学》，24—25 页，人民出版社，1987 年。

述证据；等等。

二、中国传统口述史的优势与缺陷

中国历史学问传统悠久，自从司马迁奋而著《史记》，左丘明盲而作《左传》以来，形成记传和编年两大写史系列，中国书生们也就在千余年间写出世界上丰富的史籍群之一，与古希腊以来的西方史籍群并辉映至今。同古希腊古史籍相类，中国古史籍中，是普遍使用大量的口述史料。例如在《史记》中就广泛使用口述内容，我们后人才能够知道有伯夷、叔齐饿死首阳山的事情；仿佛看见荆轲刺秦王的惊险壮烈场面；看见韩信年轻时在故乡的狼狈样子；还仿佛听见刘邦、陈胜对秦始皇的嘀嘀咕咕，等等。如此生动翔实的记录描述，如果不是司马迁老先生自己去作第一手的口述访谈，记录并整理，再和大量文字史料相对照，后人恐怕是难以再见了。司马迁老先生的田野作业功夫是很了不起的，有些就写在他的书中。例如韩信，他是“吾如淮阴，淮阴人为余言”。关于荆轲刺秦王，他是“始公孙季功、董生与夏无且游，具知其事，为余道之如是”。又如更早的《论语》中记载孔丘老夫子的话语，正是口述语录体，典型的“君子动口不动手”的产物。我们完全能够说，在中国古代史学界中，口述方法是长期受用的。同样，在西方古代史学界中，口述方法同样适用，也产生许多口述史料。只是中国到了清朝的乾嘉学派，他们因为政治压力而被迫转向于考据学，长年累月钻故纸堆，讲究“无一字无来历”。他们的考据成果相当多，但是他们也使得史学脱离现实，不单达到控制史学为封建帝制服务的目的，不单扼杀了新史学方法的探索，结果就连老祖宗原先所擅长的口述史方法也弃之不用，似乎是“口说无凭”。这样的不与时俱进，对于近代中国学人开展学术，重新跟上时代改革步伐，就变成极大的遗憾和绊脚石。正如顾颉刚院士所言：

凡是没有史料（文字史料）做基础的历史，当然只得收容许多传说。这种传说有真的，也有假的；会自由流行，也会自由改变。改变的缘故，有无意的，也有有意的。中国的历史，就集结于这样的交互错综的状态之中。你说它是假的吧，别人就会举出真的来塞住你的嘴。你说它是某种主义家的宣传吧，别人也会从这些话中找出不是宣传的证据。你说它都是真的吧，只要你有些理性，你就受不住良心上的责备。你要逐事逐物去分析它们的真或假吧，古代的史料传下来的太少了，不够做比较的工作。所以，这是研究历史者所不能不过又极不易过的一个难关。①

近代中国变革需要新史学，于是疑古之风大兴，鼓吹新学，与旧学形成强烈冲突，其中也包括迫使新学人在史学研究方法上探求突破，去搜寻新史料。梁启超先生就曾借从海外学习来的新知识，以狂飙式言论横扫史学界，他写道："历史的目的在将过去的真事予以新意义或新价值，以供现代人活动的资鉴。……吾人做新历史而无新目的，大大可以不做。"②在他所著的《中国历史研究法》一书中，将史料分类，有一类正是"传述的口碑"。他解释道："采访而得其口说，此即口碑性质之史料也。"③当年鲁迅先生也针对中国史学中的问题写道："历史上都写着中国的灵魂，指示着将来的命运，只因为涂饰太厚，废话太多，所以很不容易察出底细来。正如通过密叶投射在莓苔上面的月光，只看见点点的碎影。但如看野史和杂记，可更容易了然了，因为他们究竟不必太摆史官的架子。"④他的历史观，通过如此形象的文字表现出来，实在很清晰。而史学家翦伯赞则说得更露骨："政府的文告是最不可靠的史料，因为历代的统治者，都是满口的仁义道德，一肚子男盗女娼，好话说尽，坏事做完；但是有了琐言一类的杂史，则民间言语，亦获记录，而此种民间言语，则最为可信。"⑤翦教授把政府文告同民间言语杂史绝对地对立起来，恐怕也过分一点了。更可惜当时中国所介绍的西方史学思想主流为兰克（L.Ranke）学派，他们在西方也属于严谨考据史学，把口述历史藐视为伪造的民俗资料，只配让业余学者作参考。所以，表现在近代中国的学术发展中，就是普遍存在理论与实践脱节，非学术界和学术界中空头理论家太多，而实践者往往受制于"理论家"，难以展现他们的研究成果。实践所产生的"真知"，经常被自封的理论所禁锢。

---

① 顾颉刚：《战国秦汉间人的造伪与辨伪》，载《史学年报》2卷2期，211页，1935年。

② 梁启超：《中国历史研究法》，148页，上海古籍出版社，1987年。

③ 梁启超：《中国历史研究法》，42—43页，上海古籍出版社，1987年。

④ 鲁迅：《华盖集》"忽然想到之四"。

⑤ 翦伯赞：《史料与史学》，32页，北京大学出版社，1985年。

中国近代口述史的肯定与鼓吹相当多，但是口述史成绩并不多，固然这同缺乏录音设备也有关。笔者仅见一部1937年出版的《旅行谭荟》，作者为《旅行杂志》专栏作家赵君豪，内容是他在两年内访谈20位中国文化名人，以马相伯和蔡元培为首，按时间次序到王云五为止。主题为国内外旅行经历谈，文字基本是对话体，内容相当活泼有趣，是赵先生自己当场速记而得，并配有叙述者的照片和部分题字。另外在近代的一批中国民俗学、民族学、社会学等田野作业调查著作中，也还是有运用口述方法的，也比较清楚。至于赵元任先生的各地语音调查，以及教育学界的大量教育问题的口述访谈资料，那还是很有成果的。关于传记文学和口述文学的作品，近代也有，这里就不再讨论。

三、口述史的重要性

时代发展到21世纪的今天，向当代史学工作者提出更迫切的大量要求：要求解决大量过去没有探索过的问题；要求面对新现实而追寻过去根由；要求更充分地体现人群的特征；要求更仔细地描述人际间种种历史足迹；要求人道精神唤起对自然生存的热爱；要求内容更翔实、更生动、更能从多视角说明或探索其历史因素；要求不单有固定的、死的史料，还应当寻找活的、可能不稳定的，但远非死资料所能代替的史料；要求历史学者不单会在书房中爬拣书本里的言外之音，还应当会田野作业，以丰富的多学科知识作武装，从书本以外抢救新史料；还要求历史学者在历史和现实之间作更密切的有机联系，采用科技新工具和信息工具，同时还得抵制外界非学术性的利诱，不拿良知与金钱做交易；等等。

现实社会和读者都在向历史工作者提出更强烈时代感、更迫切更清晰灵动的要求。不承认这种要求是愚蠢的，囿于过去是落后的，唯一的出路在于历史工作者的进步。这种进步依赖于个人的时代责任感，依赖于个人所掌握的史学本领，依赖于宽容的学术环境和技术的帮助。中国的学术现实明摆着与要求的距离相当远，挑战已经明摆在面前。偷懒者很可能就是拖时代后腿的人，特别是那些用各种借口干扰新学术方法的人。

口述史和口述方法就是在世界学术发展中经过验证的好方法，并且早已获得60多年来积累下的大量成果。例如美国的口述史工作，早在1938年，芮文斯（A.Nevins）教授就提出创意并进行了研究，终于在1948年录音机开始商品化以后，又有了雄厚财力，才得以展开大规模的口述史收集与研究，到70年代形成研究的高峰，几乎涉及各门学科，在传媒中就更是普通的手段。想想尼克松总统的水门录音事件、克林顿总统的绯闻中，录音带都在其中发挥重大作用。在美国有研究和收集口述史料的机构300多个，在1967年成立口述史协会（OHA），协会的刊物名为《口述史评论》（*Oral History Review*），协会还出版《口述史书目》，以及大量的口述史书，其中包括有关口述史学方法及理论的书籍，保存和整理了大量涉及许多方面的口述史料，可以供给读者查阅。欧洲许多国家和日本、新加坡等，也早有类似团体的活动和成果，口述史学早已经成为国际史学界承认的一门新分支学科。在1995年，美国口述史协会前任会长唐诺·里齐（Donad A.Ritchie）出版一部书：*Doing Oral History*，内容结构也像是口述对谈记录，回答许多在做口述史工作中应注意的问题。中国台湾王芝芝教授翻译成中文书：《大家来做口述历史》。作者在序中写道：

> 作为史学界唯一专门和活人打交道的历史学家，他们必须友善得足以与受访者建立起和睦的关系，让受访者轻松地以开放坦诚的态度面对访谈。身为“发问专家”，口述史家对自己的观念、方法和新技术的应用经常提问题反躬自省。他们是搜集历史声音的人，他们也希望在如何制作和使用口述历史方面，让大家听到属于他们的声音。……口述历史运动的真正影响力，可能要到下一世纪才能完全展现出来。①

现代最早搞中国口述历史的专家，是美籍华人唐德刚教授，他从1957年开始参加美国哥伦比亚大学中国口述历史学部的工作，他完成的口述史书有：《胡适自传》《李宗仁回忆录》《顾维钧回忆录》等，在全世界发行百万册以上。他对口述史的见解是：

> 所谓口述历史并不是一个人讲一个人写就能完成的，而是口述部分只是其

---

① ［美］唐诺·里齐（D.A.Ritchie）：《大家来做口述历史》（*Doing Oral History*），23—24页，王芝芝译，台湾远流出版事业公司，1997年。

中史料的一部分而已。一般而言,大学者的口述史料大概有百分之五十、六十;非学术人士的口述史料只有百分之十五、二十左右。……口述历史是活的史料,其他史料是死无对证的,口述历史可以慢慢谈,慢慢问,可以加以补充改正,而其他历史就不能如此。①

看来这是他的经验之谈。在台湾的"中央研究院"近代史所,在郭廷以教授任所长期间,接受了胡适和唐德刚的建议,拟订了一个口述历史的访谈计划,"其目的在广泛搜集当代人物的有关史料,为民国史留一忠实而深入的记录,以备将来之研究"。② 此计划从1959年12月开始执行,直至1972年9月,由沈云龙教授负责,访谈过70余位重要人物,一般每人叙述几十次,皆录音和整理成文字稿,成为该研究所长期的一项工作。整理稿的公开则从1982年开始,以《口述历史丛书》形式出版,到目前已经出版60余部。该所从1984年1月26日开始,又重新成立口述历史组,继续新的口述历史访谈工作,累计已经有数百叙述者完成口述。他们还在1989年10月出版专门刊物《口述历史》,其目标是成为中国口述史学的公开研究阵地。

中国民众在20世纪百年间,遭受过许许多多的触及肉体及灵魂的经历。如果任意找一位有独立人格的老年人或中年人,他(她)都能够给你讲出一大堆动人心弦的自身历程故事来。无论是在社会方面、家庭方面、人际方面、精神方面、衣食住行等各个方面,现在的有心人,只要你肯走进这无比深厚的民众口述海洋,利用科技手段,就肯定能够挖掘到太丰富的口述史料,会涌现大量在书本上没有写过的,在电视媒体上没有表演过的精彩的内容。至于深入从人文专业角度观察20世纪中国人心灵的专著,则很容易发现是外国学者写得多(他们的认识往往不一定准确,但较专业),而中国人写中国人的则多为作家的文学作品,他们发挥传统文学优势,在幻想中刻画出无数英雄或狗熊,读来还有味道,但就是让人感觉与现实中的人距离太大。而在电视上出现的"星"们、"嘉宾"们,他们在念台词方面实在差,皮笑肉不笑地让观众难受,他们经常缺乏真实人

① 唐德刚:《文学与口述历史》,载台湾《传记文学》45卷4期,12页,1984年。

② 台湾"中央研究院"近史所编:《口述历史丛书》,第一部,《凌鸿勋先生访问记录》上之"弁言",1982年;台湾"中央研究院"近史所编:《口述历史》,1989年10月创刊。

格。至于能够培养民族文化素质的口述史料，则因为需要通过田野作业劳动才可能获得，就长期软弱无力。

凡是关心中国近代现代社会的人都会感觉到，中国近现代文字史料长期混乱，20世纪中国人的文化工具思想相当薄弱，如果想查找多一点人物的具体情况，或者是横向查找或纵向查找一些社会系统资料，我们都会发现是很麻烦很困难的事情。百年过去，我们都看着这些文字资料缺乏清理，就连图书都没有全面清理。我们至今还没有一部《20世纪中国图书总目录》，这是我们民族文化建设的基本缺陷之一。开发口述史学，正是对文字死资料研究现状的一种互补。口述史料的重要性等同于文字史料，同是档案中的一种。在20世纪后半叶的中国，更因缺乏口述史料，而造成我们自己研究的巨大空白区，以至后来有人提出“抢救活史料”问题。回忆60年代初始，全国政协周恩来主席呼吁老人们写下自己“亲历、亲见、亲闻”的各种事情，遂产生一些回忆录。政协从中选择一部分，以《文史资料选辑》名义连续出版百余部。限于当时政治环境，绝大多数回忆录的书写过程中，并没有历史工作者参与，而且内容主题更有许多限制，要为60年代的中国政治服务。到现在，了解20世纪前半叶中国的老人，多已风烛残年，此时不“抢”，更待何时？笔者就经历过，两天前的约会，因老人的突然去世而作罢，无可奈何。从另外一个角度看，许多老人所拥有的宝贵经验和经历，是愿意介绍给年轻一代人的，只是有不少老人是不愿意动笔，却愿意口述。现代的年轻人只要真诚请教，利用科技设备，就可能很容易地从前辈口中获得活史料。不过，目前却是有另外一种流行的社会“窍门”，就是有一些创作者，他们以前辈为居奇可用的材料，编造一些像是历史的小说体传记，以达到经济目的。例如茅以升院士在1985年告诉笔者，当时有一本写他经历的书，书中的茅以升讲了不少他自己没有讲过的话。现在又有一些明明是笔述的传记（没有经过叙述者录音整理，全是作者利用旧文章编撰而成），偏偏要用口述史名义。例如某著名大学的口述史丛书，却是笔述旧文章，这很令人费解。本来口述文学在中国是相当发达的，包括史诗、传说、说书等，但它与口述史学是属于不同的领域，不能混淆。历史的真假在史学中是泾渭分明的，假的再合理也不能算是真的。

总之，中国口述史学的展开与实践，早已经迫切地提到21世纪的中国人的日程上了，我们这一代人，对过去的历史和现实自己的历史都承担着时代的重任，我们不能再假装视而不见，不能再玩鱼目混珠的把戏，更不能等待外国人来代替我们完成此项任务。

四、把握口述方法

语言知识中的困难依然是当代全球化的主要难点之一，人们的嘴巴依然还是人类基本的信息传递工具，“口腔运动”一直在创造出人类许多精彩事业。那么，口述方法就是取得成功的关键之一。

口述方法是一种生动的综合方法，简直可以说是一种艺术性的工作。对于每一位有志者来说，就意味着首先要在认识观念进行综合培训，以及在基本操作方面进行训练。因为在准备、进行、整理、著书等各个阶段，都需要掌握不同的条件和因素，以对付不同的难点。尤其在与叙述者进行录音访谈阶段，文化修养和聪明的头脑会起到关键性的作用，从而可能获得一些惊人的内容。还有，对工具的运用也是需要多种技巧，影响着你的最终结果。完全可以说，当你决定尝试用口述方法时，你其实就已经冲破传统研究方法的拘束，已经在进行严肃的分析和勇敢的探索了。

口述历史工作者除了要有明确的思想性以外，还要运用复杂细致的组织技巧。组织者—访谈者—叙述者—研究者都是有各自思想的人，要从众多因素的配合中争取到最佳效果，绝非容易成功的事情。组织者必须能够判断口述史主题和访谈范围，还要进行筹集资金及管理工作。特别是要想找到一个有普遍意义的、可读性的、可操作的主题，并不是一想就来的。组织者在主题范围内，还要安排对访谈对象的了解和联络和制订访谈计划，还需要申请和控制适度经费，约集访谈者，配备设备，对访谈者的事前培训，访谈中的资料管理，对录音的文字加工等一系列工作，组织者都必须照顾到。任何一个环节出差错，都会严重影响工作的进程或效果，其中还包括对知识产权的法律安排；访谈者需要热情又实在，具备经过训练的头脑及配备现代工具，在精神上要准备吃苦头，但肯定是极有学术回报的有益的收获；叙述者一般年龄较大，事情较多，干扰因素也偏多，所以应该做好谈话的精神准备。又由于叙述者回顾经历时，往往受到事后经历的影响，或者是其他干扰，使得原来记忆中的真相，明显增添了变形色彩或歪曲。因此,当与叙述者谈话时,访谈者要警惕不要被动陷入叙述者的变形观念中。但是,也不能因此与叙述者产生语言上的大冲突,这无疑是对访谈者的更高要求,因为他是访谈中的主导者、整理者及研究者。在访谈结束之后,利用宝贵的录音和相片,配合其他文字资料及相关物品,将录音的声音提炼升华成口述文字稿。这是一种艺术性的工作,也是严格的中国语文工作。要将多余重复的言语删去,要处理好谈话中的矛盾和不妥处,要处理好口述与文字史料间不一致的地方,既要保留叙述者谈话语句中的特色,又要字句通顺,意思明白,最后写成文字稿形式的口述史料;此稿再经过叙述者的审查签名同意,就可以给研究者使用和编辑公开出版发表。以上各个环节,如果没有"十年磨一剑"的精神和适当的方法,恐怕是难以成功的。这些相关人士如想完满成功,最重要的是密切合作和严格工作程序。因为调动不同资历的老人为一个主题而向你"口吐真言",这本身就说明工作的难度和乐趣,其间很大程度是依靠访谈者的准备和现场访谈中的主导作用。

具体方案略述如下:

(1)设定口述访谈主题与计划。

(2)口述访谈前的准备:知识准备;设备准备;谈话准备。

(3)口述史料的整理:卡片式;三稿制。

总之,田野作业的各种具体准备和执行,是可以各有特色,其中成功的核心是坦诚的请教态度和引导谈话的轻松原则是一致的。至于发表的文字可以是对谈式、自白式、群述式。或者是全文发表,或者是部分选择,或者是为说明作者思想而点缀使用等。但是在口述部分必须有录音作依据。然后才谈到口述内容的生动性,切莫想弄虚作假能够成口述史书。

五、20年来中国口述史的状况

在20多年前的中国"文化大革命"期间,连"口述史"这个在世界上早已流传的名词,都没有资格出现在中国大小书报上面,老百姓更没有资格买到录音机,自然也就没有中国大陆上自己的口述史可言。(台湾情况见上文。)

到20世纪80年代,改革开放的新浪潮激励一些书生开始介绍新的研究方法和思想,他们显然并非当时学术主流线的代表,像彭卫、孟庆顺、沈固朝等人皆有专门从理论角度谈口述史的文章。笔者则因于1982年受茅以升院士的教导而开始进行200余位老前辈的口述访问，参与全国政协的一些工作，被世界史所《史学理论》杂志主编陈启能抓住，命写成《中国口述史学刍议》一文发表。[1] 而那十年间出版的口述史书是少之又少，笔者仅见三部书：一部是当时较流行的书《中国史学入门》，为顾颉刚院士口述，何启君整理。时间为1966年1月，地点在北京香山疗养院。何先生抓住偶然机遇，请顾老系统地讲述中国史学知识，他限于当时没有录音机，只有自己笔记，分成17次记录。而顾老则显现大师风采，娓娓道来，最后还是希望他能够编成一部书。[2] 另一部书是《南海康先生口说》，内容是康有为先生在19世纪90年代于广州万木草堂讲学时，学生们的记录稿汇编，颇有学习孔子的味道。当时更是没有录音机，原稿藏广东中山图书馆，但此书确实是重要的口述史料，有很强的学术价值。[3] 第三本则是《袁世海》（第一部），书封面上写道：中国现代名人传记系列丛书。袁世海口述，袁菁整理。书中内容相当生动，只是笔者没有办法向袁菁女士询问当时谈话录音的情景，因为书中后记并没有明示。[4]

进入90年代以来，逐渐有些口述史书出现，这首先是大环境决定的，特别是翻译一些外国口述史书，以及一位风云中国近代史的人物张学良在中国台湾和美国的三次口述历史，给予逐渐活跃的新闻界和学术界以较大的冲击。同时，一些扎实进行口述访谈的口述史书也就陆续出版了。笔者所见有限，并对于一些笔述书用口述名义出版不解，难以认同，遂难免判断有误，仅在此将中国大陆出版的部分口述史书略为介绍：

笔者自己因赴日本客座研究而产生对于中日文化交流的思考，故而在1994年访谈18位早年留日者，其中年龄最高者93岁，系1914年留日。他们中间有诗人、军人、作家、外交家、学者、医生、哲学家、科学家、经济学家等。文字稿按照口述录音对话体，谈他们留日时的经历和认识，并附有每个人照片、签名、访谈时间和地点，即符合国际规范。笔者自己做策划者、访谈者和整理者，

---

① 拙文见《史学理论》，1989年4期。

② 《中国史学入门——顾颉刚讲史录》，顾颉刚口述，何启君整理，中国青年出版社，1983年。

③ 《南海康先生口说》，康有为口述，学生们笔录，吴熙钊、邓中好校点，中山大学出版社，1985年。

④ 《袁世海》（第一部），袁世海口述，袁菁整理，中国青年出版社，1985年。

并与每位叙述者签有知识产权协议,共享时间10个月。书名为《早年留日者谈日本》,此书由山东画报出版社在1996年出版。[①] (2003年在日本出版日文版《ぁのころの日本》。)

1996年四川人民出版社出版《当代国民心态访谈录丛书》三册,该书系按照社会学思路对于普通民众进行采访记录,分别回答对于社会新现状的体验和看法。该书由高登・怀特主编,尚晓媛、易木执行主编。工作经费由外国基金会提供。[②]

接着相类的由社会群体中选择某个主题代表,而陆续出版有:

张晓:《西江苗族妇女口述史研究》。作者自幼生活在苗族和汉族双语环境中(苗名娜蒂),有着深刻的体验,当她学习人类学知识后,就在1995年录音访谈数十位苗族妇女,并根据她的认识,按照个案分类合成为一幅集体素描的动景,内容生动。只可惜访谈内容中的历史部分较少,好像是口述一个妇女小社区。[③]

杜芳琴主编:《大山的女儿:经验、心声和需求——山区的妇女口述(华北卷)》。书中目录就是各个访谈主题,每个主题下列:被访人(1—5人)、访谈人(1—3人)、时间、地点、记录、录音整理。内容即是1997年对谈录音的文字稿。书前有杜女士的长篇介绍文章,说明她们几位同志合作进行口述访谈的缘由和经历,对叙述者更有社会政策的分析。她们显然是有很大志向和很不容易完成此书,经费由香港某基金会帮助。[④]

定宜庄:《最后的记忆——十六位旗人妇女的口述历史》。这是定博士在1997—1998年间,在北京郊区按照三个主题口述访谈所成著作。操作上也严格写明时间、地点、访谈者和叙述者姓名,还夹有老照片,后有附表附图。定博士更发挥她的满族语言优势对内容加上注释,解决了读者的疑问。这是一部很

---

① 钟少华编著:《早年留日者谈日本》,山东画报出版社,1996年。

② “当代国民心态访谈录丛书”共三部:《“当代英雄”的自述》《昨日黄花依旧香》《“弱者”的尴尬》,[英]高登・怀特主编,尚晓媛、易木执行主编,四川人民出版社,1996年。

③ 张晓:《西江苗族妇女口述史研究》,贵州人民出版社,1997年。

④ 杜芳琴主编:《大山的女儿:经验、心声和需求——山区的妇女口述(华北卷)》,贵州民族出版社,1998年。

成功的口述史书，是用自白形式，略去访谈者的问话。①

1999年出版的一部《共和国要事口述史》，是编写组集体采访、整理的，主编是朱元石。书中称“用口述史形式”，上有十多位上层老政界人物的相片，以及每人就一个历史事件的“谈话”内容，但是没有谈话的时间地点。笔者相信他们“不作野史浮文”，但读内容总难以顺口，恐怕是刻意整理成如此的吧？但愿以后有机会听到录音。②

接着出版的一部书：《中国底层访谈录》，老威著。此书恰与上书的叙述者反而道之，他们几十人皆可为当代中国社会底层边缘人各种代表，被著者在7年时间内“私录下来”，包括著者自己在内，通过对谈突出每个人的人生观和行为，文字颇可想见对谈时的更加生动，与上层人的鸿沟般差异。书中附有著者照片和一些背景照片。③

《男人之隐——四十岁男人生存现状访谈实录》，张建伟著。该书为男著者两年来访谈3类16位40岁男人的记录，每人有访谈时间地点及背景资料，典型的现代中国城市40岁男人生活思想表达。④

《成功女性的独白——非隐私访谈录》，孟晓云著。该书为女著者三年来访谈14位成功女性的访谈记录，注有每个人的访谈时间地点及背景资料，还有照片。内容强调成功女性的心灵深处见解，但较偏于理性思维。⑤

《台湾老兵——口述实录，我在台湾四十年》，于秀著。该书为著者在1999年访谈15位台湾老兵，他们全是中国内战的特殊生还者，老年后分别到中国大陆或美国或留中国台湾居住，所以拥有独到的情感记录。访谈的时间地点及作为老兵的背景资料，还有照片，都有明确表示。内容中著者有一半文字是说明访谈经历和她自己的情感。⑥

《走近鼓楼——侗族南部社区文化口述史》，余未人著。这是一部民俗学研究专著，叙述者对某些问题的口述在书中是作为具体说明而使用，并不是以

---

① 定宜庄：《最后的记忆——十六位旗人妇女的口述历史》，中国广播电视出版社，1999年。

② 朱元石主编：《共和国要事口述史》，湖南人民出版社，1999年。

③ 老威：《中国底层访谈录》，长江文艺出版社，2001年。

④ 张建伟：《男人之隐——四十岁男人生存现状访谈实录》，南海出版公司，2000年。

⑤ 孟晓云：《成功女性的独白——非隐私访谈录》，当代世界出版社，2000年。

⑥ 于秀：《台湾老兵——口述实录，我在台湾四十年》，河北人民出版社，2000年。

人的经历思想为主线。①

《留住手艺——对传统手工艺人的访谈》,日本盐野米松著,英珂译。该书内容是手艺人谈他们自己的绝活工艺,在中国还很少见此类抢救口述活动。②

以上皆是90年代以来针对主题作集体访谈而成书,不同的人谈同样的主题,很明显突出其内涵的特色和个人特色。而以个人经历为主线的访谈口述书则较少,这里略述三部:

《张申府访谈录》,原名《说实话的时间不多了》,为美国舒衡哲女士著,李绍明译。张申府老人作为中国伟大的思想家和近代史中的留痕的一员,可惜他的深刻思想没有机会在正常学术环境中表述,唯一剩下的时间已在垂暮晚年。恰逢舒衡哲女士从1979年到1984年来中国访谈,留下60个小时的录音。于是舒衡哲女士边述边引用老人录音谈话,构成了中国近代史中鲜为人知的一幕,并将老人独到的思想记录下来了,划开了官方语言背后的活生生的人性和认识,给我们后人一份虽来得迟但精彩的历史光辉。③

《舒芜口述自传》,舒芜口述,许福芦撰写。舒芜老人曾不经意地被卷进中国现代政治中的一段公案中,也就变成社会上许多人关心的对象,仿佛中国现代社会的一个活路标。他赶上允许公开自述的时代,自1998至2001年,"我口述录音,他写出初稿;我加工调整,他打印出清稿;我再作修补,他打印出定稿"④。再配上一些历史照片,就成为此书。在书中,舒芜老人以写实实描的生动口吻,将自己一生和盘端出,并详细记录下与他关联的各位人物嘴脸言行,交代得清清楚楚。读者同意也罢疑问也罢,都可以感受到他的理性思维所在。

《黄药眠口述自传》,黄药眠口述,蔡彻撰写。此书与上述舒芜的口述书恰可合观,他们的政治理念有鲜明的差异,并曾有所论战。可惜黄先生仅口述到1949年前的经历。⑤

《全球首富比尔·盖茨访谈录》,这是翻译西方几位记者访谈盖茨的口述

① 余未人:《走近鼓楼——侗族南部社区文化口述史》,贵州人民出版社,2001年。

② [日]盐野米松:《留住手艺——对传统手工艺人的访谈》,英珂译,山东画报出版社,2000年。

③ [美]舒衡哲:《张申府访谈录》,[美]李绍明译,北京图书馆出版社,2001年。

④ 《舒芜口述自传》,舒芜口述,许福芦撰写,中国社会科学出版社,2002年。

⑤ 《黄药眠口述自传》,黄药眠口述,蔡彻撰写,中国社会科学出版社,2003年。

实录，对现代创新知识的认识颇有意义，谈话也很有思想见地，盖茨的成功当之无愧。[①]

《北大访谈录》是12位北大学生对12位北大老师的12个专题访谈记录，各唱各的调，缺乏交叉。[②]

还有一部书则需读者费思量，书名《中国古史寻证》，李学勤、郭志坤合作。封面上还印着："世纪初的对话"，并且在一位作者名旁印有"名家"，另一位则印为"名编"，如此自称太少见，让读者摸不着头脑。打开书看是对话体的学术性内容，在李名家的序中只字未提他们是如何"对话"，仅夸奖郭主编"竟在不长的时间里，编成了这一本长达十章三百多页的书"。[③] 而在郭名编的序中更没有口述的说明，能找到相关的话只有："可以说海阔天空，无所不谈。"此书"是数十年的访谈总汇"。"不单是口头笔录。"[④]如果我们按照口述史书去想象，会很惊奇何以需要数十年的录音来总汇成书？但是如果笔者反向思维，此书也可能根本就是笔述，也许恰是有人利用了"访谈""口头""对话"这样的词句，谁又能不准名编用呢？当然，笔者举此例，就是不能将此书算进口述史书中，并且感叹做学问之难。

行文至此，恰见8月6日《光明日报》上载李小江女士介绍将要出版的口述史书《让女人自己说话》，笔者很高兴李教授十年的心血将可撒播全国了。只是她在文中开头就判断："妇女史与口述史具有天然的盟友关系。"这是不够的，因为男人史、男女老幼每一个人的史，都与口述史具有天然的盟友关系，除了哑巴。不管男女老幼，就看你想说什么！不问城乡财产文化差别，就看你想说什么！不问阶层身份高低，就看你想说什么！

六、呼唤中国口述史学腾飞

当前中国口述史学的形势，可以简述成几句话：

一方面是中国传统口述史优势早已被弃如敝屣；

---

① 刘首英主编：《全球首富比尔·盖茨访谈录》，李旭大译，中国发展出版社，2003年。

② 文池主编：《北大访谈录》，中国社会科学出版社，2001年。

③ 李学勤、郭志坤：《中国古史寻证》，3页，上海科技教育出版社，2002年。

④ 黄药眠口述，蔡彻撰写《黄药眠口述自传》，中国社会科学出版社，2003年。

一方面是当代世界上口述史学的广泛运用；

一方面是当代中国口述史的需求是如此广泛急迫，中国读者急迫需要不同于传统文字笔述的更生动、更深刻的大量口述史、口述社会、口述民俗、口述生活等新的真实内容介绍（包括也需要口述文学）；

一方面是我们努力20年来所获得的口述史料还是太少了，参与执行口述史计划的热心人太少了。中国大陆至今还没有口述史学会，没有口述史杂志，这与我们作为世界文明大国的名与实并不一致。

所以，呼唤中国口述史学的腾飞，就是十分迫切的文化建设任务。目前，可以说是万事俱备，就缺实干。一个主题一个主题地去做，一个人一个人地去做，已经没有什么困难是不可克服的。只要记住千万莫作伪。

当代中国口述史学的腾飞，肯定是与中国当代社会科学的新发展相一致，肯定是能够如联合国呼吁的，为人类文明中口头遗产的弘扬做出新贡献。

附：

钟少华部分已经发表相关论文目录：

《中国口述科技历史的抢救问题》，全国政协《文史资料》，1986年。

《中国口述历史研究的探索》，《自然辩证法通讯》，1986年。

《我的"口述史"工作经验》，台湾"中研院"《口述历史》，第2期。

《呼唤中国口述历史腾飞》，北京《口述历史》，第2辑。

《中国口述史学漫谈》，《学术研究》，1997年。

《现代史学分支学科概论》，第七章，《口述史学》，1998年。

《学问之途》第三篇：《话须真实方传远，语必关风始动人——口述史方法》。

钟少华著口述史书：

《早年留日者谈日本》，山东画报社版，1995年。

《あのころの日本》（日文），日本侨报社译，2003年。

第二章　中国言语文化简史(上)

人类生活在地球上数百万年,通过口腔运动发声,成为人类社会活动中的主要交际工具,积累下极大量言语文化资料,大家自幼惯习,并且天天习用,反倒常被忽略。更遗憾的是,几千年来的文献的形成,由于古代没有发明录音机,人们的声音所表述的各种文化现象,都不能直接清晰地反映。古人只好退而求其次,利用文字来记录声音的意义。现代人们又只好再反过来,通过古代留下的文字,来推导古代人说的什么话,表达的什么意思,因为这些话语形成什么样的文化现象。这就是言语文化史的核心内容。

在这历史实践过程中,很清楚,文字终究不能与声音等同。人类声音经过三百万年的漫长练习,声音丰富,高昂低徐,婉转萦回,交流之间的透彻或模糊,都是美轮美奂的,并且丰富到世界上没有两个自然人的声音是一模一样的。但是人类声音的缺点也明显,那就是即发即逝,不能在空气中自然保存。而文字则是比较能够保存的,自从各民族在地球各地历经变革进化,形成各自的文字规范。但是文字的缺点也很明显,且不说各民族之间文字的交流很困难,仅说中华民族几千年间所形成的中文字内部,也是混乱有加。两千多年前秦朝统一中国,皇帝仅是规定了“书同文”,却没有规定“字同音”“字同形”“字同义”。事实上,到今天的电脑时代,就连“书同文”也还是问题多多,一字多音、一字多形、一字多义、多字同音、多字同义等现象,是普遍存在的,更别说方言土字了。这里所关注的声音转变成文字,是否就已经相当清晰准确了呢?把文字再转化回声音，是否就还能够清晰准确表述呢？笔者所见，还是很难说。虽然现代声学已经相当发达，能够让人对电脑发声，就直接在电脑上显示出电脑所理解的文字；反过来，在电脑上输入文字指令，就能够让机器人发出相应的声音。但是这种智能化，想要达到人类普遍的声音与文字的准确转换，恐怕还需要很长时间。何况，现代科技也只能解决当代言语的人机转换，并不能将古代言语通过人机转换来复活。

因此，古代言语问题，依然还是需要依靠古代文献中的文字来分析诱导。中国传统就有训诂学、音韵学来探索古文字的语言问题和言语问题。几百年来，中文训诂、古音韵的研究成绩多不胜数，本世纪初，一批语言学家整理出版《故训汇纂》，将古代训诂成果纳入。现代人打开看，许多字在古籍上的解释如类书条目般排列在一起，常常有几十种用法，初学者是难以拣选的。因而显然不能拘泥于古文献文字本身，而需要有一种新的研究思想和方法，那就是言语学及文化学的方法。

言语学研究不是声学研究，它不关心自然科学视角下的人声的技术问题；言语学与语言学关系密切，但也并不等同。言语学仅关注人的口腔运动所产生的种种现象，包括言语在历史上存留的文字。我们不注重恢复古字的原音，而是尽量探索古字里的言语现象及文化现象。

注意，中文古字与现在运用的中文字，大致上是一致的，有变化但不是决裂。中文古字是以“字”为表述单位，其形、音、义之间并没有必然的有机的联系，一个形可能有几个音几个义；一个音可能有几个形几个义；一个义可能有几个形几个音。这里仅关注几千年文献中存留的文字词句，能够基本判断为口述流畅，为历代民众喜闻乐道，说出中国人心中永恒的人性意愿。只可惜文献太多，只能稍选部分，以飨现代读者。

中国人的言语，在过去创造出丰富的言语文献，甚至从言语文献分类上就多彩多艺。按照朝代分期的话，都是各有特色，并且愈来愈丰富，多能够在口述中流传。本书基本上就按照栾贵明先生主编的《中华史表》的历史分期，更以脍炙人口的存留作品为主。

按照《中华史表》上的历史分期，如次：

远古时期——盘古—燧人氏　　　　前 4464 年以前

太古时期——庖牺氏—帝舜　　　前 4463—前 2184 年

上古时期——夏后氏—商　　　前 2183—前 1123 年

中古时期——周—秦　　　前 1122—前 207 年

近古时期——汉—清　　　前 207—1912 年[①]

以上的远古时期、太占时期、上古时期,跨度数千年,由于那个时期太古远,连文字都还没有产生,口耳相传的口述文献都没有可能保留下来,而目前挖掘出来的文物更是稀少。目前能够认可的口述文献,基本上是说的中古时期的人和事。当然,即是这些自古十口相传的内容变成文字文献,肯定是在这些事情发生之后很久很久,也就难免有所变化,其中可能添加了无数的中间传话人的误听误读误解,才变成文字文献。记得笔者曾经听启功先生面提,这个“献”字的原意,就是口述。

中古时期,即秦始皇统一中国之前,时间近千年,一般所谓春秋战国时期。从文化角度看,就是一个百花齐放的时期。那时的各部族政权,都忙着巩固和扩充自己的政治经济军事实力,需要许多谋士策划出主意;民众为生活而奔忙,为做人的权利而赞叹,于是就有“风、雅、颂”各种歌谣涌现;就有各种谋士、教育家、思想家的言谈形成所谓诸子百家的见解。也就有一些有心人开始加以整理,变成文字,其原因不外乎好听和有用,值得传诵。《汉书·艺文志》上就有记载:“书曰‘诗言志,歌咏言’。故哀乐之心感,而歌咏之声发。诵其言谓之诗,咏其声谓之歌。故古有采诗之官,王者所以观风俗、知得失,自考正也。孔子纯取周诗,上采殷,下取鲁,凡三百五篇。遭秦而全者,以其讽诵,不独在竹帛故也。”这一段总结的话,充分说明口腔运动的重要性,以及其产生的缘由。还特别指出孔丘先生整理周朝诗歌(即《诗经》)的历史功绩。最后还指明:即使抄录在竹帛上的诗歌文字,在历经秦朝焚书坑儒之后,依然完整,并非仅因为抄录成书,而根源还是诗歌的易于讽诵传播,人人喜爱。

那个时期最典型的口述成果,就是孔丘老先生述而不作的《论语》一书,全篇他老先生没有写一个字,全部由他口述许多精辟看法及人生见解,再由他的弟子们记录下来,成为后代研读深思的文化宝库,至今不断。

---

① 栾贵明主编:《中华史表》,凡例,2 页,新世界出版社,2014 年。

本章作为简史,仅能简略分别各节如次:

先秦时期——

两汉至魏晋南北朝时期——

隋唐五代时期——

北南宋朝——

元朝时期——

明朝时期——

清朝康雍乾时期——

自19世纪以后,归入下一部分,即近代。另立章节介绍。

第一节　先秦时期的言语文化

中华民族的远古时期、太古时期的文化遗产,太过远久,其口耳相传的口述内容,则更是难以在今天重现。即使目前已经出土的周口店文化遗址、河姆渡文化遗址、龙山文化遗址、三星堆文化遗址、仰韶文化遗址等,其中也难以显现口述的内容。只有一些后来传诵比较广的,已经变成后来的神话形式,让我们后人能够知道女娲补天、精卫填海、夸父逐日、刑天舞干戚等等,一直激励着我们民族。至于近代出土的甲骨文、铜器铭文等,口语体的简单句子已经出现,这里陆续简单介绍。

从上古时期到中古时期,即我们一般简称夏、商、周、秦时期,其时间跨度也有近3000年,即本节的时期。此时,中华的文化大为发展,广袤土地上的许多部落在竞争中发展并逐渐壮大,终至从多个小国统一成为大国,此期间的各地区各部落的文化、经济、军事、政治等领域,都产生十分丰富的思想和内容,通过大量知名人物和不知名人物的言论和实践,而获得强势的进步。

但是,如何实证这段历史文化,却是一个极大的难题。原因就在于现代人所掌握其中的言语文字,实在是太少,更遑论上古时期中华大地上的人们曾经用什么样的声音来表述自己的情感!目前我们所普遍使用的汉字,基本都是以战国时期各地出现的大篆、小篆为基本凝固的字形。虽然大家都承认刻画在甲骨上的文字要更早,但甲骨文本身史实的论证尚且贫乏。那么到底在这发生之前,特别是从言语声音转化成为图案,再转化为同民族的文字的漫长时期,实在是缺乏史料。那如何去推测其合理的转化呢?钱锺书前辈提出一个理论,叫作“文字流转”,那还是比较说得通的。根据钱老的思想,我们不妨设想:如果以三万年前北京山顶洞人来估量他们互相之间,是如何用声音、符号来交流,恐怕太困难了,因为留存物太少。如果以6000年前的西安半坡遗址文化来猜测,那就要容易一些。那是一个大村落,每个人天天都要与家里人或邻居,用声音或手势、表情来交流,为了让对方能够尽快准确地了解自己的愿望,就必须逐渐形成对方能够理解的声音或手势。村长为了发布共同遵守的命令,也只能使用公共认同的声音或手势。打猎就必须是打猎需要的共同声音或手势;做陶器就必须要专业的声音或手势来操作,但又必须区分每个工匠的产品,很自然就会往制成品上面做些区分的图案,应该多是一些手绘上去的图案。这些图案就渐渐变成声音的代表,也有一定身份的代表,同村人一看就明白。只可惜反倒是今人难以明白,我们今天连那些图形所想表示的意思,都只能猜测。我们也可以再到成都三星堆遗址看看,那里的陶器片上面出现一些图形,猜测是符号是可以的,猜测是文字也是可以的,反正声音变图形、图形变符号、符号变文字、文字间也变来变去,它们一直在漫长的岁月中不断流变。

总之,6000年前在中华大地上的民众,从一家人之间的语音手势的交流,到一个家族内部的交流,到一个村落、一个族群内部的交流,都只能是上古文字形式的流转,很混乱,很多血与泪,很多偶然性。同样一个意思,东南西北各地各族人描述出来的字形、字音,恐怕就有很大差异。一代人转另一代人,在漫长的历史文化长河中不断地浪里淘沙。就说我们都认同的远古、太古时期的开拓中华大地的人物,如盘古、女娲、有巢氏、燧人氏、庖牺氏,等等,今人只能略知他们的一点点行为,却至少经历了4000年。到了战国七雄时期,那时候,盘踞在黄河南北的大小国家和君王,多已经拥有各自流转下来的文字,或画在陶器上面,或刻画在甲骨、龟板、竹片上面,或铸造在青铜器皿上面,千奇百怪,如果我们硬要总结其共同点,那只有一点,即都是在一个方块空间里去表现。这也就是后来中国字被称为“方块字”的传统源头。这就与古埃及字、古希腊字走上拼音字母化,有很大的区别。

认可方块字的流转历史，就需要对于中国文人关注的“伪书”问题，说一下笔者的观点。既然要谈“伪书”，其对立面似乎是“真书”。而两千年来，事实是远古时期笔录下来的“书”，没有一部是原版，谁也没有见过先秦人物自己写的原版书。我们所能够侥幸见到的“经世之作”，首先只能是先秦人口述的记录，再经过文字流转而成“古本”，这里头的文字差错就已经无法验证；其次是从第一次的“古本”，再一代一代传抄流转，每一个传抄者都可能自觉或不自觉地加进他自己的文字，形成不同的“古本”。君不见，我们在21世纪重印20世纪中国人的著作，就已经经常自以为是地大刀阔斧“修订”吗！自从20世纪顾颉刚先生等学者大兴疑古之风以来，大量存留古籍被梳理，同时也就掀起“伪书”之争议。1933年，马念祖先生著《伪书举例》，书中将“伪书”的类型区分成47种，并以229种古书来做例证。[①] 其实，应该还远远不止。许多中国学者沉醉其中，名曰继承清代考据学风，一个字一个字抠下去，其精神可嘉。但是，其中也一个字一个字地流转变化下去。那么，我们能否换一种思维来认知呢？早在1932年，郑振铎先生就在他写的《汤祷篇》一文中，明确提出：

古史的研究，于今为极盛：有完全捧着古书，无条件地屈服于往昔的记载之下的；也有凭着理智的辨解力，使用着考据的最有效的方法，对于古代之不近人情或不合理的史实，加以驳诘，加以辨正的。顾颉刚先生的《古史辨》便是属于后者的最有力的一部书。顾先生重新引起了王充、郑樵、崔述、康有为诸人的怀疑的求真的精神。康氏往往有所蔽，好以己意强解古书，割裂古书；顾先生的态度，却是异常的恳挚的；他的“为真理而求真理”的热忱，是为我们友人们所共佩的。……但我以为，顾先生的《古史辨》，乃是最后一部的表现中国式的怀疑精神与真理的热忱的书，她是结束，不是开创，他把郑崔诸人的路线，给了一个总结束。但如果从今以后，要想走上另一条更近真理的路，那就由别处开辟门户。……老在旧书堆里翻筋斗，是绝对跳不出如来佛的手掌心以外的。此亦一是非，彼亦一是非，旧书堆里的纠纷，老是不会减少的。我以为古书固不可尽信为真实。但也不可单凭直觉的理智，去抹杀古代的事实。古人或不至像我们所

---

① 马念祖：《伪书举例》，4卷，北平炳林印书馆，1933年。

相信的那么样的惯于作伪，惯于凭空捏造多多少少的故事出来；他们假使有什么附会，也必定有一个可以使他生出这种附会来的根据的。愈是今人以为大不近人情，大不合理，却愈有其至深且厚、至真且确的依据在着。自从人类学、人种学和民俗学的研究开始以来，我们对于古代的神话和传说，已不仅视之为原始人里的"假语村言"了。……我们为什么还要常把许多古史上的重要的事实，当作后人的附会和假造呢？……我以为《古史辨》的时代是应该告一个结束了！为了使今人明了古代社会的真实的情形，似有另找一条路走的必要。①

笔者很赞成郑先生在80年前的深刻分析，更欣赏他明确走一条新路的指示。今天我们是处在21世纪的电脑时代，面对"伪书"或"真书"这样复杂的纠葛，不如交给电脑大数据来处理，只需留几位爱好者操控其中就够了。我们大家也明白，"伪书"问题其实就是中国人在19世纪以前的漫长岁月中是没有知识产权概念的，所以不论官方或各人，都可以让文字流转；即使从20世纪至今，知识产权写进官方文件了，但在执行中，文字流转依然我行我素。那么，这种劣根性所造成的"伪书"问题就会一直繁衍下去。只有当一个创建的文献数字库里面，已经将绝大部分的中华文献，自古至今地装进去，大家都可以从中梳理每一个文献中的来龙去脉，那时候，谁"真"谁"伪"就泾渭分明了。即使是泾渭不分明，我们也可以从综合中获得新的认知。

当然，梳理的原则也是关键，钱锺书先生的意见是"做裁缝不做外科医生"。而我们的前辈们往往多以一己好恶来大刀阔斧地砍伐文献，或者以某种封建需求来排除异党的言论。而现在做一个聪明的裁缝正当其时。

下面我们选择中古时期部分幸运被后人用文字记录下来的言语，为了方便，暂分几类：

一、古人云

中华民族都认同的祖先之一，神农氏炎帝，按照《中华史表》上记载，他生活在公元前3000年左右，他的言行，散见于古籍中。2016年1月按照钱锺书设

① 郑振铎：《汤祷》，原写于1932年12月2日，见《汤祷篇》，1—2页，古典文学出版社，1957年。

计的“中国古典数字工程”而建立的“扫叶库”，将神农氏在文献中记载的言论整理出版《炎帝集》，书共六卷，其中有：

太岁在四季。葶苈子熟时可种禾豆。夏至时可种黍麻。夏至后百日，地气上时可种麦。

太岁在四仲。椹熟时可种禾豆。夏至后九十日，地气上可种麦。

太岁在四孟。以蚕眠起时可种禾豆。夏至前五十日可种稻黍麻。夏至后八十日，地气上时可种麦。（神农书其十五）①

中华民族都认同的另一祖先轩辕氏黄帝，按照《中华史表》上记载，他生活在公元前2500年左右，同样按照“扫叶库”编辑出版的《黄帝集》，书共三十七卷，其中有：

两敌相当。使人去敌营一百二十步，以管注耳听之。

闻隆隆如车，如雷，如鼓声者，宫也。其将宽和有信。

闻金石相和，轰轰攻击，如钟磬霹雳声者，商也。其将威怒好杀。宜数忿之。

闻如奔马炎炮掣裂声者，徵也。其将猛烈勇敢。难与争锋。

闻肃肃习习，如动树木，如人呼愁愁声者，角也。其将仁恕不可欺。

闻滔滔如流水扬波，激气相笑声者，羽也。其将贪冒多奸谋。

审此五音，以知敌性。候风之声，亦皆如之。（黄帝决兵其二）②

笔者初读以上这两段文字，也难以想象4000多年前的中国人，能够如此深刻准确地表述出他自己的认知，并且是用来教导别人的。即使今天一个缺乏实践经验的大学生也难说出来吧！你听那神农氏对于四季何时种植何种农作物，说得清楚准确，那是需要长时间农作总结才能掌握的；你听那军人用管子插地

① 栾贵明主编：《炎帝集》，5页，新世界出版社，2016年。

② 栾贵明主编：《黄帝集》，9页，新世界出版社，2016年。

听声，从嘈杂的军人群体活动声音中，能够听出五种不同声音类型，分别命名为宫、商、角、徵、羽，进而推断出对方统帅的性格，也成为中国声律用词的始祖。这是多么令人佩服呀。后来笔者学习钱锺书先生的意见，也就明晰了。因为当时在这两位祖先身旁听到如此相近的言语，口口相传，代代相传，后人再用符号、用文字记下来，其中后人的流转功劳不可抹，也自然有不断修改完善，说不上谁真谁假，能够在社会上经历灾难后而存其点滴，就已经是稀世珍宝啦。今天可以叫作非物质文化遗产吧。至于今人，你信也罢，不信也罢，用也罢，不用也罢，反正历史文献上就是如此，今后也还会如此。这绝非历史虚无主义，更非自吹自擂。当然，如果有当今国学大师能够证伪，笔者愿意承教。

二、神话

各民族多有神话，那当然不是“神”说的话，仅是指远古口口相传的人讲的故事，其中掺加了梦想或愿望或史料，被后人用笔记录下来再加工。中国古代神话相当精彩，脍炙人口，至今不衰。例如：

精卫填海 发鸠之山……有鸟焉：其状如乌，文首，白喙，赤足，名曰“精卫”，其鸣自詨。是炎帝之少女，名曰女娃。女娃游于东海，溺而不返。故为精卫，常衔西山之木石，以堙于东海。（《山海经·北山经》）

夸父追日 夸父与日逐走，入日；渴，欲得饮，饮于河、渭；河、渭不足，北饮大泽。未至，道渴而死。弃其杖，化为邓林。（《山海经·海外北经》）

女娲补天 往古之时，四极废，九州岛裂，天不兼覆，地不周载。火爁焱而不灭，水浩洋而不息。猛兽食颛民，鸷鸟攫老弱。于是女娲鍊五色石以补苍天，断鳌足以立四极，杀黑龙以济冀州，积芦灰以止淫水。苍天补，四极正，淫水涸，冀州平，狡虫死，颛民生。（《淮南子·览冥训》）

后羿射日 逮至尧之时，十日并出，焦禾稼，杀草木，而民无所食。猰貐、凿齿、九婴、大风、封豨、修蛇，皆为民害。尧乃使羿诛凿齿于畴华之野，杀九婴于凶水之上，缴大风于青邱之泽，上射十日而下杀猰貐，断修蛇于洞庭，擒封豨于桑林。万民皆喜，置尧以为天子。（《淮南子·本经训》）

我们能够想象到古代讲故事人，是如何有声有色地描述古代英雄们的事迹，其中的人物、地点、时间、情节皆娓娓道来，其中当然也掺杂了想象与符合民众意愿的追求。他们都是中华文化的传承人。

三、诗歌

史书记载，上古时期流传到孔夫子时代的诗歌，见于文字的有 3000 余首，孔夫子进行整理，留下 305 篇辑成诗经，分为风、雅、颂三类。笔者感激他编辑之功，但也遗憾他以后，那另外的 2700 余篇就再也不见于文献中了。这些诗歌中，既有庙堂之乐，也有更多民间脍炙人口的心声，今天唱念诵，都依然朗朗上口，音韵铿锵，词义生动，发人深省，成为中华文化中一丛美丽花朵。例如：

关　雎

关关雎鸠，在河之洲。窈窕淑女，君子好逑。
参差荇菜，左右流之。窈窕淑女，寤寐求之。
求之不得，寤寐思服。悠哉悠哉，辗转反侧！
参差荇菜，左右采之。窈窕淑女，琴瑟友之。
参差荇菜，左右芼之。窈窕淑女，钟鼓乐之。（《诗经 · 周南》）

墙有茨

墙有茨，不可扫也。中冓之言，不可道也。所可道也？言之丑也！
墙有茨，不可襄也。中冓之言，不可详也。所可详也？言之长也！
墙有茨，不可束也。中冓之言，不可读也。所可读也？言之辱也！（《诗经 · 墉风》）

相　鼠

相鼠有皮，人而无仪。人而无仪，不死何为？
相鼠有齿，人而无止。人而无止，不死何俟？
相鼠有体，人而无礼。人而无礼，胡不遄死？（《诗经 · 墉风》）

伐　檀

坎坎伐檀兮，置之河之干兮。河水清且涟猗。不稼不穑，胡取禾三百廛兮？不狩不猎，胡瞻尔庭有县貆兮？彼君子兮，不素餐兮！

坎坎伐辐兮，置之河之侧兮。河水清且直猗。不稼不穑，胡取禾三百亿兮？不狩不猎，胡瞻尔庭有县特兮？彼君子兮，不素食兮！

坎坎伐轮兮，置之河之漘兮。河水清且沦猗。不稼不穑，胡取禾三百囷兮？不狩不猎，胡瞻尔庭有县鹑兮？彼君子兮，不素飧兮！（《诗经·魏风》）

硕　鼠

硕鼠硕鼠，无食我黍。三岁贯女，莫我肯顾。逝将去女，适彼乐土。乐土乐土，爰得我所。

硕鼠硕鼠，无食我麦。三岁贯女，莫我肯德。逝将去女，适彼乐国。乐国乐国，爰得我直。

硕鼠硕鼠，无食我苗。三岁贯女，莫我肯劳。逝将去女，适彼乐郊。乐郊乐郊，谁之永号？（《读经·魏风》）

权　舆

于我乎夏屋渠渠，今也每食无余。于嗟乎不承权舆！

于我乎每食四簋，今也每食不饱。于嗟乎不承权舆！（《诗经·秦风》）

七　月

七月流火，九月授衣。一之日觱发，二之日栗烈。无衣无褐，何以卒岁！三之日于耜，四之日举趾。同我妇子，馌彼南亩。田畯至喜。

七月流火，九月授衣。春日载阳，有鸣仓庚。女执懿筐，遵彼微行，爰求柔桑。春日迟迟，采蘩祁祁。女心伤悲，殆及公子同归。

七月流火，八月萑苇。蚕月条桑，取彼斧斨。以伐远扬，猗彼女桑。七月鸣鵙，八月载绩。载玄载黄，我朱孔阳，为公子裳。

四月秀葽，五月鸣蜩。八月其获，十月陨萚。一之日于貉，取彼狐狸，为公子裘。二之日其同，载缵武功。言私其豵，献豜于公。

五月斯螽动股，六月莎鸡振羽。七月在野，八月在宇，九月在户，十月蟋蟀入我床下。穹窒熏鼠，塞向墐户。嗟我妇子，曰为改岁，入此室处。

六月食郁及薁，七月亨葵及菽。八月剥枣，十月获稻。为此春酒，以介眉寿。七月食瓜，八月断壶，九月叔苴，采荼薪樗。食我农夫。

九月筑场圃，十月纳禾稼。黍稷重穋，禾麻菽麦。嗟我农夫！我稼既同，上入执宫功。昼尔于茅，宵尔索绹，亟其乘屋，其始播百谷。

二之日凿冰冲冲，三之日纳于凌阴。四之日其蚤，献羔祭韭。九月肃霜，十月涤场。朋酒斯飨，曰杀羔羊。跻彼公堂，称彼兕觥，“万寿无疆”！（《诗经·豳风》）

不过，除孔先生整理之外，也还是有一些古诗歌在其他古籍中被保存下来，这里也选列部分：

谣　立我蒸民，莫匪尔极，不识不知，顺帝之则。（《列子》）

击壤歌　日出而作，日入而息，凿井而饮，耕田而食，帝力于我何有哉。

（《帝王世纪》）

尧戒　战战栗栗，日谨一日，人莫踬于山，而踬于垤。（《淮南子》）

南风歌　南风之熏兮，可以解吾民之愠兮。南风之时兮，可以阜吾民之财兮。（《乐记》）

卿云歌　卿云烂兮，纠缦缦兮。日月光华，日复旦兮。（《尚书》）

载歌舜帝歌：“股肱喜哉，元首起哉，百工熙哉。”皋陶赓歌：“元首明哉，股肱良哉，庶事康哉。”舜帝又歌：“元首丛脞哉，股肱惰哉，万事坠哉。”（《尚书》）

这些诗歌的吟诵，围绕着所想表达的内容，多以重叠字句反复，以抒发吟诵者的真实情感。几千年至今，这种诗歌技艺依然还是在中华民众中流行。我们会注意到，这些诗歌并不为字数、韵脚、声调规定严谨的要求，只以老百姓容易记忆、愿意唱诵为目标，为的是抒发民众在生活中获得的体验及心情，爱也罢，苦也罢，哀怨也罢，愤怒也罢，舒畅也罢，通通都随人的口腔运动而尽情抒发。前面所引几首诗歌，现代年轻人大多已经熟悉，不再介绍。一首《七月》，则简直是中国农夫一年四季辛勤劳动的全面阐述，农历各个季节都是什么样的天气，有什么样的农活，田里做什么，家里做什么，全都安排得清清楚楚，最后是大丰收后，大家共聚一堂，欢笑吃喝，喊出“万寿无疆”来！当然，这首长诗能够口传多少年，正是农夫们生活的精粹，通过言语记忆顺顺溜溜地刻入人心，长久不衰。后来在《汉书·艺文志》中总结道：

书曰：“诗言志，歌咏言。”故哀乐之心感，而歌咏之声发，诵其言谓之诗，咏其声谓之歌。故古有采诗之官，王者所以观风俗，知得失，自考正也。孔子纯取周诗，上采殷，下取鲁，凡三百五篇。遭秦而全者，以其讽诵，不独在竹帛故也。

四、诸子

诸子的言论，是中国传统文化中灿烂的明珠。集中在那个热闹时期，一些聪明人为了自己的思想理念，各自奋发畅言，他们有的谈人生，有的谈宇宙，有的谈人的七情六欲，有的谈社会变革的奇谋怪论，有的谈有所为有所不为，有的谈神仙世界多么美好，有的谈鬼怪魍魉多么可怕，有的谈君王应该如何做，有的谈百姓应该如何应付统治者，有的谈某个字应该如何理解，有的谈吃饭应该如何正确地吃，有的谈梦中的故事，有的谈现实中的苦难，等等，千头万绪。其中充满这些哲人们的智慧，也充满他们的疑惑及追求，他们能够自由地大声说出来，不怕被君王耻笑，不怕被别的智者挖苦，更不怕百姓难以理解。渐渐形成不同的学派流派宗派，也就有粉丝将他们开山老祖的言论记录下来，成为各自秘传经典。两千多年来，不断有人对某个老祖从信仰进到崇拜，区分阵营，互相进行你死我活的嘴仗。奇怪的是，自老祖们以后到清朝两千年间，不管哪一派，都没有出现一位能够被公认超越老祖们思想的人物，相反，各派历代自称“大师”级的人物，一贯是以宣讲或注解老祖们“原著”内容为己任，从来没有见到哪位创作《新论语》《新道德经》等书，以好救济苦难中的中华民族。而更奇怪的是，到底这些诸子的言论，存留于文献中的，其全面情况是什么样子？两千年间的每一代，都有大量粉丝涌现，其中佼佼者都进行过对诸子言论著作的整理工作，抄录出版的版本不计其数，口头流传的警世名言更重叠不已。我们随便拿两个不同版本对照，就显示其中字词的差异，再如果将一千五百年前、一千年前、二百年前的版本书摆在一起，那个差异可就数不清了。我们有理由问一问这些"大师"级人物：你们真信仰诸子言论的话，为何不尽弟子之劳，将诸子留存言论清理清理呢？害得现代人想信奉你们为"大师"、为"中国国学弘扬者"，是实在难办。

（一）孔丘（字仲尼，前552—前479）

孔子大概是诸子中知名度最高的一位，现代人一提到中国，一般就会联想到孔子。他的思想言论，是典型的君子动口不动手的产物，他教育学生，而学生和旁人则记录下这位先生的言论，经过整理，发表出来，那么，到底记录下来多少他的言论？大家熟知的就是《论语》，该书总字数是16012个字，就这么多了吗？总算在21世纪，栾贵明先生利用他参与建设的"扫叶库"，清理古代文献中庞杂存在的孔子言论，结果获得孔子言论16万字，结集《子曰》出版了。栾先生绝非"国学大师"，但他对于孔子的言论认知，却是适合现代人的见解，故引述如下：

孔子作为中国最年长一辈的思想家，其中庸的思想，人天合一的哲学，因地因时因人的辩证逻辑以及灵活的表达方式，随着人类文化发展，日新月异地展现着光辉。孔子的言论内核朴实，外表直白，读来华美，思来深邃。……孔子带有自省性的论述，有着极强的针对性，他直指中国人的道德弱点和普遍人性缺欠。对象不一，常常还包括他本人。他的批评和自省，对客体的震撼力和渗透力极强。他用一个"不"字规范不该做的事，以"中庸"思想统领，极力抵御非此即彼、主观偏执的伪科学化倾向。他充满哲理的教诲，促进人们构建道德内心。受教者包括君子、君王、臣工，也有载舟覆舟的庶人，以确保"国家宁，都邑以成，庶民以生"的理想实现。他认定只有在完成人性修养之后，才有国家和水电完善。他盼望恢复一个有序的社会，君主能按照孔子设计的方法统治国家……铸就稳定昌和的社会。至于天地灾害，生老病死等等，他认为只能"敬鬼神而远之"，顺"天命"，"人天合一"。达到人同自然相依相处。孔子的"天命观"，较之过激的"人定胜天"口号不同。他承认现实，主张尊重自然规律，风度从容而优雅，行为宽怀而礼让。他曾说，"得之自是，不得自是，以听天命"，"为之者人也,生死者命也”,“小人不知天命而不畏也”。孔子顺乎天命的忍让和规避之中,何尝不是积极的态度?孔子对人性的多层面探究以及对国人道德弱点的剖析,最终归结为教化和学知之必要,从而与消极否定、盲目自信划清界限。……孔子在其劝诫说教之中,突出特征是:无固定或唯一崇拜偶像,不存在任何形式的警吓威胁,不构造超自然的幻境,立论从未在生死两界徘徊,既没有针对个人生理行为的戒律,也不制定种种因果报应的惩罚规则。而是深植于凡人社会的日常生活,抑制人性的负面,发扬正气,劝学助进,追求高尚祥和的精神境界和稳定国家的美好理想。……把孔子教育方式认作“传道布教”,把有教无类广收弟子的原则说成“扩大教派”,或干脆把孔子和他弟子称作“儒教”,把《论语》奉作“圣经”,把孔子当作“教主”,甚至按此逻辑编辑出版“儒藏”,这些善意的推衍,不符合历史事实。①

以下引述《子曰》中部分言论:

孔子曰:士有五,有执尊贵者;有家富厚者;有资勇悍者;有心智惠者;有貌美好者。

执尊贵者,不以爱民行义理,而反以暴敖。

家富厚者,不以振穷救不足,而反以侈靡无度。

资勇悍者,不以卫上攻战,而反以侵陵私斗。

心智惠者,不以端计数,而反以事奸饰诈。

貌美好者,不以统朝莅民,而反以蛊女从欲。

此五者,所谓士失其美质者也。

孔子昼息于室而鼓琴焉。

闵子自外闻之,以告曾子曰:向也,夫子之音清澈以和,沦入至道。

今也更为幽沉之声,幽则利欲之所为发,沉则贪得之所为施。

夫子何所之感若是乎?

① 栾贵明述:《子曰》,971—974页,福建人民出版社,2013年。

吾从子入而问焉。

曾子曰：诺。

二人入问夫子。

夫子曰：然。女言是之，吾有也。

向见猫方取鼠，欲其得之，故为之音也。

女二人者孰识诸？

曾子对曰：闵子。

夫子曰：可与听音矣。

孔子曰：移风易俗，岂家至之哉，先之于身而已矣。[①]

（二）李耳（字聃，约前570—约前471）

据说李耳在写了《道德经》5000字后就出关了，他的思想却也引导着后人的沉思。现在出版的《老子集》，则已经有5万多字，有兴趣者尽管用之。这里仅选录一些新辑的：

吾闻富贵者送人以财，仁人者送人以言。吾不能富贵，窃仁人之号，送子以言曰：聪明深察而近于死者，好议人者也；博辩广大危其身者，发人之恶者也。为人子者，毋以有己。为人臣者，毋以有己。

老聃曰：小子少进，余语汝三皇五帝之治天下。黄帝之治天下，使民心一。民有其亲死不哭，而民不非也。尧之治天下，使民心亲。民有为其亲杀其杀，而民不非也。舜之治天下，使民心竞。民孕妇十月生子，子生五月而能言，不至乎孩而始谁，则人有夭矣。禹之治天下，使民心变。人有心而兵有顺，杀盗非杀，人自为种，而天下耳。是以天下大骇，儒墨皆起，其作始有伦。而今乎妇女，何言哉。余语汝三皇五帝之治天下，名曰治之，而乱莫甚焉。三皇之知，上悖日月之明，下睽山川之精，中坠四时之施，其知憯于蛎虿之尾，鲜规之兽，莫得安其性命之情者，而犹自以为圣人，不可耻乎？其无耻也。

---

① 栾贵明述：《子曰》，199—200、289—290、390—391、400页，福建人民出版社，2013年。

老聃曰:汝庸知汝子之迷乎?今天下之人,皆惑于是非,昏于利害,同疾者多,固莫有觉者。且一身之迷,不足倾一家。一家之迷,不足倾一乡。一乡之迷,不足倾一国。一国之迷,不足倾天下。天下尽迷,孰倾之哉。向使天下之人,其心尽如汝子,汝则反迷矣。哀乐声色臭味是非,孰能正之。且吾之言未必非迷,而况鲁之君子。迷之邮者,焉能解人之迷哉。荣汝之粮,不若遄归也。

老君曰:我命在我,不属天地,我不视不听不知。神不出身,与道同久,吾与天地分一气而治,自守根本也。非效众人行善,非行仁义,非行恭敬,非行爱欲,万物即利来。常淡泊无为,大道归也。故神人无光,圣人无名。①

(三)庄周(约前369—前286)

庄周先生是一位讲故事大王,大家公认他为“寓言”的鼻祖。他能够将人们关心的各类问题,用他所想象的世界,或仔细观察所得到的自然界现象,一一对应地编造成寓言故事,说出来让听众心悦诚服,以至成为代代书生们念叨的文化指针。而他的思想也就随之普照人间世。当然,他决不武断地规定你只能如此思想,而是相反地教导你如何观察宇宙间事物的不同视角。这里仅引《庄子集》中数段言论。

商太宰荡问仁于庄子。

庄子曰:虎狼仁也。

曰:何谓也?

庄子曰:父子相亲,何为不仁。

曰:请问至仁。

庄子曰:至仁无亲。

太宰曰:荡闻之,无亲则不爱,不爱则不孝,谓至仁不孝,可乎?

庄子曰:不然。夫至仁尚矣。孝固不足以言之,此非过孝之言也,不及孝之

① 栾贵明主编:《老子集》,78、88、100、138页,新世界出版社,2013年。

言也。夫南行者至于郢，北面而不见冥山。是何也？则去之远也。故曰：以敬孝易，以爱孝难；以爱孝易，以忘亲难；使忘亲易，使亲忘我难；使亲忘我易，兼忘天下难；兼忘天下易，使天下兼忘我难。

庄子与惠子遊于濠梁之上。庄子曰：鯈鱼出游从容，是鱼之乐也。

惠子曰：子非鱼，安知鱼之乐？

庄子曰：子非我，安知我不知鱼之乐？

惠子曰：我非子，固不知子矣。子固非鱼矣，子之不知鱼之乐全矣。

庄子曰：请循其本。子曰，汝安知鱼乐云者。既已知吾知之而问我，我知之濠上也。

庄周游乎雕陵之樊，睹一异鹊，自南方来者。翼广七尺，目大运寸。感周之颡，而集于栗林。庄周曰：此何鸟哉？翼殷不逝，目大不睹。蹇裳跃步，执弹而留之。睹一蝉，方得美荫，而忘其身。螳螂执翳而搏之，见得而忘其形。异鹊从而利之，见得而忘其真。庄子怵然曰：噫，物固相累。二类相召也。捐弹而反走，虞人逐而谇之。

庄周反入，三月不庭。蔺且从而问之：夫子何为顷间甚不庭乎？

庄周曰：吾守形而忘身，观于浊水而迷于清渊。且吾闻诸夫子曰：入其俗，从其俗。今吾游于雕陵而忘吾身。异鹊感吾颡，游于栗林而忘其真。栗林虞人，以吾为戮。吾所以不庭也。

庄子见鲁哀公。哀公曰：鲁多儒士，少为先生方者。

庄子曰：鲁少儒。

哀公曰：举鲁国而儒服，何谓少乎？

庄子曰：周闻之，儒者冠圜冠者，知天时；履句屦者，知地形；缓佩玦者，事至而断；君子有其道者，未必为其服也；为其服者，未必知其道也。公固以为不然，何不号于国中曰：无此道而为此服者，其罪死。

于是哀公号之五日，而鲁国无敢儒服者。独有一丈夫，儒服而立乎公门。公即召而问以国事，千转万变而不穷。

庄子曰：以鲁国而儒者一人耳，可谓多乎？

东郭子问于庄子曰：所谓道，恶乎在？

庄子曰：无所不在。

东郭子曰：期而后可。

庄子曰：在蝼蚁。

曰：何其下邪？

曰：在稊稗。

曰：何其愈下邪？

曰：在瓦甓。

曰：何其愈甚邪？

曰：在屎溺。

东郭子不应。

庄子曰：夫子之问也，固不足质，正获之问于监市履豨也。每下愈况，汝唯莫必。无乎逃物，至道若是。大言亦然，周遍咸三者。异名同实，其指一也。①

（四）孙武（生卒年不详）

任何一个区域，从村落汇聚成部落，再汇聚成为许多小国，再汇聚成为大国，其间最主要最直接的手段就是军事侵占，造成人世间战乱频仍。于是军事杀人知识兴旺，不知要杀掉多少人才能够总结出军事经验，成为可以记录的军事知识。这是生死攸关的大事，所以记录必须简明准确。先秦时期最著名的军事家，首推孙武。在《孙子集》中，我们能够见到一些：

孙子曰：兵者，国之大事。死生之地，存亡之道。不可不察也。

故经之以五。校之计，而索其情。一曰道；二曰天；三曰地；四曰将；五曰法。

---

① 栾贵明主编：《庄子集》，104—105、131—132、158—159、164—165、173—175 页，新世界出版社，2013 年。

道者，令民与上同意也。故可与之死，可与之生，而民不畏危。

天者，阴阳；寒暑。时制也。

地者，远近；险易；广狭。死生也。

将者，智；信；仁；勇。严也。

法者，曲制；官道。主用也。

凡此五者，将莫不闻。知之者胜，不知者不胜。

故校之以计，而索其情。曰：主孰有道，将孰有能，天地孰得，法令孰行，兵众孰强，士卒孰练，赏罚孰明，吾以此知胜负矣。将听吾计，用之必胜，留之；将不听吾计，用之必败，去之。①

（五）墨翟（约前468—约前376）

墨翟是平民出身的思想家，他的学问经常是将思想、行为、政治纠缠到一起讨论，说话就没有太多的空话，却又一针见血。他最著名的言论引如下：

公输盘为楚造云梯之械，成，将以攻宋。子墨子闻之，起于齐，行十日十夜，而至于郢，见公输盘。

公输盘曰：夫子何命焉为？

子墨子曰：北方有侮臣者，愿借子杀之。

公输盘不悦。

子墨子曰：请献千金。

公输盘曰：吾义固不杀人！

子墨子起再拜，曰：请说之。吾从北方，闻子为梯，将以攻宋，宋何罪之有？荆国有余于地，而不足于民。杀所不足而争所有余，不可谓智；宋无罪而攻之，不可谓仁；知而不争，不可谓忠；争而不得，不可谓强。义不杀少而杀众，不可谓知类。

公输盘服。

子墨子曰：然，胡不已乎？

---

① 栾贵明主编：《孙子集》，1—2页，新世界出版社，2013年。

公输盘曰:不可,吾既已言之王矣。

子墨子曰:胡不见我于王?

公输盘曰:诺!

子墨子见王,曰:今有人于此,舍其文轩,邻有敝舆,而欲窃之;舍其锦绣,邻有短褐,而欲窃之;舍其粱肉,邻有糠糟,而欲窃之。此为何若人?

王曰:必为窃疾矣。

子墨子曰:荆之地方五千里,宋之地方五百里,此犹文轩之与敝舆也;荆有云梦,犀兕麋鹿满之,江、汉之鱼鳖鼋鼍,为天下富,宋所谓无雉兔鲋鱼者也,此犹粱肉之与糠糟也;荆有长松、文梓、楩、枬、豫章,宋无长木,此犹锦绣之与短褐也。臣以三事之攻宋也,为与此同类。臣见大王之必伤义而不得。

王曰:善哉!虽然,公输盘为我为云梯,必取宋。

于是见公输盘。子墨子解带为城,以牒为械,公输盘九设攻城之机变,子墨子九距之;公输盘之攻械尽,子墨子之守圉有余。

公输盘诎,而曰:吾知所以距子矣,吾不言。

子墨子亦曰:吾知子之所以距我,吾不言。

楚王问其故,子墨子曰:公输盘之意,不过欲杀臣;杀臣,宋莫能守,可攻也。然臣之弟子禽滑厘等三百人,已持臣守圉之器,在宋城上,而待楚寇矣。虽杀臣,不能绝也。

楚王曰:善哉,吾请无攻宋矣。

子墨子归,过宋,天雨,庇其闾中,守闾者不内也。故曰:治于神者,众人不知其功;争于明者,众人知之。

以上仅引述先秦时期五位哲人的言论,已经无须再引述诸如荀卿、孟轲、韩非等一大批先生的言论,他们已经用古汉语充分表述出自己的思想、行为、愿望及追求。他们多用讲故事的方式,以言词的魔力,以“天道”的设定,以“人性”的皈依,以情节的动人,以愿望的追求,来弘扬自己的理念,娓娓道来,力图证明就该如此。真是把言语的威力发挥到极处。如果仔细观察领会他们每一个人的说词,却又明显有各自特色。他们的立论,是经过丰富的实践验证过的,为当时社会所认同的;他们的言语能力,是以相当丰富的人生知识、自然知识为依托的;他们使用的每一个字,都是古人文化积淀而成的精华;他们的推论过程,是相当的有想象力,以及简单判断的能力,再加上自信和环境的需要,当然就成为时代思想的佼佼者和代表。我们看墨翟与公输盘的对话,简直就是可以复制的一部电影剧本呀。可惜后人长时间没有全面整理,没有兼容并收,反倒是把精力耗费在白首穷经的注释上,以当某派弟子、某派诠释大师为荣。古人有知,当作何叹息?

同样,本书中也就不引述先秦时期,因为政治斗争、军事斗争、经济斗争、文化思想斗争的需要,在各个相关人士、帝王君臣男女长幼父子之间,生杀抢掠、坑蒙拐骗偷之间,生老病死、男欢女爱之间,所出现的大量史实,后来以各种叙述文、叙事文的形式保存下来。只因为内容太多太长,非本书所能容。

五、楚辞

商周时期的长江中游为楚地,他们的诗歌文化形成,与中原文化的韵调、格式,多有不同,现存最古的楚诗,大概有一些是有史料为证的:

子文歌

子文之族,犯国法程。
廷理释之,子文不听。
恤顾怨萌,方正公平。

楚人歌

薪乎,薪乎,无诸御己,讫无子乎!
莱乎,莱乎,无诸御己,讫无人乎![①]

还有一首“越人歌”,史载:

① 刘向:《说苑》,游国恩:《楚辞的起源》,载北京述学社编:《国学月报汇刊》,第一集,69—75页,朴社出版,1928年。

越人拥揖而歌。歌曰:"滥兮(牛卞)草滥予昌(木玄)泽予昌州州(食甚)州焉乎秦胥胥缦予乎昭澶秦踰渗湜随河湖"鄂君子晳曰:"吾不知越歌,子试为我楚说之。"于是乃召越译,乃楚说之。

越人歌

今夕何夕兮搴洲中流?
今日何日兮得与王子同舟?
蒙羞被好兮不訾诟耻,
心几烦而不绝兮知得王子。
山有木兮木有枝,心悦君兮君不知。①

2500多年前的楚人说话发音,显然与其他地域的人大大不同,无怪乎需要翻译。这与今天的一些方言区发音是类似的现象。当时即使写成古汉语,恐怕也是有互通和不通的。自从楚地出现大诗人屈原,经他的口,楚地的诗歌形成一种独特的"骚体"诗歌,在中华文化上增添一朵鲜艳的花儿。我们见到"诗三百"中也有用"兮"字做助词,但全篇诗句,只有一个"兮"做助词,而且用起来千回百转,那只有在楚辞中。胡云翼教授曾有激情的评述如下:

《离骚》是屈原一首最长的诗,共三百七十余句。屈原的艺术大手腕,在这首缠绵悱恻的长诗里面,已尽量地表现出来。他这首诗用的是独创的自叙传的体裁。自他的远祖、皇考,叙到他自己,叙到他自己忠贞的人格,叙到党人的偷乐贪婪和怀王的昏庸。次则讲他政治失意后,乃南征就重华而陈辞,把禹、启、羿、浞、尧、桀、汤、纣等人的事迹和自己的悲愤,都陈诉出来了。他于是从苍梧,历游县圃、咸池、扶桑、白水、阆风、春宫、穷石、洧盘、昆仑、天津、西极、流沙、赤水、不周、西海等处;他把羲和、望舒、飞帘、鸾凤、雷师、凤鸟、飘风、云霓等,都给以生命化人格化,任意去指挥。作者描写的范畴是无边无际的。宇宙的一切都是他抒写的活资料。他毫无拘束地在想象界驰骋着自己的情思,自由放肆地表

① 同上,第73页。

现“自我”，一点也不修饰隐晦。我们看他在《离骚》里面所表现的个性是多么活泼：忽喜、忽怒、忽悲、忽哭、忽而要远游、忽而要见上帝、忽而要恋爱、忽而要问卜、忽而望故乡、忽而要自杀。这完全是赤子的真情之流，故描写异常真切动人。诚如梁启超所言：“几千言一篇的韵文，在体格上已经是空前创作。那波澜壮阔，完全表出他的气魄之伟大；有许多话讲了又讲，正见得缠绵悱恻，一往情深。”在艺术的造诣上说，《离骚》实已臻入化之境了。有了这样成熟的作品为模范，难怪楚辞的影响要压倒《诗经》，难怪后之辞赋家都辗转束缚在楚辞之下，模来拟去而不能翻身了。①

至于“离骚”一词的本意是什么，历代多有误解。笔者接受游国恩教授的诠释，他写道：

“离骚”到底是什么？据我看，这个名词的解释，也不是楚言，也不是离忧，也不是遭忧和别愁，更不是明扰，乃是楚国当时一种曲名。……他究竟有什么意义呢？……后人常语谓发泄不平的气为“发牢骚”，盖本于此。“牢愁”，“牢骚”与“离骚”，古并以双声叠韵的通转；然则“离骚”者，殆有不平之义。②

这里仅引述部分《楚辞》：

离骚（节选）

帝高阳之苗裔兮，朕皇考曰伯庸。摄提贞于孟陬兮，惟庚寅吾以降。皇览揆余初度兮，肇锡余以嘉名：名余曰正则兮，字余曰灵均。纷吾既有此内美兮，又重之以修能；扈江离与辟芷兮，纫秋兰以为佩。汩余若将不及兮，恐年岁之不吾与。朝搴阰之木兰兮，夕揽洲之宿莽。日月忽其不淹兮，春与秋其代序；惟草木之零落兮，恐美人之迟暮。不抚壮而弃秽兮，何不改乎此度？乘骐骥以驰骋兮，来吾道夫先路！……

① 胡云翼：《新著中国文学史》，21—22页，北新书局，1935年。

② 游国恩：《离骚研究》，90—91页，载北京述学社编：《国学月报汇刊》第一集，朴社出版，1928年。

长太息以掩涕兮，哀民生之多艰；余虽好修姱以鞿羁兮，謇朝谇而夕替。既替余以蕙纕兮，又申之以揽茝；亦余心之所善兮，虽九死其犹未悔！

怨灵修之浩荡兮，终不察夫民心：众女嫉余之蛾眉兮，谣诼谓余以善淫。固时俗之工巧兮，偭规矩而改错；背绳墨以追曲兮，竞周容以为度。忳郁邑侘傺兮，吾独穷困乎此时也；宁溘死以流亡兮，余不忍为此态也！……

乱曰：已矣哉！国无人莫我知兮，又何怀乎故都？既莫足与为美政兮，吾将从彭咸之所居！

湘夫人（节选）

帝子降兮北渚，目眇眇兮愁予。袅袅兮秋风，洞庭波兮木叶下。登白薠兮骋望，与佳期兮夕张；鸟何萃兮蘋中，罾何为兮木上！

沅有茝兮醴有兰，思君子兮未敢言。荒忽兮远望，观流水兮潺湲。

国　殇

操吴戈兮被犀甲，车错毂兮短兵接。
旌蔽日兮敌若云，矢交坠兮士争先。
凌余阵兮躐余行，左骖殪兮右刃伤。
霾两轮兮絷四马，援玉枹兮击鸣鼓。
天时怼兮威灵怒，严杀尽兮弃原野。
出不入兮往不反，平原忽兮路超远。
带长剑兮挟秦弓，首身离兮心不惩。
诚既勇兮又以武，终刚强兮不可凌。
身既死兮神以灵，魂魄毅兮为鬼雄。

天问（节选）

遂古之初，谁传道之？上下未形，何由考之？
冥昭瞢暗，谁能极之？冯翼惟像，何以识之？
明明暗暗，惟时何为？阴阳三合，何本何化？
圜则九重，孰营度之？惟兹何功，孰初作之？

斡维焉系，天极焉加？八柱何当，东南何亏？
九天之际，安放安属？隅隈多有，谁知其数？
天何所沓，十二焉分？日月安属，列星安陈？
出自汤谷，次于蒙汜。自明及晦，所行几里？
夜光何德，死则又育？厥利惟何，而顾菟在腹？
女岐无合，夫焉取九子？伯强何处，惠气安在？
何阖而晦？何开而明？角宿未旦，曜灵安藏？

总之，秦始皇统一中国之前的千余年间，中华大地上的人们利用声音和记录声音的原始工具，创造出十分丰富的言语文化，奠定了中华文化的基础。这些作者，面对生活的巨大压力，想说什么就说什么，想唱什么就唱什么，不管是在庙堂之上你死我活的争辩，或者在田间忧思的吟唱，都能够令当时周围人心情激荡。那么潇洒，那么激荡，那么幽默，苦就是大家都苦，乐就是大家都乐，对社会充满期望，对生活充满忧伤，对未知的或不理解的事物、人及环境，全都放言大声地提出疑惑或思考后的评估。后人一般将之定位为“百花齐放、百家争鸣”的时代，那是能够认同的。

而具体在先秦的字形的流转方面，可以说是将言语协调成文字句子的时期，史料相当杂乱。秦始皇一大功劳就是“书同文”。据说在周朝就有“大篆”形成，到秦朝归为八体：大篆、小篆、刻符、虫书、摹印、署书、殳书、隶书。这其中似乎并没有“甲骨文”的关联性。不过，这还是有些依据的。而这千年间人们的发音念字到底如何？字音到底如何流转？前人想到用“音韵对比研究”来推导出古人原音，虽不能说不妥，但音韵本身就多变且缺乏大家认同的标准，所以古音的研究应该是最难的课题吧？而最重要的成绩，大概是字义的丰富与协调。确定每一个字义，就是确定人们交流之间的明确清晰程度。所以，当一字多音或一音多字的时候，就是最容易混淆字义、混淆人们互相认知的关键。简单说，笔者表示一种遗憾，即秦始皇仅是规定了“书同文”，却忽略了“书（字）同音”“书（字）同义”的基本要求，造成经过 2000 多年的历练，汉字中依然存在许多一字多形、一字多音、多字一音、一字多义、多字一义的现象，缺乏规范，至今依然难以解决。

秦始皇作为皇帝，为了他专制统治的需要，为了不能有第二种与他不同的声音，采取了焚书坑儒的极端措施。原先的“百花齐放”的文化发展道路戛然而止。以后长时间的封建文化，就全都有一个先决条件，就是只欢迎讲封建文化的好话，而决不允许产生与统治者针锋相对的言论。

第二节　汉代时期言语文化(前207—226年)

汉代400余年，其开创者刘邦，他留下的言语以《大风歌》为著。他是当稳皇帝后，回故里，召故老子弟饮酒，先教以歌，酒酣，他自己击筑自歌曰：

大风起兮云飞扬，威加海内兮归故乡。安得猛士兮守四方？

而失败的皇位争夺者项羽，由于刘邦的楚歌计吹散了他的八千子弟兵，无奈在自刎前歌曰：

力拔山兮气盖世，时不利兮骓不逝；骓不逝兮可奈何？虞兮虞兮奈若何？

这种英雄气概，迷醉了当年多少粉丝呀！后来的张衡作“四愁诗”，也能仿效楚辞结构，展现他的情感：

一思曰：我所思兮在太山，欲往从之梁父艰。侧身东望涕沾翰，美人赠我金错刀，何以报之英琼瑶。路远莫致倚逍遥。何为怀忧心烦劳。(之一)

大汉成为中原的一个国家，它的言语作品比之先秦种种，是在大一统前提下的延续及发展及变化。

这里将汉代出现的一些新表现言语的方式，略选几种简单介绍。

一、乐府诗歌

乐府诗歌应该是和合钟、鼓、管、弦等乐器一起演唱的诗歌，就是所谓唱的歌——乐歌；也可以说是以听为主的声音诗。上古的诗歌，基本上都可以唱。《诗经》自然就成为汉代乐府体的源泉。秦代统一前因战乱而诗亡乐废，幸好刘邦好楚声，让人制定礼乐，后来接班皇帝更设置乐府，任命官员，有乐队、舞者、歌者演出，这就让乐府诗歌得到发扬，形成很丰富的体制及内容。据日本学者泽田总清研究：

乐府的题目有种种，今略述如次：

歌——放情长言。如蒿里歌、薤露歌等。

行——步骤驰骋，疏而不滞，斐然成章。如秋胡行、饮马长城窟行等。歌和行兼备的叫歌行。如短歌行、长歌行等。

引——叙述事情的本末，依先后的次序而推广。如箜篌引。

曲——委曲尽情，而言其微，叫作曲。如江南曲。

吟——吁嗟慨歌悲忧深思，而伸其郁屈的称为吟。如白头吟。

辞——取立辞的意义。如王昭君辞。

篇——取成篇章的意义。如淮南王篇。

章——义同前。

唱——取发唱的意义。

调——取曲调的意义。如采荷调。

咏——取永言的意义。

弄——取习弄的意义。

怨、叹——均取发抒哀怨感叹之情的意义。

思、愁——取表示幽思忧愁之情的意义。

畅——取和畅之辞的意义。

操——取操守的意义。

诗——如娇女诗、合欢诗之类。

乐器有金、石、丝、竹、匏、土、革、木等八音。金有錞、镯、铙、铎等四金。与六鼓相合,调节声采。石有特磬、编磬。丝有琴、瑟、琵琶、箜篌、筝筑。竹有笛、箫、钥、篪、笳、角等。匏有笙、竽。土有埙、缶、瓯。革有雷鼓、路鼓、音鼓、鼗鼓、鼛鼓等,称为六鼓。木有柷、敔、应、雅、拍板。①

可见当时乐府的丰富结构与内涵,他们是曾达到数百人规模的歌舞团。这里选列部分乐府诗歌,从歌词以见其多彩的言语魔力:

战城南(铙歌十八曲之六)

战城南,死郭北,野死不葬乌可食。为我谓乌:“且为客豪!野死谅不葬,腐肉安能去子逃!”水深激激,蒲草冥冥,枭骑战斗死,驽马徘徊鸣。梁筑室,何以南,何以北!禾黍不获君何食?愿为忠臣安可得!思子良臣,良臣诚可思;朝行出攻,暮不夜归!(对残酷战争的哀思)

北方有佳人(李延年歌舞)

北方有佳人,绝世而独立,一顾倾人城,再顾倾人国。——宁不知倾城与倾国?佳人难再得!(歌舞俱佳)

江南(相和歌·古辞)

江南可采莲,莲叶何田田!鱼戏莲叶间。鱼戏莲叶东,鱼戏莲叶西,鱼戏莲叶南,鱼戏莲叶北。(音节和美,好听)

有所思(铙歌十八曲之十二)

有所思,乃在大海南。何用问遗君?双珠玳瑁簪,用玉绍缭之。闻君有他心,拉杂摧烧之。摧烧之,当风扬其灰。从今以往,勿复相思!相思与君绝!鸡鸣狗吠,兄嫂当知之。妃呼豨!秋风肃肃晨风飔,东方须臾高知之。(女子情歌)

---

① [日]泽田总清:《中国韵文史》(上),王鹤仪编译,93—95页,上海书店,1984年。

陌上桑(相和曲)

日出东南隅,照我秦氏楼。秦氏有好女,自名为罗敷。罗敷喜蚕桑,采桑东南隅。青丝为笼系,桂枝为笼钩。头上倭堕髻,耳中明月珠。缃绮为下裙。紫绮为上襦。行者见罗敷,下担捋髭须。少年见罗敷,脱帽着帩头。耕者忘其犁,锄者忘其锄。来归相怨怒,但坐观罗敷。(一解)

使君从南来,五马立踟蹰。使君遣吏往,问是谁家姝?"秦氏有好女,自名为罗敷。""罗敷年几何","二十尚不足,十五颇有余。"使君谢罗敷,"宁可共载不?"罗敷前置辞:"使君一何愚!使君自有妇,罗敷自有夫。(二解)

…………(天真烂漫的情景)

平陵东(相和歌)

平陵东,松柏桐,不知何人劫义公。劫义公,在高堂下,交钱百万两走马。

两走马,亦诚难,顾见追吏心中恻。心中恻,血出漉,归告我家卖黄犊。

梁甫吟(相和歌)

步出齐门东,遥望荡阴里。里中有三坟,累累正相似。问是谁家墓,田疆、古冶氏。力能排南山,文能绝地纪。一朝被谗言,二桃杀三士。谁能为此谋?国相齐晏子。

焦仲卿妻(古辞)

孔雀东南飞,五里一徘徊。"十三能织素,十四学裁衣,十五弹箜篌,十六诵诗书。十七为君妇,心中常苦悲。君既为府吏,守节情不移。鸡鸣入机织,夜夜不得息。三日断五匹,大人故嫌迟。非为织作迟,君家妇难为。妾不堪驱使,徒留无所施。便可白公姥,及时相遣归。"

…………

两家求合葬,合葬华山旁。东西植松柏,左右种梧桐。枝枝相覆盖,叶叶相交通。中有双飞鸟,自名为鸳鸯,仰头相向鸣,夜夜达五更。行人驻足听,寡妇起彷徨。多谢后世人,戒之慎勿忘!(千古哀歌)

胡笳十八拍(蔡琰作)

城头烽火不曾灭,疆场征战何时歇!杀气朝朝冲塞门,胡风夜夜吹边月。故乡隔兮音尘绝,哭无声兮气将咽。一生辛苦兮缘别离,十拍悲深兮泪代血。(第十拍)

二、汉代五言、七言诗

汉代文人逐渐发现,以往流传的诗歌虽然好听好记,但是各句字数是自由的,于是他们有意尝试将每一句框进五言或七言中,以凝练音调和内容。他们就对自由体古诗词歌谣加工写作成五言、七言诗,获得流传。后来成为定式。

我们能够见到一些存留的精彩的五、七言诗,也是言语进一步对口述诗歌笔录,再深入进行文字加工整理的过程,中国一些文人从民间文学传承的层次升华为自主创作的诗人。汉代成为传承与创作的转变期。

童　谣

汉武帝时

邪径败良田,谗口乱善人。
桂树华不实,黄雀巢其颠。
昔为人所羡,今为人所怜。

疾邪诗

赵　壹

河清不可俟,人命不可延。
顺风激靡草,富贵者称贤。
文籍虽满腹,不如一囊钱!
伊优北堂上,抗脏倚门边。

临终诗

孔　融

言多令事败，器漏苦不密。
河溃蚁孔端，山坏由猿穴。
涓涓江汉流，天窗通冥室。
谗邪害公正，浮云翳白日。
靡辞无忠诚，华繁竟不实。
人有两三心，安能合为一。
三人成市虎，浸渍解胶漆。
生存多所虑，长寝万事毕。

行行重行行

《古诗十九首》之一

行行重行行，与君生别离。
相去万余里，各在天一涯。
道路阻且长，会面安可知？
胡马依北风，越鸟巢南枝。
相去日已远，衣带日已缓。
浮云蔽白日，游子不顾返。
思君令人老，岁月忽已晚。
弃捐勿复道，努力加餐饭。

西北有高楼

《古诗十九首》之五

西北有高楼，上与浮云齐。
交疏结绮窗，阿阁三重阶。
上有弦歌声，音响一何悲！
谁能为此曲，无乃杞梁妻！
清商随风发，中曲正徘徊。

一弹再三叹，慷慨有余哀。
不惜歌者苦，但伤知音稀。
愿为双鸿鹄，奋翅起高飞。

迢迢牵牛星

《古诗十九首》之十

迢迢牵牛星，皎皎河汉女。
纤纤擢素手，札札弄机杼。
终日不成章，泣涕零如雨。
河汉清且浅，相去复几许？
盈盈一水间，脉脉不得语。

骨肉缘枝叶

所谓苏武作

骨肉缘枝叶，结交亦相因。
四海皆兄弟，谁为行路人？
况我连枝树，与子同一身。
昔为鸳与鸯，今为参与商。
昔者长相近，邈若胡与秦。
惟念当乖离，恩情日以新。
鹿鸣思野草，可以喻嘉宾。
我有一樽酒，欲以赠远人。
愿子留斟酌，叙此平生亲。

良时不再至

所谓李陵答苏武作

良时不再至，离别在须臾。
屏营衢路侧，执手野踟蹰。
仰视浮云驰，奄忽互相踰。

风波一失所，各在天一隅！
长当从此别，且复立斯须。
欲因晨风发，送子以贱躯。

柏梁台联句（汉武帝等人联句）

日月星辰和四时。（武帝） 骖驾驷马从梁来。（梁王孝王武）
群国士马羽林材。（大司马） 总领天下诚难治。（丞相石庆）
和抚四夷不易哉。（大将军卫青） 刀笔之吏臣执之。（御史大夫倪宽）
撞钟伐鼓声中诗。（太常周建德） 宗室广大日益滋。（宗正刘安国）
周卫交戟禁不时。（卫尉路博德） 总领从官柏梁台。（光禄勋徐自为）
平理清谳决嫌疑。（廷尉杜周） 修饰舆马待驾来。（太仆公孙贺）
群国吏功差次之。（大鸿胪壶充国）乘舆御物主治之。（少府王温舒）
陈粟万石扬以箕。（大司农张成） 徼道宫下随讨治。（执金吾中尉豹）
三辅盗贼天下危。（左冯翊盛宣） 盗阻南山为民灾。（右扶风李成信）
外家公主不可治。（京兆尹） 椒房率更领其材。（詹事陈掌）
蛮夷朝贺常舍其。（典属国） 柱枅欂栌相支持。（大匠）
枇杷橘栗桃李梅。（大官令） 走狗逐兔张罘罳。（上林令）
啮妃女唇甘如饴。（郭舍人） 迫窘诘屈几穷哉。（东方朔）

三、《史记》

从言语学视角看，司马迁著的130卷《史记》，简直就是古代名人言语记录的宝库。司马迁身为史官，他除了运用竹简记录的文书，还特别注重笔下人物的实际言与行，尽量做到实地访谈记录，再以他的仔细观察与理解，以灵动的笔法描述出来。司马迁的思想如他自述："仆窃不逊，近自托无能之辞，网罗天下放矢旧闻，考之行事，稽其成败兴坏之理，凡百三十篇。亦欲以究天人之际，通古今之变，成一家之言。"他以伟大的史学家的胸怀做到了，他以撰写的《史记》奠定了中国史学基础，也为后人提供了众多的翔实的史料，包括言语的史料。司马迁的"究天人之际，通古今之变，成一家之言"，也成为中国史学家的座右铭。

写文章的人都知道,对话体要记录得准确、清晰并且生动,是十分困难的。没有真切深情的理解为基础,没有灵动笔调的训练,没有人性的崇高追求,是记录不好对话体文章的,因为那时候没有录音机给你去还原声音,只能依靠听觉和用心思索,加上言语知识的认知,才可能写好对话体的文章。而司马迁所记述的人物传记中,几乎是以大量翔实的对话为主导,几乎能够让读者过目不忘,能够想象当时当地所发生某件事的来龙去脉,跃然纸上,连一些关键人物当时的心情和心理倾向、激动的嗓音等,都让人感觉仿佛就应如此。再加上说话时的动作介绍,书中人物简直就如活过来一般。

下面仅选取司马迁《史记》中的一些例句:

项羽本纪(节选)

秦始皇游会稽,渡浙江,梁(项梁)与籍(项羽)俱观。籍曰:"彼可取而代也!"梁掩其口,曰:"毋妄言!族矣!"梁以此奇籍。籍长八尺余,力能扛鼎,才气过人。

留侯世家(节选)

良(张良)尝闲从容游下邳圯上,有一老父,衣褐,至良所,直坠其履圯下,顾谓良曰:"孺子下取履!"良愕然,欲殴之;为其老,彊忍,下取履。父曰:"履我!"良业为取履,因长跪履之。父以足受,笑而去。良殊大惊,随目之。父去里所,复还,曰:"孺子可教矣!后五日平明,与我会此!"良因怪之,跪曰:"诺"。五日平明,良往,父已先在,怒曰:"与老人期,后,何也?"去,曰:"后五日早会!"五日鸡鸣,良往,父又先在,复怒曰:"后,何也?"去,曰:"后五日复早来!"五日,良夜未半往。有顷,父亦来,喜曰:"当如是。"出一编书,曰:"读此,则为王者师矣!后十年,兴。十三年,孺子见我,济北谷城山下黄石,即我矣。"随去,无他言,不复见。

廉颇蔺相如列传(节选)

王许之,遂与秦王会渑池。秦王饮酒酣,曰:"寡人窃闻赵王好音,请奏瑟！”赵王鼓瑟。秦御史前，书曰：“某年月日，秦王与赵王会饮，令赵王鼓瑟。”蔺相如前曰：“赵王窃闻秦王善为秦声，请奉盆缻秦王，以相娱乐。”秦王怒，不许。于是相如前进缻，以跪请秦王。秦王不肯击缻。相如曰：“五步之内，相如请得以颈血溅大王矣！”左右欲刃相如，相如张目叱之，左右皆靡。于是秦王不怿，为一击缻。相如顾召赵御史书曰：“某年月日，秦王为赵王击缻。”秦之群臣曰：“请以赵十五城为秦王寿。”蔺相如亦曰：“请以秦之咸阳为赵王寿。”秦王竟酒，终不能加胜于赵。

刺客列传（节选）

太子及宾客知其事者，皆白衣冠以送之。至易水之上，既祖，取道，高渐离击筑，荆轲和而歌，为变徵之声。士皆垂泪涕泣。又前而为歌曰：“风萧萧兮易水寒，壮士一去兮不复还！”复为羽声慷慨，士皆瞋目，发尽上指冠。于是荆轲就车而去，终已不顾。

淮阴侯列传（节选）

信钓于城下，诸母漂，有一母见信饥，饭信，竟漂数十日。信喜，谓漂母曰：“吾必有以重报母。”母怒曰：“大丈夫不能自食，吾哀王孙而进食，岂望报乎！”……

……太史公曰：“吾如淮阴，淮阴人为余言：韩信虽为布衣时，其志与众异；其母死，贫无以葬，然乃行营高敞地，令其旁可置万家。余视其母冢，良然。假令韩信学道谦让，不伐己功，不矜其能，则庶几哉，于汉家勋可以比周、召、太史之徒，后世血食矣！不务出此，而天下已集，乃谋畔逆；夷灭宗族，不亦宜乎！

孙子吴起列传（节选）

孙子武者，齐人也。以兵法见于阖庐。阖庐曰：“子之十三篇，吾尽观之矣，可以小试勒兵乎？”对曰：“可。”阖庐曰：“可试以妇人乎？”曰：“可。”于是许之，出宫中美女得百八十人。孙子分为二队，以王之宠姬二人为队长，皆令持戟。令之曰：“汝知而心与左右手、背乎？”妇人曰：“知之。”孙子曰：“前，则视心；左，视左手；右，视右手；后，即视背。”妇人曰：“诺。”约束既布乃设鈇钺，即三令五申之。于是鼓之右，妇人大笑。孙子曰："约束不明，申令不熟，将之罪也。"复三令五申，而鼓之左，妇人复大笑。孙子曰："约束不明，申令不熟，将之罪也；既已明，而不如法者，吏士之罪也。"乃欲斩左、右队长。吴王从台上观，见且斩爱姬，大骇。趣使使下令曰："寡人已知将军之能用兵矣！寡人非此二姬，食不甘味。愿勿斩也！"孙子曰："臣既已受命为将，将在军，君命有所不受。"遂斩队长二人以徇。用其次为队长。于是复鼓之，妇人左右、前后、跪起皆中规矩绳墨，无敢出声。于是孙子使使报王曰："兵既整齐，王可视下观之，唯王所欲用之，虽赴水火犹可也。"吴王曰："将军罢休就舍，寡人不愿下观。"孙子曰："王徒好其言，不能用其实。"

第三节　魏晋南北朝时期言语文化（226—581年）

从政治上讲，魏晋南北朝这300余年间，中华土地上没有一个专一的统治者，而是多民族先后在各地自建小朝廷。造成长时间的战乱频仍，经济受阻。不过，从文化视角，则正是由于多民族混杂经营，给当时各族文人协调言语文字、互相交流学习，提供了机会及实践。特别是西域言语、歌舞、商品的汇流到中原；以及印度佛教言语、歌舞的融入中华，其初始多在那个时期，一些关于言语研究性著作出现，也是形成一种欣欣然的气象。

古书《乐记》上早就说过：

凡音者生人心者也，情动于中故形于声，声成文谓之音。……故歌之为言也，长言之也，说之故言之。言之不足，故长言之；长言之不足，故嗟叹之；嗟叹之不足，故不知手之舞之、足之蹈之也。……诗言其志也，歌咏其声也，舞动其容也，三者本于心，然后乐器从之。[1]

后来到明朝的刘濂还注解道：

---

① 《乐记》，引自朱谦之：《中国音乐文学史》，17页，商务印书馆，1935年。

诗言志,歌永言,声依永,律和声,八音克谐,无相夺伦,神人以和,此万事诗乐之宗也。夫人性本静,喜怒哀乐之心感,而呻吟讴叹之事兴。凡诗篇歌曲,莫不陈其情而敷其事,故曰诗言志也;歌生于言,永生于歌,引长其音而使之悠扬回翔,累然而成节奏,故曰歌永言也;乐声效歌非人歌效乐,当歌之时,必和之以钟磬琴瑟之声,故曰声依永也。①

这本来是人普遍通过言语所取得的文化境界,西方人亦如此,英国莎士比亚借他的戏剧《威尼斯商人》中人物说出来:

道理是如此的。聚精会神,垂听那铿锵的音乐音调,便能使野性浪荡的群兽,或幼稚性乖的小马,狂跃、咆哮、嘶鸣,这都是他们的热情。如果他们偶然听到喇叭的声音,或音波推送到他们的耳里,你将见他们俯首帖耳,正立谛听;兽性的眼睛,变成静定的注视,这都是音乐谐和的力量。……人类的心肠有时如同铁石,但是音乐有变化气质的可能性。一个人不会音乐,就令音乐如何幽雅,也不能鼓动其心的,其人实是充满了叛逆、阴谋和劫掠的行为;他的意志必如漆黑的深夜,他的情感必如黑暗的地狱,我不希望人寰有这类如木如石的人,注意音乐罢!②

故而,本书所述的言语文化,在这300余年间,由于非大一统局面,而导致文化交错的变化。这里仅分两方面略述。

一、承袭秦汉文风的诗文

秦汉时期已经明显区分有秦声、楚声、燕声、吴声、越声等等,通过汉乐府和诗人加以协调,互相有所理解和欣赏。如前述的“相和歌”词,就可以定作中原民族习惯用的歌和词,其中词语真率,民间常用方言掺杂其中,韵律协调。

---

① 《乐记》,引自朱谦之:《中国音乐文学史》,15页,商务印书馆,1935年。

② 莎士比亚著《威尼斯商人》中人物雷南佐言,引自朱谦之:《中国音乐文学史》,1—2页,商务印书馆,1935年。

汉代已经形成的五、七言诗，在魏晋得到承袭和发扬，能够看见当时许多诗人，由于各自情感演化，依托传统表现形式唱出来，自有各自风味。

1.民谣与乐府诗

陇上歌

陇上壮士有陈安，躯干虽小腹中宽，爱养将士同心肝。聂骢父马铁锻鞍，尺大刀奋如湍，丈八蛇矛左右盘，十荡十决无当前。战始三交失蛇矛，弃我聂骢窜岩幽，为我外援而悬头。西流之水东流河，一去不返奈子何！

子夜歌(吴声)

始欲识郎时，两心望如一。
理丝入残机，何悟不成匹！
高山种芙蓉，复经黄蘖坞。
果得一莲时，流离婴辛苦。
夜长不得眠，明月何灼灼。
想闻散唤声，虚应空中诺。
侬作北辰星，千年无转移。
欢行白日心，朝东暮还西。

子夜四时歌(吴声)

春风动春心，流目瞩山林。
山林多奇采，阳鸟吐清音。(春歌)

春林花多媚，春鸟意多哀。
春风复多情，吹我罗裳开。(春歌)

田蚕事已毕，思妇犹苦身。
当暑理絺服，持寄与行人。(夏歌)

秋风入窗里，罗帐起飘扬。
仰头看明月，寄情千里光。（秋歌）

渊冰厚三尺，素雪覆千里。
我心如松柏，君情复何似？（冬歌）

大子夜歌（吴声）

歌谣数百种，子夜最可怜。
慷慨吐清音，明转出天然。
丝竹发歌响，假器扬清音。
不知歌谣妙，声势出口心。

三洲歌（西曲）

送欢板桥弯，相待三山头。
遥见千幅帆，知是逐风流。

巴东三峡谣

巴东三峡巫峡长，猿鸣三声泪沾裳。
巴东三峡猿悲鸣，猿鸣三声泪沾衣。

捉溺歌

谁家女子能行步，反着夹禅后裙露。
天生男女共一处，愿得两个成翁妪。
华阴山头百丈井，下有流泉彻骨冷。
可怜女子能照影，不见其余见斜领。
黄桑柘屐蒲子履，中央有系两头系。
小时怜母大怜婿，何不早嫁论家计。

2.诗人作品

步出东门行

曹　操

东临碣石，以观东海。
水何澹澹，山岛竦峙。
树木丛生，百草丰茂。
秋风萧瑟，洪波涌起。
日月之行，若出其中。
星汉灿烂，若出其里。
幸甚至哉，歌以咏志。（一解）
…………
神龟虽寿，犹有竟时。
腾蛇乘雾，终为灰土。
老骥伏枥，志在千里。
烈士暮年，壮心不已。
盈缩之期，不但在天。
养怡之福，可得永年。
幸甚至哉，歌以咏志。（四解）

野田黄雀行

曹　植

高树多悲风，海水扬其波。
利剑不在掌，结交何须多。
不见篱间雀，见鹞自投罗？
罗家见雀喜，少年见雀悲。
拔剑捎罗网，黄雀得飞飞。
飞飞摩苍天，来下谢少年。

胡笳十八拍

蔡文姬

我生之初尚无为，我生之后汉祚衰。天不仁兮降乱离，地不仁兮使我逢此时。干戈日寻兮道路危，民卒流亡兮共哀悲。烟尘蔽野兮胡虏盛，志意乖兮节义亏。对殊俗兮非我宜，遭恶辱兮当告谁？笳一会兮琴一拍，心愤怨兮无人知。

…………

胡笳本自出胡中，绿琴翻出音律同。十八拍兮曲虽终，响有余兮思无穷。是知丝竹微妙兮均造化之功，哀乐各随人心兮有变则通。胡与汉兮异域殊风，天与地隔兮子西母东。苦我怨气兮浩于长空，六合虽广兮受之应不容！

归园田居（之一）

陶渊明

少无适俗韵，性本爱丘山。
误落尘网中，一去三十年。
羁鸟恋旧林，池鱼思故渊。
开荒南野际，守拙归园田。
方宅十余亩，草屋八九间。
榆柳荫后檐，桃李罗堂前。
暧暧远人村，依依墟里烟。
狗吠深巷中，鸡鸣桑树颠。
户庭无尘杂，虚室有余闲。
久在樊笼里，复得返自然。

饮酒（之一）

陶渊明

结庐在人境，而无车马喧。
问君何能尔，心远地自偏。
采菊东篱下，悠然见南山。
山气日夕佳，飞鸟相与还。
此中有真意，欲辨已忘言。

读山海经(之二)

陶渊明

精卫衔微木,将以填沧海。
刑天舞干戚,猛志固常在。
同物既无虑,化去不复悔。
徒设在昔心,良辰讵可待!

3.《世说新语·言语篇》(南朝刘义庆编)中部分言语选:

人语之曰:“若令月中无物,当极明邪?”徐曰:“不然,譬如人眼中有瞳子,无此,必不明。”

韪曰:“小时了了,大未必佳。”元举(孔融)曰:“想君小时,必当了了。”

儿徐进曰:“大人岂见覆巢之下,复有完卵乎?”

帝曰:“卿面何以汗?”(钟)毓对曰:“战战惶惶,汗出如浆。”复问(钟)会:“卿何以不汗?”对曰:“战战栗栗,汗不敢出。”

嵇中散语赵景真:“卿瞳子白黑分明,有白起之风,恨量小狭。”赵云曰:“尺表能审玑衡之度,寸管能测往复之气,何必在大,但问识如何。”

晋文王戏之曰:“卿云艾艾,定是几艾?”对曰:“凤兮凤兮,故是一凤。”

高座道人不作汉语,或问此意。简文曰:“以简应对之烦。”

王仲祖闻蛮语不解,茫然曰:“若使介葛卢来朝,故当不昧此语。”

谢太傅……与儿女讲论文义,俄而雪骤,公欣然曰:“白雪纷纷何所拟?”兄子胡儿曰:"撒盐空中差可拟。"兄女曰:"未若柳絮因风起。"公大笑乐。

桓玄问羊孚:"何以共重吴声?"羊曰:"当以其妖而浮。"

附:《世说新语·排调》(南朝刘义庆)

顾恺之曰:"火烧平原无遗燎。"桓曰:"白布缠棺竖旒旐。"殷曰:"投鱼深渊放飞鸟。"次复作危语。桓曰:"矛头淅米剑头炊。"殷曰:"百岁老人攀枯枝。"顾曰:"井上辘轳卧婴儿。"殷有一参军在座,云:"盲人骑瞎马,夜半临深池。"殷曰:"咄咄逼人!"仲堪眇目故也。

以上是一些被中文汉字记录下来的诗文,作者也难说全是汉族人。至于其他大量没有被汉字记录的诗文,应该是有很多,但都消失在历史旋涡中了。

二、西域传来的诗文

汉朝以后,西域与中原的关系就变得更加纠葛,各民族之间要想交流,就先要有设定互通的言语;要想互相基本理解语义,就需要翻译及记录下来。后来的敦煌石窟中的留存的佛经及变文,就仅仅是其中很小一部分的代表。这里仅是明确说出来是当时西域各族所传来的诗文,那些由于经过翻译整理的模糊源头的诗文,也只好模糊处理。其初始时间,在汉朝就已经开始了。

而言语的对译,就需要先定音及调,特别是那些以音乐舞蹈为先导的西来文化,尽量希望中原人能够听懂。可惜这方面的史料不算多,幸亏有北周时期留下来的点点文献,写道:

柱国沛公郑译云:"考寻乐府钟石律吕,皆有宫、商、角、徵、羽、变宫、变徵之名。七声之内,三声乖应。每恒访求,终莫能通。先是周武帝时有龟兹人曰苏祇婆,善胡琵琶,听其所奏,一均之中,间有七声,因而问之。"答云:"父在西域,称为知音。代代传习,调有七种。以其七调,勘校七声,冥若合符。一曰娑陁力,华言平声,即宫声也;二曰鸡识,华言长声,即南吕声也;三曰沙识,华言质直声,即角声也;四曰沙侯加滥,华言应声,即变徵声也;五曰沙腊,华言应和声,即徵声也；六曰般赡，华言五声，即羽声也；七曰俟利箑，华言斛牛声，即变宫声也。”译因习而弹之，始得七声之正。然就此七调，又有五旦之名，旦作七调，以华言译之。旦者，则谓均也。其声亦应黄钟、太簇、林钟、南吕、姑洗五均。已外七律，更无调声。译遂因其所捻琵琶弦柱，相引为均，推演其声，更立七均。合成十二，以应十二律。律有七音，音立一调，故成七调。十二律合八十四调，旋转相交，尽皆和合。”①

有了当时中西音调的对译及利用，当时中原人唱西域歌、跳西域舞、译西域诗就容易了。中原人的文化中就平添了新血液，著名的鼓吹曲辞和横吹曲辞，就明显为西域传来，有箫笳的叫作鼓吹，用于朝会道路；有鼓角的叫作横吹，用于军中。其音调、乐器也明显为西域人常用的，其歌词也明显反映西域人生活习俗。在中原演出歌舞，就经常加入一些中原人使用的乐器和音韵。确也融入汉文中，就按照中文结构被记录进汉字书中，流传至今。下选部分：

折杨柳歌辞

上马不捉鞭，反折杨柳枝。
蹀坐吹长笛，愁杀行客儿。
腹中愁不乐，愿作郎马鞭。
出入擐郎臂，蹀座郎膝边。
遥看孟津河，杨柳郁婆娑。
我是虏家儿，不解汉儿歌。
健儿须快马，快马须健儿。
跸跋黄尘下，然后别雄雌。

敕勒歌

敕勒川，阴山下。天似穹庐，笼盖四野。
天苍苍，野茫茫，风吹草低见牛羊。

---

① 郑译所言，原载《隋书·音乐志》，转引自夏敬观著：《词调溯源》，8—9页，商务印书馆，1931年。

木兰辞

唧唧复唧唧,木兰当户织。不闻机杼声,惟闻女叹息。问女何所思?问女何所忆?女亦无所思,女亦无所忆。昨夜见军帖,可汗大点兵,军书十二卷,卷卷有爷名。

阿爷无大儿,木兰无长兄。愿为市鞍马,从此替爷征。东市买骏马,西市买鞍鞯,南市买辔头,北市买长鞭。旦辞爹娘去,暮宿黄河边。不闻爷娘唤女声,但闻黄河流水鸣溅溅。旦辞黄河去,暮至黑山头。不闻爷娘唤女声,但闻燕山胡骑鸣啾啾。

万里赴戎机,关山度若飞。朔气传金柝,寒光照铁衣。将军百战死,壮士十年归。

归来见天子,天子坐明堂。策勋十二转,赏赐百千强。可汗问所欲,"木兰不用尚书郎,愿借明驼千里足,送儿还故乡。"

爷娘闻女来,出郭相扶将。阿姐闻妹来,当户理红妆。小弟闻姐来,磨刀霍霍向猪羊。开我东阁门,坐我西阁床。脱我战时袍,着我旧时裳。当窗理云鬓,对镜贴花黄。出门看火伴,火伴皆惊惶。同行十二年,不知木兰是女郎。

雄兔脚扑朔,雌兔眼迷离。双兔傍地走,安能辨我是雄雌?

三、印度传来的佛经翻译

有记载,印度佛经早在汉朝就开始传入中国,到魏晋时期得以发扬光大,这与当时局面与精神有巨大关系。胡适教授总结得好,他在书中说道:

两晋南北朝的文人用那骈俪化了的文体来说理,说事,谀墓,赠答,描写风景,——造成一种最虚浮,最不自然,最不正确的文体。……他们写景本不求清楚,因为纸上的对仗工整与声律铿锵岂不更可贵吗?他们做文章本不求自然,因为他们做惯了那不自然的文章,反觉得自然的文体为不足贵,正如后世缠小脚的妇人见了天足反要骂"臭蹄子"了。然而这时候,进来了一些捣乱分子,不容易装进那半通半不通的骈偶文字里去。这些捣乱分子就是佛教的经典。这几百年中,佛教从海陆两面夹攻进中国来。中国古代的一点点朴素简陋的宗教见了这个伟大富丽的宗教，真正是“小巫见大巫”了。……那些印度和尚真有点奇怪，摇头一背书，就是两三万偈；摇笔一写，就是几十卷。蜘蛛吐丝，还有完了之时；那些印度圣人绞起脑筋来，既不受空间的限制，又不受时间的限制，谈世界则何止三千大千，谈天则何止三十三层，谈地狱则何止十层十八层，一切都是无边无尽。所以这翻译的事业足足经过一千年之久。[①]

所译佛经中有经世格言、诗文故事，浮想联翩，译者们真是译得很辛苦，但却给中华文化增添一点奇葩。不过要注意，佛学所使用的一整套字词语，都是有特定解释的，与汉语一般解释并不相同，不可随意引用混杂。这里仅引部分为例。

法句经（节选）

维祇难与竺将炎合译

若人寿百岁，奉火修异术，不如须臾敬，事戒者福胜。……

觉能舍三恶，以药消众毒。健夫度生死，如蛇脱故皮。

事日为明故，事父为恩故，事君以力故，闻故事道人。

盲从是得眼，暗者从得烛，示导世间人，如目将无目。

夫士之生，斧在口中。所以斩身，由其恶言。

弓工调焦，水人调船，巧匠调木，智者调身。

不怒如地，不动如山，真人无垢，生死世绝。

① 胡适：《白话文学史》新月出版社，1928年原版，转引自上海古籍出版社，1999年12月重印本，第97—98页。

修行地道经(节选)

法护译

昔有一国王,选择一国明智之人以为辅臣。尔时国王设权方便无量之慧,选得一人,聪明博达,其志弘雅,威而不暴,名德具足。王欲试之,故以重罪加于此人;敕告臣吏盛满钵油使擎之,从北门来,至于南门,去城二十里,园名调戏,令将到彼。设所持油坠一滴者,便级其头,不须启问。……

此人忧愦,此人怀慊。此人心念:吾今定死,无复有疑也。设能擎钵使油不坠,到彼国所,尔乃活耳。当作专计:若见是非而不转移,唯念油钵,志不在余,然后度耳。于是其人安步徐行。……

心坚强者,志能如是。则以指爪坏雪山,以莲华根钻穿金山,以锯断须弥宝山。……有信精进,质宜智慧,其心坚强,亦能吹山而使动摇,何况除婬怒痴也!

维摩诘经(节选)

鸠摩罗什译

佛告阿难:"汝行诣维摩诘问疾。"阿难白佛言:"世尊,我不看任诣彼问疾,所以者何?忆念昔时,世尊身有小疾,当用牛乳,我即持钵诣大婆罗门家门下立。时维摩诘来谓我言:唯,阿难,何为晨朝持钵住此?我言:居士,世尊身有小疾,当用牛乳,故来至此。维摩诘言:止,止,阿难,莫作是语。如来身者,金刚之体,诸恶已断,众善普会,当有何疾?当有何恼?默住,阿难,勿谤如来。莫使异人闻此粗言。无命大威德诸天及他方净土诸来菩萨得闻斯语。阿难,转轮圣王以少福故,尚得无病,岂况如来无量福会,普胜者哉?行矣,阿难,勿使我等受斯耻也。外道梵志若闻此语,当作是念:何名为师,自疾不能救,而能救诸疾人?可密速去,勿使人闻。当知,阿难,诸如来身,即是法身,非思欲身。佛为世尊,过于三界。……世尊,维摩诘智慧辩才为若此也,是故不任诣被问疾。"

法华经(节选)

鸠摩罗什译

舍利弗,若国邑聚落有大长者,其年衰迈,财富无量,多有田宅及诸僮仆。其家广大,唯有一门。多诸人众,一百,二百,乃至五百人止于其中。堂阁朽故,墙壁陨落，柱根腐败，梁栋倾危。周匝俱时倏然火起，焚烧舍宅，长者诸子，若十二、二十，或至三十，在此宅中。……

舍利弗，是长者作是思维："我身手有力，当以衣裓，若以几案，从舍出之。"复更思维："是舍有一门，而复狭小。诸子幼稚未有所识，恋着戏处，或当堕落，为火所烧。我当为说怖畏之事。此舍已烧，宜时疾出，无令为火之所烧害。"……

舍利弗言："不也，世尊。是长者但令诸子得免火难，全齐躯命，非为虚妄。何以故？若全身命，便为已得好玩之具，况复方便，于彼火宅中而拔济之？世尊，若是长者乃至不与最小一车，犹不虚妄，何以故？是长者先作是意，我以方便令子得出，以是因缘，无虚妄也。何况长者自知财富无量，欲饶益诸子，等与大车？"

华严经（节选）

鸠摩罗什译

譬如有良医，具知诸方药，自疾不能救，多闻亦如是。譬如贫穷人，日夜数他宝，自无半分钱，多闻亦如是。……譬如聋聩人，善奏诸音乐，悦彼不自闻，多闻亦如是。譬如盲瞽人，本习故能画，示彼不自见，多闻亦如故。

我们今天读来，仿佛如读小说，其翻译的白话程度，自然容易获得百姓的认可。就连其中一些专用词，也顺利地沾光在汉语中流通至今。如：方便、无量、转移、智慧、菩萨、幼稚、思维、音乐等等，这是需要长时间在社会上认同使用。这是不容易的，因为汉语一直是以单字作为表述的基本单位，以两字组成词就增添了新意识、新内容。无怪乎胡适对此总结道：

在当日过渡的时期，罗什的译法可算是最适宜的法子。他的译本适宜能流传千五百年，成为此土的"名著"，也正是因为他不但能译得不错，并且能译成中国话。这个法子自然也有个限制。中国话达得出来的，都应该充分用中国话。中国话不能达的，便应该用原文，决不可随便使用似是而非的中国字。罗什对这一点看得很清楚，故他一面反对直译，一面又尽量用"阿耨多罗三藐三菩提”一类的音译法子。[①]

第四节 隋唐时期言语文化(581—907年)

隋唐时期300余年,也是政治上大一统时期,在言语文化方面达到巨大的高峰,让中外后人都一致称赞。之所以会如此,除了宽松的政治环境外,他们有先秦两汉所积累下来的言语成果愿意继承,又加上西域传来的文化成果,和翻译印度佛经所获得的智慧;初唐时期统治者们多欢喜诗歌音乐舞蹈,特别是那位中国唯一的女皇帝及其女丞相,都是诗歌音乐方面的高手,带动满朝文士的激情及赞颂创造出极为丰富的诗歌作品,仿佛作诗就如同说话一样容易,并且动人心弦。再加上唐朝开始的科举考试制度,把作诗押韵成为规范,逼得书生们要努力深究言语所带来的文化,把他们框进做官生涯中,也就把中华文化推进到一个新高峰。

那时候,一些人对于中文字的读音、写法、字义都产生兴趣,开始写一些研究性质的著作。六朝时期开始有一些《音义》著作出现,几乎全是为注音而设计,偏重音读的研究。到唐朝陆法言将六朝诸家汇总,成为《切韵》一书,后来总称“韵书”类,给汉字音的读法开拓了一条路,也就成为后人研究汉字音的音韵学的始祖,其中尤其专注于汉字音里头的声、韵、调三方面,区别它们之间的发音和类别,并且力图核对这三者之间的关系,以及古今音的流变,特别是古音的流变。后人将之梳理出太过丰富的史料,但也增添更多的复杂的读音方面的纠缠。最令人遗憾的是,音韵学在中国发扬光大,但却与文字训诂剥离,汉字的形、音、义的协调被长期搁置。更由于六朝至唐朝的韵书在中国基本散失,没有全本,反倒是邻居日本一个和尚源顺,在那个时期编辑《倭名类聚抄》,得以保留,其中抄录了许多当时中国韵书、字书中相关条目。后来,张世禄教授研究1500多年前汉字变化时写道:

---

① 胡适:《白话文学史》,新月出版社,1928年原版,转引自上海古籍出版社,1999年12月重印本,第112页。

只是中国文字,还是一种表意文字的性质,未曾采用字母拼音的制度,字体本身没有确定的音值,也不是用来表明语词音读的组织。……可以断定,在中国文字结构上的演化未曾完成以前,中国语言早已具有了“单音缀的”和“孤立的”两种特性。因为语言具有单音缀的特性,使文字上也演成单音缀制,一个字体只是具有单个的音缀;因为语言上孤立的特性,使文字上也只是用各个字体来代表各个单纯形态的语词,无需再用音标来表示其他语言上所具有的种种形态的变化。所以中国文字始终保持着表意文字的性质。……文字上由“衍形”演进到了“衍音”,固然是由于一种不可避免的趋势使然,在中国文字演化上图画的色彩未曾泯灭的时候……所谓形声、假借,都是借着表音来表明语词的意义,并不是纯粹的语音符号,因之中国最初的注音,也适应着这种文字的性质,在解释音读时,便掺杂有训诂的关系。……韵学的初起,往往把音色上的差异和字调的区别混为一谈,因之韵书上也就渐渐演成为“四声”分韵的体例。原来区别中国字调的主要标准,在于各个字音当中音调变化的状态;可是在实际语音的习惯里,音色和音势、音量的差异,也足以影响于音调的变化;因之最初对于字调的观察,并不认为是单纯音调变化的关系。①

类似的关于汉字音的讨论,至今尤烈,也一时难以清晰。

唐朝诗歌以声调和谐、诗情画意动人,著称于世。其中最主要是因为:

一、在这时期创造出来的诗歌,不管五言、七言,不管作者身世如何,全都是能够“唱”出来的,诗人们写诗就是唱歌。其声调的强健柔媚,是可以任意配置的。所谓韵,本来就是一种自然的声律,人们随口唱诵,中国古人经过长时间体验,用所谓平上去入来归结为“四声”,再反过来套进诗歌的应用中。

二、精彩的唐诗,能够利用精炼的十几个字到几十个字,就刻画出诗人内心激荡的情感,而且回环荡漾,令读者也随之浮想联翩。不管是唱念男欢女爱的情诗,不管是咏叹人生无常的咏怀诗,不管是叙说民众生活痛苦的写实诗,不管是歌颂帝王英明的颂诗,不管是赞叹大自然风光的游仙诗,不管是描叙事件的长诗,小到一个眼波流转,大到四季农时,都充满着哲理般的真情实感,让读者

---

① 张世禄:《中国音韵学史》,商务印书馆,1936年原版,转引自上海书店1984年6月重印本,第7—14页。

信服，并不由地随之咏唱，代代口传，成为中国文化主流形式之一。即使是流传下来引为笑谈的作品，也还是可以一读。如张打油先生因大雪而作的诗："江山一笼统，井上黑窟窿；黄狗身上白，白狗身上肿。"也还是沾点诗气，只是联想得太呆笨，被后世戏称为"打油体"。

下面仅引述很少一些当年佳作：

翻着袜

王梵志

梵志翻着袜，人皆道是错。
乍可刺你眼，不可隐我脚。

有个王秀才

寒山子

有个王秀才，笑我诗多失：云不识蜂腰，仍不会鹤膝；平仄不解押，凡言取次出。——我笑你作诗，如盲徒咏日。

回波乐

中宗时优人在席上唱

回波尔持栲栳，怕妇也是大好。
外边只有裴谈，内里无过李老。

春　晓

孟浩然作

春眠不觉晓，处处闻啼鸟。
夜来风雨声，花落知多少。

登鹳雀楼

王之涣

白日依山尽，黄河入海流。
欲穷千里目，更上一层楼。

回乡偶书(之一)

贺知章

少小离家老大回,乡音难改鬓毛衰。
儿童相见不相识,笑问客从何处来。

出　塞

王昌龄

秦时明月汉时关,万里征战人未还。
但使龙城飞将在,不教胡马度阴山。

九月九日忆山东兄弟

王　维

独在异乡为异客,每逢佳节倍思亲。
遥知兄弟登高处,遍插茱萸少一人。

山中问答

王　维

问余何事栖碧山,笑而不答心自闲。
桃花流水窅然去,别有天地非人间。

将进酒

李　白

君不见黄河之水天上来,奔流到海不复回!君不见高堂明镜悲白发,朝如青丝暮成雪!人生得意须尽欢,莫使金樽空对月。天生我材必有用,千金散尽还复来。烹羊宰牛且为乐,会须一饮三百杯。岑夫子,丹丘生,将进酒,杯莫停!与君歌一曲,请君为我倾耳听:钟鼓馔玉不足贵,但愿长醉不愿醒。古来圣贤皆寂寞,唯有饮者留其名。陈王昔时宴平乐,斗酒十千恣欢谑。主人何为言少钱?径须沽取对君酌。五花马,千金裘,呼儿将出换美酒,与尔同销万古愁!

长相思

李　白

美人在时花满堂，美人去后空留床。
床中绣被卷不寝，至今三载犹闻香。
香亦竟不灭，人亦竟不来。
相思黄叶落，白露点青苔。

静夜思

李　白

床前明月光，疑是地上霜。
举头望明月，低头思故乡。

赠汪伦

李　白

李白乘舟将欲行，忽闻岸上踏歌声。
桃花潭水深千尺，不及汪伦送我情。

去矣行

杜　甫

君不见鞴上鹰，一饱则飞掣！焉能作堂上燕，衔泥附炎热？野人旷荡无腼颜，岂可久在王侯间？未试囊中餐玉法，明朝且入蓝田山。

羌村三首（之一）

杜　甫

峥嵘赤云西，日脚下平地。
柴门鸟雀噪，归客千里至。
妻孥怪我在，惊定还拭泪。
世乱遭飘荡，生还偶然遂。
邻人满墙头，感叹亦歔欷。
夜阑更秉烛，相对如梦寐。

绝句(之一)

杜　甫

两个黄鹂鸣翠柳,一行白鹭上青天。

窗含西岭千秋雪,门泊东吴万里船。

茅屋为秋风所破歌

杜　甫

八月秋高风怒号,卷我屋上三重茅。茅飞渡江洒江郊,高者挂罥长林梢,下者飘转沉塘坳。南村群童欺我老无力,忍能对面为盗贼,公然抱茅入竹去,唇焦口燥呼不得。归来倚仗自叹息。俄顷风定云墨色,秋天漠漠向昏黑。布衾多年冷似铁,娇儿恶卧踏里裂。床头屋漏无干处,雨脚如麻未断绝。自经丧乱少睡眠,长夜沾湿何由彻? 安得广夏千万间,大庇天下寒士俱欢颜,风雨不动安如山? 呜呼,何时眼前突兀见此屋! 吾庐独破受冻死亦足!

黄鹤楼

崔　颢

昔人已乘黄鹤去,此地空余黄鹤楼。

黄鹤一去不复还,白云千载空悠悠。

晴川历历汉阳树,芳草萋萋鹦鹉洲。

日暮乡关何处是? 烟波江上使人愁。

闻官军收河南河北

杜　甫

剑外忽传收蓟北,初闻涕泪满衣裳。

却看妻子愁何在,漫卷诗书喜欲狂。

白日放歌须纵酒,青春作伴好还乡。

即从巴峡穿巫峡,便下襄阳向洛阳。

江畔独步寻花(之二)

杜　甫

黄四娘家花满蹊,千朵万朵压枝低。

留连戏蝶时时舞,自在娇莺恰恰啼。

补亡训传·囝

顾　况

《囝》,哀闽也。(原注,囝音蹇,闽俗呼子为囝,父为郎罢。)囝生闽方,闽吏得之,乃绝其阳。为臧为获,致金满屋。为髡为钳,如视草木。天道无知,我罹其毒!神道无知,彼受其福!郎罢别囝:"吾悔生汝。及汝既生,人劝不举。不从人言,果获是苦。"囝别郎罢,心摧血下:"隔天绝地,及至黄泉,不得在郎罢前!"

偷　诗

孟　郊

饿犬龃枯骨,自吃馋饥涎。

今文与古文,各各称可怜。

亦如婴儿食,饧桃口旋旋。

唯有一点味,岂见逃景延?

绳床独坐翁,默览有所传。

终当罢文字,别著《逍遥》篇。

从来文字净,君子不以贤。

月蚀诗一段

卢　仝

此时怪事发,有物吞食来!轮如壮士斧斫坏,桂似雪山风拉摧。百炼镜照见胆,平地埋寒灰。火龙珠飞出脑,却入蚌蛤胎。摧环破璧眼看尽,当天一搭如煤炱。磨踪灭迹须臾间,便似万古不可开。不料至神物,有此大狼狈!星如撒沙出,争头事光大。奴婢炷暗灯,掩菼如玳瑁。今夜吐焰长如虹,孔隙千道射户外。

忆金鹅山沈山人(之一)

卢　仝

君家山头松树风,适来入我竹林里。
一片新茶破鼻香,请君速来助我喜。
莫合九转大还丹,莫读三十六部大洞经。
闲来共我说真意,齿下领取真长生。
不需服药求神仙,神仙意智或偶然。
自古圣贤放入土,淮南鸡犬驱上天!
白日上升应不恶;药成且辄一丸药。
暂时上天少问天,蛇头蝎尾谁安着?

赠刘师复(节选)

韩　愈

羡君齿牙牢且洁,大肉硬饼如刀截。
我今牙豁落者多,所存十余皆兀鼿。
匙抄烂饭稳送之,合口软嚼如牛呞。
妻儿恐我生怅望,盘中不饤栗与梨。
只今年才四十五,后日悬知渐莽卤。
朱颜皓颈讶莫亲,此外诸余谁更数?

调张籍(节选)

韩　愈

李杜文章在,光焰万丈长。
不知群儿愚,那用故谤伤!
蚍蜉撼大树,可笑不自量。
伊我生其后,举颈遥相望。

采诗官　监前王乱亡之由也

白居易

采诗官，采诗听歌导人言。言者无罪闻者诫，下流上通上下泰。周灭秦兴至隋氏，十代采诗官不置。郊庙登歌赞君美，乐府艳词悦君意。若求兴谕规刺言，万句千章无一字。不是章句无规刺，渐及朝廷绝讽议。诤臣杜口为冗员，谏鼓高悬作虚器。一人负扆常端默，百辟入门两自媚。夕郎所贺皆德音，春官每奏唯祥瑞。君之堂兮千里远，君之门兮九重閟，君耳唯闻堂上言，君眼不见门前事。贪吏害民无所忌，奸臣蔽君无所畏。君不见厉王胡亥之末年，群臣有利君无利。君兮君兮愿听此：欲开壅蔽达人情，先向诗歌求讽刺。

卖炭翁　苦宫市也

白居易

卖炭翁，伐薪烧炭南山中。满面尘灰烟火色，两鬓苍苍十指黑。卖炭得钱何所营？身上衣裳口中食。可怜身上衣正单，心忧炭贱愿天寒。夜来城上一尺雪，晓驾炭车辗冰辙，牛困人饥日已高，市南门外泥中歇。翩翩两骑来是谁？黄衣使者白衫儿。手把文书口称敕，回车叱牛牵向北。一车炭，千余斤，宫使驱将惜不得。半匹红纱一丈绫，系向牛头充炭直。

一七令

白居易

诗，
绮美，瑰奇，
明月夜，落花时。
能助欢笑，亦伤别离。
调清金石怨，吟苦鬼神悲。
天下只应我爱，世间唯有君知。
自从都尉别苏句，便到司空送白辞。

忆江南

白居易

江南好,风景旧曾谙。日出江花红胜火,春来江水绿如蓝,能不忆江南?
江南忆,最忆是杭州。山寺月中寻桂子,郡亭枕上看潮头,何日更重游?
江南忆,其次忆吴宫。吴酒一杯春竹叶,吴娃双舞醉芙蓉,早晚复重逢?

清　明

杜　牧

清明时节雨纷纷,路上行人欲断魂。
借问酒家何处有,牧童遥指杏花村。

山　行

杜　牧

远上寒山石径斜,白云生处有人家。
停车坐爱枫林晚,霜叶红于二月花。

竹枝词(选一)

刘禹锡

杨柳青青江水平,闻郎江上踏歌声。
东边日出西边雨,道是无晴却有晴。

贾客乐

张　籍

金陵向西贾客多,船中生长乐风波。
欲发移船近江口,船头祭神各浇酒。
停杯共说远行期,入蜀经蛮远别离。
金多众中为上客,夜夜算缗眠独迟。
秋江初月猩猩语,孤帆夜发潇湘渚。
水工持楫防暗滩,直过山边及前侣。

年年逐利西复东，姓名不在县籍中。
农夫税多长辛苦，弃业宁为贩宝翁。

霓裳曲（之一）

王　建

弟子不中留一色，听风听水作霓裳。
散曲未足重来授，直到床前见上皇。

望月怀远

张九龄

海上生明月，天涯共此时。
情人怨遥夜，竟夕起相思。
灭烛怜光满，披衣觉露滋。
不堪盈手赠，还寝梦佳期。

蜂

罗　隐

不论平地与山尖，无限风光尽被占。
采得百花成蜜后，为谁辛苦为谁甜。

枫桥夜泊

张　继

月落乌啼霜满天，江枫渔火对愁眠。
姑苏城外寒山寺，夜半钟声到客船。

春江花月夜

张若虚

春江潮水连海平，海上明月共潮生。
滟滟随波千万里，何处春江无月明。

江流宛转绕芳甸，月照花林皆似霰。
空中流霜不觉飞，汀上白沙看不见。
江天一色无纤尘，皎皎空中孤月轮。
江畔何人初见月？江月何年初照人？
人生代代无穷已，江月年年只相似。
不知江月待何人，但见长江送流水。
白云一片去悠悠，青枫浦上不胜愁。
谁家今夜扁舟子，何处相思明月楼？
可怜楼上月徘徊，应照离人梳妆台。
玉户帘中卷不去，捣衣砧上拂还来。
此时相望不相闻，愿逐月华流照君。
鸿雁长飞光不度，鱼龙潜跃水成文。
昨夜闲潭梦落花，可怜春半不还家。
江水流春去欲尽，江潭落月复西斜；
斜月沉沉藏海雾，碣石潇湘无限路。
不知乘月几人归，落月摇情满江树。

俚曲·叹五更（选二）

敦煌抄本

一更初，自恨长养枉生躯，耶娘小来不教授，如今争识文与书。
二更深，孝经一卷不曾寻，之乎者也都不识，如今嗟叹始悲吟。

对于今天年轻的读者，更要增添注意：如果喜欢唐诗歌，就应该大声吟诵或默诵；并且注意诗中文字词语及声调的搭配。那是令人心悦诚服的学习，许多词句流传至今，依然在民众当代用语中朗朗上口，成为共识。

第五节　五代十国时期言语文化(907—960年)

晚唐衰落,又导致中原无主,各地一些民族领导人分裂割据地盘,达数十年之久。在文化上来说,就是没有了笼罩一切的权威,但承袭唐朝诗歌文化的巨大影响,虽保留绝句、律诗那样字数整齐的诗歌,但一种新的不整齐的长短句逐渐流行起来,即"词",给予了汉字表意的一种新方式,更适宜于歌唱,声调更加和婉动听。"词"的源头也还是要从从前的乐府歌曲引导而来,唐朝诗人也是有所涉猎,例如唐朝诗人张志和所作《渔夫》:

西塞山前白鹭飞,桃花流水鳜鱼肥。
青箬笠,绿蓑衣,斜风细雨不须归。

下面就稍举几篇:

谒金门

冯延巳

风乍起,吹皱一池春水。闲引鸳鸯芳径里,手挼红杏蕊。斗鸭阑干独倚,碧玉搔头斜坠。终日望君君不至,举头闻鹊喜。

菩萨蛮

韦　庄

人人尽说江南好,游人只合江南老。春水碧如天,画船听雨眠。垆边人似月,皓腕凝霜雪。未老莫还乡,还乡须断肠。

相见欢

李　煜

无言独上西楼,月如钩,寂寞梧桐深院锁清秋。
剪不断,理还乱,是离愁。别有一番滋味在心头。

虞美人

李　煜

春花秋月何时了？往事知多少？小楼昨夜又东风，故国不堪回首月明中。

雕栏玉砌应犹在，只是朱颜改。问君能有几多愁，恰似一江春水向东流。

浪淘沙

李　煜

帘外雨潺潺，春意阑珊。罗衾不耐五更寒。梦里不知身是客，一晌贪欢。

独自莫凭栏，无限江山。别时容易见时难。流水落花春去也，天上人间！

第六节　两宋时期（含辽金）言语文化（960—1280 年）

北宋是军人政变夺得江山，汉族获得相对的统一，经济基础较好，城市文化开始发展，书生们热衷于兴办学堂及印刷书籍，以便把他们的诗歌和学习心得刻印给后人流传。至今，宋朝所流传下来的字体、绘画、版本书等，依然是中国传统文化中的上品。这样的背景下，书生们的创作大增，言语以大量诗文作品给凝固下来。诗的方面虽然很多，但已经不复有唐诗那样的潇洒，工整许多；新兴的词的创作，则达到高峰，以长短句形式大大扩展言语的优美，甚至达到高雅地步；更由于考试的需要，古文运动随之发达，讲究字词要粉饰太平，文章要讲究骈文。胡适教授评论为："成为庙堂文学与贵族文学的正式体裁。"①；再加上汉族民间宗教道教逐渐形成，也需要汉字词来表达他们的愿望。因之，民间创造流传的白话诗文平话，及佛家的白话语录虽然也热闹，但自是自生自灭。

当时北方的几个民族逐渐强大，先后建立辽国、金国，与汉民族长时间武力争斗，在言语文化上互相都有影响。

南宋小朝廷偏安江南，天天醉生梦死，诗词歌曲文化却是相当兴旺。这里分别选录部分：

---

① 胡适：《国语文学史》，108 页，北京文化学社，1927 年。

一、诗

拟寒山拾得（之二）

王安石

我曾为牛马，见草豆喜欢。
又曾为女人，欢喜见男人。
我若真是我，只合长如此。
若好恶不定，应知为物使。
堂堂大丈夫，莫认物为己。

望湖楼醉书

苏　轼

黑云翻墨未遮天，白雨跳珠乱入船。
卷地风来忽吹散，望湖楼下水如天。

饮湖上初晴后雨

苏　轼

水光潋滟晴方好，山色空蒙雨亦奇。
欲把西湖比西子，淡妆浓抹总相宜。

惠崇春江晓景

苏　轼

竹外桃花三两枝，春江水暖鸭先知。
蒌蒿满地芦芽短，正是河豚欲上时。

荔　枝

苏　轼

罗浮山下四时春，卢橘杨梅次第新。
日啖荔枝三百颗，不辞长作岭南人。

元　日

王安石

爆竹声中一岁除，春风送暖入屠苏。
千门万户曈曈日，总把新桃换旧符。

春　夜

王安石

金炉香尽漏声残，翦翦轻风阵阵寒。
春色恼人眠不得，月移花影上栏杆。

题临安邸

林　升

山外青山楼外楼，西湖歌舞几时休。
暖风熏得游人醉，直把杭州作汴州。

游园不值

叶绍翁

应嫌屐齿印苍苔，十扣柴扉九不开。
春色满园关不住，一枝红杏出墙来。

游山西村

陆　游

莫笑农家腊酒浑，丰年留客足鸡豚。
山重水复疑无路，柳暗花明又一村。
箫鼓追随春社近，衣冠简朴古风存。
从今若许闲乘月，拄杖无时夜叩门。

梅　花

卢梅坡

梅雪争春未肯降，骚人搁笔费平章。
梅须逊雪三分白，雪却输梅一段香。

观书有感

朱　熹

半亩方塘一鉴开，天光云影共徘徊。
问渠那得清如许，为有源头活水来。

偶　成

程　颢

闲来无时不从容，睡觉东窗日已红。
万物静观皆自得，四时佳兴与人同。
道通天地有形外，思入风云变态中。
富贵不淫贫贱乐，男儿到此是豪雄。

梅　花

林　逋

众芳摇落独暄妍，占尽风情向小园。
疏影横斜水清浅，暗香浮动月黄昏。
霜禽欲下先偷眼，粉蝶如知合断魂。
幸有微吟可相狎，不须檀板共金樽。

卖痴呆词

范成大

除夕更阑人不睡，厌禳滞钝迎新岁。
小儿呼叫走长街，云有痴呆召人买。
二物于人谁独无？就中吴侬乃有余。

巷南巷北卖不得，相逢大笑相揶揄。
栎翁块坐重帘下，独要买添令问价。
儿云翁买不须钱，奉赊痴呆千百年。

插秧歌

杨万里

田夫抛秧田妇接，小儿拔秧大儿插。
笠是兜鍪蓑是甲，雨从头上湿到胛。
唤渠朝餐歇半霎，低头折腰只不答。
秧根未牢莳未匝，照管鹅儿与雏鸭。

二、词

浣溪沙

晏　殊

一曲新词酒一杯，去年天气旧亭台，夕阳西下几时回？
无可奈何花落去，似曾相识燕归来，小园香径独徘徊。

雨霖铃

柳　永

寒蝉凄切，对长亭晚，骤雨初歇。都门帐饮无绪，留恋处，兰舟催发。执手相看泪眼，竟无语凝咽。念去去千里烟波，暮霭沉沉楚天阔。多情自古伤离别，更那堪冷落清秋节。今宵酒醒何处，杨柳岸晓风残月。此去经年，应是良辰美景虚设。便纵有千种风情，更与何人说。

蝶恋花

柳　永

花褪残红青杏小，燕子飞时，绿水人家绕。枝上柳绵吹又少，天涯何处无芳草！墙里秋千墙外道，墙外行人，墙里佳人笑。笑渐不闻声渐悄，多情却被无情恼！

念奴娇

苏　轼

大江东去，浪淘尽千古风流人物。故垒西边，人道是三国周郎赤壁。乱石穿空，惊涛拍浪。卷起千堆雪。江山如画，一时多少豪杰。遥想公瑾当年，小乔初嫁了。雄姿英发，羽扇纶巾，谈笑间樯橹灰飞烟灭。故国神游，多情应笑我，早生华发，人生如梦，一樽还酹江月。

声声慢

李清照

寻寻觅觅，冷冷清清，凄凄惨惨戚戚，乍暖还寒时候，最难将息。三杯两盏淡酒，怎敌他晚来风急！雁过也，正伤心，却是旧时相识。满地黄花堆积，憔悴损，如今有谁堪摘！守着窗儿，独自怎生得黑！梧桐更兼细雨，到黄昏，点点滴滴。这次第，怎一个愁字了得！

夜游宫·苦俗客

辛弃疾

几个相知可喜，才厮见，说山说水，颠倒烂熟只这是；怎奈何，一回说，一回美？有个尖新底，说底话非名即利，说的口干罪过你。且不罪，俺略起，去洗耳。

丑奴儿·书博山道中壁

辛弃疾

年少不识愁滋味：爱上层楼，爱上层楼，为赋新诗强说愁。而今识尽愁滋味，欲说还休，欲说还休，却道天凉好个秋！

卜算子·咏梅

陆　游

驿外断桥边，寂寞开无主。已是黄昏独自愁，更着风和雨。无意苦争春，一任群芳妒。零落成泥碾作尘，只有香如故。

沁园春·寄辛稼轩

刘　过

斗酒彘肩，风雨渡江，岂不快哉！被香山居士约林和靖与坡仙老驾勒吾回。坡谓"西湖正如西子，浓抹淡妆临镜台"。二老皆掉头不顾，只管传杯。白云"天竺来去，图画里峥嵘楼阁开。爱纵横二涧，东西水绕；两峰南北，高下云堆。"逋曰"不然。暗香浮动，不若孤山访梅。须晴去，访稼轩未晚，且此徘徊"。

九张机

无名氏

醉留客者，乐府之旧名；九张机者，才子之新调。凭戛玉之清歌，写掷梭织春怨。章章寄恨，句句言情。恭对华筵，敢陈口号！一掷梭心一缕丝。连连织就九张机。从来巧思知多少，苦恨春风久不归。一张机，织梭光景去如飞。兰房夜永愁无寐。呕呕轧轧，织成春恨，留着待郎归。两张机，月明人静漏声稀。千丝万缕相萦系。织成一段，回文锦字，将去寄呈伊。三张机，中心有朵要花儿，娇红嫩绿春明媚。君须早折，一枝浓艳，莫待过芳菲。歌声飞落画梁尘。舞罢香风卷绣茵。更欲缕成机上恨，尊前恐有断肠人。敛衽而归，相将好去。

青玉案

[金]党怀英

红莎绿？春风饼，趁梅驿，来云岭。紫桂岩空琼窦冷。佳人却恨，等闲分破，缥缈双鸾影。一瓯月露心魂醒，更送清歌助清兴。痛饮休辞今夕永。与君洗尽，满襟烦暑，别作高寒境。

南乡子

[金]元好问

幽意曲中传，总是才情得处偏。唱到断肠声欲断，还连。一串骊珠个个圆。

画扇绮罗筵，韩马风流在眼前。坐上有人持酒听，凄然。梦里梁园又一年。

三、调笑转踏

利用宋以前文人们的种种诗词歌曲的丰富内容，在北宋时期流传开来的一种说唱艺术。调笑是调笑令的简称；转踏是碾转踏歌的意思，也叫队舞。是由白语、口号、题目、诗、词、破子、放对等参差组成，即是以歌舞演绎故事的初步戏曲形式，把诗词文结合在一起，由歌者组成一队来演唱，人数还不少，且歌且舞，开头有勾队词，以后一诗一词间隔，咏一个故事，可以反复咏唱多个故事，最终以一个放队词结束。当时多用在宴会上，可惜后来这种混合歌舞形式难以再觅，仅留下一些调笑转踏的文字记录。另外还有“曲破”“大曲”等形式，这里不再引述。可参看王国维教授的《宋元戏曲史》；王易的《词曲史》等。这里仅选两段：

调笑集句

郑　仅

（勾队词）盖闻行乐须及良辰，钟情正在吾辈。飞觞举白，目断巫山之暮云；缀玉联珠，韵胜池塘之春水。集古人之妙句，助今日之清欢。珠璧流月暗连文，月入千江体不分。此曲只应天上有，歌声岂合世间闻。

（巫山）巫山高高十二峰，云想衣裳花想容。欲往从之不惮远，丹峰碧嶂深重重。楼阁玲珑五云起，美人娟娟隔秋水。江边一望楚天长，满怀明月人千里。千里。楚江水。明月楼高愁独倚，井梧宫殿生秋意，望断巫山十二。雪肌花貌参差是，朱阁五云仙子。

（桃源）渔舟容易入春山，别有天地非人间。玉颜亭亭立花下，鬓乱钗横特地寒。留君不住君须去，不知此地归何处。春来遍是桃花水，流水落花空相误。相误。桃园路。万里苍苍烟水暮。留君不住君须去，秋月春风闲度。桃花零落如红雨，人面不知何处。

（洛浦）艳阳灼灼河洛神，态浓意远淑且真。入眼平生未曾有，缓步佯羞行玉尘。凌波不过横塘路，风吹仙袂飘飘举。来如春梦不多时，夭非花艳轻非雾。非雾。花无语。还似朝云何处去。凌波不过横塘路，燕燕莺莺飞舞。风吹仙袂飘飘举，拟情游丝系住。

……

（文君）锦城丝管日纷纷，金钗半醉坐添香。相如正应居客右，当轩下马入锦裀。斜倚绿窗鸳鉴女，琴弹秋思明心素。心有灵犀一点通，感君绸缪送君去。君去。逐鸳侣。斜倚绿窗鸳鉴女。琴弹秋思明心素，一寸还成千缕。锦城春色知何许，那似远山眉妩。

……

（放队歌）玉炉夜起沉香烟，唤起佳人舞绣筵。去似朝云无觅处，游童陌上拾花钿。

剑舞（曲破）

史浩《鄮峰真隐漫录》

二舞者对厅立裀上，（下略）乐部唱［剑器曲破］，作舞一段了。二舞者同唱"莹莹巨阙，左右凝霜雪；且向玉阶掀舞，终当有用时节。唱彻，人尽说，宝此刚不折。内使奸雄落胆，外须遣豺狼灭。"

乐部唱曲子，作舞［剑器曲破］一段。舞罢，二人分立两边。别二人汉装者出，对坐。桌上设酒器。竹竿子念：

"伏以断蛇大泽，逐鹿中原，佩赤帝之真符，接苍姬之正统。皇威既振，天命有归，量势虽盛于重瞳，度德难胜于隆准。鸿门设会，亚父输谋，徒矜起舞之雄姿，厥有解纷之壮士。相当时之贾勇，激烈飞扬，宜后世之效颦，回翔宛转。双鸾奏技，四座腾欢。"

乐部唱曲子，舞［剑器曲破］一段。一人左立者，上裀舞，有欲刺右汉装者之势。又一人舞进前，翼蔽之。舞罢，两舞者并退。汉装者亦退。复有两唐装者出，对坐，桌上设笔砚纸，舞者一人换妇人装，立裀上。竹竿子念：

"伏以云鬟耸苍壁，雾縠罩香肌，袖翻紫电以连轩，手握青蛇而的砾。花影下游龙自跃，锦裀上跄凤来仪。逸态横生，瑰姿谲起。领此入神之技，诚为骇目之观，巴女心惊，燕姬色沮。岂为张长史草书大进，抑亦杜工部丽句新成。称妙一时，流芳万古，宜呈雅态，以恰浓欢。"

乐部唱曲子，舞[剑器曲破]一段，作龙蛇蜿蜒曼舞之势。两唐装者起，。二舞者，一男一女，对舞，结[剑器曲破]彻。竹竿子念：

"项伯有功扶帝业，大娘驰誉满文场，合兹二妙甚奇特，欲使嘉宾釂一觞。霍如羿射九日落，矫入群帝骖龙翔。来如雷霆收震怒，罢如江海含晴光。歌舞既终，相将好去。"

念了，二舞者出队。①

显然这是歌舞剧的脚本，过程、动作、服装、人数、歌词等都交代得清楚，可惜至今尚不能重现此精彩的内容。关键自然是唱声调如何，无从核实。倒是当年有人从侧面做了点介绍：

政和间李方叔在阳翟，有携善讴老翁过之者，方叔戏作品令云："唱歌须是玉人，檀口皓齿冰肤，意传心事，语娇声颤，字如贯珠。老翁虽是解歌，无奈雪鬓霜须。大家且道：是伊模样，怎如念奴。"语娇声颤，字如贯珠，想如十七八女郎执红牙板，一字一咽，歌杨柳岸晓风残月，此实歌曲之正宗也。②

四、滑稽戏及杂剧

汉朝司马迁的《史记》中，已经用"滑稽列传"来专门记载滑稽者的幽默滑稽言行，以反映封建人际间的无奈与言语急智。唐朝已经开始用以成为简单戏剧来表演，宋朝有洪迈先生著《夷坚志》，其中记录大量相关滑稽内容。后来在明朝，皇帝指令手抄编辑《永乐大典》中，也专门有宋朝戏剧本。而据徐嘉瑞教授统计，宋朝以音调命名的杂剧名目就有 31 类：

---

① 史浩：《鄮峰真隐漫录》，转引自王国维：《宋元戏曲考》，42—44 页，商务印书馆，1933 年。

② 徐嘉瑞：《近古文学概论》，231 页，北新书局，1937 年。

(1) 六幺——有 20 种。 (2) 瀛府——有 6 种。
(3) 梁州——有 7 种。 (4) 伊州——有 5 种。
(5) 新水——有 3 种。 (6) 薄媚——有 9 种。
(7) 大明乐——有 3 种。 (8) 降黄龙——有 3 种。
(9) 胡渭州——有 4 种。 (10) 逍遥乐——有 4 种。
(11) 石州——有 3 种。 (12) 大圣乐——有 3 种。
(13) 中和乐——有 3 种。 (14) 万年欢——有 2 种。
(15) 熙州——有 2 种。 (16) 道人欢——有 4 种。
(17) 长寿仙——有 3 种。 (18) 法曲——有 4 种。
(19) 剑器——有 2 种。 (20) 延寿乐——有 2 种。
(21) 贺皇恩——有 2 种。 (22) 采莲——有 3 种。
(23) 彩云归——有 2 种。 (24) 罢金征——有 1 种。
(25) 三乡显——有 3 种。 (26) 挂铺儿——有 8 种。
(27) 啄木——有 2 种。 (28) 双头连——有 2 种。
(29) 黄莺儿——有 2 种。 (30) 安公子——有 1 种。
(31) 整乾坤——有 1 种。[①]

下面略述两段,以表明中国言语文化又进一步。

夷坚志丁集

洪迈编

俳优侏儒,周技之下且贱者,然亦能因戏语而箴讽时政,有合于古蒙诵工谏之义,世目为杂剧者是已。崇宁初,斥远元佑忠贤,禁锢学术,凡偶涉其时所为所行,无论大小,一切不得志。伶者对御为戏:推一参军作宰相,据坐,宣扬朝政之美。一僧乞给公据游方,视其戒牒,则元佑三年者,立涂毁之,而加以冠巾。一道士失亡度牒,闻被载时,亦元佑也,剥其羽服,使为民。一士人以元佑五年获荐,当免举,礼部不为引用,其来自言,即押送所属屏斥。已而,主管宅库者附

① 徐嘉瑞:《近古文学概论》,302—314 页,北新书局,1936 年。

耳语曰:“今日在左藏库,请相公料钱一千贯,尽是元佑钱,合取钧旨。”其人俯首久之,曰:“从后门搬入去。”副者举所持梃杖其背,曰:“你做到宰相,原来也只要钱!”是时,至尊亦解颐。

又常设三辈为儒、道、释,各称颂其教。儒者曰:“吾之所学,仁、义、礼、智、信,曰五常。”遂演畅其旨,皆采引经书,不杂媟语。次至道士,曰:“吾之所学,金、木、水、火、土,曰五行。”亦说大意。末至僧,僧抵掌曰:“二子腐生常谈,不足听;吾之所学,生、老、病、死、苦,曰五化。藏经渊奥,非汝等所得闻,当以现世佛菩萨法理之妙,为汝陈之。盍以次问我?”曰:“敢问生?”曰:“内自太学辟雍,外至下州偏县,凡秀才读书者,尽为三舍生,华屋美馔,月书季考,三岁大比,脱白挂绿,上可以为卿相。国家之于生也如此。”曰:“敢问老?”曰:“老而孤独贫困,必沦沟壑,今所在立孤老院,养以终身。国家之于老也如此。”曰:“敢问病?”曰:“不幸而有疾,家贫不能拯疗,于是有安济坊,使之存处,差医付药,责以十全之效。其于病也如此。”曰:“敢问死?”曰:“死者人所不免,惟贫民无所归,则择空隙地为漏泽园;无以敛,则与之棺,使得葬埋。春秋享祀,恩及泉壤。其于死也如此。”曰:“敢问苦?”其人瞑目不应,阳若恻悚然。促之再三,乃蹙额答曰:“只是百姓一般受无量苦。”徽宗为恻然长思,弗以为罪。①

宦门子弟错立身戏文一段

《永乐大典》卷13991

(末白)你会甚杂剧?(生唱)

【鬼三台】我做〈朱沙担浮沤记〉;〈关大王单刀会〉;做〈管宁割席〉破体儿;〈相府院〉扮张飞;〈三夺槊〉扮尉迟敬德;做〈陈驴儿风雪包待制〉;吃推勘〈柳成错背妻〉;要扮宰相做〈伊尹扶汤〉;学子弟做〈螺蛳末泥〉。

(末白)不嫁做杂剧的,只嫁个做院本的。(生唱)

【调笑令】我这爨体,不查梨格样,全学贾校尉。趍抢嘴脸天生会,偏宜抹土搽灰。打一声哨子响半日,一会道牙牙小来来胡为。

---

① 洪迈:《夷坚志》,丁集,引自王国维:《宋元戏曲考》,21页,商务印书馆,1933年。

（末白）你会做甚院本？（生唱）

【圣药王】更做〈四不知〉；〈双门医〉；更做〈风流浪子两相宜〉；黄鲁直，〈打得底〉；〈马明王村里会佳期〉；更做〈搬运太湖石〉。

（末白）都不招别的，只招写掌记的。（生唱）

【麻郎儿】我能添插更疾，一管笔如飞。真字能抄掌记，更压着御京书会。

（末白）我要招个擂鼓吹笛的。（生唱）

【么篇】我舞得，弹得，唱得。折莫大擂鼓吹笛，折莫大装神弄鬼，折莫特调当扑旗。

【天净沙】我是宦门子弟，也做得您行院人家女婿。做院本生点个〈水母砌〉，拴一个〈少年游〉，吃几个桩心撷背。①

五、合生、说话、白话语录

1.“合生”一词，是从唐朝流传下来的，在《新唐书》上就有记载：

伏见胡乐施于声律，本备四夷之数，比来日益流宕，异曲新声，哀思淫溺，始自王公，稍及闾巷，妖伎胡人，街童士子，或言妃主情貌，或列王公名质，咏歌蹈舞，号曰合生。②

这种从西域传来的歌舞形式，受到当时宫廷及民间的喜爱，进行模仿，后来到宋朝逐渐以谈说间歌唱为主。这里仅选二例。

合生诗词

洪迈《夷坚志》支乙卷六

江浙间伶女友黠慧知文墨，能于席上指物题咏，应命辄成者，谓之合生。其滑稽含玩讽者，谓之乔合生。盖京都遗风也。张安国守临川，王宣子解庐陵郡

① 原载《永乐大典》，第13991卷，引自《永乐大典戏文三种校注》，钱南扬校注，244—245页，中华书局，1979年。

② 《新唐书》，卷119，《武一平传》。

印解，次抚。安国置酒郡斋，招郡士陈汉卿参会。适散乐一伎言学诗，汉卿语之曰："太守俗呼五马，今日两州使君对席，遂成十马，汝体此意作八句。"妓凝立良久，即高吟曰："同是天边侍从臣，江头相遇转相亲。莹如临汝无瑕玉，暖作庐陵有脚春。五马今自成十马，两人前日压千人。便有飞诏催归去，共作中书秉化钧。"安国为之叹赏竟日，赏以万钱。

洛阳缙绅旧闻记一段

张齐贤编

有谈歌妇人杨苎萝，善合生杂嘲，辩慧有才思，当时罕有比者。少师杨凝式以侄女呼之，盖念其聪俊也。时僧云辨，能俗讲，有文章，敏于应对。若祝祀之辞，随其名位之高下对之，立成千字，皆如宿构。少师尤重之。云辨于长寿寺五月讲，少师诣讲院，与云辨对坐，歌者在侧。忽有大蜘蛛于檐前垂丝而下，正对对少师于僧前。云辨笑谓歌者曰："试嘲此蜘蛛，嘲得者，奉绢两匹。"歌者更不待思虑，应声嘲之，意全不离蜘蛛。而嘲成之辞，正讽云辨。少师闻之绝倒。久之，大叫曰："和尚！取绢五匹来！"云辨且笑，遂以绢五匹奉之。歌者嘲蜘蛛云："吃得肚罂撑，寻思绕寺行，空中设罗网，只待杀众生。"盖云辨体肥而肚大故也。

这两段记录了几个人之间的对话，其中合生者聪慧急智的言语，是需要掌握很深的言语文学能力的。恐怕今天的许多诗人也不一定能当场对句罢？

2."说话"则是今天的说书，也就是讲故事。宋朝人的说话内容已经相当成熟，在城市里很是活跃，多有记载，分门分类，很是引人驻足欣赏。宋朝人就总结过说话内容的特色：

小说纷纷皆有之，需凭实学是根基。开天辟地通经史，博古明今历传奇。藏蕴满怀风与月，吐谈万卷曲和诗。辩论妖怪精灵话，分别神仙达士机。涉案枪刀共铁骑，闲情云雨共偷期。世上多少无穷事，历历从头说细微。[①]

---

① 罗烨编：《新编醉翁谈录》，卷1，甲集。

3.白话语录

佛门翻译了那么多佛经，汉族和尚需要将之介绍给民众，于是从晚唐开始，就陆续有用白话形式自我阐述经书内容，把难懂的印度文化背景的译文改由汉族百姓懂的言语来说，其实内容即是他们修炼后对于人生、环境的种种看法，与佛经掺杂说出来。是否能够让当时百姓认同理解？恐怕很难，也许是模糊再加上更模糊，后人称之为歪嘴和尚念经。但也就兴起这么一种文风，流传至今。不过，胡适教授从另一个角度，给予很高评价："白话语录的大功用有两层：一是使白话成为写定的文字；一是写定时把从前种种写不出来的字，都渐渐地有了公认的假借字了。从此以后，白话的韵文与散文两方面都有了写定的文字了，白话的发展，谁也挡不住了，什么压力都压不住了。"①这里也选两段：

圆悟佛果禅师语录卷十三

克　勤

老僧往日为热病所苦，死却一日，现前路黑漫漫的，都不知何往。获再苏醒，遂惊骇生死事，便乃发心行脚，访寻有道知识，体究此事。初到大沩，参真如和尚，终日面壁默坐，将古人公案翻覆看。及一年许，忽有个省处。然只是认得个昭昭灵灵，驴前马后，只向四大身中作个动用，若被人拶着，一似无见处；只为解脱坑埋，却禅道满肚，于佛法上看即有，于世法上看即无。后到白云老师处，被他云"你总无见处"，自此全无咬嚼分，遂烦闷辞去。心中疑情终不能安乐。又上白云，再参先师，便令作侍者。一日忽有官员问道次，先师云："官人，你不见小艳诗道："频呼小玉元无事，只要檀郎认得声？"官人却未晓，老僧听得，忽然打破漆桶，向脚跟下亲见得了，元不由别人，方信乾坤之内，宇宙之间，中有一宝秘在形山，以至诸佛出世，祖师西来，只教人明此一件事。若也未知，只管作知作解，瞠眉怒目，元不知只是捏目生华，担枷过状，何曾得自在安乐？

① 胡适：《国语文学史》，199—200页，北京文化学社，1927年。

大慧禅师语录卷十六

宗　杲

妙喜自十七岁便疑着此事,恰恰参十七年,方得休歇。未得已前,常自思维:"我今已几岁,不知我未托生来南阎浮提时从甚么处来。心头黑似漆,并不知来处。即是'生大'。我百年后死时,却向甚么处去。心头依旧黑漫漫的,不知去处。即是'死大'。谓之无常迅速,生死事大。"你诸人还曾恁么疑着么?现今坐立俨然,孤明历历地,说法听法,宾主交参。妙喜簸两片皮,牙齿敲磕,脐轮下鼓起粥饭气,口里忉忉怛怛,在这里说。说者是声。此声普在诸人髑髅里,诸人髑髅同在妙喜声中。这个境界,他日死了,却向甚处安着?既不知安着处,则撞入驴胎马腹亦不知,生快乐天宫亦不知。禅和子寻常于经论上收拾得底,问着无有不知者;士大夫向九经十七史上学得底,问着亦无有不知者。离却文字,绝却思维,问他自家屋里事,十个有五双不知。他人家事却知得如此分晓!如是,则空来世上打一遭,将来随业受报,毕竟不知自家本命元神落脚处,可不悲哉!所以古人到这里,如救头然,寻师决择,要得心地开通,不疑生死。

模仿着和尚们的方法,宋朝书生也有用白话来诠释儒家观点。如朱熹曾说过:

学问须是大进一番,方始有益。若能于一大处攻得破,见那许多零碎只是这一个道理,方始快活。然零碎底非是不当理由;但大处攻不破,纵零碎理会得少些,终不快活。曾点漆雕开已见大意,只缘他大处看得分晓。今且道他那大底是甚物事。天下只有一个道理,学只要理会得这一个道理。这里才通,则天理、人欲、义利、公私、善恶之辨,莫不皆通。①

据徐嘉瑞统计,仅南宋时期,以口腔运动为主的说唱艺术,即能够赚得钱的非物质文化遗产,在市面上能够活动的,可以分成四大类:

---

① 胡适:《国语文学史》,203—204,北京文化学社,1927年。

(1)说书类:——演史;说经诨经;小说;说诨话;合生;说乐。

(2)歌唱类:——唱赚;小唱;嘌唱;鼓板;弹唱因缘;唱京调;诸宫调;唱耍令。

(3)表演类:——(甲)假装——杂扮;装神鬼;装秀才。

(乙)表演——杂剧。

(丙)傀儡类——悬丝傀儡;杖头傀儡;药发傀儡;肉傀儡。

(丁)影戏。

(4)杂剧——商谜;覆射;学乡谈;舞绾百戏;撮弄杂艺;踢弄;顶撞踏索;角抵;乔相扑;使棒;打硬;举重;打弹;蹴球;射弩儿;散耍;吟叫;教走兽;教飞禽虫蚁;弄水;烟火。①

仅是以上这些分类题目,就可以想见当年说说唱唱是多么热闹啊。

第七节　元朝时期言语文化(1206—1368年)

汉人统治的北宋之所以会退居江南,成为南宋,是由于北方在那时候先后有契丹族、女真族的崛起,组成辽国、金国,占领北方。接着又有蒙古族突起,往南把南宋灭掉,往北就横扫欧洲大部,称号元朝。可惜他们的统治不得法,仅维持百年左右。由此所造成的战乱与灾难无数,民族大迁徙与混杂变化,因此在言语文化上北方和南方有很明显的不同。北方是多民族言语文化的大混杂,互相对各自传统文学不感兴趣,于是创新,以小曲、戏剧、小说等新形式出现,反倒把北方传统各地言语及文献也混杂起来,形成能够基本互相了解的言语形式。其中一个明显特色,就是当时各族百姓容易明白的白话被普遍使用。这样自然就难以产生如唐诗宋词般辉煌的作品,只不过给后代打下言语扩大交流的基础。至于南宋及被蒙古族灭掉后的南方,其诗歌作品依然还是传统情调,书生气十足,难以传世。只有总称为元曲及小说的,足堪为元朝言语文化佳品。

① 徐嘉瑞:《近古文学概论》,268—269页,北新书局,1936年。

元曲，可以分为杂剧南戏及散曲。其中所谓北曲、南曲，除了地域区别，以及北曲多“劲切雄丽”，南曲多“清峭柔远”，其最根本的区别在于声调。北方各少数民族的音乐噪杂缓紧之间与汉族唐诗宋词传统声调难以协调，于是元朝文人只能将之改造协调。周德清著《中原音韵》，就挑明了其间关键，就是北方人言语习惯，只有平上去三声；而南方人则多有四声——平上去入。造成唱腔、唱词的巨大差别。

至于这些曲，如何唱得好听？当年也是有说法的。燕南芝庵当年曾作《唱论》，其中有许多精细的专业评论，至今尚可参考。如：

歌之格调：抑扬顿挫；顶叠垛换；萦好牵结；敦拖呜咽；推题丸转；捶欠遏透。

歌之节奏：停声；待拍；偷吹；拽捧；字真；勾笃；依腔；贴调。

凡歌一声，声有四节：起末；过度；揾簪；攧落。

凡歌一句，句有声韵：一声平；一声背；一声圆；声要圆熟；腔要澈满。

凡一曲中，各有其声：变声；敦声；啀声；困声。

三过声：偷气；取气；换气；歇气；就气；爱者一口气。

歌声变件，此惟北曲有之：三蛮；破子；遍子；攧落；实催；全篇；尾声；赚煞；随煞；隔煞；揭煞；本调煞；三煞；十煞；拐子煞。

唱曲门户：小唱；寸唱；慢唱；坛唱；步虚；道情；撒錬；带烦；瓢叫。

凡人声音不等，各有所长。有川嗓，有堂声，背合破箫管。有唱得雄壮的，失之村沙；唱得蕴拭的，失之乜斜；唱得轻巧的，失之闲贱；唱得本分的，失之老实；唱得用意的，失之穿凿；唱得打掐的，失之本调。

凡唱声病：散散；焦焦；干干；痈痈；哑哑；嘎嘎；尖尖；低低；雌雌；雄雄；短短；憨憨；浊浊；赸赸。有格嗓；囊鼻；摇头；歪口；合眼；张口；撮唇；撇口；昂头；咳嗽。

凡添字病：则他；兀那；是他家；俺子道；我不见；兀的；不呢；一条了；唇撒了；一片了；团圈了；破孩了；茄子了。[1]

---

① 燕南芝庵：《唱论》，转引自朱谦之：《中国音乐文学史》，224—225页，商务印书馆，1935年。

但是对于散曲的内容思想的评价，后人却批评多。郑振铎先生就写道：

到了元末明初……却也使散曲走入了魔道，永远地不能翻身。他们所谓“工巧”，所谓“骈俪”，都只是死路一条。其作风既鲜独创，想象力又笨拙异常，只知盗窃诗、词里习见的陈言腐语。我们几乎看不出每个作家有什么不同的风格。他们是那样的陈陈相因啊！[①]

这里仅将散曲、杂剧、小说分选部分内容。

一、散曲

1.关汉卿《闺怨》(节选)

(仙吕翠裙腰)晓来雨过山横秀，野水涨汀洲。阑干倚遍空回首。下危楼，一天风物暮伤秋。

(六幺遍)乍凉时候，西风透。碧梧脱叶，余暑才收。香生凤口，帘垂玉钩。小院深，闲情昼。清幽。听声声蝉噪柳梢头。

2.马致远《秋思》(节选)

(风入松)眼前红日又西斜，疾似下坡车。晓来清镜添白雪，上床与鞋履相别。莫笑鸠巢计拙，葫芦提一任装呆。

3.郑光祖《秋闺》(节选)

(尾)一点来不够身躯小，响喉咙针眼里应难到。煎聒得离人闻来合噪。草虫中无你般薄劣把人焦。急睡着，急惊觉，紧截定阳台路儿叫。

① 郑振铎:《中国俗文学史》,258页,商务印书馆,1938年。

4.白贲《渔父》

（鹦鹉曲）侬家鹦鹉洲边住，是个不识字渔父。浪花中一叶扁舟，睡杀江南烟雨。觉来时满眼青山，抖擞绿蓑归去。算从前错怨天公，甚也有安排我处。

5.睢景贤《高祖还乡》（节选）

（般涉调哨偏）社长排门告示，但有的差事无推故，这差使不寻俗。一壁厢纳草也根，一边又要差夫索应付。又言是车驾，都说是銮舆，今日还乡故。王乡老执定瓦台盘，赵忙郎抱着酒葫芦。新刷来的头巾，恰糨来的绸衫，畅好是装幺大户。

（耍孩儿）瞎王留引定乔男女，胡踢蹬吹笛擂鼓。见一彪人马到庄门，匹头里几面旗舒。一面旗白胡阑套住个迎霜兔，一面旗红曲连打着个毕月乌，一面旗鸡学舞，一面旗狗生双翅，一面旗蛇缠葫芦。

……

（尾）少我的钱差发内旋拨还，欠我的粟税粮中私准除。只道刘三，谁肯把你揪摔住，白甚么改了姓，更了名，唤做汉高祖。

6.马致远《天净沙·秋思》

枯藤老树昏鸦，小桥流水人家，古道西风瘦马。夕阳西下，断肠人在天涯。

二、杂剧

1.关汉卿《窦娥冤》，第三折（节选）

（外扮监斩官上云）下官监斩官是也，今日处斩犯人，着做公的把住巷口，休放往来人闲走。

（净扮公人鼓三通锣三下科，刽子磨旗提刀押正旦带枷上，刽子云）行动些，行动些，监斩官去法场多时了。（正旦唱）

（正宫端正好）没来由犯王法，不提防遭刑宪。叫声屈动地惊天，顷刻间游魂先赴森罗殿，怎不将天地也埋怨。

（滚绣球）有日月朝暮悬，有鬼神掌着生死权。天地也只合把清浊分辨，可怎生糊突了盗跖颜渊？为善的受贫穷更命短，造恶的享富贵又寿延。天地也做得怕硬欺软，却原来也这般顺水推船。地也，你不分好歹何为地？天也，你错勘贤愚枉为天。哎，只落得两泪涟涟。

2.王实甫《西厢记》，第二本，第四折（节选）

（末上云）红娘之言，深有意趣。天色晚也，月儿，你早些出来么！（焚香了）呀，却早发擂也。呀，却早撞钟也。（做理琴科）琴啊，小生与足下湖海相随数年，今夜这一场大功，都在你这神品金徽玉轸蛇腹断纹峄阳焦尾冰弦之上。天那，却怎生借得一阵顺风，将小生这琴声，吹入俺那小姐玉琢成粉捏就知音的耳朵里去者？（旦引红上，红云）小姐，烧香去来。好明月夜呵！（旦云）事已无成，烧香何济？月儿，你团圆呵，咱却怎生？

（越调斗鹌鹑）云敛晴空，冰轮乍涌，风扫残红，香阶乱拥。离恨千端，闲愁万种。夫人那靡不有初，鲜克有终。他做了个影儿里的情郎，我做了个画儿里的爱宠。

…………

《西厢记》，第四本，第三折（节选）

（正宫）（端正好）碧云天，黄花地，西风紧，北雁南飞。晓来谁染霜林醉？总是离人泪！

（滚绣球）恨相见得迟，怨归去得疾。柳丝长，玉骢难系。恨不倩疏林挂住斜晖。马儿迍迍地行，车儿快快地随。都告了相思回避。听得一声去也，松了金钏；遥望见十里长亭，减了玉肌。此恨谁知！

3.马致远《汉宫秋》,第三折(节选)

(番使拥旦上,奏胡乐科,旦云)妾身王昭君,自从选入宫中,被毛延寿将美人图点破,送入冷宫。甫能得蒙恩幸,又被他献与番王形像。今拥兵来索,待不去,又怕江山有失。没奈何,将妾身出塞和番。这一去,胡地风霜,怎生消受也。自古道,红颜胜人多薄命,莫怨春风当自嗟。(驾引文武内官上云)今日灞桥饯送明妃,却早来到也。(唱)

(双调新水令)锦貂裘生改尽汉宫妆。我则索看昭君画图模样。旧恩金勒短,新恨玉鞭长。本是对金殿鸳鸯,分飞翼怎承望。

(云)您文武百官计议怎生退了番兵,免明妃和番者?(唱)

(驻马听)宰相每商量,大国使还朝多赐赏。早是俺夫妻悒怏,小家儿出外也摇装。尚兀自渭城衰柳助凄凉,共那灞桥流水添惆怅。偏您不断肠,想娘娘,那一天愁都撮在琵琶上。

(做下马科)(与旦打悲科)(驾云)左右慢慢唱着,我与明妃饯一杯酒。

4.白朴《梧桐雨》,第四折(节选)

(带云)当初妃子舞翠盘时,在此树下,寡人与妃子盟誓时亦对此树。近日梦境相寻,又被他惊觉了。(唱)

(滚绣球)长生殿那一宵,转回廊说誓约。不合对梧桐并肩斜靠,尽言词絮絮叨叨。沉香亭那一朝,按霓裳舞六幺。红牙箸击成腔调,乱宫商闹闹吵吵。是兀那当时欢会栽排下,今日凄凉厮辏着。暗地量度。

(高力士云)主上,这诸般草木,皆有雨声,岂独梧桐。(正末云)你那里知道,我说与你听者。

三、小说

施耐庵创作小说《水浒传》,罗贯中创作小说《三国演义》,成为中国文化史中尽人皆知的文学作品。据说施耐庵在写作时,画了 36 张主角人物影像,挂在墙上，天天对之揣摩他们的言行举止。施与罗都是利用前人相关故事片段整理连贯起来，让书中主要人物栩栩如生地活跃在读者眼前。而且不仅用眼睛看起来就经久不忘，更能让说书人借此书中情节，绘声绘色地、添油加醋地演述出来，让不认得字的大人小孩听得都沉迷于故事之中，一辈子都忘不掉。这种言语文字的魅力经历了时间的考验，更加飘扬在中华大地以至世界各地。

故事本身就已经不用介绍，因为大家都熟悉。我们不妨注意一下，就是两书中大量的对话内容，读来、听来都引人入胜，都鲜明传达出各个说话人的心态、意图及他们对于事物本身的认知能力，简单说就是对话人物都似活生生地在与读者对谈，甚至许多读者会将小说当作真实历史来领会。

从这两部巨著还引发了后来中国文化上，出现多么丰富的各种故事！中国的言语文化从此又进入一个新高度。

而写小说之所以精彩，离不开说书人的仔细加工提炼。说书成为职业，在北宋朝的大城市中就已经相当热闹，元朝就更加在南北各地流行，历代延续发展，专业程度很高了。陈汝衡曾经总结道：

评话中角色最多，生旦净丑，男女老少，皆各有其出相。说书家使用手面，出爆头，自有其一定的矩范，不可造次；亦有通体平说不须爆头者。而插科打诨，尤在即景生情，口才便给，俾情节紧张之际，忽焉四座哄堂，借博听众之赞赏。盖大书侧重表演，说书家之登台也，规律甚严，坐必挺胸，说必提丹田。其动作姿势，须沉着老到，一如伶人演剧然。虽无弦索助兴，然评话家之纸扇，则无上之工具也。关云长之大刀，黑旋风之板斧，诸葛亮之羽扇，胥以是表达之。故说大书至为吃力，有非精气神三者俱到莫办者。较之说小书，尤见艺术之妙。评话之材料，虽本诸稗官演义，然评话家必平添若干事实，兴趣横生，使听者乐而忘倦。有时欲求其材料热闹动人，尽可改窜原书情节，独运匠心，别开生面，其周详缜密之处，反较原书为优。①

① 陈汝衡：《说书小史》，62—63页，中华书局，1936年。

四、《元朝秘史》

这是一部几百年来一直很难见到的书，描述的是蒙古民族成吉思汗黄金家族史，这位在中世纪震撼欧亚两大陆的英雄，蒙古族人把他的家族从22代始祖开始发展说起，一直说到他所建树的伟大国家，最后说到他的儿子窝阔台汗在位时，几百年间蒙古族人如何生活、如何建设、如何度过无数难关。每一件事都写得清清楚楚，人际关系、前因后果交代得清清楚楚。成为蒙古民族最伟大的史诗，也是元朝统治者的国宝。全书12卷282节，原来是用畏兀儿蒙古文写就，后来在明朝有人用汉字音译。到现在已经找不到蒙文原版书了。但是据专家研究，在明朝，皇帝朱棣让姚广孝和解缙负责编纂的《永乐大典》中，就收有《元朝秘史》，可惜后来被败家子散失了，只有一点抄本。在1936年，商务印书馆编纂出版《四部丛刊》中，就收有《元朝秘史》的传抄本影印出版。该书正文是汉字音写的蒙文，字的右侧逐词注有汉译字，称为旁译。文章隔一段落就附有汉文的内容缩译，称为总译。作者佚名，有学者猜测作者是契丹人耶律楚材，他在金世宗时任尚书右丞，有可能参与。但史书上缺乏实证。该书应该是蒙古族人几百年口头流传，后才逐渐成文字书，中间应该经过文人的加工，让这部家族史诗的光芒照射到全世界。这里选择介绍，是因为其白话体的叙述方式，很符合这个伟大民族的文化特征，听上去就像是一位说书人在蒙古包里娓娓道来，也许还有乐器声伴奏。这里仅引述其开首部分。

当初元朝的人祖，是天生一个苍色的狼，与一个惨白色的鹿相配了，同过腾吉斯的水，来到斡难的河源头，在不儿罕的山前住着，产了一个人，名字唤作巴塔赤罕。……

朵奔篾儿干在时生的别勒古讷台、不古讷台两个儿子。背处共说：“俺这母亲，无房亲兄弟，又无丈夫，生了这三个儿子。家中独有马阿里黑伯牙瓦歹家人，莫不是他生的么？”道说间，他母亲知觉了。

春间，一日，他母亲阿阑豁阿煮着腊羊，将五个儿子唤来跟前列坐着。每人与一支箭竿，教折断，各人都折断了。再将五支箭竿束在一处，教折断呵，五人轮着，都折不断。

因那般,他母亲阿阑豁阿说:“别勒古讷台,不古讷台,您两个儿子,疑惑我这三个儿子是谁生的,您疑惑的也是。”

“您不知道,每夜,有黄白色人自天窗门额明处入来,将我肚皮摩挲,他的光明透入肚里。去时节,随日月之光,恰似黄狗般爬出去了。您休造次说!这般看来,显是天的儿子,不可比作凡人。久后他每做帝王啊,那时才知道也者!”

阿阑豁阿就教训着说:“您五个儿子,都是我一个肚皮里生的,如恰才五只箭竿一般。各自一支呵,任谁容易折断。您兄弟但同心呵,便如这五只箭竿束在一处,他人如何容易折得断!”不久,他母亲阿阑豁阿殁了。

《元朝秘史》开头就明确了蒙古族的图腾崇拜,是狼和鹿。就像汉族中有各种各样图腾崇拜一样。书中还明确了他们的先祖出生地和姓名。然后通过母亲讲述一支箭和五只箭的差别的故事,说明民族团结、家族团结的重要性。据施爱东博士相告:这一类折木棍或树枝的相近的故事,最早见于古希腊的《伊索寓言》中,也见于《圣经》中,中国的《魏书》中也有记载。可见,故事也是各族间因缘凑合,或思想一致,或交流传授,从西方来到东方,后来流传于世,脍炙人口。

第八节　明朝时期言语文化(1368—1644年)

明朝是朱元璋建立的汉族政权,由朱姓为王族,维持封建近3百年,国土辽阔,人口众多,经济大有发展,因此形成一个庞大的封建帝国的形象。但是,统治者也构建了一套封建思想控制的牢笼,以及行政的典章制度,层层分明。统治者个人的思想行为,决定着国家的国势及文运。可惜,朱元璋当皇帝后就屡兴大狱,滥杀功臣,开国就要百姓闭口;接着朱元璋的四子燕王朱棣,更是杀到南京去,将自己的侄儿建文帝杀掉,把政权搬到北京城。还不听他的老师姚广孝劝,硬是把“天下读书种子”方孝孺等十族人全部杀掉。如此恐怖的初始行为,自然远不及汉朝光武帝的兴学、唐朝太宗的好文了。因之,总其三百年的文化,凡是官场上文人的诗词、文章,多是充斥着阿谀造作之情,馆阁体的形式,以及八股文式的死硬空洞的内容,白话文的形式早已经抛到脑后。幸好民间文化的诗歌、宝卷、弹词、戏曲等,则大放异彩。百姓必然要开口抒发自己的喜怒哀乐,通过当时丰富的流传的文化形式,而得以传播和记录。

但是对于皇帝来说,则妨碍他所鼓吹的道学精神,于是曾有极没有人性没有道理的杀伐禁令。例如朱元璋登基二十二年(1389)时,就发榜:

洪武二十二年三月二十五日,奉圣旨:在京但有军官军人学唱的,割了舌头。下棋打双陆的,断手。蹴圆的,卸脚。做买卖的,发边远充军。府军卫千户虞让,男虞端,故违吹箫唱曲,将上唇连鼻尖割了。又龙江卫指挥伏顺,与本卫小旗姚晏保蹴圆,卸了右脚,全家发赴云南。

到了朱棣登基七年(1409),也有禁演驾头杂剧的榜:

奉旨:但这等词曲,出榜后,限他五日都要干净,将赴官烧毁了。敢有收藏的,全家杀了。①

如此残酷的文化禁令,令人发指,但是也阻止不了民众追求自由的心声,和表达自己情感的艺术形式。

至于皇帝自己是如何说话的呢?正好朱元璋曾经把训示书生的话,刻石留在北京国子监内,不妨一观:

恁学生每听着,先前那宗讷做祭酒呵,学规好生严肃,秀才每循规蹈矩,都肯向学,所以教出来的个个中用,朝廷好生得人。后来他人善终了,以礼送他回乡安葬,沿路上着有司官祭他。近年着那老秀才做祭酒呵,他每都怀着异心,不明教诲,把宗讷的学规都改坏了,所以生徒全不务学,用着他呵,好生坏事。如今着那年纪小的秀才官每来署学事,他定的学规,恁每当依着行。敢有抗拒不服,撒泼皮,违反学规的,若祭酒来奏着您呵,都不饶,全家发往烟瘴地面去,或

① 原载明朝顾起元著:《客座赘语》,转引自周贻白编著:《中国戏剧史》,325—326页,中华书局,1953年。

充军，或充吏，或做首领官。今后学规严紧，若有无籍之徒，敢有似前贴没头贴子，诽谤师长的，许诸人出首，或绑缚将来，赏大银两个。若先前贴了票子，有知道的，或出首，或绑缚将来呵，也一般赏他大银两个。将那犯人凌迟了，枭令在监前，全家抄没，人口发往烟瘴地面。钦此！

白话中透着一股恐怖势力。

本节选择介绍的，正是这些民间文人文化所结出的硕果。他们少了官场上的禁锢，却充满追求美好生活的渴望，充满追求男女爱情的渴望，充满追求个人梦想的情怀，通过口腔运动和表演尽情地展露出来。其中虽然充斥着不规范的言语用法，不一定符合诗律、词律、八股文律等的“大人物”写的规定，却感情真挚，词曲动人，引人遐思，成为汉族文化的主力代表。其间有一位冯梦龙先生，他曾经收集编纂多部民间流行的歌谣成册，如《挂枝儿》《山歌》《夹竹桃》《黄山谜》《古今笑》等，一直为中华民众所喜爱。其原因正如冯梦龙在书中“叙”道：

书契以来，代有歌谣。太史所陈，并称风雅。尚矣，自楚骚唐律，争妍竞畅，而民间性情之响，遂不得列于诗坛。于是别字曰“山歌”。言田夫野竖矢口寄兴之所为，缙绅学士家不道也。唯诗坛不列，缙绅学士不道，而歌之权愈轻，歌者之心亦愈浅。今所盛行者，皆私情谱耳。虽然，桑间濮上，国风刺之，尼父录焉，以是为情真而不可废也。山歌虽俚甚矣，独非郑卫之遗欤！且今虽季世，而但有假诗文，无假山歌。则以山歌不与诗文争名，故不屑假。而吾借以存真，不亦可乎！抑今人想见上古之陈于太史者如彼，而近代之留于民间者如此，倘亦论世之林云尔，若夫借男女之真情，发名教之伪药，其功于《挂枝儿》等。[①]

① 冯梦龙辑：《黄山谜》，1页，中央书店，1936年。

一、民歌

锁南枝

无名氏

傻傻角,我和哥,和块黄泥儿捏咱两个。捏一个儿你,捏一个儿我,捏的来一似活托,捏的来同床上歇卧。将泥人儿摔碎,着水儿重和过。再捏一个你,再捏一个我。哥哥身上也有妹妹,妹妹身上也有哥哥。

提起你的势,笑窎我的牙。你就是刘瑾、江彬要柳叶儿刮,柳叶儿刮。你又不曾金子开花,银子发芽,我的哥哟,你需当玩当耍。如今的时季,是个人儿也有二句话。你便会行船,我便会走马。就是孔夫子,也用不着你文章,弥勒佛也当下袈裟。

时尚古人劈破玉歌选

无名氏

娘骂女

小贱人生得自轻自贱。娘叫你怎的不在跟前?缘何唬得筛糠战?因甚的红了脸?因甚的掉了簪?为甚的缘由?甚的缘由?儿,揉乱青丝纂?

又,女回娘

苦娘亲,非是我自轻自贱。娘叫我一时不在跟前,因此上走将来心惊战。搽胭脂红了脸,耍秋千掉了簪,墙角上攀花,角上攀花,娘,挂乱了青丝纂。

又,娘复骂

小贱人休得胡争辩。为娘的幼年间更会转弯。你被情人扯住心惊战,为害羞红了脸,做表记去了簪,云雨偷情,云雨偷情,儿,弄乱青丝纂。

又,女自招

小女儿非敢胡争辩,告娘亲恕孩儿实不相瞒。俏哥哥扯住唬得心惊战,吃交杯红了脸,俏冤家抢去簪,一阵昏迷,一阵昏迷,娘,我也顾不得青丝纂。

挂枝儿选

冯梦龙辑

同心

眉儿来，眼儿去，我和你一齐看上，不知几百世修下来，和你恩爱这一场。便道更有个妙人儿，你我也插他不上。人看着你是男，我是女，怎你我二人合一付心肠。若把我二人上一上天平也，你半斤，我八两。

山歌选

冯梦龙辑

门神

结识私情像门神，恋新弃旧忒忘情。（白）记得去年大年三十夜捉我千刷万刷刷得我心悦诚服，千嘱万嘱嘱得我一板个正经。我虽然图你糊口之计，你也敬得我介入神。我只望替你同家日活，撑立个门庭。有介一起轻薄后生捉我摸手摸脚，我只是声色弗动，并弗容介个闲神野鬼，上你搭个大门。我为你受子许多个烹风露水，戴月披星；看破子几呵个檐头贼智，听得子几呵个壁缝里个风声。你当先见我颜色新鲜亨介喝彩？装扮得花哨加倍介奉承。间帖得筋疲力尽，磨得我头鬓蓬尘。弗上一年个光景，只思量别恋个新人。你哂我弗像个士女，我也道你弗是个善人。就要捻我出去，弗匡你起介一片个毒心。逼着介个残冬腊月，一刻也弗容我留停。你拿个冷水来泼我个身上，我还道是你取笑；拿个笐帚来支我，我也只弗作声；扯破子我个衣裳只是忍耐，擷破子我个面孔方才道是你认真。我吃你刮又刮得介尽情。屈来，我吃你杨擦刮了去，你做人忒弗长情。我有介曲子在里，倒唱来你听听：（玉包肚）君心特忍，恋新人浑忘旧人！想旧人昔日曾新，料新人未必常新；新人有日变初心，追悔当初弃旧人。（吴地方言）

黄山谜选

冯梦龙辑

山　人

说山人，话山人。说着山人笑杀人。

(白)身穿着僧弗僧俗弗俗个沿落厂袖,头带子方弗方圆弗圆个进士唐巾,弗肯闭门家里坐,肆多多在土地堂里去安身。土地菩萨看见子,连忙起身便来迎。土地道:啞!出来,我只道是同僚下降,元来到是你个些光斯欣。亦弗知是文职武职?亦弗知是监生举人?亦弗知是粮长升级?亦弗知是书老人?亦弗来里作揖画卯?亦弗来里放告投文?要了闹哄哄介挨肩了搽背,急逗逗介作揖了平身。轿夫个个侪做子朋友,皂隶个个侪板子至亲。带累我土地也弗得安静,无早无晚介打户敲门。我弗知你为个事干,你仔细替我说个元因。山人上前齐齐作揖,告诉我里的的亲亲个土地尊神,我哩个些人,道假亦弗假,道真亦弗真。作诗亦弗会嘲风弄月,写字亦弗会带草连真,只因为生意淡薄,无奈何进子法门。做买卖亦吃个本钱缺少,要教书亦吃个学堂难寻,要算命亦弗晓得个五行生克,要行医亦弗明白个六脉浮沉,天生子软冻冻介一个担轻弗得负重弗得个肩膊,又生个有劳劳介一张说人话人自害自身个嘴唇。算尽子个三十六策,只得投靠子个有名目个山人,陪子多少个蹲身小坐,吃子我哩几呵煮酒馄饨,方才通得一个名姓,领我见得个大大人。虽然弗指望扬名四海,且乐得荣耀一身,吓落子几呵亲眷,耸动子多少乡邻,因此上也要参参见佛,弗是我哩无事入公门。土地听到个班说话,就连声骂道:个些窝说个猢狲,你也特杀胆大,你也特杀恶心,廉耻亦介扫地,钻刺亦介通神。我见你一蝻进一蝻出,袖子里常有手本,一个上一个落,口里常说个人情。也有时节诈别人酒食,也有时节骗子白金,硬子嘴了了说道恤孤了仗义,曲子肚肠了说道表兄了舍亲,做子几呵腰头搽。难道只要闹热个门庭,你个样瞒心昧己,瞒得灶界六神。若还弗信,待我唱只驻云飞来你听听。

(驻云飞)笑杀山人,终日忙忙着处跟,口里滴溜清,心肠墨锭,八句歪诗,尝搭公文进。近日胥门接某大人,明日阊门送某大人。

(白)山人听子,冷汗淋身。便道土地,忒杀显灵,大家向前讨介一卦,看道呵能勾到底太平。先得子一个圣筶,以后再打子两个翻身。土地说道,在前还有青龙上卦,去后只怕白虎缠身。你也弗消求神请佛,你也弗消得去告斗详星,也弗消得念三官宝诰,也弗消得念救苦真经。

(歌)我只劝你得放手时须放手,得饶人处且饶人。

此歌为讥诮山人管闲事而作。故末有放手饶人之句。或云张伯起先生作。

非也。盖旧有此歌，而伯起复润色之耳。（方言）

二、宝卷

宝卷应该就是宋朝流行过的“变文”的变化延续，其中有佛门聪明人拿来作宣讲佛经的一种手段，也有非佛门书生拿来宣讲各种思想和故事。数量颇多，各种人生、神怪类的故事均有。据郑振铎教授研究，以《目连宝卷》故事在民众间流传最广。

这里仅引述一些。

先天原始土地宝卷选

佚　名

元始赐宝品第五

却说土地寻佛不见，往前而行，见一老翁。土地问曰：“老翁见佛否？”答曰：“无见”。土地问曰：“这是何处？”翁曰：“此是玉帝所居灵霄宝殿。”土地曰：“佛在天宫说法，我来寻佛，不知佛在何处？”翁曰：“你往三清宫内问去。”土地曰：“三清宫在何处？”翁用手一指。土地谢曰：“老翁贵姓？”翁曰：“金星是也。”土地辞别，径到三清宫内，参见元始天尊。天尊一见，认得土地。“你是无极化身。如何到此？”土地答曰：“我来天宫寻佛，误遇天尊。”天尊曰：“天宫最多，那里寻问。”土地悲泣身老年残，千辛万苦，寻佛不见。元始曰：“我和你贴骨尊亲，源理一脉。我将如意与你作一柱杖，以为后念。你今回去，不可寻佛，灵山等佛去罢。”土地告辞，还归旧路而去也。

土地寻佛不得见，

误与元始赐宝回。

我佛上居兜率天，广演大法慈悲宽。玄言句句如甘蔗，信授尘劳尽除蠲。

南天门开品第六

却说土地得了如意，还归旧路。前到南天门，见那天门紧闭。土地自思：“三清宫随喜了，不曾进南天门，随喜龙霄殿。”遥望门首许多天兵神将。土地向前与众使礼。土地曰:“乞众公方便,将门开放,我今随喜。”众神闻言,唬一大惊。众神大咤一声:“你这老头,斯不知贵贱,不晓高低!你在这里,还敢撒野。”土地曰:“我从无到此,随喜何碍!”青龙神将走将过来,掐着土地,连推带搡。众骂老不省事。一齐拥推。土地怒恼,使动龙拐,望众打去。众将一躲,打在南天门上,将天门打开。天门开放,毫光普遍,六方震动。

三、弹词

明朝兴旺的弹词是宋朝的“变文”演化而来,是流行在南方的一种说唱文艺形式,在福建叫作“评话”,在广东叫作“木鱼书”。多是长篇叙述故事,能够连讲数日,听众多是妇女,情节多哀艳。乐器以琵琶为主。

演唱弹词,其文字远离八股,雅处近诗,俚处似谚,要想写得精彩,实非易事。更何况演唱者不论男女,都必须掌握文中各种不同人物的音容笑貌,一个人担当起数个人物的瞬时情感,依靠变换声音和面部表情,来让听众如临对话的现场,喜怒哀乐,抑扬顿挫,瞬间即来,实在是功夫。难怪几百年来在民众口耳中延绵不断,这是很美妙的文化积淀。

这里仅选一些。

二十一史弹词

杨　慎

第三段　说秦汉　临江仙

滚滚长江东流水,浪花淘尽英雄,是非成败转头空。青山依旧在,几度夕阳红。白发渔樵江渚上,惯看秋月春风。一壶浊酒喜相逢;古今多少事,都付笑谈中。

诗曰:

战败兴亡古至今……

记得东吴并入秦……

剪雪裁冰诗有味,降龙伏虎事曾闻。……春去春来人易老,花开花落可怜人!

不如忙里偷闲好，再把新闻听一巡。

昨序说夏、商、周三代，到周赧王被秦昭王逼献国邑，旋灭东西周，而周亡。

秦之先，原姓嬴氏……秦始皇至汉献帝，通共四百三十三年。中间覆雨翻云，几场兴废，谈论间不能细说，略将大概品题。……

碾玉观音开篇

（出现年代有宋、元、明各朝，佚名）

山色晴岚景物佳，暖烘回雁起平沙。东郊渐觉花供眼，南陌依稀叶吐芽。

堤上柳，未藏鸦，寻芳趁步到山家。陇头几树红梅落，红杏枝头未着花。

这首鹧鸪天说孟春景致，原来又不如仲春词做得好：

每日青楼醉梦中，不知城外又春浓。杏花初落疏疏雨，杨柳轻摇淡淡风。

浮画舫，跃青骢，小桥门外绿荫笼。行人不入神仙地，人在珠帘第几重？

这首词说仲春景致，原来又不如黄夫人做的季春词好：

先自春光似酒浓，时听燕语透帘栊。小桥杨柳飘香絮，山寺绯红散落红。

莺渐老，蝶西东，春归难觅恨无穷。侵阶草色迷朝雨，满地梨花逐晓风。

这三首词都不如王荆公看见花瓣儿片片被风吹下地来。原来这春归去，是东风断送的。有诗道：

春日春风有时好，春日春风有时恶。不得春风花不开，花开又被风吹落。

苏东坡道："不是东风断送春归去，是春风断送春归去。"有诗道：

雨前初见花间蕊，雨后全无叶底花。蜂蝶纷纷过墙去，却疑春色在邻家。

秦少游道："也不干风事，也不干雨事；是柳絮飘将春色去。"有诗道：

三月柳花轻复散，飘扬澹荡送春归。此花本是无情物，一向东飞一向西。

邵尧夫道："也不干柳絮事，是蝴蝶采将春色去。"有诗道：

花正开时当三月，蝴蝶飞来忙劫劫。采得春色向天涯，行人路上添凄切。

曾两府道："也不干蝴蝶事，是黄莺啼得春归去。"有诗道：

花正开时艳正浓，春宵何事老芳丛？黄鹂啼得春归去，无限园林转首空。

朱希真道："也不干黄鹂事，是杜鹃啼得春归去。"有诗道：

杜鹃叫得春归去，吻边啼血尚犹存。庭院日长空悄悄，教人生怕到黄昏。

苏小妹道："都不干这几件事，是燕子衔将春色去。"有蝶恋花词为证：

妾本钱塘江上住，花落花开，不管流年度。燕子衔将春色去，纱窗几阵黄梅雨。斜插犀梳云半吐，檀板轻敲，唱彻黄金缕。歌罢彩云无觅处，梦回明月生南浦。

王岩叟道："也不干风事，也不干雨事，也不干柳絮事，也不干蝴蝶事，也不干黄鹂事，也不干杜鹃事，是九十日春光已过，春归去。"曾有诗道：

怨风怨雨两俱非，风雨不来春亦归。腮边红褪青梅小，口角黄消乳燕飞。

蜀魄健啼花影去，吴蚕强食柘桑稀。直恼春归无觅处，江湖辜负一蓑衣。

四、鼓词

鼓词则是明朝流行于北方的说唱文艺形式，也是长篇叙述故事，风格与南方很是不同。乐器以鼓为主。诗人陆游《小舟游近村》曾写道：

斜阳古道赵家庄，负鼓盲翁正作场。
身后是非谁管得？满村听说蔡中郎。

据说当年就曾总结出弹唱的"四大忌、六不可少"。

一大忌，是招客广招钗与环；二大忌，是乡亲漫讲票与签；三大忌，是瞎汉何曾上腔板；四大忌，是主人未必懂丝弦。

不可少，石砌砖铺的干净地；不可少，夏凉冬暖的爽晴天；不可少，止渴生津的大碗茶；不可少，吃烟点火的小香盘；不可少，童子旋将桌子摆；不可少，丫儿先把凳儿安。随手儿，弹得声声似雪亮。字眼儿，吐来个个比珠圆。①

这里仅选一些。

① 见阿英著：《弹词小说评考》，47页，中华书局，1937年。

二贤传

佚　名

佳人说："掌家的，我有许多心事，有意告禀你家东主。虽想张爷不容我说话，竟把我打了一顿。你们虽是主仆，却像父子一样。你要说话，你东主无有不听之理。掌家的，借你口中言，传我心腹事。你对张爷说明：你主仆只当积点阴功，把我送到河南开封府，找着我兄弟。银子还你个本利相停。这个如何？"张洪闻听，把手一摆，说："你这女子，醒醒罢！"佳人说："我莫是睡觉不成！怎么叫我醒醒呢？"张洪说："你虽然无有睡觉，你竟说都是些梦话。你当我家爷费了一两半两的吗？……"……张洪说："怎么的，你在烟花柳巷，你还有这么个好兄弟么？我且问你兄弟在河南作什么买卖呢？"佳人说："你猜一猜。"张洪说："我何用三猜两猜！我一猜就猜着了。想你令兄弟在河南开当铺。"佳人说："不是。""哦，想来是贩卖红兰紫草的。"佳人说："不是，又远了，更不是咧。""哦，是贩蜜烛香茶的。""可也不是。"张洪说："这个我可猜不着咧！令弟在河南又不是开当铺，又非贩卖红兰紫草香茶蜜烛，哪有这宗银子买你出水从良呢？"佳人说："张洪，要不提起我那兄弟倒还可矣！若是提起我那兄弟来可也不小！想你在他跟前站着跪着地方也是无有的。"张洪说："这话不然！说我张洪是我家东主仆人，不过敬尊我家的太爷，并天下财主虽多，他都不能管我。再说你兄弟就有拔天势力，我与他无干，也管不着我在这地方！我偏在这里坐下，又撺何方！"张洪一边说着话，一屁股坐下在佳人面前，仰着脸，单听女子讲话。佳人说："张洪，你当我那兄弟是买卖客商么？不是！哦！他本是今年正德皇爷御笔亲点头名状元，皇爷又点河南八府代天都巡按。我实对你说罢，如今河南奉旨按院陈奎，那就是我兄弟哟！"张洪闻听，哪里还有魂呢？不扶尘埃，爬起来拔开脚步，往东北角下，咕噜咕噜地直跑。这个话幸亏老蛮子未曾听见，不然，他在马上如何坐得住呢？要是滚下马来，就送了他这条老命。为什么他就无有听见呢？书要说个明白。在座明公，听书也要听个细致。

五、传奇、杂剧

明朝传奇作品，是继唐诗、宋词、元曲剧之后的中华文化一个新高峰。它继承了以往各时期的诗词曲佳品，连成各种各样的故事，荟萃而成为一种戏曲，把唱、念、做合在一个舞台上，由几个主要角色——生旦净末丑——联台表演出来，自然深受大众欢迎。仅是明朝就出现数十位传奇作家，创作流传的传奇剧本有几百部之多。而且，这样的升华是各个方面都显现：作家成熟了，作品系统全面了，歌词说白凝练了，唱腔丰富动听了，舞台上演员们合作热闹了，听众也就更加欣赏沉迷其中。

这里是介绍言语文化为主，当然是要介绍到传奇演出中一个主要的改变，那就是唱腔声韵的大变化。除了声韵逐步协调统一，还从元朝流行的海盐腔，转而为昆山腔，到清朝更加风行昆腔，至今依然。从理论上讲，昆腔所讲求的关键，就在于咬字发音的功夫上，其原理是由于汉字字音用反切，其反切就是唱法。就是要把一个字音分割成头尾两音或三音来念，通过咬字发音时的回环转折，把字音拖得悠远缠绵，再配合身段动作，有腔有板，其声乐美感就悠然而来。其间的具体声调还可以多变，各自成派，而且在各大家之间的见解颇多不同。例如《牡丹亭》等传奇作者汤显祖就说过：

不佞生非吴越通，智意短陋，加以举业之耗，道学之牵，不得一意横绝，流畅于律吕文赋之事。独以单慧涉猎，妄意诵记操作，层积有窥。如暗中索路，闯入堂序，忽然霤光，得自转折。始知上自葛天，下至胡元，皆是歌曲。曲者，句字转声而已。葛天短而胡元长，时势使然。总之，偶方奇圆，节数随异，四六之言，二字而节，五言三，七言四，歌诗者自然而然。乃至唱曲三言四言，一字一节，故为缓音，以舒上下，长句使然而自然也。……不佞牡丹亭记，大受吕玉绳改窜，云便吴歌。不佞哑然笑曰："昔有人嫌摩诘之冬景芭蕉，割蕉加梅。冬则冬矣，然非王摩诘冬景也。"其中骀荡淫夷，转在笔墨之外耳。若夫北地之于文，犹新都之于曲，余子何足道哉！①

不过，与汤同时期的沈璟，也是有多部传奇的作者，则提出另外一套，他专

① 汤显祖：《答凌初成书》，见《玉茗堂集》，卷四，转引自周贻白编著：《中国戏剧史》，405页，中华书局，1953年。

门写【二郎神南曲】一套，以表明他的见解。这里选部分：

（二郎神）何元朗，一言儿启词中宝藏。道欲度新声休走样！名为乐府，须教合律依腔。宁使时人不鉴赏，无使人挠喉捩嗓。说不得才长，越有才越当有着意斟量。

（前腔）参详，含宫泛征，延声促响，把仄韵平音分几项。倘平音窘处，须巧将入韵埋藏。这是词隐先生独秘方，与自古词人不爽。若是调飞扬，把去声儿填他几字相当。

（啭林莺）词中上声还细讲，比平声更觉微茫。去声正与分天壤，休混把仄声字填腔，析阴辨阳，却只有那平声分党。细商量，阴与阳还须趁调低昂。

…………

（啄木鹂）中州韵，分类详。正韵也因他为草创，今不守正韵填词，又不遵中土宫商。制词不将琵琶仿，却驾言韵依东嘉样。这病膏肓！东嘉已误，安可袭为常！

（前腔）北词谱，精且详。恨杀南词偏费讲，今始信旧谱多讹，是鲰生稍为更张。改弦又非翻新样，按腔自然成绝唱。语非狂，从教顾曲，端不怕周郎。①

此二位深谙当时音律的作者，专业见解则差异颇大，在以后历代音韵学家中，也自争论不休。笔者难以评度出究竟谁的音学胜过谁的，只能存此待明白人。但是，他们的传奇作品，情节生动，唱腔动听，普遍获得当时与历代的厚捧。例如：

琵琶记（副末开场）

高　明

（水调歌头）秋灯明翠幕，夜案览云编。今来古往，其间故事几多般。

少甚佳人才子，也有神仙幽怪，琐碎不堪观。正是不关风化体，纵好也徒然。

① 沈璟：《二郎神》南曲，转引自周贻白编著：《中国戏剧史》，415—416页，中华书局，1953年。

（换头）论传奇，乐人易，动人难。知音君子，这般另作眼儿看。休伦插科打诨，也不寻宫数调，只看子孝共妻贤。正是骅骝方独步，万马敢争先！

牡丹亭还魂记第十出惊梦

汤显祖

（绕地游）梦回莺转，乱煞年光遍。人立小庭深院，炷尽沉烟，抛残绣线，恁今春关情似去年。

（醉扶归）你道翠生生出落得裙衫儿茜，艳晶晶花簪八宝填，可知我常一生儿爱好是天然，恰三春好处无人见。不提防沉鱼落雁鸟惊喧，则怕的羞花闭月花愁颤。

（皂罗袍）原来姹紫嫣红开遍，似这般都赋予断井颓垣。良辰美景奈何天，赏心乐事谁家院？朝飞暮卷，云霞翠轩，烟波画船，锦屏人忒看得这韶光贱！

（好姐姐）遍山啼红了杜鹃，荼蘼外烟丝醉软。牡丹虽好，他春归怎占得先？闲凝盼，生生燕语明如剪，呖呖莺歌溜得圆。

红拂记第一出（开场始末）

张凤翼

（青玉案）人生南北如岐路，世事悠悠等风絮，造化小儿无定据，翻来覆去，倒横直竖，眼见都如许。

时来有志须遭遇，却笑风流赋枯树。坎止流行应有数，良辰美景，赏心乐事，一曲飞殇羽。

试问后房子弟，近日搬演谁家故事，哪本传奇？（内应）近日试演一本李卫公红拂女记。（末）原来这本传奇，听我道几句家门，便见戏文大义。

（凤凰台上忆吹箫）李靖人豪，张姬女侠，相逢似水如遇。喜私奔出境，灵石停车。偶与虬髯相遇，谈笑处意惬情舒。觇真主，扶王定霸，各自踌躇。

六、小说

中国小说到明朝是丰产时期，前述长篇小说施耐庵的《水浒传》、罗贯中的

《三国演义》,还可以说是元末明初的作品,而吴承恩的《西游记》,以及《封神演义》《金瓶梅》等等,则涌现在明朝。还有大量成熟的短篇小说也涌现,如冯梦龙的《三言》及空观主人的《拍案惊奇》等等。既有历史故事类型,也有艳情故事类型、英雄故事类型、神怪故事类型等等,历来广泛流传于社会各界,成为中国文学作品中的重彩,代代相传,还不断加工演化。

这些小说情节,一些都进入当今课堂教材,这里就无须再引述了。

七、工具书《永乐大典》

明朝天下是武力打下来的,但是明朝统治者重视文化建设确实是达到中华文化的高峰,连后来的清朝也望尘莫及。这里介绍《永乐大典》的史实与见解,皆引自老友栾贵明先生的大作,蒙他同意而述,免添注释之繁。① 永乐帝朱棣在1403年(永乐元年)就命令他的文臣们编纂一部工具书《永乐大典》,他在诏书上写道:

> 天下古今事物散载诸书,篇帙浩穰,不易检阅;朕欲悉采各书所载事物类聚之,而统之以韵,庶几考索之便,如探囊取物尔;……尔等其如朕意,凡书契以来经、史、子、集百家之书,至于天文、地志、阴阳、医卜、僧道、技艺之言,备辑为一书,毋厌浩繁。②

其书编纂原则,栾先生整理成:

> 修大典的历史渊源——“尽开物成务之道,极裁成辅相之宜。修礼乐而明教化,阐理至而宣人文。”
>
> 时代背景——“尚惟有大混一之时,必有一统之制作。”
>
> 典籍内容——“序百工之传,总历代之典。”

---

① 见栾贵明:《试论两部〈永乐大典〉之诞生及命运》,打印本,2010年写。

② 《明太祖实录》,卷21。

搜集范围——“上自古初，讫于当世。”

预期目标——“包括宇宙之广大，统汇古今之异同。”

体例——以《洪武正韵》为纲，全如《韵府》之体，博采旁搜，巨细精粗，粲然明备。“以气者天地之始也，有气斯有声，有声斯有字。故用韵以统字，用字以系事。”“使观者由韵以求字，因字以考事。”①

栾先生还进一步分析道：

朱棣在这里提出了很新很高的文化工具书的理由与要求是空前的广阔与深厚，他引述唐太宗李世民的话“开物成务”，即是要将开始时期的万物清理出一个目标。他也不再满足于古代训诂学的仅求声韵的目标，而是指出必须要联系到“事”，要考察“事”（人间万事）。后来有清一代训诂学家们反倒是倒退到仅求声韵为目标。作为工具书的原则，是相当先进的。朱棣在这里可惜没有说明“考事”的具体方法，那应该是在当世普遍运用的具体方法。我们可以通过《大典》原书，能够知道在“字”与“事”之间，尚有一个“词”，来作为“考事”的线索，才能够完整地理解和使用《大典》。所以其实是：由韵以求字，以字以求词，用词以考事。所谓“词”是按传统的“事类”排列的，其“传统”就是当时社会所公认的排列方法，应该说是很有科学性在其中。只是时间已久，不太为后人所理解，或者歪解胡批，故意说成编辑体例混乱，不易探囊取物耳。

《大典》在1404年12月21日开工。到1407年12月14日完成，共有编纂人员2619人，他们在姚广孝、解缙等人领导下，编纂抄写完成的《永乐大典》，共有22937卷，共约50万页，约4.5亿字，总体积（不含书卷外套）约45立方米。该书“高一尺六寸，广九寸六分，以粗黄绢连脑包裹，硬面宣纸朱丝阑。每半叶八行，每行大字十五，小字三十。书名用朱笔，句读用朱圈，工整均洁”②。该书在抄录第二份后，即告失踪。而第二份在后来动乱中，不断被盗丢失，至今世界

---

① 《明太祖实录》，卷73。

② 丁国均：《荷香馆琐言》，卷下，《永乐大典残卷》。

上仅存约817卷,多数还在外国。栾先生总结之一为:

《大典》最应该让人赞美的是它的编纂原则与编纂方法,使之成为中华文化书籍上的万里长城。作为世界上空前大型的工具书,它的编纂原则求全求美以外,其照录原文原则,其由韵求字、以字求词、用词以考事原则,都是中国近代历史上精彩的图书理念与实践,有一种公允的心态。可以说已经与近代词典、百科全书的编纂理念相近。而与其相对的是清朝乾隆帝的编纂《四库全书》原则,乾隆帝先从无知的层面,批评《大典》道:"《永乐大典》所载之书类多散入各韵,分析破碎,殊无体例,是书亦其一也。"(乾隆《御制诗四集》"题郦道元水经注六韵"注)而他要求的并被臣子吹上天的《四库全书》,则明显才是分析破碎,乱抄乱改,甚至焚其不同意见的书籍,反倒显现出乾隆王臣中的偏狭小人心。

这里仅以近年新发现的《永乐大典》卷之一万三千二百三为例,该卷为"用"字韵之一部分,其中列举"用"字在古籍中所出现的部分用例如下:

才各有用;量才通用;物各有用;有才不用;才识称用;人须适时用;
人患无用;人不为用;得人即用;贤宜礼用;君子可用;不济大用;
力图大用;养晦待用;易名求用;纯正可用;有时而用;奇策不用;
诗意两用;以文害用;因诗见用;因言见用;忠谏见用;易得难用;
非馁莫敢用;存亡在所用;辩说之用;收其力用;弃不如用;众不为用;
饥则为用;不堪为用;假物为用;物不适用;易中时用;人有四用;
老呆无用;大机大用;万化齐用;啐啄同时用;一唱不作用;体用;
因体起用;存体应用;内体外用;立体致用;卦体爻用;二体一用;
体生于用;道家论体用;阴阳互用;阴阳妙用;天地妙用;元神妙用;
万化妙用;手足相为用;抽添运用;显仁藏用;释氏六用。①

《永乐大典》是中国文化顶峰的产物,它抓住中文的字、词、韵的内在关联,

① 《永乐大典》,13230卷,349—382页,见《海外新发现永乐大典十七卷》,上海辞书出版社,2003年。

而建构出如此极度丰富的工具书，实在是今天我们还需要好好学习。如例中一个“用”字的部分用例，显然就远比今天还丰富，而古人早已经运用和整理。

八、西方口述、言语方法之传来

16世纪后期至17世纪前期，一些西方人千辛万苦来到中国，他们带来西方文化的新声，与传统中国文化进行了有益的重要的交流。这时期已经与隋唐时期印度佛学的传来有很大的不同了。其初期代表人物为意大利人利玛窦（Matteo Ricci，1552—1610，1582年到澳门，1601年到北京），他学习中国传统儒佛道知识，并与西方知识相比较探寻，在他尚未到北京以前，在南方所写的《天主实义》《畸人十篇》和《交友论》等小册子，已经被中国书生传抄刻印，明确表明一种西方新文化思想来到中国，并且为中国书生探寻接受，开拓中国新文化思路及探索践行。利玛窦的前两部书，正是由西方古希腊以来的口述对话方式来表述，其中再充实西方古代格言、传说、故事等为例证，邹振环教授曾有专著仔细给出其来龙去脉，他写道：

《天主实义》这种设问论证的方式令人瞩目，问答形式中包含有作者与人物、作者与读者、人物与读者之间复杂的对话关系，所采取的是苏格拉底式平等讨论的方式。对话在古希腊就是西方人在经济、政治、文化、日常生活等各个领域中探求真理、交流思想感情的一种重要方式。从词源学上讲，对话（dialogue）与辩证法（dialectic）是同源的。它包含两层意思：一是指一种文体，即问答体或对话体。……对话是古希腊罗马以来欧洲社会生活中语言活动的一种主要表现方式，在哲学、政治学、伦理学各个领域中被普遍应用，而且是学者们写作所采取的一种重要文体。问答的方式也是西方传统的教学方法，早在柏拉图的时候，他就通过反复向自己的学生提问题来传授知识。即便到了中世纪，西方大学也十分提倡学生之间互相的辩论。13—14世纪教会学校所采用的课堂教学方法便主要是“问答法”。每一个论题都是以问题的方式出现，在将有关术语予以严格的界定之后，然后用亚里士多德式的三段论进行逻辑的论证。而利玛窦等在采用这些传统经典的形式方面显得十分得心应手，这是因为他们在罗马学院等学校接受人文及神学课程的训练时，恰恰都已经习惯于“问答”的教学方法论。问答论辩的特点在来华耶稣会士的著述中普遍存在。这种论辩和质疑的方式至少表面上给人一种讨论者之间平等的关系，与中国科场学子对于传统经典的强迫背诵、唯命是从的接收方式有着显著的不同。[①]

《天主实义》全书采用“中士”（儒者）和“西士”（传教士）问答118则关于天主教思想的问题，问答中会引述一些古代西方哲人的故事。例如：

昔者又有西土圣人，名谓嶴梧斯悌诺（今译奥古斯丁），欲一概通天主之说，而书之于册。一日，浪游海滨，心正寻思，忽见一童子掘地作小窝，手执蠔壳汲海水灌之。圣人曰：“子将何为？”童子曰：“吾欲以此壳尽汲海水倾入窝中也。”圣人笑曰：“若何甚愚！欲以小器竭大海入小窝。”童子曰：“尔既知大海之水，小器不可汲，小窝不尽容，又何为劳心焦思，欲以人力竟天主之大义，而入之微册耶？”语毕不见。圣人亦惊悟，知为天主命神以警戒之也。[②]

《畸人十篇》内容更是多人之间的通讯或对话，其中更多引述古代西方流传的寓言、故事，至今在东西方都是脍炙人口的。例如：

余曰：信矣，子治一方，见劳如此其甚，矧治多方乎？即其苦奚啻百倍也。位愈高，心愈危也。西土古昔有楱济里亚国（拉丁文 Sicilia，今译西西里 Sicily），王名的吾泥削（今译戴奥尼西斯），国丰广，尔时有臣极称其福乐。王谓之曰：“汝能居王座，而安食一馔，则以位逊汝。”即使着王衣冠，升王座，设举盛馔，百执事以王礼御之，而宝座之上，则以单丝系利剑，垂锋而切其顶。此臣升座，初观王庭左右侍人奔走趋命，即大欢喜，既仰视剑欲坠，便栗栗危惧，四体战动。未及一餐，遽请下座，曰：“臣已不愿此福乐也。”王曰：“嗟乎！余时时如此，子以为福乐也。兆民畏君，君无所畏耶？严主在上，日日刻刻以明威之悬剑

---

① 邹振环：《晚明汉文西学经典：编译、诠释、流传与影响》，110页，复旦大学出版社，2011年。

② ［意］利玛窦：《天主实义》，转引自朱维铮主编：《利玛窦中文著译集》，14页，香港城市大学出版社，2001年。

惧我焉。”①

《畸人十篇》中还有一篇是引述千古流传的奴隶伊索的寓言，如下：

阨琐伯氏（今译伊索），上古明士，不幸本国被伐，身为俘虏，鬻于藏德氏，时之闻人先达也，其门下弟子以千计，一日设席宴其高第，命阨琐伯治具。问：“何品？”曰：“惟觅最佳物。”阨琐伯唯而去之屠家，市舌数十枚，烹制之。客坐，阨琐伯行炙，则每客下舌一器。客喜而私念，是必师以状传教者，蕴有微旨也。次后每肴异酱异治，而充席无非舌耳。客异之。主惭，怒咤之曰：“痴仆！乃尔辱主，市无他肴乎？”对曰：“主命尔。”藏德滋怒，曰：“我命汝市最佳物，谁命汝特市舌耶？”阨琐伯曰：“鄙仆之意，以为莫佳于舌也。”主曰：“狂人！舌何佳之有？”曰：“今日幸得高士在席，可为判此：天下何物佳于舌乎？百家高论，无舌孰论之？圣贤达道，无舌何以传之，何以振之？天地性理，造化之妙，无舌孰究之？不论奥微难通，以舌可讲而释之矣！无舌，商贾不得交易有无，官吏不得审狱讼。辩黑白以舌，友相友、男女合配以舌，神乐成音、敌国说而和、大众聚而营宫室、立城国，皆舌之功也。赞圣贤，诵谢上主重恩造化大德，孰非舌乎？无此舌之言助，兹世界无美矣！是故鄙仆市之，以称嘉会矣。”客闻此理辩，则跃然喜，请贳之，因辞去。厥明日，其诣师谢，语昨事，以为非仆所及，意师之预示之也。师曰：“否否！仆近慧，欲见其聪颖耳。”众犹未信。师曰：“若尔，请复之。”随命阨琐伯曰：“速之市，市肴宴昨客，不须佳物，惟须最丑者，第得鲜足矣。”阨琐伯唯唯，去则如昨市舌耳，毕无他肴也。席设，数下馔，特见舌，视昨无异。客益异之。主忿怒，大詈之，问曰：“舌既佳，畴命汝市佳者，何弗若我，而惟欲辱我乎？”对曰：“仆敢冒主乎？鄙意舌乃最丑物耳。”主曰：“舌佳矣，何为丑乎？”曰：“吾解鄙见，请诸客加思而审之：天下何物丑于舌乎？诸家众流无舌，孰乱世俗乎？逆主道邪言淫辞，无舌何以普天之下乎？冒天下荒诞妄论，纷欺下民，无舌孰云之易知易从？大道至理，以利口客辩而毁矣。无舌，商贾何得诈伪罔市？

① ［意］利玛窦著：《畸人十篇》，转引自朱维铮主编：《利玛窦中文著译集》，477—478页，香港城市大学出版社，2001年。

细民何得虚诬争讼，而官不得别黑白乎？以舌之谤谀，故友相疏，夫妇相离。以舌淫乐邪音，导欲溺心。夫友邦作仇，而家败城坏国灭，皆舌之愆也。侮神diǎn上主，背恩违大德，孰非舌乎？无此舌之流祸，世世安乐矣。是故鄙仆承命市丑物，遍问之，惟见舌至不祥矣。”客累闻二义，陈说既正，音韵祥雅，俱离席敬谢教。事后，主视之如学士先生也。[①]

伊索关于口舌的正反两方的论辩，实在精彩。古汉语中也有关于口舌的一些格言，正是说明通过言语的威力，好事坏事全能做，成也萧何，败也萧何。

明朝末年，一部中文口述史书在福州印刷出版，名为《口铎日抄》，该书是6位中国书生，记录整理意大利人艾儒略(Aleni Jules，1582—1649)及葡萄牙人卢安德(A.Rudomina，1594—1632)与这几位中国书生之间许多天的言谈，时间自崇祯三年(1630)至崇祯十三年(1640)之间。那时候没有录音机，只能是西方来客与之对谈，而由中国书生笔录。其整理者之一的张赓在《口铎日抄》序中写道：

听笑谈不知铭，闻正言则惟恐卧，十九然乎。乍闻正言而动，退则忘焉，十七然乎。有闻必绎，绎而得，蕲与人同，如是十可二三乎。心得之，口未必能言之，口言之，手未必能录之。问何以为？为嬾故，为忙故。夫亦人耳，人一奋，虽嬾必强也；人一恬，虽忙必闲也；人一想，虽拙必无不通也；悠悠忽忽，而曰嬾，曰忙，曰拙，谁授尔此三疾耶？人原无疾，而故自生疾，又或托疾。况为世俗事，嬾亦行，忙亦逐，拙亦营，而曾不得片刻之强之闲之通彻，以从事我生之大根原，与夫我生之大究竟；呜呼，是可谓终身不灵者矣。……乃今而始得吾胜友李其香，闻艾、卢二先生口铎而日抄之也。[②]

① ［意］利玛窦著：《畸人十篇》，转引自朱维铮主编：《利玛窦中文著译集》，466—468页，香港城市大学出版社，2001年。

② ［葡］卢安德、［意］艾儒略口铎，李九标笔记：《口铎日抄》，福州，1630年一版，上海慈母堂重梓，1872年版，张赓作序。

这里仅选《口铎日抄》卷一中的一节为例：

十二日……居有顷，陈孔熙与众友，参较西音。先生曰："中邦字多而音少，其音多同；西字少而音多，其音多异。故太西虽奥衍之文，一人诵之，众未有不解者。若中邦则必取而读之，始尽其义，以字多混音故也。虽然，子等如知音少而字多，尚其多读书而少出话。即孔子不云乎，君子欲讷于言？[①]

第九节 清朝前期言语文化（1616—1796年）

清朝前期即一般俗称康雍乾时期，是满族人借汉奸之力，而武力夺取中原大地，形成满族统治中国的兴旺时期，也是中国封建时期达到顶峰时期。但是其文化基础，则依然是汉族文化。满语虽然是统治者语言，但是在全中国通行，依然还是第二语言。而中文语言，则逐渐发生各种变化，"北方官话""南方官话""四川官话"等大区分也逐渐形成。而最热闹的是经济发展的背后，其多样性的文化产品也愈加兴旺，大量有名无名作者蜂拥出现，其丰富的言语文化产品，通过各种书写方式而流传开来。

只是上层官员及一直以诗词歌赋文自负的名家们，却在满族统治者鼓励及钳制下，在清朝科举制度诱导下，虽有泛滥似的诗词歌赋文产生，还能够从中区分各种派别，例如骈文派、桐城派、神韵派等，但其思想的核心只有两种选择：若不歌颂唯一的英明统治者皇帝；则只有用词小心地谈风吟月。其结果是人性被严重异化，社会思想被严重凝固化，随时要防备文字狱的杀人。诗词歌赋文的形式远远重于情感内容，大量作品读来只有声韵变动而索然无味。下面用两个案例来看看皇帝的领导指示：

一个是顺治九年（1652），皇帝颁发的《钦定六谕》和康熙九年（1670）十月十五日，皇帝颁发的《上谕十六条》等，由此拉开清朝统治中国人思想的利器，

① ［葡］卢安德、［意］艾儒略口铎，李九标笔记：《口铎日抄》，福州，1630年1版，上海慈母堂重梓，1872年版，张赓作序，23页。

再加上东拼西凑，成为年年要全体书生“宣讲”的唯一规范条例。其程序规范如下：

宣讲

圣谕规则　引赞宾旁立云　大众肃静今为宣讲

圣谕敦行仪礼　鸣金　击鼓　诸生虔诚排班　就位　跪　叩首叩首三叩兴

亚跪叩首叩首六叩兴　三跪叩首叩首九叩兴　诣

圣谕台前跪　代读生恭读

世祖章皇帝

圣谕六训　读谕生云

第一训　孝顺父母　第二训　尊敬长上　第三训　和睦乡里

……

引赞宾云恭读

圣祖仁皇帝

圣谕广训十六条　读谕生云

第一条　敦孝弟以重人伦　第二条　笃宗族以昭雍睦

……

引赞生云恭诵

文昌帝君蕉窗十则　读谕生云

一戒淫行　二戒意恶　三戒口过　四戒夸功　五戒废字

……

引赞生云恭诵

武圣帝君十二戒规　代读生云

一戒不孝父母　轻慢先灵者同罪　二戒侮慢兄长　兄不友爱弟者同罪

……

引赞生云恭诵

孚佑帝君家规十则　代读生云

……

引赞生云恭诵

灶王府君训男子六戒　代读生云

……

引赞生云恭读

灶王府君训女子六戒　代读生云

……

引赞生云恭读

灶王府君新谕十条　代读生云

……

引赞生恭诵

宣讲坛规十条　代读生云

一坛内安排停妥礼仪洁净　一入坛身体洁净衣冠整齐

……

引云谕戒坛规诵毕　叩首叩首叩首叩首　兴 礼成 司讲者登台恭读①

这样的圣谕显然是一把软刀子，让“书中自有黄金屋、书中自有颜如玉”的书生们经常背诵以上圣谕，甚至诵到灶王爷的新谕，就把中国人的伦理道德、精神面貌“和谐”了。而另一把硬刀子，自然是文字狱，清前期文字狱多不胜数，杀人灭九族成了平常事。这里仅举一个比杀人还阴毒的史实。是在雍正四年(1726)四月二十一日，皇帝发一道上谕，是对他的臣子钱名世进士的怒斥，理由是钱先生写诗给年羹尧，“以平藏之功归之年羹尧，谓当立一碑于圣祖平藏碑之后。悖逆已极”。皇帝龙颜大怒之余，觉得杀之已经不解其怒，想起了“名教”一词，他决定：

亲书名教罪人四字，令悬其门，以昭鉴戒。复命在京大小臣工，由制科出身者，咸为歌诗，以刺其恶。……亦非仅为此宵小一人，盖欲使天下臣工知，获罪

① 两份圣谕及宣讲程序，见《宣讲集要》，上海锦章图书局，书前有郭嵩焘前言，4—5、2—3页，无出版年。

名教，虽腼颜而生，更甚于正法而死。凡读书之士，皆期仰朕心，人人争自濯磨之故。[1]

皇帝还不过瘾，还把在京大小臣工 395 人，扫内阁九卿翰詹科道国子监的领导人，把他们诅咒钱名世这样的名教罪人、颂扬满族皇帝是如何弘扬汉族名教的诗，全文印刷出版，等于昭示天下，皇帝才是中国名教的领导与代表。在上纲上线激昂批判及无耻歌颂的人名单中，有尚书徐元梦、大学士张廷玉、左侍郎查嗣庭等各部官员，直到原进士方苞、起居注笔帖式欣泰。至于这些诗词大作，笔者难以引用，因为实在太臭。

不过，在专制统治下的正统文化，由于作者多、时间长，造成其数量上的绝对优势。清前期的诗词曲赋的数量惊人之多，也可以分成多个流派，其中佳作也不少，但这里侧重言语视角，基本上就不再引述。而是强调那些为百姓喜闻乐见的、形式多种多样的言语文化产品，其中大部分来自民间，经过一些文人加工而成，流传至今，依然是那个时期文化的代表。

从言语文化角度看，清前期的一些文人进行了一些重要的文化建设，即由于封建高压状态下，转而从整理古代图书典籍入手，试图从中了解我们民族所积累的文化成果。这在官方也是允许的，官方也带头以皇帝的名义整理一些古代文献典籍，但其中却包含着垄断及改写古文献的“统治需要”。不过，由于实际上的各个方面的整理，由于时间长、参与人数多、古代典籍内容庞杂，确实是有明显巨大的整理成果，总的可以用当时习用的词“考据”“训诂”来概括。其中，一大类是对于中文“字形”“字音”“字义”的梳理，有《康熙字典》的编纂出版，就是搜罗 47035 个中文字的内容。随后有一位书呆子王锡侯编著《字贯》，以纠正《康熙字典》中的差错，结果招致文字狱，全家被抄斩。《康熙字典》因而变成“钦定”中文形音义的不准改变的代表。而实际上任何言语文字都会在历史长河中发生改变；二大类是对于先秦以来的文献典籍的梳理，有《四库全书》的编纂出版，该书在允许删改的基础上，保留了很多古籍。该书没有循明代《永乐大典》的思路编纂，而是改为“四部”方式，结果缺漏与改变的文献版本，至今

---

① 见《名教罪人》，故宫博物馆印行《文献丛书》第二种，1—2 页，无出版年。

依然麻烦重重；三大类是大量民间口头创作的兴旺，吸引有识之士参与编纂润色，并且分门分类，结集成书出版，成为清前期的言语文化精品，深得民众喜爱，流传至今。本节分为讲故事、短篇小说、长篇小说、民歌、谚语、谜语、秘密语、歇后语、笑话、成语、寓言、格言、弹词、大鼓词、戏曲等，分别介绍。

一、讲故事

在人类各族发展中，都一定存在着口耳相传的种种故事，有两人窃窃私语，有家中母子传授，有大庭广众中宣讲，也有转述别人传过来的。其内容中有爱情、有悲哀、有愤怒、有狂歌、有呓语，也有阴阳怪气、现实与幻想纠缠，千奇百怪，但都会给听者留下深刻印象。在中华民族漫长形成的历史中，讲故事一直起到人际间纽带与润滑剂的作用。据《汉书》记载，已经有专职讲故事的"小说家者流，盖出于稗官，街谈巷语，道听途说者之所造也"。到宋朝《武林旧事》书中记载，在临安城中有专门讲故事的名家就达到百余位，还分成"演史""说经诨经""小说""弹唱姻缘""说诨话"等五类。这些说书家的身份中，有供奉宫廷的御前说书家，也有儒生、和尚、羽士、女子等等。陈汝衡教授曾总结这"说话四家"所讲述故事的分类如下：

说话四家
- 一 小说……………………一名银字儿
  - 1 烟粉
  - 2 灵怪
  - 3 传奇
- 二
  - 说公案…………………搏拳提刀赶棒发迹变泰之事
  - 说铁骑儿………………士马金鼓之事
- 三
  - 说经……………………说佛书
  - 说参请…………………宾主参禅悟道等事
  - 说诨经
- 四 讲史……………讲说通鉴汉唐历代书史文传兴废战争之事①

---

① 陈汝衡：《说书小史》，13页，中华书局，1936年。

史料记载：

南宋供奉局有说话人，如今说书之流，其文必通俗，其作者莫可考。泥马倦勤，以太上享天下之养，仁寿清暇，喜阅话本，命内珰日进一帙。当意，则以金钱厚酬。于是内珰辈广求先代奇迹及闾里新闻，倩人敷演进御，以怡天颜。然一览辄置，卒多浮沉内庭，其传布民间者，什不一二耳。①

当然用他们的讲述所形成的故事书，也就一直很是兴旺。据说在明朝《永乐大典》书中，已经有“平话”一门，在话字韵第 17636—17661 卷，共 26 卷，收录了很多文人整理的各种故事而口述之文本。可惜目前是看不见了。

到清初，世乱变幻，给讲故事人以更大的刺激与机遇，出现了后人奉为说书业祖师的柳敬亭（其生日阴历三月初三日），流传下他的许多传奇，以及他说故事的高超技艺和感人肺腑的灵动声音。据大诗人吴梅村写的《柳敬亭传》中，记述他向莫后光先生学艺精进的过程：

莫君言之曰：“夫演义虽小技，其以辨性情，考方俗，形容万类，不与儒者异道。故取之欲其肆，中之欲其微，促而赴之欲其速，舒而绎之欲其安，进而止之欲其留，整而归之欲其洁，非天下之至精者，其孰与于斯矣。”柳生乃退，就舍，养气定词，审音辨物，以为揣摩。期月而后，请莫君。莫君曰：“子之说未也。闻子说者，欢咍嗢噱，是得子之易也。”又期月，曰：“子之说几矣。闻子说者，危坐变色，毛发尽悚，舌挢然不能下。”又期月，莫君望见，惊起曰：“子得之矣。目之所视，手之所倚，足之所跂，言未发而哀乐具乎其前，此说之全矣。”于是听者傥然若有见焉，其竟也，恤然若有亡焉。②

这真是讲故事理论的最高境界。用今天的话来说也简单，就是通过口腔运动和肢体语言的训练，进入角色的言行境界，及其活动氛围。其间循序渐进与

① 《古今小说》，绿天馆主人叙，34 页，中华书局，1936 年。
② 吴梅村：《柳敬亭传》全文，41—45 页，中华书局，1936 年。

认真细致的训练是关键。当时有人也记下柳敬亭讲故事的一个例子：

余听其说《景阳冈武松打虎》白文，与本传大异。其描写刻画，微入毫发，然又找截干净，并不唠叨。勃夬声如巨钟，说到筋节处，叱咤叫喊，汹汹崩屋。武松到店沽酒，店内无人，謈地一吼，店中空缸空甓，皆瓮瓮有声。闲中着色，细微至此。主人必屏息静坐，倾耳听之，彼方掉舌。稍见下人呫嗫耳语，听者欠伸有倦色，辄不言，故不得强。每至丙夜，拭桌剪灯，素瓷静递，款款言之。其疾徐轻重，吞吐抑扬，入情入理，入筋入骨。摘世上说书之耳，而使之谛听，不怕其不齰舌死也。柳麻子貌奇丑，然其口角波俏，眼目流利，衣服恬静。[①]

笔者每读至此，略能遥领柳敬亭这位讲故事大师的魅力，他一人同时表述几个人的喜怒哀乐及氛围，他仅凭口述就把中文的神奇奥妙发挥得淋漓尽致了。

二、短篇小说

小说就是讲故事的文字稿。各种故事经过文人加工精炼，再印刷出来，让读者不用听，而是直接观看。口头语变成书写语，形成人们熟知的套路，其间是要经过符合逻辑的整理，经社会公允的认同，还得有吸引读者的故事性。这样一来，不管你用文言文写作，还是用白话文写作，都需要有相当的笔力。更重要的是各种天花乱坠的故事情节，都很自然地以人性的追求为最高最终的归宿，因为这是人写给人看的故事，是会进入人的灵魂中的，绝非如科场考八股文那样死板，更不是官场应酬之作那样无聊。

至于故事类型与特色，自南北朝志怪小说，到唐朝、明朝大量市民小说，已经形成相当丰富的积累，翻开各种中国小说史书，都会有各种小说的分类与结构，以及大量具体故事的记载。这里无须重复。清前期的小说研究介绍，也同样很多，这里仅选蒲松龄的《聊斋志异》略作介绍，以为代表。

《聊斋志异》是短篇小说集，1766 年才刻板出版，共收有故事近 500 篇，文

① 张岱：《陶庵梦忆》，54 页，中华书局，1936 年。

体为文言文。每一篇故事,全有一位主角,或女或男,或鬼或怪,他们在故事里或追求爱情,或追求上进,或追求社会平等,因而在情节中遇到各种料想不到的困苦,因而尽力去克服去奋斗。其文言文描述,短短数百字,至今的后人依然能够读懂并且欣赏。就如《婴宁》中一段,描写婴宁的笑声,真是如见其人:

良久,闻户外隐有笑声。媪又唤曰:“婴宁,汝姨兄在此。”户外哧哧笑不已。婢推子以入,犹掩其口,笑不可遏。媪瞋目曰:“有客在,咤咤叱叱,是何景象?”女忍笑而立。……生无语,目注婴宁,不遑他瞬。婢向小女云:“目灼灼,贼腔未改!”女又大笑,顾婢曰:“视碧桃开未?”遽起,以袖掩口,细碎连步而出。至门外,笑声始纵。

我们都仿佛听见婴宁的笑声纵跃而去。

三、长篇小说

作家写长篇小说,简直就是以一人之笔力建构一座大楼,他必须将大量小故事有机地贯穿起来,条理分明地合成一个大故事;他所选择的数十个角色,都必须人人前后一致地演述复杂的喜怒哀乐,并且要在一个活动的既定的小社会中,互相通过口头及肢体语言,来向读者倾诉他们的心声。多一句会乱,少一句会懵,这只有言语大师才能够以长时间不懈努力去完成。

清前期作家以明朝长篇小说作品为榜样,他们更上一层楼,完成多部惊世之作,如吴敬梓作《儒林外史》;李汝珍作《镜花缘》;陈忱作《水浒后传》;钱采、金丰合成《说岳全传》;西周生辑著《醒世姻缘》;等等。而在这些长篇小说之上,举世公认的代表中华文化最高峰的作品,则只能是曹雪芹作的《红楼梦》。因为几百年以来,几乎所有的中国书生都是《红楼梦》的粉丝,热度至今依然高涨。笔者仅是查目前网上关于《红楼梦》研究介绍的一般性文章,其深入程度令人咋舌。笔者选看到网上成果:《红楼梦》全书有人物 975 名,男性 495 人,女性 480 人,其中有姓名称谓的 732 人,他们的身份除四大家族中各色人员外,还有皇室、官吏、医生、门客、优伶、僧道尼婆、外国人、神仙等等;全书用字数为

731017 个,其中不同的单字仅为 4462 个,即是用了 4000 多个字就写出了 73 万多字的内容;书中统计的俚语、歇后语、成语、俗语数量惊人,并且运用得当,让人物灵动不已;书中作诗词有百首,句句引人遐思;书中介绍戏曲有四部:《一捧雪》《乞巧》《仙缘》《离魂》,并且与故事情节巧妙联系在一起;总故事是在荣宁二府为演出主要阵地,以传说中的一块顽石,贯穿在贾宝玉、林黛玉二人的爱情悲剧中,引发周围数百人互相之间的种种小故事,故事中还套故事,至今脍炙人口,津津乐道。其间塑造的人物,如晴雯、凤姐、薛宝钗、刘姥姥、袭人、香菱、薛蟠、焦大、贾政等等大小人物,都是通过描述他们的言语动作,真是栩栩如生,活灵活现地渗透在我们民族生活之中！书中妙句不胜枚举,读者人人熟知,这里就不引述了。

四、民歌、俚曲、俚歌、歌谣

民歌、俚曲、俚歌、歌谣,指的都是民间人士自愿歌唱自己心声的笔录,在民间广为流传,是言语文化中的重要主线部分。其根源可以追溯到《诗经》中的"风"类,历代传播不衰,更不断有新创作。《诗经》中就有:"心之忧矣,我歌且谣"句。荀子曾说道:"歌谣謸笑,哭泣谛号,是吉凶忧愉之情发于声音者也。"唐朝刘禹锡有诗句:"照山畬火动,蹋月俚歌喧。"还有:"但闻怨响音,不辨俚语词。"宋朝王禹偁有诗句:"若有民谣起,当歌帝泽春。"等等。只有"民歌"一词似乎是近代新词,但却可以代表这些民间人士用口念唱的,基本上不加乐器伴奏的词语。其最大特点就是真实反映作者和唱者心声,并且不需要由皇帝御批准发表,可以自由地歌唱。当然,其各地各人唱咏的内容庞杂,各式各样的随机性很多。直到有心的一些书生加以收集整理出版,才让我们能够有幸一睹其筛选后的词句;也有一些文人自己利用民歌形式,创作一些润色较高的歌谣句式。这是自古以来就经常有的文化加工,到清前期则更加丰富多彩。正如周作人先生在 1919 年给出的解释,他写道:

"民间"这意义,本是指多数不文的民众;民歌中的情绪与事实,也便是这民众所感的情绪与所知的事实,无非经少数人拈出,大家鉴定颁行罢了。所以民歌的特质，并不偏重在有精彩的技巧与思想，只要能真实表现民间的心情，便是纯粹的民歌。民歌在一方面原是民族的文学的初基，倘使技巧与思想上有精彩的所在，原是极好的事；但若生成是拙笨的措辞，粗俗的意思，也就无可奈何。①

清初人已经注意到这种民间歌谣体的泛滥，多有介绍，例如刘廷玑就写道：

小曲者，别于昆弋大曲也。在南则始于挂枝儿，一变为劈破玉，再变为陈垂调，再变为黄鹂调；始而字少句短，今则累数百字矣，在北则始于边关调，盖因明时远戍西边之人所唱，其辞雄迈，其调悲壮，本"凉州""伊州"之意；明诗云"三弦紧拨配边关"是也。今则尽儿女之私，靡靡之音矣。再变为呀呀优。呀呀优者，夜夜游也，或亦声之余韵呀呀哟。如倒搬桨，靛花开，跌落金钱，不一其类。又有节节高一种；节节高，本曲牌名。②

这里仅是将"民歌"一词作为这一类作品的总代表，在各个时期各种作品称呼什么，那就随当时作者意思。

清初期的民歌直接继承明朝风格与内涵。明朝冯梦龙以一人一生之力，除了编写《喻世明言》《警世通言》《醒世恒言》等小说书外，还广泛收集民间歌谣成集，有《挂枝儿》《山歌》《破愁一夕话》等，内容十分丰富。清初文人多喜欢这些歌谣集，于是有人也就继续搜集编纂，如王楷堂编《霓裳续谱》。其编者在序中写道：

余窃唯汉魏以来，由乐府变为歌行，由歌行变为词曲，欧苏辛柳而外，《花间》得其韵，实甫得其情，竹坞得其清华，草堂得其朴茂，逮近代之临川、文长、云亭、大石、笠翁、悔庵诸公，缘情刻羽，皆足啓其喜怒哀乐之怀，其词精警，其趣悠长。……京华为四方辐辏之区，凡玩意适观者，皆于是乎聚；曲部其一也。妙选

① 周作人：《江阴船歌序》，原载刘半农编《江阴船歌》，转引自胡怀琛、杨荫深选注：《民歌选》，导言，3页，商务印书馆，1938年。

② 刘廷玑：《在园杂志》，卷三，转引自傅惜华编：《曲艺论丛》，59页，上杂出版社，1953年。

优童，延老曲师，为之教授，一曲中之声情态度，口传手画，必极妍尽丽而后出而夸客……亦所以点染风光，为太平之景色也。其曲调……诸师皆以口相传，相沿既久，或习其调，而忘其辞，或讹其字，或调与词并失传；许多名曲，因无蓝本，渐归湮没，诸部甚憾之。三和堂颜曲师者，津门人也。幼工音律，强记博闻，凡所习者，俱觅人写入本头。今年已七十余，捡其箧中，共得若干本，不自秘惜，公之同好，诸部遂醵金谋付剞劂，名曰《霓裳续谱》。因多舛误，请订于余。

显然，民间歌谣的源远流长及情趣相加，是获得文人们喜爱的，他们动笔润色，抄写刻印，就变成至今流传的词句了。更重要的是内容与风格，是继承“风”谣的直白人生苦难欢愉，描述社会中不平生态，以自由自在的格调、随意咏唱的韵调记录出来。下选数首：

俺双亲看经念佛把阴功作

俺双亲，看经念佛把阴功作。每日里佛堂中烧钵火，生下奴疾病多，命里犯孤魔。把奴舍入空门，削发为尼，学念佛，荐亡灵，敲动铙钹，众生法号，不住手击磬摇铃擂鼓吹螺，平白地与地府阴曹把功果作。《多心经》也曾念过，孔雀经文（叠）好教我参不破，唯有《九莲经》卷最难学，俺师傅精心用意也曾教过。念一声南无佛，哆呾哆啰娑波诃，般若波罗，念得我无其奈何。〇绕回廊把罗汉数着：一个儿抱膝头，口儿里便念着我；一个儿手托腮，心儿里想着我；唯有布袋和尚笑哈哈，他笑我时光错过，青春耽搁，有一日叶落花残，有谁人娶我？这年老的婆婆。降龙的恼着我，伏虎的他还恨我。长眉大仙瞅着我，他瞅只瞅，到老来那是我的结果？（叠）〇奴把这袈裟扯破，藏经埋了，丢了木鱼，我摔碎了铙钹，学不到罗刹女其去降魔，学不到水月观音作。夜深沉独自卧，醒来时俺独自个。这凄凉（叠）谁人似我？总不如将钟楼佛殿远离却。拜别了佛像，辞别了韦驮下山去，（叠）寻一个年少的哥哥，我与他作夫妻永谐合。任他打我，骂我，说我，笑我，一心心不愿成佛，我也不念弥陀，愿只愿生下一个小孩儿，夫妻到老同欢乐，愿只愿夫妻到老同欢乐。

绣房紧靠书斋近

寄生草　绣房紧靠书斋近，猛听得读书的声音。叫丫鬟，快，去把那先生问。你问他："汤之盘铭曰"是何学问？"苟什么新，又什么新。"这两句书总不明白。我的心中闷，他要说不明，送到当官把罪问。

清明时节雨纷纷

剪靛花　清明时节雨纷纷，路上行人欲断魂。渐渐减精神，步步儿减精神。借问酒家何处有？来了个牧童，头戴斗笠，身披着蓑衣，斜跨青牛，口哨着短笛站立在山头；摇手一指你可往前行。步步儿往前行，转过了小桥西，又到了紫竹林。柳阴之下，站着一个娇娇，滴滴，美美，俊俊，俏俏，俏俏皮皮，那不是桃花坞杏花村，草团瓢，前面有酒旗儿动。上写着：那开坛十里香；还有状元红，葡萄露，八仙酒，还有瓮头春。客官，那就是卖酒的佳人，治酒的佳人。

一树秋声

一树秋声，一轮秋月，一窗秋影，一阵秋蛩，一度秋凉，一声声秋雁成行。更添那一番秋兴，一番秋望，一湾秋水，一带秋山，一林秋叶，一派秋光。辜负重阳！一樽秋酒，一首秋诗，一径秋香。一悲秋暮，一恨秋长。趁着一帘秋色，一片秋霜。(叠)只落得一衾一枕，相伴着秋灯秋帐。(叠)[①]

另外很多，如《时尚南北雅调万花小曲》中有：

小　曲

日字儿多似猛松雨，既要相交那在乎一时！要是你有情来我有义，再别拿着丹田的话儿在我心坎上递。也自是柴重人多不凑咱两个的局，也罢了，另择个日子把佳期叙。

天下最明不过就是你，你怎么这般样着迷！墙有风，壁有耳，非儿戏。受困

① ［清］颜自德选辑，王廷绍编订，章衣萍校订：《霓裳续谱》，86—87、146、178、3—4页，中央书店，1935年。

邦一因一着机不密。虽有一个别途，未否是你偕老的佳期？候伊允，我这里自然有主意。……

西调鼓儿天

一齐往上端，又，薄饼卷子一替一替地端。先上了肉粉汤，后上大米子饭。了呀！其实不中看，又，丫鬟调汤不知咸酸，二哥，你不美口，权当家常饭。了呀！[①]

也有作者写的散曲，如黄图珌《黄钟·玉人歌·闻歌》：

美人娇歌，妙在不能辨字。欲吞欲吐，如箫如管，自有一种宛转悠扬之致，宁不令人情移而神往邪！

【传言玉女】不辨他音清字响几何娇强，只喜他蓄意含情无穷妙想。把心神立时移住！歌者之寻常，听者斯时不堪讲。

【太平歌】一低一昂徐还疾，却浑似花外莺初唱，几回倾耳使愁忘，何须的顾曲定周郎！

如徐大椿《道情·时文叹》：

读书人，最不济，烂时文，烂如泥。国家本为求才计，谁知道变作了欺人计。三句承题，两句破题，摇头摆尾，便道是圣门高第。可知道《三通》《四史》是何等文字，汉祖、唐宗是哪朝皇帝？案头放高头讲章，店里买新科利器。读得来肩掌高低，口角嘘唏，甘蔗渣嚼了又嚼，有何滋味？辜负光阴，白白孚迷一世。就叫他骗得高官，也是百姓朝廷的晦气。

关于清初期俗曲调名的统计，傅惜华教授曾加以整理，列表如下[②]：

---

① 《时尚南北雅调万花小曲》，郑振铎：《中国俗文学史》，411—412、417页，商务印书馆，1938年。

② 傅惜华：《曲艺论丛》，86—89页，上杂出版社，1953年。

曲调名	衍变调名	各集所录俗曲总数				总计
		万花小曲	西调……	霓裳续谱	丝弦小曲	
西调	…………	1	134	215	0	350
寄生草	…………	0	0	147	13	160
岔曲	…………	0	0	148	0	148
劈破玉	…………	54	0	5	13	72
黄鹂调	…………	0	33	16	0	49
剪靛花	…………	0	0	34	0	34
秋来景	…………	0	0	0	20	20
挂枝儿	…………	0	0	2	13	15
边关调	…………	0	0	1	12	13
醉太平	…………	12	0	0	0	12
玉沟调	…………	0	0	8	0	8
罗江怨	…………	0	0	0	8	8
叠落金钱	…………	0	0	5	0	5
刮地风	…………	0	0	0	5	5
粉红莲	…………	0	0	4	0	4
哭皇天	…………	0	0	0	4	4
一串铃	…………	0	0	0	4	4
黄莺儿	…………	4	0	0	0	4
银纽丝	…………	2	0	2	0	4
玉娥郎	…………	2	0	1	0	3
马头调	…………	0	0	3	0	3
弹黄调	…………	0	0	3	0	3
北河调	…………	0	0	3	0	3
隶津调	…………	0	0	3	0	3
倒搬桨	…………	0	0	3	0	3

续表

曲调名	衍变调名	各集所录俗曲总数				总计
		万花小曲	西调……	霓裳续谱	丝弦小曲	
扬州歌	…………	0	0	2	0	2
番调	…………	0	0	2	0	2
秧歌	…………	0	0	2	0	2
秦吹腔花柳歌	…………	0	0	2	0	2
一江风	…………	0	0	2	0	2
重重续	…………	0	0	2	0	2
两句半	…………	0	0	2	0	2
十和谐	…………	2	0	0	0	2
螺蛳转	…………	0	0	1	0	1
盘香调	…………	0	0	1	0	1
莲花落	…………	0	0	1	0	1
重叠序	…………	0	0	1	0	1
呀呀哟	…………	0	0	1	0	1
桐城歌	…………	1	0	0	0	1
吴歌	…………	1	0	0	0	1
金钮丝	…………	1	0	0	0	1
西江月	…………	1	0	0	0	1
万历庆典承应曲	…………	0	0	22	0	22
调名待考		37	0	0	11	48
总计	四十四种	118	167	644	103	1032

五、谚语

谚语是言语的一种普遍表现形式，是常年的口语长期凝练后，为大家普遍接受的简要畅快明了的言语，古今中外各民族皆有各自的谚语。

什么算是谚语？中文古书上就有不少观念，例如：

《书》："俚语曰谚。"

《礼记》："谚，俗语也。"

《汉书》："谚，俗所传言也。"

《文心雕龙》："谚者，直语也。"

《说文》："谚，传言也，从言彦声。"

清朝杜文澜在《古谣谚》凡例中写道："谣谚二字之本义各有专属主名。盖谣训徒歌，歌者咏言之谓，咏言即永言，永言即长言也。谚训传言，言者直言之谓，直言即捷言也。长言主于咏叹，故曲折而纡徐；捷言欲其显明，故平易而疾速。此谣谚所由判也。……"

以上这些，古人自然明白，今人则还需要解释，笔者选择1936年薛诚之的说明：

> 谚语是人类于各时代所积累下来的实际观察以及日常经验的成果，为的便于保存和传达，乃自然地以一种具有意识、简短、均衡、和谐、机灵诸特征性的便于记忆的语言表达出来，以作为人类推理、交往及行动时候的一种标准，这种语言，我们称之谓"谚语"。①

薛教授还就谚语的五种特征，作出更详细的解释，并给出例句。他写道：

> 1.意识……意识是它的内容，是形式所要表达出来的。……如：刻苦自己，厚待别人。三年读书，不如听讲。学好三年不得，学恶三日便成。
>
> 2.简短……谚语的句子，不但求短并且需要明快。往往很多的意思会在很

① 薛诚之：《谚语之探讨》，载《文学年报》1936年第2期。

短的语句里表现出来，而且句子劲拔具有充分的表现力量。……如：对症下药。女大十八变。

3.均衡……谚语音具有均衡的形式，所以便于记忆；同时也因为须求其容易记忆，其组织的形式趋向于均衡也是必然的。……如：咬人狗，不露齿。只许州官放火，不许百姓点灯。匠人屋下没凳坐，道士门前鬼唱歌。若要功夫深，铁尺磨成针。人不说不知，木不钻不透，砂锅不打不漏。

4.和谐……谚语除开为一种真和善的语言以外，且为一种美的语言。其所以使人起着美感，最大的一点，则为和谐作用。和谐不仅仅是含着音韵的成分，凡一切具着旋律条件的，如平仄对、颠倒字句等，都可以算作和谐。和谐作用不但使人兴起美感，且便于记忆。今考此种具着和谐作用的使用方法，凡得六种：①同音字相叠。……如三日不念口生，三日不写手生。一个和尚挑水吃，两个和尚抬水吃，三个和尚无水吃。②头韵。……乃是指各句子的头一二字相叶，或同一韵字。……如活到老，学到老。从善如流，从恶如崩。③中韵。……句子中间，一方面可以发现具有同字相叠的现象，一方面也有叶韵的现象，有的是单字叶韵，并还有叠韵的现象。……如一枝动，百枝摇。不怕县官，只怕现管。瓜不离秧，孩不离娘，官不离堂。④尾韵。……如瓜里挑瓜，挑到眼花。猛虎不伏卑势，劲鹰不立垂枝。⑤颠倒句。……颠倒句是具着反复语句的形式以加强语句力量的作用。……如人欺病，病欺人。来就不怕，怕就不来，便宜不是货，是货不便宜。⑥对句……中谚的对句是具有平仄音律的，西谚中的句子虽不如此，然也很富于旋律。……如凶在心里，笑在脸上。聪明一世，懵懂一时。在家千日好，出外一时难。酒逢知己千杯少，话不投机半句多。

5.机灵。……这种机灵的句子是很尖锐的，足以令人感受刺激。兹考其修辞的方法，凡得七种：①对偶；②明喻；③隐喻；④反语；⑤似非而是；⑥顺序；⑦呼应。……如得鱼忘筌，得兔忘蹄。宁吃过头饭，莫说过头话。官场如戏场。来病如山倒，去病如抽丝。一朵鲜花插在牛粪里。辅车相依，唇亡齿寒。谁家锅底上没黑，哪个猫儿不吃腥。巫者不自救，郎中不自医。一两黄金四两福，三分银子七分光。书不尽言，言不尽意。大鱼欺小鱼，小鱼欺虾，虾欺泥巴。

等等。[①]

钟敬文为之总结道：

谚语也差不多可说是人类共通的东西。野蛮的部落里缺少不了它，文明国的民众中，同样存在着这种简短的“语言艺术”。

有人说：“谚语是智慧的产物。”别的人说：“它是经验的产物。”两者都是对的吧。在许多谚语中，有的确是经验的老实的记叙，但是，有的却更辉煌地映射着智慧之光——它是一种深刻的或聪明的思考的表现。

谚语，……它有着真实的内容，它也有那精炼的技巧。在一切民间文艺中，它是一种独特的存在物。

……特别是文艺中的谚语，自然也是这样，它由人们生活上所得的经验或思考而产生了，流布了。结果，它必然在那社会里发生一种作用。假如它是关于行为的，它多少地要给那社会的成员们以伦理的教导。假如它是关于智识的，它也自然要在那同社会的人们中添益一些有用的认识。此外，像关于技术、信仰等的，也莫不一样。总之，谚语，是人群的行为的和智慧的教条——一种简练扼要的教条。[②]

把《说文》的说法，今天解释成“大众所流传的言语”，应该是合适的。这与西方英语、法语用语的源头拉丁语 proverbiumpro（before or publicly）+verbum（word）的意思是基本上一致的。即，东西方谚语的基本理念一致，都是精炼人生的经验，通过言语表述出来。

中国历史上最丰富的谚语类，自然是几千年来农民对于农耕所总结的农谚。古书从《诗经》《礼记·月令》以来，就一直流传与记录许多农谚，其内容甚至与民众常年生活、国家命运都联系起来，多不胜数。涵盖有关农业生活、生产的各个方面，包括月令、年节、岁时、节气，以及各种培育的农作物和原始动植物

① 薛诚之：《谚语之探讨》，载《文学年报》1936 年第 2 期。

② 费洁心著：《中国农谚》，钟敬文序，1—3 页，中华书局，1937 年。

的认知和饲养,还推广到道德、风俗、习惯、卫生、经济、信仰等等方面。古代农民许多并不认识字,也没有什么高人来指导他们,但他们仅凭农谚的安排,就能够按时耕种收获,按时四季生活,从精神到实际都是自得其乐。当然,今天看去,农谚基本上是实践经验的总结,没有经过科学的验证,难以全部准确。特别是中国南北东西地域环境差异颇大,一地的农谚很难适应别地,是不能随便换用的;同样,古代农谚并不一定适合近代社会农耕天时的变化。而作为言语学文献的农谚,则颇有其实用与研究的特色。

农谚举例,实在太多。就如各地熟知的《九九歌》,具体南北能数出数十种,北方多用:

一九二九不出手;三九四九沿凌走;五九半,凌水散;春打六九头;七九河开;八九燕来;九九杨花开。(七九以下一作"七九六十三,行路君子换衣衫;八九七十二,遍地牛晒日;九九尽,杨花开,再待十天梨花来。")

又如:

1.二月卖新丝,五月粜新谷,补得眼前疮,挖却心头肉。

2.白露白弥弥,秋分稻头齐;寒露无青稻,霜降一起倒。

3.日暮云里走,雨落半夜后;日暮胭脂红,无雨也有风。

4.萤火飞高,落雨漕漕;萤火飞低,日头晒死蚁。

5.种树十年,强似种田。

6.一年之计,莫如种谷;十年之计,莫如种树;百年之计,莫如树人。

7.人哄地皮,地哄肚皮。

8.猫哭老鼠假慈悲。

六、格言、箴言

古汉语的"格"字,含有感通、匡正、推究、量度等意思,因此,把"言"也格起来,就成为"格言",与箴言的意思相当。其实是历代书生看到前代人说话中、文章中有一些发人深省的短句,将之重复运用,或将之记录下来,也有再凝练成为几个字、一句话就可以说清楚的格言,而蕴含的文化深意则极为丰富。在几千年的中国言语史中,中国书生们留存大量清晰、深刻、凝练、颇有意味的言语记录,用格言的方式流传下去,一来在历代社会中,准确表达运用者的心意,也获得听者的认同;二来中文言语得到提炼,让精粹的格言不断为人们接受;三来也就让某格言的创始者的名声代代相传,甚至神化。当然,这也就造成格言的标准问题,张家喜欢的王家也许就反对,因为格言不能等同于全是正确的真理,古人精辟言论中也经常有不同的矛盾,哪些话是原作者个人心得,是个人观念的表述,全看使用者选择谁为自己喜欢的格言;而学习者则必须明白每一句格言中当时的含义和现代的含义,最忌讳不懂装懂,强加于人。

格言的内容特色,基本上是训世的,总结性很强,态度也以严肃为多。世界上各民族也都有类似的格言,精妙绝伦,其实用性能够涵盖影响利用者每个人一生一世,牵涉到其人生的方方面面。总之,可以说格言是各民族言语中的精华部分。

这里仅能选录很少一点格言例子,包括西方传入中国的格言:

人无远虑,必有近忧。——出自孔子。

良药苦于口而利于病,忠言逆于耳而利于行。——出自《孔子家语》。

乱子所生也,则言语以为阶。——出自《周易·系辞上传》。

天与人两耳两目一口,盖使其多见闻,而少言语。——出自苏格拉底。

人类所需之智力有三:理论之智识(学问);实用之智识(深虑);鉴别之能力(判断)是也。——出自亚里士多德。

博学、审问、慎思、明辨、笃行,五者废,非学也。——出自程子。

虾蟆日夜鸣,而人厌之;雄鸡一鸣,天下震动。言在当时而已。多言何益。——出自墨子。

恶言不过口,苛言不留耳。口者,关也。舌者,机也。出言不审,驷马不能追。——出自《说苑》。

七、成语

一般来说,成语比格言更加简练。它也是从历史人物言谈论述中选取其中某几个字,能够表述其原意,辞简意深,读来醒目,也就渐渐变成某种理念的代表。这在中文文化里,一直受到欢迎。使用中文,往往就要看你表述的成语是否灵动准确。成语的内容更是遍及人生社会各个方面,但使用应该活学活用,死抠字义则容易变成牛头不对马嘴。

这里也仅选录数则成语为例：

1.电光石火，见《淮南子》："人生天地之间，如凿石见火，电光过隙。"

2.黄粱一梦，见《枕中记》。

3.党同伐异，见周邦彦："党同伐异，此妍彼丑。"

4.请君入瓮，见《通鉴》。

5.胶柱鼓瑟，见《史记》："柱以调弦，胶柱则不成声。"

6.鱼鲁亥豕，见《抱朴子》。

7.作法自毙，见《史记》。

8.钩辀格磔，见《本草纲目》。

9.问道于盲，见韩愈文。

10.吴下阿蒙，见《江表传》

11.苛政猛于虎，见《礼记》。

12.照本宣科，见关汉卿《西蜀梦》。

八、歇后语

中文同世界各古老民族文字都有共同的特点，使用得久了，就会发现各个民族言语各有着许多灵活应用的地方。即是当某人需要表述自己见解时，由于言语环境的压力，如果单用一种平铺直叙的方法去说明，会造成各种危机，于是，就从文字言语中，选择编造或改造原先的用字词，成为另外一种方式，即能够迂回运用不同字词，而达到相同的或更好的语义。我们能够看到，在一千多年前的文献中就逐渐出现一些有趣的方式，如廋词、隐语、双关语、歇后语、俏皮话、截尾语、言子、谜语等等。这里难以全述，仅引歇后语略作介绍。

歇后语其实是由两个句子联合组成，中间用一个破折号连接。前一句与后一句在语气上是断续连接，而在语义上则是首尾连贯的；前一句多数是一个比喻，后一句才是隐义的揭示。用如此间断的办法说出来，除了其言语本身的俏皮意思能够清楚表现出来，还往往增添出乎意料的效果，回味无穷。20 世纪 30 年代，李寿彭先生给出了一个定义：

歇后语是一种措辞在此而实寓意在彼的常用语句。凡先以假托观念去暗射真正观念的习语；抑或因文法与语气的作用，使这习语之首句假托语极容易地诱发或迫出尾句目的的意思，便叫作“歇后语”。

李先生还写道：

歇后语所含的要素：在内容方面，有丰富的情感、优美的想象、活泼的思想、充实的经验；在形式方面，有清浅的字句、简明的叙述、短俏的体裁、自然的结构。这些元素，便是歇后语的生命，也正是它的特征与价值之所在。①

李先生的判断没有错，只是太过书生气。

歇后语自有文献记录以来，因其灵动俏皮、简明好记，往往触及人们思想深处，就一直在民众中广泛流传，连不识字的人也津津乐道，流传至今。许多戏文中间，凡有某角念出歇后语的前半阕，就会有人搭茬问道：“此话怎解”？于是角才慢慢念出后半阙，常常会获得满堂彩的效果。

历代流传的歇后语很多，有人从明代流行小说《金瓶梅词话》中抄录出 34 则歇后语如下：

提傀儡儿上戏场——少一口气。
山核桃——差着一槅儿。
老婆婆当兵——充数儿。
云端里老鼠——天生的耗。
左右的皮靴——没反正。
斑鸠跌了弹——嘴答谷。
春凳折了靠背儿——没的倚了。
王婆子卖了磨——推不得了。
老鸨子死了粉头——没指望了。
灯草拐棒儿——拄不定。

① 李寿彭编：《歇后语论集》，《北平晨报》，1936 年 12 月 1 版，第 7 页。

净厕里砖儿——又臭又硬。

球子心肠——滚上滚下。

老妈妈睡着吃干腊肉——是恁一丝儿一丝儿的。

媒人婆迷了路——没的说了。

狗咬尿脬——空欢喜。

头醋不酸——到底儿薄。

小的芝麻脸儿——好大面皮。

属面筋的——有筋道。

八十岁妈妈没牙——有那些唇说的。

兜肚断了带子——没得绊了。

隔墙掠肝肠——死心塌地。

党太尉吃扁食——照样儿。

险道神撞着寿星老儿——有长有短。

曹州兵备——管事宽。

铜盆撞了铁扫帚——恶人自有恶人磨。

瓮里走风鳖——左右是一窝子。

苍蝇不抱没缝的蛋——到底有影儿。

茧子包儿——好有面皮。

卖瓜子的开箱打喷嚏——琐碎一大堆。

豆芽菜儿——有甚捆儿。

隔墙掠筛箕——不知仰着合着。

关王卖豆腐——人硬货不硬。

冷锅中豆儿爆——好没道理。

正月十六贴门神——来迟了半个月。①

这里也仅再选录数则歇后语为例：

① 马国凡、高歌东：《歇后语》，251—252页，内蒙古人民出版社，1979年。

阎王爷出告示——鬼话连篇。

擀面杖吹火——一窍不通。

老虎洞里菩萨庙——莫名其庙(妙)。

猫哭老鼠——假慈悲。

和尚打伞——无法无天。

狗掀帘子——净仗着嘴。

张天师过河不用船——自有法渡(度)。

孔夫子搬家——净是书(输)。

老王卖瓜——自卖自夸。

老鸦落在猪身上——瞧见人家黑,瞧不见自家黑。

周瑜打黄盖——打的愿打,挨的愿挨。

黄鼠狼给鸡拜年——没安好心。

戴上马桶坐大堂——脏(赃)官。

一百斤面蒸一个大寿桃——费(废)物点心。

九、戏曲

中华民族的言语文化发展到17世纪,已经大量积累言语所形成的文化成果,简单说就是从《诗经》记录以来,到唐诗、宋词、元曲、明杂剧及小说、民间言语等等,脍炙人口,丰富多彩。随着经济文化的提高,人们对于文化的需求也无止境地上升。于是,戏曲,这样能够把以往各种文化成果融汇成一炉的形式,就逐渐兴旺起来。戏曲,这样就把以往聪明的人只能做自己的生活,增加成也能在舞台上做别人的生活,而且连古人、死人、梦想中的人,全都能够声容俱茂地模拟出来,真是一种了不起的艺术综合。

据文献记载,早在先秦时期,"孔子早作,负手拽杖逍遥于门,歌曰:"泰山其颓乎?梁木其坏乎?哲人其萎乎?"我们能想见这位老先生且歌且拽杖舞、逍遥抒情的情景。到了唐宋时期,诗歌爱好者把诗词按声作曲,或按腔作辞,将文字诗词与音乐演奏合作表演,有时歌者与舞者在台前台后合作演出。(这种形式,流传到日本,至今尚存。)到辽金元时期,演出更趋变化,如董解元的《西厢搊弹词》，曲中就夹白、念、唱，全由一位演员完成。显然，影响戏曲本身发展的因素，直接的就是文学、音乐和言语表述（行当用语为“打诨”），全是通过艺人们的几百年的努力，才成为中国文艺舞台上一朵艳丽的花朵。

到了清前期，戏曲巩固发展的条件已经完备，戏曲所需要的曲本，元朝和明朝作家们已经提供许多传奇脚本；戏曲所需要的唱腔，从诗经楚辞的吟诵，到词令、散曲的凝练，已经有足够多的选择；戏曲所需要的念白与做派，更是中国人生活言语的提升，以及肢体言语的浓缩；戏曲所需要的演员，更是在城市经济生活的鼓励下，有天赋的嗓音及表演技能的年轻人，加上艰苦的传授训练，而获得社会群体的叫好和欣赏；以及戏曲表演所需要的经济环境、人文环境，经过多民族、东西南北各地区群体及方言等的长年磨合，中国人找到了一种在苦难生活中寻求情感发泄，和表达对于艺术美的追求。其间还有个机遇，就是由于清前期皇族的爱好，百余年间各地知名戏班得以轮流进京演出，很大程度上增加了各种戏曲的演员，促进了戏班子的全面改良提高，颇有百花争艳之势。例如在明末有昆山人魏良辅以十年时间，精心整理南词北曲的不融洽，“转喉押调，度为新声，疾徐高下清浊之数，一依本宫，取字齿唇间，跌换巧缀，恒以深邃助其凄戾”。成就昆腔繁盛于明末清初；后来在乾隆五十五年，魏婉卿（字长生）演花旦，改良装饰，带秦腔入京，让西皮腔独占鳌头；后来陆续有二簧腔、梆子腔、吹腔、勾腔、罗罗腔、弋阳腔、高腔、京腔等等。

不过，戏曲在清前期的发展虽然很是兴旺，但是，从社会经济视角观察，则这些艺人剧团，绝大多数的地位不高，更由于东南西北各类戏班艺人以进京演出为荣，各自显示自己的地方言语腔调，剧本内容缺乏精炼协调，演员依赖师传，缺乏准确一致的音调，表演的随意性更加普遍，因而，演出的效果颇带偶然性，全凭票友及捧场者的偶然爱好来左右。这就造成戏曲在中国遍地开花，却杂乱无序，很难搜集、整理和提高。而从言语学视角观察，则依然是中文的痼疾，即字音的不统一不协调，字义词义的复杂散乱。虽然因进京而有了各地字词音调交流的良机，却没有使得中文音调顺理成章实现统一或协调，反倒是增添更多变数，只能说是经过众多爱好音韵者的长期炫耀、辩论、尝试、体验，为20世纪中文国音的出现准备了条件。

这里并非全面介绍戏曲，仅是介绍与言语相关较多的四个方面：戏文（脚本）；唱；念；做打（肢体言语）。

（一）戏文（脚本）

自元朝、明朝流传下来的传奇戏文，已经多不胜数，清前期的一些文人更是热衷于写传奇戏文，长篇的能达到一部就有 200 多出，因为创作的欲望和创作的喜悦给予他们自身娱乐。这些戏文大类可分为三：

1.历史故事演义——简单说，就是已经把自远古至清前期的主要历史故事，基本都用传奇戏文写出来，数量庞大，可谓“戏文中的中国历史”。只是这些历史故事，与正史的记录相差甚远，其中人名与情节大致符合，但其说辞则显然与历史当事人不符，中间掺杂有大量故事性说法，增添作者的爱或恨的主观愿望。由于古代民众长期缺乏识字教育，全国文盲比例相当高。而他们获取的中国历史常识往往就是通过这些戏文演出来的，代代相传。他们主要关心的是戏文历史人物的正邪忠奸，所带给他们的心灵上的安慰，真实与否，则基本不在乎。应该说，戏文中的历史人物，往往会变成民众间的历史人物。

2.神怪妖魔故事演义——这是很特别的事情，中华民族没有全民族的宗教，而且印度佛教影响中国很长时间，但佛教中的神话故事，却很少在传奇中出现。不过，十分丰富的神怪妖魔故事却一直笼罩着全民族，并且成为传奇戏文中庞大的组成部分，有天上九重天的各路人形神仙，有地下十八层的各路人形妖怪和模拟人形的牛头马面，它们都不食人间烟火，却干着人类社会的事情，简直就像是中国社会的结构。也有各种动物、植物、石头、水流、气团变成的妖魔，它们不仅会说中国话，更会做中国人生活中的事情。这些戏文中，还经常出现人变鬼、鬼变人、鬼变神的情节，而且，鬼都能够死去，人也能够上天变成神仙，长生不老；还有某些半神半人的主角，能够显现超人的能量和本领，把人生的苦难都以游戏形式一抬手就解决了；等等。像以《西游记》为原本，所编纂演绎成的各种戏文故事，就足为代表。可以说，这些神怪戏文，全面构建了一个虚构幻想的空间和其中许多角色情节，并且是与人世间混杂交融在一起的。由中国历代文人集体创建的，如此庞大的神怪妖魔队伍充斥在戏台上，对于自古至今的民众来说，一直有着强大的吸引力，他们实际上是“敬鬼神而近之”，连田边出现的一块石头、天上飘的一缕青烟，都慎重地拜一拜，都希望由此而与神仙亲近，而让鬼怪不要伤害到他们。最好是做董永，能够捞到一件仙女服。

民众为什么欣赏戏台上的神怪妖魔，千年不断？原因有二：一是一个人如果从小到老，只能看到这些幻想中的形象活跃在自己身边，谎言早已经变成“真理”。更何况这些神仙妖魔也有着人性的一面，做点人力所不及的事，何乐不为！二是这些神怪妖魔之间，有一条鲜明的分界线，即善与恶的区分、正义与反动的区分。就是说，有好神仙、好妖怪、好鬼；也有相反的坏神仙、坏妖怪、坏鬼；当然也就有持公正立场，但无作为的神仙和妖怪，以它们来作裁判，像玉皇大帝和土地公公，就经常承担这种角色。各方面都照顾到了，再加上情节有趣、艺人形象生动、唱腔凑合可听，那就会得到民众认可。

3.颂扬承应之戏文

清前期皇帝都喜欢以戏曲来作为拉拢臣民的文化工具，在皇宫内就设有教坊司、和声署、南府和升平署等，命令一些宫女太监学习唱戏，更指定一些御用文人写颂扬天下太平，以及承应上层官员们岁时节庆需求的戏文，编排出一批无伤大雅、专以热闹怪诞，或歌舞升平为主的戏曲。这些应景戏曲，皇帝自己看上去都无精打采，但他是以此来作为民众之表率，非得有不可；而一般民众根本是无缘进皇宫一看或一听，能够叨陪末座的也都是官场上头面人物，多少懂得欣赏一点戏曲的，也只能以陪皇上高兴来取代艺术的高雅。因此这些不令人待见的颂扬戏曲，就只是在君臣互骗的基础上，应应景而已。说实话，这些戏文中，精彩的确实难见到。不过，从言语文化的存留物角度看，却是有不少。这里仅选取其中为了符合岁时而演出的承应戏目，就可见一斑。

元旦——演《群星拜贺》《大宴臣僚》《三微感应》《放生古俗》等。

立春——演《早春朝贺》《对雪题诗》等。

上元前一日——演《悬灯预庆》《嘉夜戏游》等。

上元节——演《万花向荣》《御苑献瑞》等。

上元后——演《海不扬波》《太平王会》等。

燕九——北京订作长春真人生日——演《圣母巡行》《群仙赴会》等。

太阳节——在皇宫中设太阳供，奏乐，不演戏。

花朝——一般在圆明园花神庙演《万卉呈祥》《千春燕喜》等。

寒食——演《追叙绵山》《高怀沂水》等。

浴佛——演《佛化金神》《鹿苑结缘》等。

碧霞元君诞辰——演《天官祝福》《星云景庆》等。

端午——演《瑞雨丰禾》《灵符济世》《采药降魔》《混元盒》等。

关帝诞辰——在圆明园北远山村关帝庙“献戏”一出。

赏荷——演《玉井标名》《御园献瑞》等。

七夕——在圆明园西峰秀色演《七襄报章》《仕女乞巧》《双渡银河》《银河鹊渡》等。

中元——演《佛旨渡魔》《魔王答旨》等。

北岳大帝诞辰——“献戏”一出。

中秋节——演《天街踏月》《丹桂飘香》《广寒法曲》《天香庆节》等。

重阳——演《江州送酒》《登高览胜》《东篱啸傲》等。

宗喀巴诞辰——“献戏”。

冬至——演《瀛洲佳话》《玉女献盆》《采线添长》等。

腊八——演《五马止猎》《孤山送腊》等。

赏雪——演《谢庭咏絮》《香雪姻缘》《梁苑延宾》等。

赏梅——演《瑶林香世界》等。

观酺——在景琪阁赏王公大臣饭吃，演《太和报最》一出。

祭灶——演《蒙正祭灶》《灶神既醉》等。

小除夕——演《迎年献岁》《德门欢宴》等。

除夕——演《升平除岁》《瞎子拜年》《贾岛祭诗》《南山归妹》等。

朔望——演各种折子戏。①

另外关于这些戏曲传奇剧本的作者及作品本身，本书从略。

(二)唱曲

戏曲是综合艺术形式的一种，但其中最精妙引人之处，不在舞台装潢华丽，不在演员姿态可人，不在故事内容变幻，关键就是其唱曲的腔调、声韵的动听，能够不由自主地把听众吸引住，所谓绕梁三日呀。据说入门的戏迷听戏，往往

---

① 周妙中：《清代戏曲史》，190—192页，中州古籍出版社，1987年。

会闭上眼睛，手按板眼，全神贯注在耳朵上，让演员的声腔韵调，通过一字字的吐出而入耳，醉迷其中。也就是说，成名的主角，都需要在唱曲上千锤百炼，把每一个字音全都唱得婉转动听，这需要深厚的功夫和天赋，只有这样，才有可能立足舞台上。实际上，经常发生因为唱错一句词曲音韵而被哄下台的事。

唱曲腔调怎么样就是好听呢？这是很难说出一个标准的。中国幅员辽阔，人口众多，仅是各地方言就差异极大，成为唱曲，南腔北调确实分别明显。根源自然是自古音开始就没有统一过，虽然统一的企图一直没有停止，自唐朝《广韵》、宋朝《平水韵》、元朝《中原音韵》、明朝《洪武正韵》以来，即使加上官方的压力推广，也总是无法一致，因为一个字音，在东南西北各地人念出来都不同，更何况唱出来，互相之间实在难以听明白，也就更难以让别人说好听了。

于是，戏曲界与民众出于实际需求，把历史上积累的音韵问题，包括像上章所提到的汤显祖和沈璟的曲调之争，通过各地各个戏班的演出，而尽量互相之间得到能够凑合的不成文的协议，这里略举数条：(A)历史上已经形成的诗韵、词韵、曲韵、曲牌、曲调、腔调、板眼全都原则上习惯性地承继照用。争论归争论，实践归实践，同时并存。书面上的争论是要笔杆人的事，实践则只能由演员和乐工、剧团等来面对。(B)演员们在实际运用前人留下的传奇剧本时，发现在许多具体字音、唱腔、表演上，不能符合演唱的需要，只能根据他们自身的能力去修改。而这些演员、乐工并非音韵大家，当时也没有审稿制度，只能三个臭皮匠来一块想凑成诸葛亮，这样做比较实用。(C)自唐朝开始，中国人发明了用“工尺”来记录音阶，包括“合四一上尺工凡六五乙”这十个字来表示，再加上有笔画的符号组成“工尺谱”，分别成为音高符号、调名符号、节奏符号、补充符号四类，相当复杂。把它们标记在脚本的字旁边，演员或学习者照此就可以学唱。当然这在实践中很是困难，以几个字形加上有笔画的符号来表示发音，每一个字形发音本身就难以一致准确。实际上多要靠死硬强记、师徒间多年的天天重复练习，才可能略有所成。(D)古人已经把声分出阴阳声、平仄韵、辙，以及唇齿舌喉牙五音，还有反切方法，运用于诗词歌赋上面，理论家宣称哪一个词的某字音不对，就说不合腔，就不能配调。其实这不一定妥当，不能绝对化，南腔北调是历史文化的产物，不能套到一个标准上。腔调问题，按照那时的要求，简要可写为：按节合拍，悠扬顿挫，运腔搭调，依辞为声。例如西皮调可分为：

- 西皮调
  - 正西皮
    - 西皮慢板(即正板三眼板)
    - 西皮原板(即一眼板二拍子)
    - 西皮倒板
    - 快三眼(即紧三眼)
    - 二六板(即一眼板)
    - 流水板(即快板)
  - 反西皮
    - 摇板(用快板过门即紧打慢唱)
    - 二六板
    - 摇板

而在实践中,各地方言为主导的唱腔,则实在不能一致。欧阳予倩先生就曾比较道:“二黄的音节较缓,西皮的音节就紧些,西皮有快板,宜于紧密的对话或溯供,有时且用以解慢板之沉闷。二黄没有这个效用,而西皮的原板同二六板比二黄也来得轻倩流丽些,不过二黄就好似端庄凝重了。”①(E)合辙押韵是传统唱词时候的必要要求,却也是唱词时的大难题,即每一句唱词尾一字,必须押韵。而中国北方形成的四声中,没有入声,是阴平、阳平、上声、去声;南方形成的四声是平、上、去、入。这样,元朝《中原音韵》中的十九韵只能作为北曲韵的鼻祖,按到南音就不合适。后人将十九韵放宽,并成十三辙,南北方唱音就能够凑合用了。如京韵十三辙大致如此:

A.发花辙——如:发、家、雅、下等。如《捉放曹》中“一轮明月照窗下”一段。

B.梭波辙——如:梭、多、过、祸等。如《浣纱记》中“未曾开眼泪如梭”一段。

C.乜斜辙——如:乜、斜、夜、月等。如《一捧雪》中“人来与爹把轿歇”一段。

D.怀来辙——如:怀、才、太、带等。如《探母》中“老娘亲请上受儿拜”一段。

E.灰堆辙——如:灰、堆、催、瑞、岁等。如《群英会》中“统雄兵下江南交锋

① 欧阳予倩:《说二黄》,转引自阎金锷编著:《汉剧》,44页,商务印书馆,1945年。

对垒”一段。

F.遥条辙——如:摇、桥、闹、笑等。如《连营寨》中“白盔白甲白旗号”一段。

G.由求辙——如:由、柔、候、够等。如《甘露寺》中“劝千岁杀字休出口”段。

H.言前辙——如:言、天、险、箭等。如《探母》中“杨延辉坐宫自思自叹”段。

I.人辰辙——如:人、银、恨、忍等。如《探母》中“帐中奉了父帅令”段。

J.中东辙——如:中、空、懂、送等。如《文昭关》中“伍员马上怒冲冲”段。

K.江阳辙——如:江、王、将、浆等。如《丁甲山》中“俺李逵做事太莽撞”段。

L.姑苏辙——如:姑、初、渡、路等。如《群英会》中“曹孟德下江南(他)担心后路”段。

M.衣七辙——如:衣、离、意、倚等。如《鱼肠剑》中“姜子牙无事垂钓矶”段。(F)还有男演员自身的唱曲天赋或能力,以及所接受的某种戏曲训练的结果,他们能够在这些看似严密困难的唱曲中,发现给予他们很大的自由度,在戏迷票友捧场下,发挥出独一无二的声调旋律。例如昆曲的形成就是如此,恰如周贻白教授所言:

昆腔之所以能够悠远缠绵,大抵和咬字发音的回环转折有关。……其所讲求的功夫是咬字发音,每一个字,须分字头、字腹、字尾;音分开口、闭口、鼻音,其原理即根据字音的反切。……沈宠绥《度曲须知》说得最为详明。……“予尝考字于头腹尾音,乃恍然知与切字之理想通也。盖切法即唱法也。曷言之?切者,以两字贴切一字之音,而此两字中上边一字,即可以字头为之。下边一字,即可以字腹字尾为之。如‘东’字之头为多音,腹为‘翁’音,而‘多翁’两字,非即‘东’字之切乎?‘萧’字之头为‘西’音,腹为‘尘’音,而‘西尘’两字,非即‘萧’字之切乎?‘翁’本收鼻。‘尘’本收呜,则举一腹音尾音自寓,然恐浅人犹有未察,不若以头腹尾三音共切一字,更为圆稳找捷。试以‘西尘呜’三字连诵口中,则听者但徐闻吟一‘萧’字。又以‘几哀噫’三字连诵口中,则听者但徐闻吟一'皆'字。初不觉其有三音之连诵也。"……为了认真"咬字",每一字都用三个音来念,把声腔的旋律放得愈加缓慢了,虽然有腔有板,听来往往有音无字。①

这种把一个字唱出两三个音,或者把两三个字音唱成似乎一个字音,确实难度很大。偏偏昆曲之好听,往往就是演员如此唱法获得到的。而皮簧的发音就没有四声讲究,省略唇、齿、喉、舌、鼻、腭的琐碎要求,没有撮口、合口、闭口的呼法,更不做字的头腹尾相切的扰动,相对就容易得多了。中国人真是把汉字音找出一种独特的内在变化与关联,把唱曲推向高峰,也就是难度很大的高峰。况且,戏曲的唱就是用来宣泄剧中人物激动时的内心感情、变化情绪、彼此辩论或问答、叙述往事、连贯戏中情节等,需要将不同的唱腔用情感高低徐昂地唱出来,实在不易。(G)乐器演奏对于唱曲的影响也是颇大的。各个剧种所使用的乐器自古就形成,每一种乐器的发声也是很大的不同。要想随着剧情展开与变化,配乐的音调与节奏高低快慢,都会出现协调的变化。而且更重要的是,一台戏的演出,由头至尾,是场面上的这些乐器演奏为主导,演员们是被动地按照乐声唱曲,其中任何一点差错,必定会引来听众的起哄叫倒好。而场面上使用的乐器相当丰富,按照王光祈教授的研究,区分为三大类:

A.敲击乐器——编钟、镈、钲、云锣、铙、星、特磬、方响、口琴、巴打拉柷、敔、拍板、舂牍、搏拊;县鼓、建鼓、雅鼓、鼗鼓、行鼓、龙鼓、杖鼓、札、手鼓、达卜、那噶喇、达布拉。

B.吹奏乐器——排箫、箫(尺八管)篪、笛、龙头笛;大铜角、小铜角;管(头管)胡笳、筚篥、画角、蒙古角、金口角;笙;埙。

C.丝弦乐器——琴、瑟、密穹总、总稿机、琵琶、月琴、月琴(蒙古)丹拉、二弦、火不思、塞他尔、喇巴卜、喀尔奈、洋琴、奚琴、胡琴、胡琴(蒙古)得约总、提琴(蒙古)四和、哈尔扎克、萨朗济。②

---

① 周贻白:《中国戏剧史》,395—397页,中华书局,1953年。
② 王光祈:《中国音乐史》,148—170页,湖南大学出版社,2014年。

以上大多数乐器先后都在清前期戏台场面中被使用,其实在一般演出中,有几样就够用了,如单皮鼓、胡琴、夹板、小锣、小钹、大锣、堂鼓、马锣、唢呐、三弦、月琴、二胡、笛子、笙、碰铃等等,具体在各个剧目使用配置并不一样。各种乐器使用中有主导的和辅助的区别,协作得顺利,精彩动人,所谓与演员配合严丝合缝,获得满堂彩。这更是需要乐师们多年的音乐培养,要知道,每一个乐器的发音各自不同,互相之间如何配合成为首尾连贯的一场戏,是经过上千年间乐师们不断协调能够在中国舞台上运用,才取得成功。至于按照戏中情节需要而不断变换乐器,这中间的讲究,实在非本书所能介绍了。

(三)念白

念白和唱曲在明清戏曲舞台上是处于同等重要的地位,都是戏中人物为表述自己的情感而做的。戏中人物唱,就要按照曲调进行;戏中人物念,就是要把台词用明亮清晰的言语,送进听众耳中。演员在舞台上是同时兼任两个角色:一是剧中人物,他为剧情进展而该说什么,他的声音就要与剧中人物当时所需要的情感声调一致,该哭就不能笑;二是在某些场合,他就要跳出剧种人物角色,而担当说书人的任务,即在旁边介绍剧情变化,或说明前因后果,这时候的言语声音就明显与角色声音有区别。因为传奇剧本本身在形成时期就与小说有同根之源,章回小说的一套开场词句与煞尾词句全与剧本相类似。那时候的说书人会唱几句,演员会说故事,是很普通的事情。由于两个角色在同一个演员身上出现,除了唱曲之外,念白部分还要分成两部分,有些台词是剧情需要,有些则是需要说明或简化剧情,其难度自然就与一般社会上言语差别很大。念白有些就习惯性用韵语,两句或几句都是要合辙押韵,仿佛如念诗词;有一些则是大白话,无须考虑韵律,也不用太严谨,全看剧本需要和演员临时发挥,只要听众认可即可。

全体人类说话都是要受到口腔气流控制,以及声韵高低快慢的协调,念诵诗词歌赋尤其需要协调,念白更是需要好的协调。特别是在每一个音节的控制上,如果是呓语式的词句,莺啼式的喊叫,那都不能算是人的念白,因为听不清听不懂。所以在传统上,包括唱曲和念白,总结出的要求是:腔不离音节,音节不乱句,句不离意。应该是比较妥当的。徐凌霄先生曾在他的专著中举一个例子说:

《思凡》……开首的诵子："昔日有个目莲僧，救母亲临地狱门。借问灵山多少路，(有)十万八千有余零。"通体七言，直是一首七绝诗。全章四句，每句三节，每节首字落板，以节尾行腔。第四句两个有字，前者是衬字不占板位，后者是节首正字落板，一丝不乱。其行腔则在节尾，如"救母"之"母"字，"借问"之"问"字，均系节尾有小腔，占一眼。"多少路"之"路"，则节尾而兼句尾，故腔又加纡折而较长。统观全段，词义相属，音节清明。七字句之限度，大小节之功能，均有显阐。①

念白分有上口白和普通白。上口白是戏班中专用的一种适合于舞台上表演的言语，如生、旦、末、付、小、净等行所用的言语；而普通白则是时行方言的言语，多在丑、杂、贴等行所用，这是历史流传下来的，在演出中能够起到调节效果，以及减缩时代距离的效果。丑、贴等人的普通念白一出口，常常就会把听众从历史剧情迷雾中唤醒，从而意识到现实的存在，也许就能把握住现实与梦境的差别。我们还能从丑、贴等开放的念白中，获得讽刺或警辟的苦口留言。念白的具体用法，在戏曲中有很多种，具体运用中更是灵活多变，这里简述一些：

1.引词

引词包括上场引子和定场诗。引子是在剧中人行至台口时所念；定场诗是剧中人上位以后念的。其作用是因为初次见面，要介绍演员所演的角色，以及角色的一些特点，并且词句要符合角色的身份。例如诸葛亮上场的定场诗："功盖三分国，名成八阵图；凛凛出师表，南阳大丈夫；阴功配圣德，计谋古今无。"用今天的话来说，就是给角色自己做广告。而上场引子要念得漂亮，也非易事。如《骂曹》中祢衡上场的引子，是两句七言："天宽地阔海无边，成败兴亡梦里看。"但演员念的时候，是要念成："天宽地阔，海无边；成败兴亡，梦里看。"这样就把前四字一小顿，后三字一大顿；前三句是干念，到最后一句更要拉长腔，听来特别有味。当然也有念白与唱曲在上场引词时，半念半唱掺杂而用。而最脍炙人口的引子，则应该是《女起解》中崇公道上场说的：

① 徐凌霄：《皮黄文学研究》第一辑，80页，世界编译馆北平分馆，1936年。

你说你公道，
我说我公道，
公道不公道，
自有天知道。

2.承词

即是承袭引词而念白的主要内容，其中可以有一整段的有韵味的句子，也可以有两人对白，加唱加做，表现的是剧中人物风格情景。可以是引用古诗词、长短句，或直白言语。有时是独叙，有时是两人或数人对白，有时是背叙，有一定的韵白要求，都构成一场戏中的主要内容，丰富多彩。例如《华容道》中，庞统（副）与徐庶（老生）的对白：

庞统（白）：先生若还泄露机关，东吴九部八十一州黎民百姓俱送在先生自手。

徐庶（白）：你只顾江东八十一州黎民百姓，难道曹营八十三万人马就不是性命？

庞统（白）：先生还要留情。

徐庶（白）：先生不必惊慌。吾受刘皇叔大恩，虽在曹营，终身不设一谋。只是南兵一至，玉石俱焚，将我置于何地？

庞统（白）：我想曹操怕的西凉马超，先生附耳上来，必须如此如此，恁般恁般。

徐庶（白）：承教了。

至于丑角在舞台上唱念的数板，叫作赞子，没有一定字数，只要句尾押韵，念来顺口，一般仅以单皮鼓作拍节。例如《踢绣球》中韩十五念：

我风流，我本风流浪子头，走过了朝阳府，紫阳县，我把名留：世上许多稀罕事，三岁顽童白了头。袁天罡，李淳风；鬼谷子王禅老先生，算不过兴衰二字古来有,兴衰二字古来有。

3.煞词

下场时也同样需要与上场相当的形式,也就要有下场念白,内容结构也就有各种各样,以便能够给听众一种达到高峰的感觉。语句或精练,或悠扬,或风趣,再配上动作,还要看演员的技巧。例如《祭风台》中诸葛亮(生)与鲁肃(外)在一场的煞尾词:

鲁肃(白):哎,先生,我实在服了你。

诸葛亮(白):大夫服我何来?

鲁肃(白):你到东吴乃是一客。都督怒责黄公复,我扯你衣,叫你说个人情,你坐着昂然不动,一门只是饮酒。

诸葛亮(白):吓,大夫,他一个愿打,一个愿挨,与你我什么相干?

鲁肃(白):哎哎,怎么一个愿打,一个愿挨?

诸葛亮(白):这是你都督用的苦肉计,何必又来瞒我?

鲁肃(白):哦,是苦肉计。

诸葛亮(白):大夫吓!

(唱):周都督定下了苦肉之计,

收蔡中与蔡和暗通消息。

黄公复受苦刑都是假意,

进帐去切不要说我先知。(下场)

鲁肃(白):哎,哎。

(唱):这等的巧机关叫人难解,

我实实服了他妙算神机。(下场)

(四)做和打

为了配合各种剧情的发展变化,中国戏曲中的象征性动作实在是太多了。骑马就只有一根马鞭在起舞,乘车就只有两面小旗在腰间摆放,最令人佩服的是袖子(水袖)的加长与舞动,能够让旦角如仙女般飞动,让男角演出各种气势。几个演员站在戏台上，就能够表现千军万马，就能够表现千古恨事，就能够表现儿女情长等等人间或幻想空间的稀奇古怪事物。除了用唱曲、念白来说明，也离不开演员的肢体言语表现。每一个演员头上都挂满了各种表示角色身份的装饰品，更能凸显出生、旦、净、末、丑等的区分。主要角色的脸上更是画上脸谱，脸谱造型丰富多变，连角色的忠、奸、巧、愚、坏都可以分别。而更主要的还是在演员自己的表演上：

（1）首先是眼睛的运用上，尤其是主角眼睛什么时候看着什么人或物？怎么样看？瞪眼或眯眼？目光热烈或呆滞？都是要用心去体验剧情，才可能理解。舞台上崔莺莺小姐眼珠儿那么一转，张生的魂就给勾走啦，观众也就会心地跟着眼睛去啦。

（2）腕和手指的运动，也是表现角色情感的重要手段。手指的屈伸、腕的扭摆，是与剧情中人物的思想、语气、态度协调一致的。即使去拿一把椅子、放一个碗、摇一把扇子、抛一块手帕，甚至虚拟拍出精神上的概念，都是需要腕和手指来完成，观众也要看着是否像是那么一回事。花脸用手指时，多半散着，表示粗率；而旦角的手，经常是作兰花状，用手指向一个人或物时，先是用眼睛看着手，再由腕的扭转，手指引领目光射过去，便能让观众明白她这是在做什么，剧情便随着指尖而突出重点。

（3）男女演员腰肢的功夫，在演出中不单要有力，还要活软，在剧情中，腰肢弯折的角度、快慢、时间和力度，都必须与剧情相协调。

（4）头颈在剧情中，有时候只需要动一动、摇一摇，就能够传递出新的内容，颇具神气。特别是演员头上还顶着一堆标志性的饰物，动起来是要恰当，与剧情协调一致。

（5）舞台上的人物走台步，是有很大讲究的。行走的快慢、迈步的轻重大小、脚尖的仰角斜歪、腿屈伸程度，随着剧情变化，都能够表现角色的身份和情感，甚至连贫贱富贵都能够区分。至于表示哀急的顿足，表示惊慌的战栗，摔一个跤都要有模有样，就连角色是好人坏人都能够显示出来。至于武打中种种舞步，踢腿或劈腿，一套一套的，更是让人眼花缭乱。就连坐到椅子上，是端坐、斜坐、倒坐、虚坐，都有很大的讲究。

（6）肩膊的持平，或一高一低，或耸肩，或摆动，其用力的大小，速度的快慢，也都是能够配合剧情而被演员运用，同样也是能表现角色的情感、身份。

以上六种肢体言语类型，每一个演员都会在舞台上重复发挥运用，把握得好或差就看演员自己的功力了。例如《失街亭》中，当马谡失守街亭后，向王平要主意，王平没有主意而下场，马谡一人站在台上，不讲一句话，只是望了一眼王平的背影，自己用手一绰髯口（意思是说："马谡啊，马谡！"），接着把手往上一拱（意思是说："回营见了丞相"），又用双手一绕（意思是说："一定会被捆绑！"）又用手比做刀样，向下斜切（意思是说："一定会被杀头"）借着用手一摸后颈，把头一缩，肩一耸，瞪大了眼睛，张口喊出一声低哑的"啊！"（意思是说："这一下全完了！"）然后倒背着手，拖着枪，垂头丧气地走下场去。如此的肢体言语，只依靠在锣鼓声中的表演，观众自然完全领会，不由自主就会叫好。

显然，中国人的言语文化艺术，在十八世纪就已经达到一个高峰，它只需要一个小小舞台，在一个小小空间里，装饰着一点点象征性道具，就依靠演员的唱曲、念白、做打，配上一点乐器，发出许多迷人的乐音，做出许多迷人的姿态，而演绎出无所不能无所不包的故事情节，让听众如痴如迷沉醉其间。中国戏曲之所以能够发扬光大，首先是几千年来中国言语文化的成果积累，加上文化人的孜孜追求，而琢磨出这种全面综合的戏曲办法。虽然其间良莠不齐，鲜花与杂草丛生，言语规范杂乱，但是历史就是如此，言语的威力就是如此。

中国人对象征的表征实在是很欣赏，人们的精神需求在现实中得不到满足，就只能在各种事物中寻找象征性替代物，并且发展到以象征物和象征言语取代真实的存在物的地步。中国戏曲就是全民建构的一种充满象征物和象征言语的艺术殿堂，一代一代人都终生沉浸其中，喜怒哀乐于其中，经常不愿意离开去探索新事物。只是舞台上象征物和象征姿态太多了，观众如果不接受这些象征意义，就连戏也看不懂；只是象征如果太多了，演员就只能将之整理成一套一套的套路来表演，套路固定之后，开始看还可以欣赏，看多了也变得无味了。

本章小结

中国是历史上由多个民族在中华大地上活动而形成的，他们各自的言语文化在其中纠缠磨炼而逐渐达成共识，也就存留下十分丰富的言语文献。

我们从历史文献中，略选一些整理出来，希望现代年轻读者能够从言语角度领会一下，体验一下人类的奋进过程，以及对于言语本质和言语艺术的追求。

艺术需要不断创新，艺术更需要不断传承守旧。创新要的是艺术本体的创新，而非将艺术创为流氓无知的胡作非为；传承守旧守的也是艺术本体的旧，而非将历史上的生活渣滓奉为珍宝。把创新与守旧人为地对立为你死我活，是完全不懂艺术发展的规律。中国的言语文化艺术在几千年来发展到如此高峰，就是一边在创新，同时又在传承守旧。每一个有心人只能尽自己一点历史责任，不用管你的招牌上写着什么创新，或者什么传承，只看你拿出来的货色是否为大众喜闻乐见！自吹自擂只能是自欺欺人。

综观本章略述的几千年间的言语状况，就明白有一个绕不过去的困难，即言语与文字的关系。三百万年前出现人类，人就会发音说话，（不少动物也会发音表达一定的意思。）而文字的形成则不过几千年间的事情。那么，中国古人用中文记录的言语文献，是否基本准确呢？估计谁也没有确切的证据，也更难以定量测定。钱锺书先生曾著文专论曰：

吾国史籍工于记言者，莫先乎《左传》，公言私语，盖无不有。虽云左史记言，右史记事，大事书策，小事书简，亦只谓君廷公府尔。初未闻私家置左右史，燕居退食，有珥笔者鬼瞰狐听于旁也。上古既无录音之具，又乏速记之方，驷不及舌，而何其口角亲切，如聆謦欬欤？或为密勿之谈，或乃心口相语，属垣烛隐，何所据依？如僖公二十四年介之推与母偕逃前之问答，宣公二年鉏麑自杀前之慨叹，皆生无旁证、死无对证者。注家虽曲意弥缝，而读者终不餍心息喙。……盖非记言也，乃代言也。如后世小说、剧本中之对话独白也。左氏设身处地，依傍性格身分，假之喉舌，想当然耳。《文心雕龙·史传》篇仅知"追述远代"而欲"伟其事""详其迹"之"讹"，不知言语之无征难稽，更逾于事迹也。《史通·言语》篇仅知"今语依仿旧词"之失实，不知旧词或亦出于虚托也。…………明、清评点章回小说者，动以盲左、腐迁笔法相许，学士哂之。哂之诚是也，因其欲增稗史声价而攀援正史也。然其颇悟正史稗史之意匠经营，同贯共规，泯町畦而通骑驿，则亦何可厚非哉。史家追叙真人实事，每必遥体人情，悬想事势，设身局中，潜心腔内，忖之度之，以揣以摩，庶几入情合理。盖与小说、院本之臆造人物、虚构境地，不尽同而可相通；记言特其一端。《韩非子·解老》曰："人希见生象也，而得死象之骨，案其图以想其生也；故诸人之所以意想者，皆谓之象也。”斯言虽未尽想象之灵奇酣放，然以喻作史者据往迹、按陈编而补阙申隐，如肉死象之白骨，俾首尾完足，则至当不可易矣。《左传》记言而实乃拟言、代言，谓是后世小说、院本中对话、宾白之椎轮草创，未遽过也。①

钱老博学通家，考订专详，实为后辈楷模，所得结论：“记言而实乃拟言、代言”，确实有理。这也就证明言与文的关系，古今中外都莫能百分百的准确一致。有心人只是能够将人言做出基本加工，尽量符合逻辑，让后人看来满意而已；只是，言语的加工就发展到尽量追求艺术性效果，本章所介绍的内容，恰是言语艺术性表现的一个又一个高峰。

笔者感觉对于这些言语文献的整理，实在是很不足。存留问题与发现新问题都很多很多，更不用说如何评论这些前辈们所积淀的文化财富了。

① 钱锺书：《管锥编·左传正义》，271—273页，生活·读书·新知三联书店，2012年。

第三章　中国言语文化简史（下）

上篇所述中国言语的发展历史，已经从先秦延绵至清朝前期，即是约从公元前至18世纪，在中华大地上附近几个民族前后陆续充当统治者，也就繁荣了人口，扩展了经济，在世界上处于领先地位，也就把人与人之间的言语混合成为一种独特的中文言语，尽管各个地区方言随意流转，汉字字形也积累到数万个，但是读音普遍要交流的话，也就是5000多个单音节字，频繁使用的则更少。即使如此，中国的有才人还是创造出言语文化的丰盛的成果，一直吸引着每一个使用中文的人。我们从上篇已经粗略地看到，先是把人声变成文字记录下来，虽然问题多多，却一直被上下一致地使用着；并且能够将言语的艺术提升到很高的境界，我们看到先秦的诗歌、汉唐的诗歌和翻译作品，宋人写成词，元人唱成曲，明人演成杂剧，清人更是让各种戏曲遍地开花；中国人讲话，按照积累下来的习惯，越来越有一定之规，越来越长，越来越能够表达更丰富更细腻的情感，并且言语的组织结构花样百出，能够在社会场合按照现实需要表达出让对方满意的言语，可能是格言、可能是笑话、可能是诗歌唱曲等。总之，中华民族自得其乐地活跃在地球上几千年，中国言语已经变成中国圈内，社会、经济、军事、文化上的不可缺少的交流工具，也是不可缺少的娱乐工具。似乎总结出一个规律：任何事情，只要金口一开，就万事俱解决；特别是升华到皇帝的金口玉言，那就有万能之效。而事实上在民间，言语所创造出的各种特色，那真不是一部书所能表述完了的，实在是太多了。

不过，上篇所述的中文言语史料，都是在中华大地上的一些民族之间的交流。尽管一些少数民族首领做中原皇帝，但对于中文的言语文化是认同的，运用的。至于海上远一些的民族，例如日本大和民族，大和民族一直长时期崇拜汉文化，并且学习汉文化中对他们合适的部分；而陆地上远的，则主要是西域地区，丝绸之路所带来的西域文化和印度文化。后汉、隋、唐时期，就陆续有一些民间和尚来到中原，他们同其他宗教一样，自己信奉了什么样的教旨，就希望他能够教导周围的人也能信奉。在和尚自己粗通中文以后，就主要依赖口述，把他原先学习到的某部经书，加上他自己的解释，向聚在他周围的人讲授，进一步再由其弟子用中文记录下来，再经过互相琢磨字词之意思，有机会印刷出来，就是后来的中文经书了。其数量多至数万卷，至今也还是难以统计全部；而这样自发进行口译、对译、翻译的经文质量，恐怕实在是与梵文原版差异太大。只是信徒们都相信，越是看不懂的经文就越是佛祖的精奥处，越要花费一生精力皓首穷经而已。就这样，历时数百年，中国式佛经的频繁出现，并没有与经济利益、政治需求挂钩，也没有成为“国教”，只是能够在中华民众间稳定存活。这里仅举梁代的《付法藏因缘传》中一段记载就明白：

阿难游行，至一竹林，闻有比丘诵法号偈：“若人生百岁，不见水老鹤，不如生一日，而得睹见之。”阿难语比丘：“此非佛语。……汝今当听我演：若人生百岁，不解生灭法，不如生一日，而得了解之。”尔时比丘即向其师说阿难语。师告之曰：“阿难老朽，言多错谬，不可信矣。汝今但当如前而诵。”①

“水老鹤”都译成经典啦，其师反诬之，真是崇拜口述才是真理之源。

而第二次巨大的言语冲击，则开始于明朝末年，地球另一边的欧洲强国中有心人，特别是一些宗教人士，经受了工业革命洗礼之后，怀着宗教心态，具有初步科学知识，满心企图探求中国，以利玛窦（Mathiou Ricci，1552—1610）为代表，不远万里，来到中国。他们有幸与中国高级官员徐光启等人交友，他们先后

① 《付法藏因缘传》，转引自王克非编著：《翻译文化史论》，17 页，上海外语教育出版社，1997 年。

从欧洲带来7000部当时各种专业图书，他们合作撰写、口译、对译、出版数百部书。这些新知识图书，包括数学、哲学、语言学、宗教学、天文学、地理学、自然科学技术等方面，也多是中国传统中所缺乏的新知识。例如利玛窦口译、徐光启笔述的欧几里得的《几何原本》前六卷，在1607年出版，对于其中几何学专业用语的翻译，实在是难为他们了。利玛窦在书前所写的《译几何原本引》中，就感叹道：

当此之时，遽有志翻译此书，质之当世贤人君子，用酬其嘉信旅人之意也。而才既菲薄，且东西文理，又自绝殊，字义相求，仍多阙略，了然于口，尚可勉图，肆笔为文，便成艰涩矣。嗣是以来，屡逢志士，左提右挈，而每患作辍，三进三止。呜呼！此游艺之学，言象之粗，而龃龉若是。允哉，始事之难也！有志竟成，以需今日。①

不过，利玛窦确实是用心之人，他来华才十年，已经突破学习中文之难点，已经对中文的传统经典作品背诵如流。他显然是学习过汉字的构造法，理解汉字形声义的相互关系，他公开写出如何通过西方记忆术学习汉字的书：《西国记法》，在1595年出版。他写道：

夫中国文字，奚啻万计！人之知识学问，有博寡浅深之不均，设若字字作象，不惟连篇累牍，不能悉类，抑且意见未必尽合，音义未必融通，记诵繁艰，拘方执一，俾握枢转丸子妙，翻为死法矣。其作象也，以人为活，为体，以物为死，为用，业已发明于前篇。然其用事用意，则有活而实，死而实，虚而活，实而死，又有半活半死，半实半虚，文殊理别，难以雷同。兹以世所恒用，如天文、地理、时令、干支、人事、器物等类，标列百数十字，以为程序。其用事用意，虚实死活，因可概见，学者取而推广焉，或可谓心机之一助。②

---

① ［意］利玛窦口译，徐光启笔述：《几何原本》前六卷，欧几里得原著；利玛窦："译《几何原本》引"；朱维铮主编：《利玛窦中文著译集》，香港城市大学出版社，无出版年，第348页。

② ［意］利玛窦著《西国记法》，同(2)，第204页。

利玛窦先生显然更进一步提出汉字学习的新方法。而法国人金尼阁(P. Nicolas Trigault,在华年1610—1628年),著中文书《西儒耳目资》在杭州出版,该书后来在1940年被陈望道介绍道:

《西儒耳目资》是一部比较有规模的著作。……书中一共享二十九个字母,分作三类:“自鸣”者五,就是五个元音;“同鸣”者二十,就是二十个辅音;“不鸣”者四,就是四个“他国用,中华不用”的辅音;一共二十五个字母。他就用这二十五个字母,互相结合,上加五个调音符,来拼切一切汉字的读音,就显得极其简单,极其有条理。不但把向来被人认为繁难的反切,开一条所谓“不期反而反,不期切而切”的简易的途径,并且引起助攻好些音韵学家对于这种简易的拼音文字向往的热忱。像方以智在他所著的《通雅》里就说:“字之纷也,即缘通与借耳。若事属一字,字各一义,如远西因事乃合音,因音而成字,不重不共,不尤愈乎?”(《通雅》卷一)①

而在当时,给该书作序的张问达写道:多发前人之所未发,补诸家之所未补。至于闻音察母,检画知音之法,开卷便得其韵其字,恐从来无此奇捷。矧其书,一遵《洪武正韵》,尤可以昭同文之化,可以采万国之风,可以破多方拗涩附会之误,其裨益我字韵之学岂鲜哉。②

给该书校梓者王征,在书前写有《西儒耳目资释疑》一文,给予该书很高的专业评价,共总结出该书51项全新的“创定”思想和方法,他写道:“计此书创定中原前此所未传者”,如“创定万国音韵活图。……”“创定元音五声,又以元音配会,生万音万韵。”“创定音中有自鸣,有同鸣。”“创定同鸣为父,自鸣为母。父母相合,共生字子。”“创定中原所用万字之音,有单,有双,有三,有四,有五,不能再多。”③等等。

---

① [法]金尼阁:《西儒耳目资》,1—5页,文字改革出版社,1957年。见陈望道:《明末以来中国语文的新潮》,存《中国文字拉丁化文献》,2页,拉丁化出版社,1940年。

② [法]金尼阁:《中国文字拉丁化文献》,张问达序,拉丁化出版社,1940年。

③ 王征文:《〈西儒耳目资〉释疑》,《中国文字拉丁化文献》,1—12页,拉丁化出版社,1940年。

很显然，第二次东西方言语大交流开局相当顺利和谐，并且取得很好的成果，东西方都通过言语的交流，探寻到自己的问题、自己所缺乏的知识，应该注意学习对方的知识，还开始提出一些言语学方面的探索和建议，互相都叫好。但是，历史在这里遇上大转折，中原大地改换了政权，满族取代汉族做了中原皇帝。新统治者康熙皇帝还算是比较注意到西方外来者的新知识的重要，还带头学习利用数学知识、天文知识、地理知识，以及一些新技术，而选择性地拒绝宗教知识、人文知识、言语知识等，以为只要豢养一些“客卿”，就可以“以夷制夷”地应付西方来客了。很可惜，18 世纪新来中国的西方人士，就在言语障碍的窘境下，不断地演出一幕又一幕令双方痛苦的悲剧，因而造成双方都投入无数的人力、财力和精力，来力图改变这种难受的状态。这正是两种文化的冲击和动荡，也就成为本书下篇的主题内容。

言语障碍是双方都承认的，只是在初期，各自采取的对策截然不同。西方的来华人士学习中文者，态度都是积极的，并且力图按照西方言语规律来全面认知中文的方方面面，而非只应付眼前的困难。他们中有学者专心研究中文的基本特征，能够记录下来，并编纂成双语工具书，进行互相交流，更能够在汉语区进行实践，是一种求知于双方言语中间的态度；而中国方面具体被环境影响而学习西语的人，态度是被动的，多数来自南方民间人士，并没有官员及高级文人参加。而且最可悲的是，在封建时期的中国，皇帝的好恶控制着每一个中国人的命运，到 18 世纪，皇帝有禁令，任何一个中国人向外国人教授中文，都是要杀头的。因此，官员和百姓都尽量回避沾上洋人的事情，自然也就不去学习理解西方言语是怎么一回事；而且传统学习方法主要是死记硬背，以此来学习西方言语和知识是很困难的。换句话说，言语障碍成为当时中国人不去认知世界的一个理由。

双方尽力打破言语障碍的努力，从 18 世纪碰撞的苦涩之后，言语障碍一方面演化到经济、军事、政治等各个接触层面，一方面也在双方吃一堑长一智的不懈努力下，在各个方面获得成功与差错。19 世纪的东西言语文化关系，就纠缠出巨大的文化变革，本章也只能略述这种痛苦的变化。而到了 20 世纪前半叶，双方的言语开始融洽了许多，双方都力图更好、更准确、更广泛地正常交流。中国人更是掀起中文言语文化的巨大变革浪潮，以能更顺畅地与世界文化接轨，我们取得大量骄人的研究成果,更取得大量民众参与的新言语文化运动。本章重点就是放在这些方面。故而不再按照上篇那样详细区分年代与朝代的成果,而是突出各个言语领域的变革状况。

总之,下篇开始从介绍第一次鸦片战争前到战争中,因言语障碍而造成的矛盾、误解、直到不可挽回的痛苦;然后依次介绍中国人的言语,从原先几千年来习惯形成的利用方式和内容,而逐渐转变成全新的言语格局和内容。其时间段,大致说就是 19 世纪到 20 世纪前半叶,共约 150 年。而如果单从言语障碍引发的事件讲,则还是前推到乾隆年的后期,即 18 世纪后期。如果一定要以具体年限,则可以选择英国政府代表团(团长马戛尔尼)来中国提议建交和经商,而与中国政府发生“鸡与鸭对话”的惨痛后果为开始,即从 1793 年开始,直到 1949 年暂止。

第一节　言语障碍的案例:马戛尔尼来华事件

时光来到 1793 年,如果当时有人拿一个圆规,以北京为中心,以北京到新加坡的距离为半径,画一个圈,其中多少总受到中华文化的影响,也就容易找到一些不同民族但通一点中文的人。而远在圈外西半球的人可就难了。偏偏那时候的英国,在经过文艺复兴及工业革命洗礼之后,资产阶级兴起,使英国成为西方列强之首,需要向外扩张。他们看中了传说中的中国,政府决定派马戛尔尼勋爵(熟悉英语、法语、拉丁语)为团长,斯当东为副使,率领一个庞大的代表团,以及大批代表当时英国工业文化特点的礼品,乘狮子号军舰前往东方中国,任务是表达希望与中国建交和建立通商机制。在出发前,他们花费四个月时间,总算在意大利找到两位在神学院学习的中国籍神父,以及另外两位打算随船去往澳门的中国神父。船在海上前进的时光,副手斯当东的儿子——十一岁的小斯当东很好奇地开始学习中文。谁也不会想到,这随后发生的中英谈判,他竟然成为关键的翻译(中国当时称之为通事)之一,把一场严肃的谈判变成苦涩的悲剧。当船抵达澳门,他们找来的四个翻译中的三个,他们害怕北上,坚决辞职离开,只剩下一位勉强会点中文和拉丁文的李神父。而乾隆皇帝已经下的指示，即让广东地方政府派人给他们做翻译，可惜，当地官员指派的几位中国人都是宁死也不敢北上，只好作罢。在船上，几个人忙碌着给拉丁文写好的礼品清单翻译成中文，这就笑话百出了。例如现在称为“天体运行仪”的仪器，被译音成为“‘布蜡尼大利翁’一座”。

使团在中国一路上，所有中英对应的事情，全是李神父一人翻译对付，实在是难为了他。等到达北京，开始面对中国政府代表团，麻烦才真正大起来。中国钦差所带领的六位穿着清朝官服的欧洲来的天主教传教士，没有一位是英国人，为首的是葡萄牙人索德超神父，他不会英语和法语，会拉丁语。他是站在葡萄牙政府立场，尽力暗中破坏中英建交的。就这样，几个外国人在北京为了能够把他们的思想翻译成中文，以便让中国皇帝明白，结果却是在言语交流上搅了个昏天黑地，最后，双方却都没有搞明白。

近来宣传的马戛尔尼如何觐见乾隆皇帝，引发“礼仪之争”。其实这只是其中一个小环节，并且也总算是对付过去了。而贯穿全程的症结所在，就是言语对译误谬所致。例如马戛尔尼需要写成一封符合官场的中文的信给钦差，以避免误会。其复杂过程是：先由罗神父将这封英文信译成拉丁文，然后由李神父将拉丁文信口头翻译给好不容易在中国找到的一位基督教徒，再由他按照中国官方文件格式用文言文写出来。但他坚持不能将他的笔迹暴露出来，于是只有麻烦那位十一岁的小斯当东来依葫芦画瓢抄写出来，还要签上小斯当东的中文名字（哆吗嘶当东），算是他的译作。其中的格式内容，与中国人惯写的格式一致，就是充满对皇帝的歌颂和自己的卑微。这是违背马戛尔尼的原意，有损英国政府平等地位的。此份奇特的信函，至今还存放在中国宫廷档案中。

还有那600箱礼品，包含有当时英国的天文地理仪器、机械、枪炮、车辆、船舰模型、图册、呢绒毡毯、乐器等，乾隆刚回到圆明园就前往观看，但只因中国的翻译也不懂，让乾隆很是扫兴，也就让马戛尔尼的愿望落空。当时如果乾隆皇帝注意到，并开始让人研究这些礼物，说不定中国从此就会走上现代化之路。

我们再看看马戛尔尼带来的英王给乾隆的国书的翻译，就明白其中差错多少。其国书基本可以翻译成：

英王陛下奉天承运，事事以仁慈为怀。践祚以后，除随时注意保障自己本土的和平和安全,促进自己臣民的幸福、智慧和道德而外,并在可能范围内设法促进全人类同受其惠。在这种崇高精神的指导下,英国的军事威力虽然远及世界各方,但是取得胜利之后,英王陛下对于战败的敌人也在最公平的条件下给以同享和平的幸福。除了在一切方面超越前代增进自己臣民的繁荣幸福外,陛下几次派遣本国最优秀学者组织远航旅行,作地理上的发现和探讨。此种举动绝非谋求扩充本国已经足以满足一切需要的非常广大的领土,亦非谋求获取国外财富,甚至并非谋求有益本国臣民的对外商业。陛下志在研究世界各地的出产,向落后地方交流技术及生活福利的知识,增进整个人类世界的知识水平。陛下常常派遣船只载动物及植物种子至荒瘠地区帮助当地人民。此外,对于一切具有古老文明国家的物质和精神生活,陛下更是注意探询研究以资借镜。贵国广土众民在皇帝陛下统治下,国家兴盛,为周围各国所景仰。英国现在正与世界各国和平共处,因此英王陛下认为现在适逢其时来谋求中英两大文明帝国之间的友好往来。①

而该国书的中文译本,经过复杂的审查对译篡改后,被乾隆皇帝看见的文本,则内容大变,英王的自我宣传变成他在弘扬中国皇帝,其文本如下:

本国知道中国地方甚大,管的百姓甚多,大皇帝心里长把天下的事情、各自的人民时时照管。不但中国地方,连外国地方都要保护他。他们又都心悦服,内外安宁。各国所有各样学问,各样技艺,大皇帝恩典,都照管他们,叫他们尽心出力,又能长进生发,变通精妙。本国早有心差人来,皆因本境周围地方俱不平安,耽搁多时。如今把四面的仇敌都平服了,本境平安,造了多少大船,差了多少明白的人飘洋到各处,并不是要想添自己的国土,自己的国土也够了;也不是为贪图买卖便宜,但为着要见识普天下各地方有多少处,各处事情对象可以彼此通融,别国的好处我们能得着,我们的好处,别国也能得着。恐各处地方我们有知道不全的,也有全不知道的,从前的想头要知道,如今蒙天主的恩可办成

① 原载[英]斯当东著,叶笃义译:《英使谒见乾隆纪实》,40—41页,上海书店,1997年。转引自季压西、陈伟民:《中国近代通事》,42—43页,学苑出版社,2007年。

了。要把各处禽兽草木土物各件都要知道,要把四方十界的对象各国互相交易,大家都得便宜。是以长想着要将各国的风俗礼法明白了。如今闻得各处惟有中国大皇帝管的地方一切风俗礼法比别处更高,至精至妙,实在是头一处,各地也都赞美心服的,故此越发想念着来向化输诚。[①]

长话短说,中英两国第一次祈求建交通商的谈判,就由几位外国人尽力将英文翻译成中文,而耗尽他们的智力,最后结果是大家已经知道的,乾隆皇帝不单拒绝英国政府的六项交流的要求,还加上第七项,即连“传教”也不允许。而以后的几十年间,在中国南方沿海地区,就越来越麻烦地出现中西之间的“非法”经济贸易事件,而其中依然纠缠着大量言语翻译问题,深深地困扰着中国政府,越是严禁镇压却越是混乱。翻译言语造成的问题,就长时间继续乱下去,成为中文不能再自我陶醉的难关。后来出现第一次鸦片战争,就是企图以枪炮之争来取代,而其实是加重了的言语之争。

第二节　打破中西言语障碍的初始尝试:以林则徐为例

一、“翻译”一事古已有之

一个中原国家,很自然是需要与周边民族有言语交流,而形成翻译相互言语的必要。这在中国古书上早有记载,《礼记》上就写着:“中国、夷、蛮、戎、狄……五方之民,言语不通,嗜欲不同。达其志,通其欲,东方曰寄,南方曰象,西方曰狄鞮,北方曰译。”宋朝周密《癸辛杂识》中,更进一步解释道:“东方曰寄,言传内外言语;……南方曰象,言放象内外之言;……西方曰狄鞮,鞮,知,通传夷狄之语与中国相知;……北方曰译,译,陈也,陈说内外之言。……”在中国古代,就有许多不同言语的翻译人才,对周边民族言语进行口译或笔译,连翻译人员的称谓也有多种,普通是用“通事”或“舌人”称之。政府里面设有专门机

① 原载[英]斯当东著,叶笃义译:《英使谒见乾隆纪实》,556—557页,上海书店,1997年。转引自季压西、陈伟民:《中国近代通事》,43页,学苑出版社,2007年。

构管理。唐朝诗人刘禹锡有诗云："勿谓翻译徒，不为文雅雄。"只是翻译身份并不高，到明成祖朱棣时候，翻译人员才算进科举考试制度中，可以中进士，设立四夷馆安排他们，馆内再按照外文分别，让他们接待"四方来朝"的外宾。有史料记载："洪武十五年(1382年)，命翰林侍讲火原洁等编《华夷译语》。上以前元素无文字，发号施令，但借高昌书制蒙古字行天下。乃命原洁与编修马懿亦黑等以华言译其语。凡天文、地理、人事、物类、服饰、器用，靡不具载。复取《元秘史》参考，纽切其字，谐其声音。既成，诏刑布。自是使臣往来朔漠，皆能得其情。"[①]这就有了官方认可的汉蒙对译的工具书，后来，又继续为周边各相往来民族言语的对译，编纂成各自实用的卷本。可惜后来失散。现在在伦敦东方学院藏有《华夷译语》13卷，包括朝鲜、琉球、日本、安南、占城、暹罗、鞑靼、高昌、西蕃、回回、满喇伽、女真、百夷等13种译语；而在柏林普鲁士皇家图书馆则藏有24卷，分别为《译语》16种，卷1—9为蒙古、缅甸、女真、西蕃、高昌、回回、巴夷、八百、暹罗；卷10—15为《译语续添》，为高昌、西蕃、回回、巴夷、缅甸、八百；第16卷为梵文《西天真实名经》；卷17—24分别为各分馆《来文》。[②] 显然，这些对译言语，对象全部都是亚洲的民族。后来清政府接收，改名四译馆，初期还增添拉丁文和俄文。可见古代历届政府出于实际需要，一直维系翻译人才的培养，只是比较被动，人员素质与外语能力也比较差而已，谁也没有料到西半球的人会主动找上门来。

二、第一次鸦片战争前后的"鸡和鸭"对话

马戛尔尼很懊丧地回英国了，乾隆皇帝也自以为得计，安心闭关自乐，但中国南方沿海粤、闽、浙地区，与西方的商业贸易，却越演越热烈，由于卖方、买方及通事三方各自的经济利益纠缠，而产生的商业摩擦也越来越多。实践迫使买方、卖方都急迫需要准确理解对方言语所表达的意图，而通事应运而生，从中尽量赚钱。久而久之，就形成两个趋势。一是民间实践逐渐总结出来的"混合语"，英文称之谓Pidgin(现在我们多简称之为洋泾浜英语)。它是依靠英语的

① 焦竑：《玉堂丛话》，转引自马祖毅：《中国翻译史》(上卷)，50页，湖北教育出版社，1999年。

② 马祖毅：《中国翻译史》(上卷)，52—53页，湖北教育出版社，1999年。

个别发音,加上肢体言语配合,与中国人的言语习惯杂糅而逐渐被双方认同使用。例如,在1841年《中国丛报》上面刊登一篇回忆录:《1840年至1841年英军占领舟山岛的回忆》,其中回忆道:

在定海有着一种很有意思的现象,为了使两部分人都方便,竟然产生了一种新的语言。这种语言是如此之独特,它确实值得我们留意。当我们的水手到乡间去买牛,他们就把二个手指在前额上方竖起,然后大叫"布(boo)、布!""他的这一声"布"一点也不会被误解,牛立即就会被牵出来卖,这样经过双方承认,一头牛就叫作"布(boo)"。那些营房士兵要买家禽,他们就大叫"卡克尔、卡克尔(Cackle)",因此,公鸡、母鸡就得到了"卡克(Kake)"这个名。同样鹅被叫作"华克(Wak)",鸭被叫作"夸克(Wak)",都有一个新名词。……它是自发产生的,它的结构很奇怪,在语法生成上也很有意思,它现在还被双方广泛使用。对于任何新来者,当他乍听到那些市场俗语,他可能会当即捧腹大笑,特别是当人家以"沃克(foke)"这个已成了对所有外来人的称呼来叫他时,会更加如此。但是当他看到这种由欧、亚两种语言糅合而成的、既非多音节也非单音节的新的方言,使买卖是多么容易地成交时,他很快就会认真严肃地对待它,认为它跟希腊语或意大利语一样和谐。①

这是一种普世适用的言语交流与相互学习的原始方法,即能够在短时间内产生一种双方认可的新言语。虽然其十分简陋,差错不少,但居然在中国南方沿海地区民间广泛流传多年,后来在上海也广泛流传,叫作洋泾浜英语,至今还有其遗留在言语上的痕迹。看来,鸡和鸭是无法对话的,而人与人之间则有足够多的聪明才智来解脱言语障碍。

另一个趋势则发生在官方。可以说,在鸦片战争之前的清朝全部官员,没有一个人是初步了解英语的,没有一个人是初步了解世界局势的。他们无一例外地服从皇帝的闭关锁国政策。于是当他们遇上涉外的麻烦时候,为着保护他们的身家性命起见,他们先是尽力回避,实在要去处理时,就表面按照大清法律

---

① 季压西、陈伟民:《中国近代通事》,244页,学苑出版社,2007年。

程序办事,而根本不管其中真实与否,关键问题全由中方“通事”上下其手,而可怜的“通事”可能比传统的师爷或讼棍还糟糕,因为他们自己的外语能力一般仅在洋泾浜水准。有一些“通事”就做起移花接木的游戏,让官员稀里糊涂地接受,就告完事大吉。下面一个案例就略见一斑,那是发生在1837年的广州知府亲自主持的一场审讯,偶然地被一位精通中文的美国人记录下来:

肃静下来以后,首席法官便说:“问那夷人的乡里籍贯、姓名、年岁和职业”。阿树(Ashoe)——被中方总通事拉来的假通事,瞥了老汤姆(Old Tom)——广州总通事蔡懋一眼,就转向那个印度水手犯人,用孟加拉国语问道:“你要什么?你要喝水吗?”对这个问题印度人回答得非常清楚:不,他既不要喝水也不要别的什么东西。可是,阿树跪在地上,确实这样翻译他的答话:

“大人,夷人说他的名叫拉姆·汗(Lamkhan),30岁,职业是水手。”然后,他站起身来,转身向着我们这些外国人,显出一副很得意的神气。

大人(不理睬聪明木匠阿树说的话)对老汤姆问道:“你说这夷人是由一艘番鬼船上岸的,那艘船是哪里的船?”

老汤姆用广东英语问了“拉姆·汗”几句,他当然一点都听不懂。老汤姆又只好看着阿树。阿树问那黑人:“要樟木箱子吗?还有象棋盘。一等一的货色,太漂亮了!一等便宜。”

那个印度水手做了好几次鬼脸,牛头不对马嘴地回答了一阵子,然后看着(其他在场的)外国人,用很好的孟加拉国英语说:“先生,他说什么?我听不懂他的意思。”

这时,阿树又赶快跪下,把他的话翻译出来:“大人,黑鬼说他的船是从孟加拉国来的。”

然后,老汤姆又奉命问:那艘船航行了多久?船是受哪里管束?怎么样停靠在该处海岸?载的是什么货?

通事一本正经地操着广东英语,小声问那个不知所措的囚徒:“大人说你的船什么时候开行,里面载什么货?去什么地方?”这是直来直去,极简单的,可是阿树却帮他加上些话:“到我的店铺来,我带你去,在木匠广场九号;名叫昌和(Chang-HO)。很多船长很多大副到我的店铺去”。他一面尝试着推荐自己的货色，一面跪着，用虔诚的眼光望着那位官员；而那黑鬼则嘎啦嘎啦地嚷了起来，发出一连串听不懂的语音(言)，有些是马来语，有些可能是僧伽罗语。他拼命地做出各种姿势，并且用哀求的眼光看着我们这些外国人。老汤姆现在接上手了，他把"拉姆·汗"的话翻译给大人听(大人摆出一副稳重的官派听着)。老汤姆把那些相当凌乱的答话在自己的脑子里经过一番整理加工，说："大人，这番鬼说，船上装的是大米，是从孟加拉国开来广州的。途中起了大风，又遇上猛烈的大海潮，船被迫在福建靠岸，他妈希望在那里补充淡水和食物。为此，他妈派了一只小艇，载着五个水手上岸；这个人就是五个人中的一个。就在他妈用水桶装水的时候，这个拉姆·汗由于过度疲劳，倒在地上很快睡着了。突然他被一些中国人弄醒，他们绑住了他的手脚，把他的衣服剥光，略微打了他一下。后来他就被带走，关进了监狱。过了很长一段时间，一位委员要来广州，就委派他把夷人解来这里。"

广州知府转向坐在他左手的知县说："你看，通晓番话真是很有用处呀！"①

如此这般的中国审讯，比滑稽戏还热闹。在中国法律程序下，由于言语障碍，官员的无知装有知，加上通事们的荒唐表演，其真相，恐怕是永远埋在历史中了。而言语障碍的打破，则成为中国近代人的历史重任。

三、林则徐打破言语障碍的努力

林则徐，一生仅在官场活动。1838年冬他被任命为钦差大臣到广东查禁鸦片，工作不到两年就被革职他调。开始他与全中国的官员一样，不懂西语，对于涉外经济贸易、政治交流全然不懂，开始也说过不少外行话。但是他最关键的突破，就是思想上承认，为了打破言语障碍而必须去取得了解世界的人才，以及他必须去亲自访求及尝试。他先是听从了两位老师的意见：头一位是林则徐登门拜访的广州越华书院监院梁廷枏，梁先生以收集许多军事海事相关的资料

① [美]亨特著，沈邦正译：《旧中国杂记》，广东人民出版社，1992年。转引自季压西、陈伟民：《中国近代通事》，236—239页，学苑出版社，2007年。

著称。他建议林则徐要时时关注“夷情”的讯息；另一位则是美国人伯驾医生，两人已经建立私交。他在1840年7月给林则徐写信中，直率地忠告：

钦差大臣由于不了解各国的法律，不晓得他们的强大，无意识地采取了与友好国家的惯例相抵触的措施，已经程度不轻地得罪了英国。……痛感到中国将可能发生的事件，鄙人认为简捷的解决办法，就是只需了解各个国家的特性和形势。……当前，中国与别国之间存在的不幸，其原因何在呢？这是因为对国家之间的相互意图和性格产生的误会造成的。①

林则徐开始明白，必须要去了解对手的准确情报。他看人的眼光不再是单纯地逃避和仅依赖皇帝的天命，他开始尝试直视对手的面孔及背后种种的活动依据。例如不久他就以新的眼光看待他的对手——英国商人颠地——他报告说：“该夷民常与汉人往来，传习夷字，学习讼词，购阅邸抄，探听官事；又请汉人教习中国文字……”②其实，经历了资产阶级革命的西洋人士，已经普遍用新的探索眼光和行为来求知，对所有未知领域都充满探求精神和各种新手段。对不明白的种族言语，对不了解的物理、化学知识，对尚未登陆的土地等，无不充满极大好奇去尝试体验。他们也已经拥有新的认知的科学技术和工具，从船坚炮利到人文科学的各种学习方法。对于中国，他们自十七世纪以来一贯如此，只是闭关锁国的中国人自己不愿意去观察去学习他们“蛮夷”的诡秘手段而已。现在，面临强敌的林则徐，终于愿意了解“夷人”和“夷情”了，这就开拓了中国与西方交流认知的大门。说白了，林则徐运用的依然还是老祖宗传下来的“知己知彼，百战不殆”的原则，也确实是西方人当时已经普遍使用的思想和方法。而当时西洋人所已经掌握的中国情报，从地域、环境到政治结构、军事实力、言语文化、习俗信仰等等，莫不拥有第一手的观察报告与研究，并且公开地在发表，并非秘密。这些资讯在全世界利用报刊等来传播，中国人、中国政府同样是能够看到的。而横隔在中国人面前的，除了政治因素、面子问题之外，就是言语

① 转引自季压西、陈伟民：《中国近代通事》，314页，学苑出版社，2007年。

② 胡适文，许德邻编：《分类白话诗选》，1—7页，上海崇文书局，1922年。

障碍了。

林则徐迈出了这关键的一步，为了打破言语障碍，他冒着天下之大不韪，做了几件开创之事。这里简述两件：

1.主动组成一个翻译班子

林则徐以优厚的待遇聘请来多位已经掌握英语的中国人，其中包括有：

梁进德——梁发之子，自幼受洗入新教，在英国人家中学习英语，主要翻译外文报刊。

袁德辉——马六甲英华书院毕业生，随林则徐从北京来粤的翻译官员，主要翻译书籍。

亚孟——混血儿，曾在印度教会学校学习。

林阿舍（亚林）——1822 年即在美国一所教会学校学习（比容闳早 20 多年），1825 年回到广州，在商会中教授英文。

另外还有数人，他们来自各方，如何保障他们的翻译准确呢？林则徐采取了回译的方法，即用不同人各自翻译中文或英文，然后比较对照。这种态度和方法很是必要。

2.自己指挥抓全部编译文献工作

他对于搜集“夷人”文献，事无巨细，全要自己经手，他的外文文献的来源，大致有几个方面：(1)能够买就买；(2)接受外国人赠送，以及主动索要；(3)战争中缴获的。他得到这些文献后，就尽量组织译员翻译成中文。例如当时广东附近的英文报刊，他几乎全部购入，然后及时从中进行大量翻译。最后他以《澳门月报》名称抄本方式整理而成，供内部阅览。

最重要的翻译专著，则是英国人慕瑞在 1836 年出版的《世界地理大全》，由一位美国人赠给林则徐，他的翻译将之翻译成《四洲志》出版，该书让中国人认识到一个全新的世界。

林则徐组织翻译的另外一部书——《华事夷言》，是摘取当时西方人对于中国的直接言论。

还可注意，林则徐专门要到一部英国人马礼逊于 1815—1823 年间在澳门编纂出版的《华英字典》，这是一部大型工具书，其中含有三部辞典——《字典》《五车韵府》《英华字典》——林则徐要此书应该是为他的译员们使用，但这就使中国人开始注意到，西方人为解决中英双方的言语障碍，而采取的言语学的建设工具，成为中英双方都可以通行的桥梁。可惜该《华英字典》，后来并没有引起中国方面的注意，而西方人则借此长驱直入了。

总之，言语障碍的困境，在清末一直困扰着国家和民众，许多对外签署的条约中，不知掺进了多少无能的“通事”们的猫腻，造成中华民族多少巨大的损伤。直到1862年，政府成立京师同文馆，开始专门培养翻译人才，才算是走上正确的道路。这已经不在本书范围，这里从略了。

第三节　传统格律诗的尴尬与白话诗的兴起

一、传统格律诗的尴尬

诗歌是语言文化中的精品，诗人能够通过高度精练的语言文字，将他们的丰富情感倾泻迸发出来，从而有如语言中的鲜艳玫瑰，闪耀在读者面前，芳香诱人，深深打动着读者的心灵，为这人类的社会增添一抹抚平伤痛的色彩。中国诗人同样能以中文创造出人心的呼唤。

只是格律诗自唐朝兴旺至清朝，已经沉迷在自定格律中，可以说，在这个格律框架内，想要说喜怒哀乐的某种心态，想要描述岁时天气，想要描写风云变幻的某一天某一时刻，都已经有过不少贴人心肠的佳句，其中关键字的安排达到高峰，可以说已经精妙绝伦。但是，也带来平庸的诗句太多，最典型的就是乾隆皇帝，他一生算他署名的诗作统计就有4万余首，由于他是统治者，他的诗还要被刻在石碑上，全国到处放置，成为“最高境界”。其后果则是格律诗的味道被大大篡改。更要命的是，近代中国面对世界环境，大量新科技事物出现，只具有传统常识的饱学之士不知道如何应对，不知道用格律诗这种工具如何描述，如何面对新事物表达自己的心情。这就逼着格律诗这种惯用千年的方式进行改变，而变化中的尴尬是明显的。

不过从另一个角度看，近代百余年间的诗词歌赋难计其数，由于时代巨变，所能作诗的新情境大增，从国内跳到国外，从个人伤感跳到民族忧患意识，自然让诗的内涵空前丰富。但是丰富中有一个巨大的遗憾,就是诗人们对于所面临的新事物没有学习体验过,所以写出来的诗句往往让人胡思乱想、哭笑不得。同时,由于中文方块字作诗,犹如做积木游戏,古诗传统的三五七言格式,想变成白话自由形式的新诗,难度实在超出常人思维把握的范围。不过,百年间能够有如此众多的新诗歌出现,正好明示中国文人的变革决心及敢于尝试实践的诗人之心。本节只能从如此众多的作品中选一点介绍,明示尴尬中的效果。清末民初的中国诗人由于初次接触新事物,而以格律诗词的形式来表述他们的心情。现在年轻人已经很难见到如此的作品,正好略为观读,也可以设身处地般遥想前辈诗人的复杂感情,以及用古汉文及格律套中的新事物,成了什么样子。

笔者仅是从百年间一些诗人的诗集中选出很少一些诗词做代表,重点在内容的表述。为免导师之嫌,也不做说明注释,相信今天的中文系学生还是能够读懂的。选录如下:

1.至埃及国都即麦西国地名改罗初乘火轮车

轮车之制,首车载火轮器具,或燃水沸,气由管出,激轮行次。车载石炭,及御者四五人,后可带车三五十辆。车广八尺,长二丈有奇,分三间,每间两旁皆有门窗,嵌以玻璃,设木炕二,铺设厚软华美,为贵宾坐也。次则载行李货物,又次则空其中,载木石牛马骆驼各物。皆用铁轮六,前车启行,后车衔尾随之。一日夜可行三千里,然非铁路不能。

宛然筑室在中途,行止随心妙转枢。
列子御风形有似,长房缩地事非诬。
六轮自具千牛力,百乘何劳八骏驱。
若使穆王知此法,定教车辙遍寰区。

——斌椿(友松)《海国胜游草》同治戊辰

2.与太西人谈地球自转理有可信

汉时铸仪象,璇玑用以传。七政属右转,天体实左旋。
穹窿大无外,其象难窥瞻。何得日一转,终古无息肩。
西法近愈邃,乃云殊不然。地球系自转,一日一周天。

闻兹初甚惑，管见费钻研。若云地广厚，旋转焉能使。

一转九万里，人民苦倒悬。岂无倾覆患，宫室多危颠。

不知真力满，大气包八埏。我行球过半，高卑判天渊。（予此行极西至英国伦敦，当在地球侧面。）

中华日正午，英国鸡鸣前。（所携时辰表，每正午，伦敦鸡初鸣也。）

敧侧人未觉，可证形团圆。天体亿万倍，宗动何能然。

地转良可信，破的在一言。

——斌椿（友松）《海国胜游草》同治戊辰

3.下西洋

永乐初，命太监郑和等，率舟师二万七千人，由长江出海，直抵西洋。或言建文帝出亡西域，故使和踪迹之。俗谓之三宝太监下西洋。

西洋万里人踪绝，洪涛淼淼谁能越。扬舲不惮鼋鼍居，凌波直捣蛟龙窟。

蛮邦海外纷如埃，语言屡译犹致猜。忽惊汉使浮槎至，疑是天兵乘雾来。

我皇声教已遐普，天威更欲扬远土。殊方从此识中华，异宝因之输内府。

昔闻汉帝开西域，亦越唐皇启北庭。黩武久蒙青史诮，洪涛何事更长征。

人言让帝遁西极，此举意在穷其迹。被褐已辞黄屋尊，泛舟宁作沧波客。

何妨尺地使容身，应念高皇共本根，徒使狂涛填猛士，几曾穷岛遇王孙。

宿师海外馀十载，让帝行踪竟安在。遗事人传三宝名，穷兵徒发千秋慨。

——万斯同《万季野先生明乐府》

4.欧逻巴

欧逻巴者，大西洋中之国也。去中华十万里。万历时，其国人利玛窦辈，泛海而来。善天文、历数诸技艺，皆巧绝。所说天主教，怪妄特甚，其徒相继而至，几延蔓于中国，中国亦多惑其教者。

欧逻巴，何自来，遥遥泛海十万里，驱光逐景无津涯。弹丸穷岛居西极，由来原不通中国。博望乘槎初未经，章亥步地何曾识。欻然慕义来中华，历学精微诚可嘉，惊人奇技巧尤绝，鲁输马均曷足夸。天主社教何怪妄，著书直欲欺愚昧，流入中华未百年，骎骎势几遍海内。君不见，释教初兴微若荄，训至滔天不可排。萌芽今日已渐长，他日安知非祸胎。

兴王为治当防渐，中土那容此辈玷。
诗书文物我自优，何烦邪说补其欠。
会须驱斥使崩奔，一清诸夏廊邪氛。
火其书兮毁其室，永绝千秋祸乱根。

——万斯同《新乐府词》

5.火轮船

湿雾浓烟障碧空，奔鲸破浪不乘风。
万钧金铁双轮里，千里江山一瞬中。
岛屿羁縻成仆隶，梯航奇局辟鸿蒙。
中原指顾歼群盗，借汝扬声东海东。

——曾纪泽《归朴斋诗抄》江南制造总局 光绪丁丑

6.火轮骄

西洋巨艑名火轮，以轮代帆古未闻。倏忽江天变颜色，黑烟滚滚驱晴云。岛夷初无绝伦勇，巧黠机关鬼作俑。往还千里须臾间，鴃舌啁啾色飞动。色飞动，贼中来，要贼同上雨花台，阴谋欲占沿江隘。酋长新从汉水回，去时火轮多，回时火轮少，长江多浅滩，胶轮失轻娇。我欲乘风纵火烧，以火攻火烟尘扫。

——宗源翰《颐情馆诗抄》

7.香港杂诗（三首）

层楼百尺耐登临，寸土偏能值寸金。
最是上天无界限，凭空结构不嫌侵。
（此处属英国地价，数倍于中土，华人商于此者，辄架楼以居，高至五六层。）

清凉散并入清泉，一服群夸骨换仙。
饮到半杯心转怯，半仙我亦自飘然。
（荷兰汽水寒甚于冰，居人皆谓夏天饮之极妙。）

运转灵通造化机，车声轫辘迅如飞。
木牛流马浑何事，此法居然别指挥。
（电车往来不绝。）

——翁祖荫《粤行草掇存》宣统年

8.长歌寄赠美儒丁冠西先生

冠西八十寿而康，眼有碧焰发卷黄。
墨欧菲澳声锵洋，天为耆宿留精光。
惊涛骇浪蛟鳄扬，誓挽银河洗搀枪。
大同之世无要荒，鲁连玉貌辞堂堂。
危则扶持弱则匡，吴楚郑宋会冠裳。
我闻禹甸广且长，西连崦嵫东扶桑。
炎风朔雪通造良，新大陆地犹阶堂。
柱折维绝天不纲，北冷海峡田为沧。
变易朝夕殊参商，千秋万岁空相望。
即今盘敦同梯航，旁行蜚佐譒圣仓。
先生著书不厌详，手译公法饷东方。
瑶华十部垂缣缃，美人遗我青琳琅。
中华国步初更张，近师华盛远陶唐。
规模虽具气则伤，况复狡逞多虎狼。
安得高论为提倡，中美相亲如邻坊。
雄飞四海同翱翔，封豕长蛇不敢狂。
何时丹凤鸣朝阳，侧身西望心茫茫。
吁嗟乎，使我侧身西望心茫茫。

——章华《倚山阁诗》

9.月界想

地球爆出一分子，其体晶莹能发光。绕行坤轴步迂缓，势如夸父追太阳。

藐兹团体时蔽亏,僭称太阴之主,与日相颉颃。我闻月界空气乏,植物应萎动物僵。何年吸收养与淡,有蟾有桂乃至女。有羿后,男吴刚,清虚宫府斗奢丽,仙仙羽舞迷君王。旅行月球思想方芽折,竟为吾洲吾种吾国之人先开荒。越球探险无闭拒,绝不疑虑黄祸张。惜未移植多数好色种,灵魂独返天一方。恫哉天士与明星,既为麦奇兰可伦比,而无野心思拓疆,抚有二百万里版舆已餍足。我新世界如秕糠,摩弄胡儿拥妖妇,老死南内蛆绕床。我怜太空费神化热之镕,缩爱耐卢尼之薄,积成此球体精且良,圆满不愧七宝装。石田等视无人攘,竟令悬弃白云乡。追逐金水木土诸曜相倘佯,彼球不知此球之我常歆羡,中夜起立天中央。

——林翰《山与楼诗》

10.感种吟　用西海哲家言十二首之一　悲恐龙

哀龙哀龙,产于美国槐衣乌密洲,长三丈兮高丈五,前短肢兮后长肢,尾大脊巨气虎虎。借问此种何处寻,石垩层中时太古。吁嗟乎,此鸟非无同种禽,始祖鸟兮名最尊。无嘴之口森利齿,强莫强兮皆不存。汝与哀龙共血族,恐龙殄灭何速速。白华丽国好战场,得无同产相鱼肉。

——罗杰《唾莽诗集》1915 年刊

11.登巴黎铁塔

塔高法国三百迈突,当中国千丈,人力所造,五部洲最高处也。

拔地崛然起,崚峥罫百丈。自非假羽翼,孰能蹑履上。高标悬金针,四维挂铁网。下竖五丈旗,可容千人帐。石础森开张,露阙屹相向。游人企足看,已惊眼界创。悬车倏上腾,乍闻辘轳响(登塔者皆坐飞车旋引而上)。人已不翼飞,迥出空虚上。并世无二尊,独立绝依傍。即居最下层,(登眺之处分为三层,其最下层高五十迈突,当中国十六丈四尺)高已莫能抗。苍苍覆大圜,森芒列万象。呼吸通帝座,疑可通肸蚃。自天下至地,俯察不复仰。但恨目力穷,更无外力障。离离画方罫,万顷开沃壤。微茫一线遥,千里走河广。宫阙与城垒,一气作苍莽。不辨牛马人,沙虫纷扰扰。我从下界来,小大顿变相。未知天眼窥,么么作何状。北风冰海来,秋气何飒爽。海西数点烟,英伦郁相望。缅昔百年役

(西历一千三百余年,法国绝嗣,英王以法王四世非立外孙,欲兼王法国,法人不允,遂开战争。凡九十余年,世谓之百年之役),裂地争霸王。驱民入锋镝,倾国竭府帑。其后拿破仑,盖世气无两。胜尊天单于,败作降王长。欧洲古战场,好胜不相让。即今正六帝,各负天下壮。等是蛮触争,纷纷校得丧。嗟我稊米身,尪弱不自量。一览小天下,五洲如左掌。既登绝顶高,更作凌风想。何时御气游,乘球恣来往。扶摇九万里,一笑吾其傥。

——黄遵宪《人境庐草》,卷六

12.伦敦大雾行

苍天已死黄天立,倒海翻云百神集。一时天醉帝梦酣,举国沉迷同失日。芒芒荡荡国昏荒,冥冥蒙蒙黑甜乡。我坐斗室几匝月,面壁惟拜灯光王。时不辨朝夕,地不识南北,离离火焰青漫漫。劫灰黑如渡,大漠沙尽黄,如探岩穴黝难测。化尘尘亦缁,望气气皆墨,色象无可名,眼鼻若并塞。岂有盘古氏,出世天再辟。又非阿修罗,搅海水上击,忽然黑,暗无间,堕落阿鼻狱。又恐恶风吹船飘至罗刹国,出门寸步不能行,九衢徧地铃铎声,车马鸡栖匿不出。楼台蜃气中含腥,天罗磕匝偶露缺,上有红轮色如血,叆叆曾无射目光,凉凉未觉炎手热。吾闻地球绕日日绕球,今之英属遍五洲,赤日所照无不到,光华远被天尽头。乌知都城不见日,人人反抱天堕忧。又闻地气蒸腾化为雨,巧算能知雨点数。此邦本以水为家,况有烟灶十万户,倘将四海之雾铢积寸,算来或尚不如伦敦城中雾。

——黄遵宪《人境庐草》,卷六

13.水月电灯

光热诸质日所衍,别子为祖曰火电。
电学起时火德微,不废用兼奇乃见。
山河月面黑漫漫,受日却作水光寒。
死魄生明类如此,同物相肖来无端。
火传电流中边彻,生爱与月不分别。
但供座客察毫毛,谁信灯师呕心血。

伦敦交衢一轮升，眼底梦魂唤尚膺。
六如窃取幻影电，三光合是日月灯。

——陈懋鼎《槐楼诗抄》1905 年

14.用泰西法照像同含真近愧及三弥儿子

电光石火偶然停，水面飘来四点萍。
如岠如邛君把臂，观乔观梓我忘形。
谁从身外三生认，先乞壶中九转灵。
试看嗔无请烧却，恒河沙里觅星星。

——陈书《木庵居士诗》1906 年

15.开铁路

水行制轮舶，陆行制轮车。机器转动双轮加，数车接联衔尾鸦。陇亩削平闲道辟，两辙精镕嵌以铁。雷奔电掣尘不扬，百里长途只瞬息。献策曾议幽燕程，谓有铁路无难行。自非诏令下阻格，沧海既变桑田更。黠虏前年私铸造，沪渎直通宝山道。观察使者寂未闻，醉死梦生堪绝倒。朝廷屈意求安全，衅隙孰敢开其先。金钱十万买铁路，点铁成金路如故。

——褚维垲《人境结庐诗稿》

16.俄罗斯大帝彼得

烛龙耀神彩，北极灵象回。守成古所难，乃独生斯才。
逊荒艺术就，徒宅文明开。积锢铲畴昔，英声召方来。
壮图促颓龄，未及宇宙恢。遗言藏册府，吁此人生哀。

——《文道希先生遗诗》

17.美利坚总统华盛顿

昊天育群生，君贵民不贱。
奈何大宝贪，遂使浇风扇。
猗人起末世，至德符龙变。

立国赖神功，辞职鲜余恋。

规模良足多，继纂倘能善。

长吟大风歌，慨想伊祁禅。

——《文道希先生遗诗》

18.国子监改历史博物馆，戴芦舲招往，欲观监中旧存古铜器。至则馆长因小雪锁库归，但敬瞻辟雍及孔子庙，观石鼓而归。

国子无先生，馆长锁库去。守门两百头，招邀纵游觑。

辟雍水生芦，风过怨如诉。屏风立殿中，宝座昔当御。

璀璨金碧坊，直前无百步。忆昔盛典举，普天同悦豫。

观听近万人，惜哉吾不与。更老礼竟废，骄心已潜据。

譬彼木千章，外盛中舍蠹。旁有三岐槐，尚说文正树。

元氏崇僧伽，淫毒及陵墓。兵气峥嵘中，讲习尚容布。

国亡教犹存，岂非斯人故。民心苟不死，英王固易悟。

大哉孔子宫，率土知钦慕。帝王有百易，孰敢改此度。

前年换黄屋，未竟功忽驻。虽无上雨淋，恐被旁风仆。

流涕向阶前，久立空欠欨。吾闻东方学，西渐势难锢。

奈何同族类，自灭鲜顾虑。石鼓在门内，置栅与之护。

摩挲剥蚀余，幸免荒原露。煌煌告功文，运往目谁注。

进士例题名，茫如在烟雾。飞霰集客衣，惊心动归屦。

独有柏千株，虬枝犹郁怒。

——姚永概《慎宜轩诗集》

19.咏西士所制蜡美人

妙到秋毫态入神，疑从画里唤真真。

悟将玉体横陈味，化作金刚不坏身。

卫女凝脂惭傅粉，娲皇抟土肇椎轮。

偃师绝技传西域，万事推陈始出新。

——孙雄《眉韵楼诗》1904年

20.咏意大利石刻美人

难从皮骨论妍媸，着眼分明欲语时。
突兀最怜秦女化，温馨不禁汉皇窥。
凿开混沌终何取，炼到通灵亦已痴。
长日祗宜甘后侧，较量玉质与柔肌。

——周达《今觉盦诗》

21.俳谐语

静观物象叩昭融，扞格还凭理想通。
风力完全搓柳绿，花光膨胀出墙红。
莺黄燕紫文明化，蜂蜜蚕丝智育功。
昨见梨园陈百戏，几多现象舞台中。

——樊樊山《闲乐集》1907 年

22.旧学叹

自昔不闻旧学名，大文彪炳史与经。
百家诸子恣泛滥，儒生千载咀华英。
即曰所学已成旧，缥缃万卷长恩守。
学古有获夙所称，今日何为相病诟。
须知病诟何自来，谈瀛有客风气开。
武灵变服等闲耳，秦始焚书豪杰哉。
可怜年少学识鄙，闻所未闻心窃喜。
扬波鼓浪新学兴，拉朽摧枯旧学废。
十年读书悔莫追，头颅老大将何为。
腹便纵有孝先誉，口诵不疗臣朔饥。
故乡老农为余告，变迁何必伤时局。
吾侪世世服先畴，一丁不识斯为福。

——汪曾荫《匏庵诗剩》

23.启功临沈士充桃源图卷

少年能草三千牍，宗彦平看十六门。
熏习深时成士气，豪华尽后识仙源。
蓬莱云物天端梦，桑竹平畴世外村。
我与陶公心事别，犹期代马猎中原。

——杨钟羲《圣遗诗集》

24.种族篇

新学论种族，颇闻祖猿猴。哲人具高识，乃复沿其流。
我素祖旧说，殊为人界忧。昔闻人之初，必先为之母。
欣合一元气，胚胎肇宗祖。女娲补天工，黄土抟人模。
此为混沌元，结构费须臾，奥窔本此窝，女德斯元夫。
其次引絙人，大略形粗具。得气有偏全，灵蠢以之异。
理一而分殊，人物之大致。即此泥窋空，化为千亿辈。
又闻神禹生，石纽忽坼裂。此中有微缝，真宰以之泄。
石窋空有人，苗胤亦不乏，若夫诞空桑，伊尹实元圣。
更出树窋空，非常具灵性。天下生生源，何能出此外。
泥石与树空，三者天之妹。妹为万物母，感通非謦咳。
终古蕴精元，迸出人物先。先天非后天，三才得其全。
窥见此真宰，同胞一气元。区区猴之族，谱系何所稽。
躁动非丈夫，德量不足知。盘弧与蛇种，胡乃视之歧。
条顿斯拉夫，不过微之微。大始既异体，殊途难同归。

——杨亮《守璞斋诗选》1945年

25.题西洋美人画

西方美人淑且贞，超然独立遗世尘。
花冠不戴鬟不绾，黄金发散连卷云。
修蛾蹙绿新月偃，双瞳翦碧秋波横。

中峯秀起隆琼准，丹唇一颗燃春樱。
蝤蛴回引侧半面，含情欲语将谁颦。
粉胸嫩露裹红厕，惟怜未得窥全身。
天然佳丽岂凡艳，惊鸿态度游龙神。
嫣然一笑夺天地，海为西流天为春。
猗欤彼美西方人，庄严岂屑迷阳城。

——吕清扬(女)《辽东小草》

26.东京九段坂有庚子联军入京津图，捏绘两用，围以巨幂。观者如置身战地，目击当时之衄辱也。因泫然纪之。

国耻国耻谁洗之？西方不见黄龙旗。
乱军之血难民尸，道旁狼藉成肉糜。
地下生雷屋生火，骡马洞腹仆不驰。
百数十村寸草绝，烬余一树撑枯枝。
中央危城倚峭壁，虎狼跳跃登层陴。
丁壮已随黄巾去，老翁稚子啼路岐。
虬髯将军夜煮酒，旁坐少妇肤如脂。
霜笳呜呜鸟兽散，水犀五百重登岸。
官军四出随神拳，神拳不挥走避难。
鼓衰旗靡逃亡多，堡碎沟堙烽堠断。
惟见黄埃翠莽中，黑者枪烟红者弹。
哀哀邦人厌太平，自舞刑天入京观。
弃车委械谁与收？捆载东来任传玩。
(幂外陈设战利品，皆吾国物。)
我今流涕登九段，天阴台仄鬼声乱。
关山关山涂与炭，当时直北真鱼烂。
一朝寇退百无忧，恒舞酣歌夜达旦。
安得捧图归国使，遍观有如巴黎绘师丹。

——林翰《山与楼诗》

27.观近人所为白话文感赋

从来行远重言文，藻火彰施舜陛熏。
厌弃龙章居裸壤，君苗笔砚欲都焚。
六经三史嫌烦复，木落秋深叶蜕枝。
不识不知还上古，穴居野处结绳时。
鸡林贾集海王村，载宝而归篆尽吞。
他日应深求野痛，宣尼反袂欲无言。

——张元默《双修阁诗存》

其中，樊樊山的"俳谐语"一诗，在作者心中，是挖苦当时流行的各种新词语，把它们掺进传统用字词中，弄得四不像。不过，在后人看，只能是笑谈。

显然，中文字还是中文字，在古代，格律诗是进入科举考试中的必考项目。但格律诗用来表述近代人所碰上的新事物，并非格律本身无法控制，而是诗人对于新事物的理解与把握，以及传统用典的不适应于新情景。格律诗的内涵味道改变，读诗人就很难读得心领神会。当年学习过国语的年轻人，就很难理解这类格律诗的味道了。本节仅从上千部诗集中略选，现代读者就足够回味，也略知当年作诗人的心态。

二、白话新诗的涌现

中文变革的积极参与者们，多也参加白话新诗的创作。虽然古代人不乏乐府诗、竹枝词、白话诗等，但有意识地以近代白话来表述近代世界新事物，则应该是新诗韵、新典故、新内容。这些新白话诗的产生过程已经在不少文学史书中被介绍，笔者这里仅在众多当年体验者中，引述最早鼓吹者之一胡适博士的部分自述，就可见当年作白话诗的思想原因及见解。白话新诗的涌现是很合情合理的，也是时代的需要，显然写新白话诗要比写格律诗的框架和用字词的差别很大。这里再介绍很少一些当年的白话诗。

五四新文化运动爆发的前一年，也是国语运动活跃的时候，1918 年，胡适出版他的第一部白话诗集《尝试集》，许德邻也编纂出版他收集的白话新诗，名之曰:《分类白话诗选》,上面除有他分类的“写景类”“写实类”“写意类”的白话诗外,前面还有“白话诗的研究”,开头就是收集介绍胡适的见解。胡适写道:

……我近来在一本旧笔记里,(名《自胜生笔记》。)翻出这几条论诗的话。

“作诗必使老妪听解,固不可,然必使士大夫读而不能解,亦何故耶?”

“东坡云‘诗须有为而作’,元遗山云‘从横正有凌云笔,俯仰随人亦可怜’。”

这两条上都有密圈,也可见我十六岁时论诗的旨趣了。

又跋自杀篇一段云:“吾近来作诗,颇有不依人蹊径,亦不专学一家,命意固无从摹仿,即字句形式,亦不为古人成法所拘,盖颇能独立矣。”

答永叔一段:“适以为今日欲救旧文学之弊,预先从涤除文胜之弊入手。今人之诗,徒有铿锵之音,貌似之词耳。其中实无物可言。其病根在于重形式而去精神;在于以文胜质。诗界革命,当从三事入手:一须言之有物;二须讲求文法;三当用‘文之文字’时,不可故意避之。三者皆以质救文之弊也。”

“诗之文字”,一个问题,也是很重要的。因为有许多人,只认风花雪月、蛾眉、朱颜、银汉、玉客等字,是“诗之文字”做成的诗,读起来,字字是诗,分析起来,一点意思也没有。所以这主张用朴实无华的白描工夫,如白居易的道州民,如黄庭坚的题莲华寺,如杜甫的自京赴奉先咏怀,这一类的诗,诗味在骨子里,在质不在文。没有骨子的滥调诗人,决不能做这类诗。所以我的第一条件,便是“言之有物”。因为注重之点,是言中的“物”。所以用的文字,不问他是“诗的文字”,还是“文的文字”。

文学革命,在吾国史上,非创见也。即以韵文而论,三百篇变而为骚,一大革命也。又变而为五言七言,二大革命也。赋变而为无韵之骈文,古诗变而为律诗,三大革命也。诗之变而为词,四大革命也。词之变而为大曲,为剧本,五大革命也。何独于吾所持文学革命论而疑之。……古之文学革命,至元代而极盛,其时之词也、曲也、剧本也、小说也,皆第一流之文学。其时吾国,真可谓有一种“活文学”出现。倘词革命潮流……不遭明代八股之劫,不遭前后七子复古之劫,则吾国之文学,已成俚语的文学;而吾国之语言,早成言文一致之语言,无可疑也。……惜乎,五百余年来,半死之古文,半死之诗词,复夺此“活文字”之席,而“半死文学”遂苟延残喘以至于今。今日文学革命,何可更缓耶?

梅觐庄来信大骂我,他说:“读大作如听莲花落,真所谓革尽古今中外诗人之命者。足下诚豪健哉。盖今之西洋诗界,若足下之张革命旗者,亦数见不鲜。……皆喜诡立名字,号召徒众,以眩骇世人之耳目。……”信尾又添两段,说:“1.文章体裁不同,小说词曲固可用白话,诗文则不可。2.今之欧美狂澜横流,所谓‘新潮流’者,耳已闻之矣。诚望足下勿剽窃此种不值钱之新潮流,以哄吾国人也。”

这封信,使我很不心服,因为我主张的文学革命,只是就中国今日文学的现状立论,和欧美文学的新潮流,并没有关系。有时借镜于西洋文学史,也不过是三四百年前的欧洲各国,产生“国语文学”的历史。因为中国今日,国语文学的需要,很像欧洲当日的情形,我们研究他们的成绩,也许使我们减少一点守旧性,增添一点勇气。觐庄硬派一个“剽窃此种不值钱之新潮流以哄国人”的罪名,我如何能心服呢?

永叔来信说:“……白话自有白话用处,然不能用之于诗。如凡白话皆可为诗,则吾国之京腔高调,何一非诗。……吾尝默省吾国今日文学界,即以讨论,其老者,如郑苏盦、陈伯严辈,其人头脑已死,只可让其与古人同朽腐。其幼者如南社一流人,淫滥委琐,亦去文学千里而遥。……如吾侪欲以文学自命者,舍自倡一种高美芳洁之文学,更无吾侪厕身之地。……唯以此(白话)作诗,仆则期期以为不可。……假令足下之文学革命成功,将令吾国之作诗者,皆京腔高调,而陶谢李杜之流,将永不复见于神州。则足下之功,又何若哉。”

我答永叔说:“……白话入诗,古人用之者多矣。……总之,白话之能不能作诗——此一问题,全在吾辈解决。解决之法,不在乞怜古人,谓古之所无,今必不可有,而在吾辈实地试验。一次(完全失败)何妨再来。若一次失败,便‘期期以为不可’,此岂科学的精神所许乎?”

答永叔文很长,我且再抄一段:

(1)文学革命的手段,要令中国之陶谢李杜,敢用白话京腔高调作诗。

(2)文学革命的目的,要令白话京腔高调之中,产出几许陶谢李杜。

(3)今日决用不着陶谢李杜。若陶谢李杜生于今日,仍作当日陶谢李杜的诗，决不能有当日的价值与影响。何也？时代不同也。

(4)吾辈生于今日，与其作不能行远、不能普及的五经、两汉、六朝、八家文字，不如作家喻户晓的《水浒》《西游》文字。与其作似陶、似谢、似李、似杜的诗，不如作不似陶谢的白话诗。……吾志决矣，自此以后，不更作文言诗词。……

新文学之要点，约有八事：

(1)不用典。

(2)不用陈套语。

(3)不讲对仗。

(4)不避俗字俗语。

(5)须讲求文法。以上为形式的一方面。

(6)不作无病之呻吟。

(7)不摹仿古人。须语语有个我在。

(8)须言之有物。以上为精神(内容)的一方面。

我的《尝试集》……美洲的朋友嫌太俗，北京的朋友嫌太文，很觉奇怪。后来平心一想，这话真不错。……这些诗的大缺点，就是仍旧用五言七言的句法。句法太整齐了，就不合语言的自然，不能不有截长补短的毛病，不能不时时牺牲白话文法，来迁就五七言诗的句法。音节一层，也受很大的影响。第一，整齐划一的音节，没有变化，实在无味。第二，没有自然的音节，不能跟着诗料，随时变化。因此我到北京以后，认定一个主义，若是要做真正的白话诗……和变化的自然音节，非做长短不一的白话诗不可。这种主义，可叫作诗体大解放。……就是把从前一切束缚自由的枷锁镣铐，一切打破，有什么说什么。要怎么说，就怎么说，这样方才有真正的白话诗，方才可以表现白话的文学可能性。《尝试集》第二集的诗，虽不能做到这个目的，但大致都朝着这个目的做去。

……我们主张白话可以作诗，因为未经大家承认，只可说是一个假设的理论。我们这三年来，只是想把这个假设，用来做种种实地试验。——做五言诗，做七言诗，做严格的词，做极不整齐的长短句，做有韵诗，做无韵诗，做种种音节上的试验——要看白话是不是可以做好诗；要看白话诗是不是要比文言更好一点。这是我们这班白话诗人的“实验精神”。[①]

胡适的做白话诗的思想过程，已经代表一代创新者的见解，其他学者诗人的见解就不再引述。下面仅介绍很少一些新白话诗：

梦与诗[②]

胡　适

都是平常经验，
都是平常影象，
偶然涌到梦中来，
变幻出多少新奇花样！

都是平常情感，
都是平常言语，
偶然碰着个诗人，
变幻出多少新奇诗句！

醉过才知酒浓，
爱过才知情重，
你不能做完的诗，
正如我不能做你的梦。

（自跋）这是我的“诗的经验主义”(Fo tic empiricism)。简单一句话：做梦尚且要经验做底子，何况作诗？现在人的大毛病就在爱做没有经验做底子的诗。北京一位新诗人说“棒子面一根一根的往嘴里送”；上海一位诗学大家说“昨日蚕一眠，今日蚕二眠，明日蚕三眠，蚕眠人不眠！”吃面养蚕何尝不是世间最容易的事？但没有这种经验的人，连吃面养蚕都不配说。——何况作诗？

---

① 胡适文，许德邻编：《分类白话诗选》，1—7页，上海崇文书局，1920年。

② 胡适：《尝试集》，91—93页，上海亚东图书馆，1941年。

(九、一〇、一〇)

日　出[①]

(郭)沫若

(一)

哦哦,环天都是大云!
好像是赤的游龙,赤的狮子,赤的鲸鱼,赤的象,赤的犀。
你们可都是亚坡罗 Apollo 底前驱!

(二)

哦哦,摩托车前的明灯!
二十世纪底亚坡罗!
你也改乘了摩托车么?
我想做你的运转手,你肯雇我么?

(三)

哦哦,光底雄劲!
玛瑙一样的晨鸟在我眼前飞纷。
明与暗刀切断了一样地分明!
明的是浮云,暗的也是浮云,
同是一样的浮云,为什么有暗有明?
我守着看那一切的暗云。……
被亚坡罗底雄光驱除尽。
我才知四野底鸡声别有一段底意味深湛!

除夕入香山[②]

罗家伦

阴风飒飒,寒日茫茫,

① 郭沫若:《日出》,谢楚桢编:《白话诗研究集》,17—18 页,北京大学出版部,1921 年。
② 罗家伦:《除夕入香山》,谢楚桢编:《白话诗研究集》,24—25 页,北京大学出版部,1921 年。

静悄悄的香山寺下,没有别一个游人。
只剩得半座空山,同我寒呀寒的脚步儿相和相应。
野草凋零,模糊了几条旧径;
颓垣下的残雪,——
高低零乱,——
装点出几处新坟。
缓缓的向前去,忽听得呼拍拍的一声,
知是一个小小山鸟惊人。
鸟呀!我客里游山,何忍来惊动你。
鸟独无声,栖在枝上,
只见那被残雪洗过的松枝,又清又冷。

罪　恶①

田　汉

永安公司的楼头,
吴楚东南的一角——
前不见古人,
后不见来者。
这般辽阔?
虫声,鸟声,人声,电车声,气筒声,万声合奏,
成一种宇宙的音乐。
塔影,树影,屋影,江影,岛影,烟筒影,
虫影,鸡影,禽影,兽影,人影,非人影,
万影憧憧,
都被那暗沉沉的烟雾裹着。
嘎!你这沉沉的烟雾里,
埋藏着许多罪恶!!

---

① 田汉:《罪恶》,谢楚桢编:《白话诗研究集》,43页,北京大学出版部,1921年。

东方已张了黑幕，
西方是夕阳如火，
恐怕夕阳菩萨，
也分不出此间谁是罪恶，谁是自我！
待投将烟雾里去！
看还是罪恶战胜我？
我战胜罪恶？

除　夕[1]

刘半农

（一）

除夕是寻常事，作诗为甚么？
不当他除夕，当作平常日子过。
这天我在绍兴县馆里；馆里大树甚多。

风来树动，声如大海生波。
静听风声，把长夜消磨。

（二）

主人周氏兄弟，与我谈天；
欲招缪撒，欲造蒲鞭。
说今年已尽，这等事，待来年。

（三）

夜已深，辞别进城。
满街车马纷扰；
远远近近，多爆竹声。
此时谁最闲适？——
地上只一个我！天上三五寒星！

---

① 刘半农：《除夕》，谢楚桢编：《白话诗研究集》，17页，北京大学出版部，1921年。

三色花[①]

(沈)玄庐

桃花红，
梨花落。
有人向着桃花笑；
我们却对桃花哭。
从前白旗底下看梨花，
一白如雪万人家；
如今不见梨花面！——
只见桃花含媚向朝霞。
一阵雨，一阵风；
桃花落地便无踪。
“五月一日”天气好，
来看榴花血样红。

落　叶[②]

沈尹默

黄叶辞高树，翩翩翻翻飞，大有惜别意。

两三小儿来，跳跃东西驰，捉叶叶坠地。

小儿贪游戏，不知怜落叶；旁人冷眼看，以为寻常事。

天公不凑巧，雨下如流泪，一雨一昼夜，叶与泥无异；粘人脚底下，践踏无法避。

如叶有知时，旧事定能记，未必愿更生，春风幸莫至。

① 沈玄庐:《三色花》，谢楚桢编:《白话诗研究集》，17—18 页，北京大学出版部，1921 年。

② 沈尹默:《落叶》，谢楚桢编:《白话诗研究集》，9 页，北京大学出版部，1921 年。

爱之神[1]

唐俟(周树人)

一个小娃子,展开翅子在空中,
一手搭箭,一手张弓,
不知怎么一下,一箭射着前胸。
"小娃子先生,谢你胡乱栽培!
但得告诉我:我应该爱谁?"
娃子着慌,摇头说:"唉!
你是还有心胸的人,竟也说这种话。
你应该爱谁,我怎么知道。
总之我的箭是放过了!
你要是爱谁,便没命的去爱他;
你要是谁也不爱,也可以没命的自己去死掉。"

淘汰来了[2]

(刘)大白

(一)

回头一瞧,淘汰来了!
那是吞灭我的利害东西哪!
不向前跑,怎的避掉!
待向前跑,也许跌倒!
唔!就是跌倒:
挣扎起来,还得飞跑!
要是给他追上:
怎禁得他的爪儿一抓,牙儿一咬!

---

① 唐俟(周树人):《爱之神》,谢楚桢编:《白话诗研究集》,11 页,北京大学出版部,1921 年。
② 刘大白:《淘汰来了》,谢楚桢编:《白话诗研究集》,20—21 页,北京大学出版部,1921 年。

（二）

唉！淘汰阿淘汰！
你为什么苦苦的追上来！
你要是追得慢点儿，
我还不妨偷点儿懒。
你如今追得这样紧，
我没法儿只有努力的向前进。
唉！都是你苦苦的追上来，
累得我欲罢不能，
还要惹人家称奇道怪！

（三）

淘汰说：——
"你别怪我！
你还得谢我拜我！
要不是我苦苦的追上来，
你进步怎的这样快！——
啊！我却要怪你了！
要都像你这样的拼命向前跑，
我怎的得一饱！
你瞧：
倒是那倒行逆施迎上我来的糊涂东西好！"

毁 灭[①]

（朱）执信

读胡适之先生诗，忽忆天文学家言：吾所见星光有数千年前所发者，星光入吾人眼中时，星或已灭矣。戏成此诗。

一个明星离我们几千万亿里；

① 朱执信：《毁灭》，谢楚桢编：《白话诗研究集》，22 页，北京大学出版部，1921 年。

　　他的光明确常到我们的眼里；
宇宙的力量几千年前把他毁灭了，
　　我们眼睛里头的光明还没有减少。

你不能不生人，
　　人就一定长眼睛。
你如何能彀毁灭，
　　这眼睛里头的星！

一个星毁灭了，
　　别个星刚刚团起。
我们的眼睛昏涩了，
　　还有我们兄弟我们儿子！

鸟[①]

陈衡哲

狂风急雨，
打得我好苦！
　　打翻了我的破巢，
　　淋湿了我美丽的毛羽。
我扑折了翅翮，
　　睁破烂眼珠，
也找不到一个栖身的场所！

窗里一只笼鸟，
倚靠着金漆的阑干，
侧着眼只是对我看。

---

① 陈衡哲：《鸟》，谢楚桢编：《白话诗研究集》，45—46页，北京大学出版部，1921年。

我不知道他还是忧愁,还是喜欢?

明天一早,
风雨停了,
煦煦的阳光,
　照着那鲜嫩的绿草。
我和我的同心朋友,
　双双的随意飞去;
忽见那笼里的同胞,
　正扑着双翅在那里昏昏的飞绕:——
要想撞破那雕笼,
好出来重做一个自由的飞鸟。

他见了我们,
　忽然止了飞,
对着我们不住的悲啼。
他好像是说:
　"我若出了牢笼,
　不管他天西地东,
　也不管他恶风狂雨,
　我定要飞他一个海阔天空!
　直飞到筋疲力竭,水尽山穷,
　我便请那狂风,
　把我的羽毛肌骨,一丝丝的都吹散在自由的空气中!"

咱们一伙儿[1]

傅斯年

春天的杏花开了，
一场大风吹光。
夏天荷花开了，
一阵大雨打光。
秋天栀子开了，
十几天接过的阴雨把他淋光。
冬天梅花开了，显他那又老又少的胜利在大雪地上。
杏花，荷花，栀子，梅花——
你败了，我开。
咱们的总名叫“花”，
咱们一伙儿。

太阳出了，月亮落了。
星星出了，太阳落了。
月亮出了，星星落了。
阴天都不出，偏有鬼火照照。
太阳，月亮，星星，鬼火，——
咱们轮流照着。叫他大小有个光。
咱们一伙儿。

戏观音菩萨[2]

（王）独清

你是一堆泥，
你是一块木，

---

① 傅斯年：《咱们一伙儿》，谢楚桢编：《白话诗研究集》，51—52页，北京大学出版部，1921年。

② （王）独清：《观音菩萨》，谢楚桢编：《白话诗研究集》，50页，北京大学出版部，1921年。

要拜你,骗个谁?

你貌虽然美,
你妆饰虽然阔,
只是你呆了不活,
要爱你,用不着。

你是何许人?
你是何代人?你果然灵验?
把你千只手来斫一斫,断不断?
把你丢入南海里,沉不沉?

今日明日①

(孙)俍工

今日对明日说,
“车马我所有的,我自己去乘,
田地我所有的,我雇人去耕,
金钱我所有的,留给子孙。
我可以纳妾,我可以蓄婢仆。
有军队,保护我的尊荣,
有枪炮,杀那反对我的人民。
明日,你说我乐不乐?”
今天的话说完了,天色也昏了!

明日答今日说,
“你的话,我以为腐,
你的思想,我以为苦。

① (孙)俍工:《今日明日》,黎青主著:《诗琴响了》,54页,商务印书馆,1933年。

我告诉你我的快乐！
我有车马，大家乘坐。
我有田土，大家耕作。
不要金钱，互助生活。
不要军队枪炮，免为人祸。
既不纳妾，又无婢仆，
大家做工，人人求学。”

明日的话，还未说完，天色渐渐光明了。
大家努力要求明日的世界！明日的生活。

的字谐谈[①]

近来《晨报》上，登载一些人，
对于“的”“底”“地”三字的研究，
闹个议论纷纷！

你说我有点不对，
我说你有些不成，
正像原被告的律师辩嘴，可惜没个人出来解纷！
不知到何年何月，官司才打得清？

他们吃了饭，有闲工，
不研究重大问题的事，
偏研究一个“的”字。

就是“的”字的用法，
很包括，很普通，

① 《的字谐谈》，可能是谢楚桢作，黎青主著：《诗琴响了》，23—26页，商务印书馆，1933年。

早受了社会的欢迎，
男女学生都赞成。

他不是东洋留学生带来的，
也不是西洋留学生带来的，
是我国文字里本来的。
到如今，霹雳一声！
为甚要把他势力压小，只许他这样"的"，
不许他那样"的"？

我打个比方，
或是叫爹爹，
或是叫爸爸，
或是叫爷老子，
或是叫 Father（化在爷）。
方言虽不同，都是为叫爷。
所以"底"字"地"字是爹爹，是爸爸，
"的"字当然是个爷。

又打个比方，
或是叫"昊綷"，
或是叫"造物"，
或是叫"玄穹、彼苍"，
或是叫"无私覆"。
名虽没叫天，
实则都为叫天。
所以"底"字"地"字是彼苍，是造物，
"的"字当然是个天。

所以能安“底”字“地”字的，
大约，就可安“的”字的。
例如说“完我堂堂‘地’做个人”，就可说“完我堂堂‘的’做个人”，
说“天下无不是‘底’父母”，就可说“天下无不是‘的’父母”。

况且“的”字的用法，多半为供给白话文。白话文的提倡，多半为便利普通人。

什么叫术语？
什么叫介词？
什么叫状动？
什么叫形容？
什么叫日文“メ”？
什么叫法文“de”？
什么叫英文“of”？
他们那里弄得清？
那里像我们读书先生，这样分明？
就是读书的，读了《马氏文通》，也不容易分明。

若不为普通人起见，
专为一些学士文人，又违了提倡新文学的本心。

可况且主张“的”“底”“地”分职的，
看他做的文字里，
为甚只有“底”字？
为甚难找“地”字和“的”字？
难道要把“的”字除了名，革了职？

若是因一个白话文，用的“的”字，闹个不休。

还有那“这”“罢”“了”“呢”“吗”“么”……等字，对他又将何如？
难道要为这些题目，著几本专门研究的书？

照我的意思说来，
既不要文言里的“之”“者”“所”，（的字是由这几个字转变出来的）
又不要宋元人的“底”和“地”，
还是要用习惯上用的“的”。

什么止水啊！建侯啊！兼士啊！
玄同啊！独秀啊！邵西啊！泡影啊！孟真啊！
你们扰乱“的”字治安的诸君！
我不与你们一鼻孔出气。
你们越弄越糟！使“的”字笑你们相骂淘气！（看《晨报》八年十一月九日建侯专答泡影便是证据。）

因此我主张的“的”，
是不要分别的“的”，
是个天然文法的“的”，
是无论什么人，都应用的“的”。

你们若始终侵犯“的”字自由，使“的”字含冤屈！
我就替“的”字做个律师，向“国语筹备会”起个诉，
赶你们到“底”字“地”字路上去。任你们去爱他恋他！
“的”字何愁没销路？

你们既和“的”字伤了感情，
从今就宣告离婚，
凭“国语筹备会”写个证据，立个子子孙孙不用“的”字的律！

“的”字万言难尽，
一句总话表示，
拍马不帮止水（系提议“的”“底”“地”三字分职的人。）
吹牛颇同胡适（系反对“的”“底”“地”分职最力的人。）

但是胡适主张“的”字烦杂时，分别他加个“之”。
胡适不主张用死字，为甚又喜用“之”。
啊！
我忽然明白了！
原来他叫胡适“之”！

国字解①

国字里头是或字，
古人造这字，很是有意思。
或字当作某字解，
就是说这国不是一人的，是或人某人都有的，
所以就是公天下的表示。
就是揖让相传，不算甚么稀奇事！

后来改写或字做王字，（国）就表示变量君主制。
又改写或字做民字，（囻）也未免多事。

请看现今民国的总统，
你也做几日，
我也做几日，
是不是个，或字的性质？

① 《国字解》，可能是谢楚桢作，黎青主著：《诗琴响了》，40页，商务印书馆，1933年。

自由的神[①]

黎青主

自由的神引着愁苦的众生。
　哭声呕哑，泪雨缤纷，
　　冲破一重重的山，踏碎一点点的城，
　　　腥风凛凛，血影幢幢，
　　　　茫茫大千，一片灰烬，
　　　　　只剩得无数庄严灿烂的火花。

从无数的火花幻出无边的世界，
　天花乱坠，天使纷飞，
　　照彻玫瑰的光，洒遍杨枝的水，
　　　无苦，无难，无灾，无害，
　　　　不生，不灭，不增，不减，
　　　　　罪恶的人世变成福乐的天堂。

凡工尺上乙士合[②]

黎青主

什么是我们的民族性？
我只好唱给你听。
这是我们的一首小歌：
凡工尺上乙士合。
它泄漏了我们的天真，
并盖上了人文的宝印，
不问它唱在那一处地方，
总是充满了和平的气象。

---

① 黎青主：《自由的神》，黎青主著：《诗琴响了》，38页，商务印书馆，1933年。

② 黎青主：《凡工尺上乙士合》，黎青主著：《诗琴响了》，65—66页，商务印书馆，1933年。

什么是我们的世界？
我只好用乐音分解。
这是我们的一首小歌：
凡工尺上乙士合。
各个音有彼此的分别，
但是要有和谐的联结；
我们不相信人类是不齐，
我们只相信四海皆兄弟。

什么是我们的人生？
我只好用乐音说明。
这是我们的一首小歌：
凡工尺上乙士合。
各个音有高低的差异，
不会背了音题的本旨。
我们不相信人世是地狱，
我们只相信人生的幸福。

香吻和糖果①

黎青主

谁伴着一个心通性敏的佳丽，
在一叶轻舟之上并肩同坐？
你们不羡慕他的艳福么？
他并不是别人，他就是我！

一块块几生修到的糖果，

① 黎青主：《香吻和糖果》，黎青主著：《诗琴响了》，88—90页，商务印书馆，1933年。

从她的指尖送进我的口内。
美人情重,糖果味甜,
我舌上渐觉得有些不对。

"怪不得你是这样说不出的甜。
我是不能够同你比并。
我很愿意多吃几块糖果,
但是我既经渴得要命。"

我事急智生,即时鼓起勇气来:
"女郎,请你给我一个香吻!"
她勃然变色:"不许你这样说,
我不是一个寻常的女人!"

我见他声色俱厉,
我忙向她请罪:
"前言戏之耳,
请你不要误会!"

她不觉笑起来:"蠢人,
你用不着这样害羞!
你要吻我,你吻我就是,
你何必向我请求?"

我被她这样点醒,
我真是说不出的欢喜。
我把双手打开抱着她就是一吻,
从我的口唇直舒畅到我的脚趾。

她是这样爽快，这样慈和，
我吻了她之后，她又吻我。
我的口渴早既解尽了，
但是我仍不肯把她放过。

她看见我要吻就吻，
特警告我不要太过猖獗，
一块糖果，一个香吻，
这就是我们那天的临时约法。

关于格律诗与白话诗，还可以引出许多例句。这里选一点点，仅是想表述：一来是在新时代背景下，格律诗这种传统方式，难以表现诗人对于新事物、新社会的情怀，也就难以让大众喜欢并接受其中的诗味；一来是白话诗的自由奔放方式，给予新一代诗人们无限地展现人性感情的空间，也更让广大年轻读者容易欣赏与学习。笔者最后连续引用笔者喜欢的音乐家黎青主的新诗，大概可以当作近代新诗的高峰之作。因为除了表达诗中鲜灵的境界外，如果我们去吟诵诗句，会感到一种韵味十足，铿锵传情。不是古人摇头摆尾的那种酸味，而是年轻人纵情奔放的长歌嬉笑。既展现出人生中种种喜怒哀乐，又让读者心中引发无数的共鸣。正如当年国立音乐专科学校校长肖友梅为黎教授书写的序中所言：

音乐是半点虚伪都没有的，只有实在自然的诗才可以拿来唱，一切装模作样、话不由衷的诗，就算是七宝楼台，也不过徒然炫人眼目，不入我们选取的范围。……我的朋友青主博士是一个会作曲的诗人，他的诗不论是属于歌德，海涅这一派，抑或是最新的表现派，都是依照正当的朗诵方法作成的。因为是依照正当的朗诵方法作成，所以最适合于朗诵（不是我国旧日的吟哦），亦最适合于作曲。不错，青主博士的诗选——《诗琴响了》——里面，很有一些诗，在旧派的作曲家看来，是不大适合用来作曲的，但是，凭着新的作曲法，《诗琴响了》

里面的诗是首首都可以拿来唱的。[1]

也正如黎教授在书后所写的《诗而已矣,为什么诗的艺术?》中写道:

我曾听中国的辞章家说过:诗是用来写情写景的——但是我见过许多辞章家的诗,当他看见一些白花,便说什么万紫千红;偶然离开家乡,便说什么天涯沦落。这样被古人的成语重重束缚住的诗人,你就抉出他的眼睛,填塞他的耳朵,取出他的脑髓,割出他的心肠,使他无心可坠,无肠可断,他亦可以套古人的老调,做出一些像“杜鹃休向耳边啼,五月榴花照眼红,十年几度沧桑变”这一类的诗句来。这样的诗句,既没有灵魂,亦没有脑筋;既用不着眼睛,亦用不着耳朵。它并非是用来描写实际的情景,不过是用来运用古人的成语,吟来虽然是很合声韵,很雅,很成,但是充其量不过是一种组织辞藻的能事,作者的情感完全得不到自由的发展,就眼前的景物亦可以无有。说它是诗的艺术,实在是有些过誉。……我说诗的第一个条件,就是“我的诗”这三个字,一切不从我的情感和由我的耳目告知我的思想产生出来的诗,我实在是不晓得做。……究竟我做出来的诗要怎样才可以说是诗的艺术?说起来很容易:把那些无论在认识上、情感上、意志上,都很适合人们的理性的,不是完全属于这个世界里面的事物,用说话或文字说出来或写出来的诗,就是尽真、尽美、尽善的诗,就是所谓诗的艺术……古代的艺术作品,不问是形象艺术,抑或诗的艺术,绝不会因为我们做不出来的缘故,便失了它的生活能力,所以六朝的赋,唐代的诗,宋代的词,元代的曲,诸如此类,就到了完全没有人可以做出来的时候,它亦可以保持它的存在,不失其为美的艺术作品。……不论哪一个时代的艺术,都有它的一种特别的表现方式,用来代表某一个时代的精神。你生在现代,你竟不懂得现代的艺术方式,这种人是落后。但是,如果除了现代的艺术方式之外,你的智能和幻想竟能够使你把古人的生活情态想象出来,那么,你除采用现代的艺术方式之外,当也可以兼采用古代的艺术方式,用来表现你的思想,和你的所闻所见。……中国旧日的声韵,除剥丧音乐的生命之外,更足以危害现代的诗的艺术。我在

---

① 肖友梅序,黎青主著:《诗琴响了》,商务印书馆,1933年。

我那篇《作曲和填曲》上面说:“不问那句整整齐齐的诗句是叫作‘纵死犹闻侠骨香’,抑或‘到此才焚一瓣香’,又或‘不辨花丛暗辨香’,又或‘十里南风草木香’,虽然各句诗的口气不同,意义不同,情景不同,但是,只要你顺住仄仄平平仄仄平的调子吟去,你便是一个会吟诗的儒者,谁也说不得什么。至于说道什么长短句,那么,你更要把五声分别得清清楚楚。你要做一首长短句,只要你依照声韵,把文字填上去,便算尽了倚声的能事。不问那几句长短句是叫作‘艾灸眉头瓜喷鼻,今日须难决绝,早患苦重来千叠’,抑或‘愿得黄金三百万,交尽美人名士,更结尽燕邯侠子’,又或‘易水萧萧西风冷,满座衣冠似雪,正壮士悲歌未歇’,你都可以依照同一样的声韵读出来。”……我特大胆断定一句:现代中国的诗人,如果不能够以朗诵代声韵,以轻重代平仄,那么,就令他有时能够做出很好的诗来,他亦当不起一个诗的艺人的徽号,他的艺能是不完全的。现代的诗的艺术,虽然是不可以完全离开声韵,但是,我们只可以把声韵当作也是诗的一种成分。以朗诵代声韵,以轻重代平仄的目的一日未达到,那么,中国现代的诗的艺术,必无成立的可能。……近代的人们只知道崇拜科学,以至于他们的灵魂,亦被无情的机械剥丧殆尽;现时的世界即是一个失魂的世界;你要把人们的灵魂夺回来,那么,除了科学的艺术外,实在是没有别的方法。①

黎教授以一位新旧诗歌的实践者身份,以及一位关注中文诗歌前途的思想者身份,针对中文新旧诗歌的特点,写下如此切实又尖锐的认知,确实值得我们后来人深思。我们还可以注意到:仅是从传统诗歌到新诗歌的变革,就可以领略当年中文所引发的变革是多么巨大!中文言语文化产生了多么巨大的变化!

第四节　国音之形成

一、国音的产生与发展

由洋务运动在中国建立的新一代军事工业,在几十年后的中日甲午战争中

① 黎青主:《诗而已矣,为什么诗的艺术?》,见黎青主著:《诗琴响了》,149—172页,商务印书馆,1933年。

被打得一败涂地，割地赔款，受尽屈辱。中国人猛醒，开始从维新变法到全面新政，进行变革，中华民族走上现代化的路。中国人睁开眼睛看世界，也就必须先了解西方人、日本人的言语与思想行为，导致大量新词语涌入中文，大量新思想涌入年轻人，大量新产品涌入中国社会。明清时期的言语方式与凝固的科举教育模式，显然无法适应。社会上风传的各种语义混乱的新词语，恰如各种古怪的新时装般让人目迷五色，耳迷五音。再加上留洋归来的真假留学生的言谈风度，尤其是在日本逃亡的国事犯梁启超先生为代表的一些改革家，发表大量用流利新文风写的介绍西方新知识的文章，逼得中国上下一致地痛感变革的必要。

汉字在几千年前就产生了，到秦始皇时代皇帝规定“书同文”以来，执行两千多年，曾经造成很好的文化效果，中文字形虽有许多变化，不管篆书、隶书、草书、楷书等，总有“书同文”的约定俗成的约束，使得中华文化一直在同一平台上发展变化，也让外民族能够学习认同。但是由于中国幅员辽阔，文盲较多，内部经济交流不畅，缺乏言语表述精进的普遍动力。而漫长的时光，已经让存在的汉字词发音多变，字形复杂，字义词义更是混乱模糊，让“书同文”的实际出现许多漏洞。如果在19世纪，我们再宣传中文方块字是包括形、音、义三方面的优秀功能，那恐怕只能是自己骗自己了，并非方块字本身拥有这些功能，而是我们后人强行加进这些解释。而历史上更缺乏一个皇帝提出“字同音”“字同义”“词同义”的规定，使得中文在漫长岁月中缺乏全面大清理，大量各地方音，大量随意性乱改字义、词义，簇拥在我们的文献中。看看那些文字狱中提供的“罪行”，有哪一个不是把歪批语义作为杀人的根据！也就是说，字不同音、字不同义已经成为中文进步的障碍，却又无人无力去解决。

本节专门讲述中文字音的变革，一代书生是如何在全国实现“字同音”的。分述如下：

（一）什么是“国音”？

“国音”一词是古汉语中已经使用，早在晋朝翻译佛经中，就出现“外国音”“众国音”词组。在南朝谢庄写的“赤鹦鹉赋”中有句子：“审国音于寰中，达方音于裔表。"[①]但后来使用不多。

1."国音"成型之前

是什么让这个古词在20世纪初热起来。缘由是到19世纪中叶,中文发音除了复杂的各地积淀的方音外,也由于皇朝官吏的导引,逐渐形成比较大范围的南京官话、北京官话、西南官话等的流传使用。而自1842年中国在鸦片战争中战败后,终于被打开海禁。西方教会蜂拥来华传教,为了使《圣经》能够在各地被中国信徒学习,就用各地方言翻译《圣经》,有的用汉字,有的就用罗马字拼音。这种用罗马字拼音的各地方音文字,就叫作"教会罗马字"。据后来倪海曙教授介绍道:

> 教会罗马字推行的结果,不但使《圣经》的销数激增,而且使罗马字本身也流行一时,成为民众教育的一种理想工具;同时许多外国传教士都因此而引起改革中国文字的热忱。认为它可以作为"一种使西方的科学和经验能够对一个民族的发展有帮助的最好贡献"(Gibson语),认为"这样的一种文字,是产生一条达到文盲心中去的最直接的道路"(Hudson语),"不论从灵魂上或肉体上看,都可以给予这块广大的国土上的人民以大利益"(Ilmus语)。……
>
> 教会罗马字的确是最早的中国"大众教育的一个实验","在中国历史上是无双的"(Latourette语)。《圣经》的销数从一八九一到一九〇四的十五年中,达十三万八千部。而至少有十七种方言用罗马字拼音,各有一本罗马字《圣经》。[②]

另外一个更刺激中国人的史实,是在1872—1882年任英国驻中国大使的威妥玛(Thomas Francis Wade,1818—1895)先生,他在1867年编辑出版《语言自迩集》。该书是一部教西方人学习北京官话口语的教科书;是用威妥玛式拼音(Wade system)记录并确定了北京官话音的大型教学书;书中还以他作为英国语言学家的专长,而对汉语作出了全新的汉语语法,包括名词、量词、形容词、

① 见北京扫叶公司古典数字文献库文献。

② 倪海曙:《中国拼音文字概论》,25页,上海时代书报出版社,1948年。

代词、动词、介词、连词、叹词等，并实践使用在教学中。更重要的是按照张卫东教授的评论道：威妥玛“他敏锐地觉察到‘汉语词的多功能性（the versatility）’，没有跌进‘词无定类’的泥淖；他科学地论断‘在所有别的语言中用曲折变化生效而产生的大部分结果所需的那些方法，汉语自身也拥有’，‘汉语通过词语的句法处理，几乎达到了这些现存的限定所能实现的一切’，从而深刻地揭示了汉语的内在机制和语法特征。这些话说得何等好哇！一百多年前，一个受过欧洲语言学严格训练的西洋人，来到东方研究汉语，竟无一丝‘生搬硬套’的味道。这跟早期留洋的不少中国人对自己母语所作的‘生吞活剥’式的分析，形成鲜明对照。”[①]笔者接受张卫东教授的见解。

中国人开始考虑仿照西方人成功的经验，或者给汉字加上注音拐棍，或者成全新的拼音文字，以成为一种新的简洁的学习中文途径。第一人应该是厦门的卢戆章先生（1854—1928），他年轻时曾到新加坡学习英文，回厦门后，助英国传教士翻译《英华字典》。他就是受到福建方音翻译的《圣经》的影响，历十多年专研，选定55个记号，在1892年（甲午战争之前）制成一套罗马字式的字母，定名为《中国第一快切音新字》。他的理念写在序言中：

中国字或者是当今普天之下之字之至难者。……平常诗赋文章所用者不过5000余字。至聪明者非十余载之苦工不可，故切音字当焉。

窃谓国之富强，基于格致。格致之兴，基于男妇老幼皆好学识理。其所以能好学识理者，基于切音为字。则字母与切法习完，凡字无师能自读。基于字话一律，则读于口遂即达于心。又基于字画简易，则易于习认。亦即易于捉笔，省费十余载之光阴。将此光阴专攻于算学、格致、化学，以及种种之实学，何患国不富强也哉。

……又当以一腔为主脑。……若以南京话为通行之正字，为各省之正音，则十九省语言文字既从一律，文言皆相通，中国虽大，犹如一家。非如向者之各

① ［英］威妥玛著，张卫东译：《语言自迩集——19世纪中期的北京话》，张卫东译序，3页，北京大学出版社，2002年。

守疆界，各操土音之对面无言也。[1]

卢先生将他的切音方案与国之富强联系在一起，并且还要将各地方音方言统属起来。这恐怕也是中国人长期的愿望。

只是当时是用"切音"一词，从"切音"变化到"国音"，又经历了十余年。其间继来者蜂拥，这里举早期的四人为代表。

福建人蔡锡勇著：《传音快字》，1905 年湖北官书局重刊本。书前为 1896 年自序。

上海人沈学著：《盛世元音》。原著为英文，1896 年节译成中文，在《申报》与《时务报》上发表。

福建人力捷三著：《闽腔快字》，1896 年武昌刊本。《无师自通切音官话书》，1902 年刊本。

香港人王炳耀著：《拼音字谱》，1897 年刊本。[2]

后来黎锦熙教授评论道："这都是戊戌前后的切音运动者。但与其谓为国语字母之创制家，毋宁谓为中国速记术之先锋队，因为他们所创的字母，都是些极简单的弧矢曲线之类，而蔡氏力氏所作，更显然说明是祖述美人凌士礼氏的'快字'的。"[3]

在封建制度延续两千多年的中国，一名普通书生想将它的声音与思想变成为社会活动，是很难的。除非有能力"上达天听"，皇上批准下达，才有机会成功。卢先生他们的声音，被京官林辂存"以字学繁难，请用切音以便学问"呈请都察院代奏上达。奏本上写道：

查创新法切音者，福建卢戆章之外，更有福建举人力捷三，江苏上海沈学，广东香港王炳耀，已故前署汉海关道蔡锡勇，各有简明字学刊行于世。其法均遵钦定《康熙字典》切音，参以西法，而善其变通；或以字形胜，或以音义胜，或

① 卢戆章：《中国第一快切音新字》序，1892 年，转引自《清末文字改革文集》，1—3 页，文字改革出版社，1958 年。

② 四人的出版物，转引自黎锦熙：《国语运动》，12—13 页，商务印书馆，1933 年。

③ 转引自黎锦熙：《国语运动》，13 页，商务印书馆，1933 年。

以拼合胜。大旨以音求字,字即成文,文即为言,无烦讲解,人人皆能。……敢请我皇上饬下……由管学大臣选派精于字学者数员,及编译局,询问而考验之,校其短长,定为切音新字,进呈御览,察夺颁行。①

奏本幸运地上达,也幸运地获得“上谕”,也就开始了在中国官场中的长途旅行,拖延至1906年,学部译学馆的文典处写出长篇批示批驳了他们的意图。该批示冠冕堂皇地写道:

现今世界文字,大别为二:一为象形字,一为切音字。……象形切音二法虽各有长短得失,然论其难易,二者实有霄壤之别:切音得数十笔十余笔而有余者,象形累数千字数万字而未足。而文字之难易,又与教化之广狭相为比例:识字难,则游惰不得不多;识字易,则教育自然普及。近来日本教育会屡有改良国字之议,至欲废尽汉字,专以假名或罗马字以代之,盖为此也。夫汉字为我国国粹之源泉,一切文物之根本;在日本因袭既久,尚难一旦更张;在我国累代相传,岂可反行废弃?特以字形繁重,施诸初等教育,实有劳而少功博而寡要之患,故仿照国书及泰西诸国文字成例,别制切音字一种,以与固有之象形字相辅而行,亦今日不得已之举也。……今欲造中国切音字母以济象形文字之穷,则宜审求“三十六字母”之本音,稍去其微妙难辨者,以为标准声母若干;又按“四呼”“四收”法,参酌古今韵书,以为标准韵母若干字。声韵既定,或仿日本片假名之例,取原字之偏旁以造新字,或竟用泰西各国通例借罗马字为之。新字成立,乃依《玉篇》《广韵》等书所注之反切,逐字配合,垂为定程,通行全国;不得迁就方音,稍有出入,要使写认两易,雅俗兼宜;然后足以统一各省之方言,徐谋教育之普及。②

如此的批示,使得早期幼稚的草率的努力难以展开较大规模试验,但也显示当时有识之士的思考,国音的统一已经势在必行。

---

① 林辂存奏本,转引自《清末文字改革文集》,17—18页,文字改革出版社,1958年。

② 学部批文,转引自《清末文字改革文集》,68—70页,文字改革出版社,1958年。

1900 年，直隶人王照在天津写《官话合声字母》出版，署名“芦中穷士”。他在书中原序上写道：

世界各国之文字，皆本国人人通晓，因其文言一致，拼音简便，虽极钝之童，解语之年，皆为能读文之年。……而吾国则通晓文义之人，百中无一。专有文人一格，高高在上，占毕十年或数十年。问其所学何事？曰：学文章耳。此真世界中至可笑之一大怪事。且鲁钝之人，或读书半生而不能作一书柬，惟其难也。……余……于是创为喉音及音母字共若干，皆假借旧字减笔为偏旁形，概用两拼，使愚稚易习。一日，余方凝坐执笔审音，严范孙先生来，持书一函示余曰：“闻君创作拼音字，深恐获罪，盍借此《御定音韵阐微》为根据，以保险乎！”余受而读之，欣抃不能自已。[①]

该书中还有《新增例言》16 条，颇有意思，下列两条为例：“一、拼音之大利在易习，不在易写。识字之大用在读书，不在手写。……”“一、此字母专为无力读书、无暇读书者而设。故务求简易，专拼北人俗话肖之，即不误矣。……”[②]后来黎锦熙教授介绍道：“书中……完全模仿日本的片假名，采取汉字中的某一部分，作为字母。……凡声母五十，就叫作‘字母’；韵母十二，名为‘喉音’。合共六十二个字母。”[③]而王照先生的拼音计划命运就比前几位好多了，因为他得到翰林院编修严修的具体支持之外，更有京师大学堂总教习吴汝伦上书支持，导致 1903 年张之洞等人奏定“学校章程”中，明确写明：“各国言语，全国皆归一致。故同国之人，其情易恰，实由小学堂教字母拼音始。……兹以官音统一天下之语言，故自师范以及高等小学堂，均于国文一科内，附入‘官话’一门。”[④]清政府这样的行动，虽没有明示学校“官音”“官话”的教材用哪一本，却让王先生的书不胫而走。还更有太子少保北洋大臣直隶总督袁世凯，他也在 1903 年饬直隶学校司妥拟推行办法，他批示道：“国民普及教育，必

① 王照：《官话合声字母》原序，1—3 页，序作于 1900 年，无出版项。

② 王照：《官话合声字母》，例言，8 页，无出版项。

③ 转引自黎锦熙：《国语运动》，15 页，商务印书馆，1933 年。

④ 学校章程，转引自黎锦熙：《国语运动》，21 页，商务印书馆，1933 年。

由语文一致，而成为东西各国之通例。该学生等所呈《官话合声字母》及切合音之法，与吾国古时文字单简假借同音之例，初不相背，果能通行无阻。……必先引其端倪而后可收成效。……”[①]汉语拼音字母于是就是在北方陆续进入一些学堂，成为教材被运用，并且取得较好的效果。

紧接是杭州求是书院总理劳乃宣在 1907 年编写《简字全谱》，在南京出版。该书应该就是将王照的方案增加，能够在南方各地推广的方案。书中序写道：

> 言文一致为教育普及之大原，此寰宇之同理也。宁河王氏于前数年撰《官话合声字母》，设塾于都城，直省并出书报，陆续推广于各州县。今已有数十处，识此字者已数万人，明效大验，彰彰可据。吾南省不可不急起直追，以期企及也。顾其书专用京音，南方有不尽相同之处，然所差无几，略加增改，即能相通。不揣固陋，与二三同志考订商榷，于其原定五十音母加六字为五十六母，于其原定十二喉音加三字为十五韵，于其点发四声，加一入声之号，则宁属各府州县及皖属各府州县及皖属各处语音相近之处，皆可通行。若再加七母三韵一浊音之号，则苏属及浙省等处皆可通行矣。[②]

他的书，其实是扩张成 116 个字母，20 个声韵，包括全国各地主要方言音。他的引南归北的方法，通过学习拼写方音进而学习拼写京音的方法，引起上层注意，他本人就曾被慈禧太后接见，只是他期望的强迫学习的要求则太生硬了，官僚的学部长期不予理睬。他就联络一些名流在 1909 年组成“简字研究会”来宣传。更因 1910 年资政院（即预备立宪时期第一届变相的国会）成立，他自己联合一批议员与名流 300 多人向资政院请愿推行官话简字，声势很大。院里无奈，推严复作特任股员长主持审查。严复在院中公布审查结果。其中写道：

> 我国难治之原因有二：教育不普及也；国语不统一也。而皆以不用官话拼音文字之故。……谋普及教育，统一国语，则不得不亟图国语教育。谋国语教

---

① 袁世凯批语，转引自《清末文字改革文集》，40 页，文字改革出版社，1958 年。

② 王照书序，转引自黎锦熙：《国语运动》，21 页，商务印书馆，1933 年。

育，则不得不添造音标文字。

……简字当改名音标……一以示为形字补助正音之用；一以示拼音性质，与六书形字之殊。……用法有二：一范正汉字读音；二拼合国语。汉文读音，各方互异。范正之法，于初等小学课本每课生字旁注音标。……请议长咨院议决，会同学部具奏，请旨饬下迅速筹备施行。实为有利无弊。特此报告。[1]

学部居然还是踢皮球，将此案转给“中央教育会议”，结果在1911年6月开会，会长张謇，副会长张元济、傅增湘，会员196人与会，通过“统一国语办法案”，算是成功了。“办法”中关于“审定音声话之标准”明确写道：

各方发音至歧，宜以京音为主。京语四声中之入声，未能明确，亟应订正，宜以不废入声为主。话须正当雅驯，合乎名学，宜以官话为主。

……音标之要则有五：一、音韵须准须备。二、拼音法须合公例。三、字画须简。四、形式须美。五、书写须便。无论新造征旧，必以兼合此要则者，方能使用。又须兼备行楷两种。该音标订定后，先在各省府厅州县酌定期限，试行传授。遇有滞碍，随时具报总会修正。修正确当后，再行颁布，作为定本。[2]

其中原则与办法全都列出来了，但转瞬辛亥革命爆发，清政府变成民国政府，似乎难以为继。

以上为清朝末期一些有心人主动整理中文语音，增加语音拐棍的尝试，从而出现的一些切音字母方案，以及他们试图在中国民众中推广试行的过程。具体细节难以全面介绍，因为这几十种不同方案的比较与讨论，与今天的中文已经没有直接关系。

二、国音成型

至于国音能够成型，除了上述清末有心人的各种具体方案外，还有一些时

① 严复报告，转引自《清末文字改革文集》，134—135页，文字改革出版社，1958年。

② 中央教育会议统一国语办法案，转引自《清末文字改革文集》，143—144页，文字改革出版社，1958年。

代的弄潮儿在前期的鼓吹。那时的国事犯梁启超先生无疑是在浪潮尖端鼓吹最力者之一，他以横扫千军的笔端，在为上述沈学著《盛世元音》作序中写道：

> 中国以文明号于五洲，而百人中识字者不及20人。虽曰学校未昌，亦何遽悬绝如是乎？吾乡黄君公度之言曰："语言与文字离则通文者少；语言与文字合则通文者多。中国文字多有一字而兼数音，则审音也难；有一音而具数字，则择字也难；有一字而具数十撇画，则识字也又难。"（《日本国志》三十三）呜呼，华民识字之希，毋亦以此乎？梁启超曰：天下之事理二：一曰质；二曰文。文者美观而不适用；质者适用而不美观。中国文字畸于形，宜于通人博士，笺注辞章，文家言也；外国文字畸于声，宜于妇人孺子，日用饮食，质家言也。二端对待，不能相非，不能相胜，天之道也。抑今之文字，沿自数千年以前，未尝一变（篆分楷草写法小异，不得谓文字之变），而今之语言则自数千年以来，不啻万百千变而不可以数计。以多变者与不变者相遇，此文言相离之所由起也。盖文言相离之为害，起于秦汉以后，去古愈久，相离愈远，学文愈难，非自古而即然也。
>
> 稽古今之所由变，识离合之所由兴，审中外之异，知强弱之原，于是通人志士，汲汲焉以谐声增文为世界一大事。……吾师南海康长素先生以小儿初学语之声为天下所同，取其16音以为母，自发凡例，嘱其女公子编纂之，启超未获闻也。……去岁从《万国公报》中获见厦门卢戆章所自述，凡数千言。又从吴君铁樵见蔡毅若之快字，凡46母，26韵，一母一韵，相属成字，声分方向，画分粗细，盖西国报馆用以记听议院之言者，即此物也。启超于万国文字，一无所识……然窃喜此后吾中土文字，于文质两统可不偏废，文与言合，而读书识字之智民可以日多矣。①

梁先生将黄遵宪、康有为、卢戆章等人的言论全拿到他的文章中，以增强他鼓励中文变革、达到"读书识字之智民可以日多"的政治目标。

另一位高举变革旗帜的是清末举人吴稚晖先生，他曾任南洋公学学长，在

---

① 梁启超：《沈氏音书序》，原载《时务报》1896年11月，转引自《清末文字改革文集》，7—8页，文字改革出版社，1958年。

留日参与革命活动后回国，又参与“苏报”案，赴英国，发表一些关于中文变革的言论，高屋建瓴，谈笑风生，影响颇大。他在 1909 年就写道：

文字者，当一见而别即显，又一见而其音可诵。果如此，则为完全之文字。切音国之字典，词典也；吾人之字典，则音典。（此音字西人名曰“息拉勃”。譬如英人曰 Photograph，华人曰写真。英人曰 Photography，华人曰写真术。然英人于前一字用三个“息拉勃”，当作一字，于后一字又用四个“息拉勃”，当作一字。华人之字典，则将写字、真字、术字分入各部，以备各种名词之拼合。因有时不必拼合之时，写固一词，真又一词，术又一词，亦不得不分也。此特名词耳，或从此并将两合、三合、四合之词，皆加入于字典，借可为切音上之分别。然动状各字，大都单音，所以从前《中国日报》，曾因论简字之故，指问“庭、廷、亭、停”，若何分别？此实不可讳之困难。若以苟简之切音，与满洲字之类相等者，即可算字，西文俱在，当不至若是之陋。盖其为别之精，又或突过于我也。……苟且修缮之法，最妙者莫如旧音少读，即于初学之书册上，附加读音；加之之法，最省便者又莫如学日本之通俗书然，汉字大书，读音旁注。其读音之笔画，附加于野蛮之汉字上，又莫如即用野蛮笔画，与之相适，则莫有过于日本假名之状，即近日官中正提倡之王照氏、劳乃宣氏等之简字是也。……中国文字，本统一也。而语言则必有一种适宜之音字，附属于旧有之文字以为用。于是声音亦不得不齐一，有如日本之东京语音，齐一通国也。此相互增进之第一步也。今日所谓简字、切音字等，忘其苟简之术，不足为别于文字之间，故离旧文而独立，歆于作仓颉第二，遂失信用于社会。就创作中国切音而论，惟作者笺注字端之术，莫能再良，然又何必虚矫陈腐，必取晦拙之篆籀，为梗于浅易之教育？盖附益于今隶之旁，莫妙于仍作今隶之体。文字有二职：一为志别，一为记音。中国文字志别之功用本完，所少者记音之一事。今原字之笔画四者，并记音之笔画而六之、七之、八之、九之、十之，其状如日本通俗书之刊刻法。最要者，当先刊字典一册，即如日本新翻印之中国字典，字附读音于其旁。凡小学读本，及通俗之书报，皆照字典各附读音于其旁。……字典既就，即任人翻刻。但劝刊刻小学读本者，照字典各注读音，否则亦可由教师在黑板上写出注之。惟于国文读本一种，其余皆可仍旧。及考试之际，必令默注若干字，作为功课分数之一种。于是学校之读音，譬如“大学之道”，此后之官音读如“带血知到”，北京人读之而然，上海人读之而亦然，福州、广州人读之又无不然。二十年后，其功效遂不可思议。……附注字典，其道甚简。如稍郑重其事，在北京或上海亦复不难。特设一三个月之短会，延十八省所谓能谈中国“之、乎、者、也”之名士，每省数人，每天到会半日，书记将自动揭开唱曰：“一”，候大家议定官音，当注何音；又唱曰：“丁”，又候大家议定当注何音。每日注三四百字，有如“庭”音既定，则“廷、亭、停”，可不复多议，故三月必可讫事。决议之际，苟无十死不通之经学大师在内，不将古音等横插无谓之问题，似解决亦无所难。（此种愚人甚多，以为此音一定，即古音之音训全淆。殊不知每物予以一名，不过便于称谓而已。如官音谓“花”，南人曰“呼”，日本人曰“哈那”，法人曰“勿乱”，彼此习惯，皆于花之实际无恙。故即附注字典之名士数十人，皆荒谬绝伦，故意字字注以奇怪之音，则此后即用彼之奇音，以相通用，亦无不可。因讲求古音者，古书俱在，仍可资其嚼甘蔗渣之研究。虽新改者，至离奇亦不过于汉字古今源流表上，添一沿革之大故事而已。且所谓官音，官者，言通用也，言雅正也。汉人之祖宗，税居于黄河两岸，故汉音之初，近于北音，南人则杂有蛮苗之音，然北人亦未尝不离胡羌之声。故以通用而言，即以今人南腔北调，多数人通解之音为最当。其声和平，语近典则，即可以为雅正之据。吾闻能作官话者，莫如苏州某君，彼生长北京，其言发声则纯用吴腔，而出音则字字真足，既方，既雅，人固莫不以南京官话诮之，其实此即改良新语，所最适当之音调也。若近日专以燕云之胡腔，认作官话，遂使北京鞑子，学得几句輦鸟笼之京油子腔口，各往别国为官话教师，扬其狗叫之怪声，出我中国人之丑，吾为之心痛！）①

吴先生的想法发挥得淋漓尽致，既提出汉字注音的必要性，也批评过于简单的切音简字的不足，他甚至还勾画出将要出现的“国音”的产生方法与程序，其中核心思想前提是通过选定的民众发音代表，采取中国两千年来罕见的平等权利，以学术为第一判断，而根本废弃皇上的干预权及最后裁判权。他更呼唤

① 吴稚晖：《书〈神州日报〉“东学西渐篇”后》，1909 年 6 月 26 日，载梁冰弦编：《吴稚晖学术论著》，289—294 页，出版合作社，1927 年。

出“音典”,来作为普及民众教育的工具,并且规范汉字读音的统一方法。有趣的是,两年之后,因政权更迭,中国仿佛按照他的预言设想去实现“国音”了。

正是有了梁启超、吴稚晖这些思想者们的大声疾呼,以及上述一些文字革新家的尝试,中文变革在清末就已经如火如荼地在一些地区展开。他们的行动上升到社会政治决议上,也已经有1911年4月在上海召开的各省教育总会议决《统一国语方法案》,其中写明:

(一)字音之统一。

(甲)以京音为标准音。

(乙)以顺直民行之简字为音标。

(丙)注音标于小学读本内初见之字旁。

(丁)选通用字编为字书,每字旁注音标,定名为标音字书。[①]

果然,“国音”在沉睡千年后,被中华民众唤醒了,呼之即来了。

1912年12月,政权更迭后的元年,教育部总长范源廉颁布《读音统一会章程》,其第一条为:“教育部据官制第八条第七项筹议国语统一之进行方法,特开读音统一会。”其第四条为:“会员之资格如左:(一)精通音韵。(二)深通小学。(三)通一种或二种以上之外国文字。(四)谙多处方言。合右列四种资格之一者,均得充本会会员。”其第五条为:“(一)审定一切字音为法定国音。(二)将所有国音均析为至单至纯之音素,核定所有音素总数。(三)采定字母每一音素,均以一字母表之。”章程中还附有《审音代表公决字音之办法》如下:

(一)隔夜将明日备审之字,刊发各会员,任各会员自与本省人商定,(或委定一人)将应注之读音,用会中预备之记音字母,注于各字之旁。(所注之音,应审量可为全国读音者,非各举其乡音也。)

(二)每省皆由审音代表,将注好之字单,于开会时交出,皆由记音员在黑

① 各省教育总会联合会议决统一国语方法案,转引自陈懋治:《统一国语问题》,载《最近之五十年》,5页,上海书店影印本,1987年。

板上公较被注者之多寡，以最多数为会中已审定之读音。

（三）审音代表席连接，另设于一隅，席上贴有某省字样，凡该省公委其人出席于此席者，即认为当日审音代表。每日更换或连日担任，均由各该省会员自行商定。

（四）审出之音已得多数，倘会员认为未当者，当场若得六人以上之赞同，各审音代表应即协议，修正与否，可决，否决，皆归各审音代表自较其多寡之数。非审音代表，不在表决之列。[①]

如果按照封建时代人际关系来看，如此的安排开会讨论全民族的大事，应该是破天荒的吧！会议安排能够平等发言，能够照顾到各省各地，能够以票数多寡决定命运，即使一人当场有不同意见，也可以发表并再议，章程仔细到连审音代表的座位排列都考虑到了，连头一夜所应当准备的备审之字运作也安排了，想来应该是与孙中山先生所提倡的民主平等、天下为公原则是一致的，成为那个大变革时代中一个明显的标帜。“国音”一词也终于再出现，并在全民族开始推广。

接着，在教育部内设立国音统一会筹备处，吴稚晖先生被聘为筹备处主任，1913 年 1 月 15 日他到北京就任，下车伊始，他就宣布“九项进行程序”，为的是“语言音韵之事，头绪纷错，苟进行之次第稍有颠倒，或定立之名称稍有含混，即易岐行误解，变易简为丛脞。故首以进行程序，公布于开会之先，庶该会之范围，可易于了解”。其中规定：

一、定名：定此会为读音统一会。

二、征集：此会征集各省代表员及教育部延聘员组织之。以二年 2 月 10 日征集，2 月 15 日开会。

三、会规：会中应有公守之会约若干条，及如何推选会长、副会长、记音员、复核员，及教育部特派员等等，均于开会前分别定之。

---

① 教育部读音统一章程，转引自陈懋治：《统一国语问题》，载《最近之五十年》，6—7 页，上海书店影印本，1987 年。

四、审定读音：逐字审定。每字就古今南北不齐之读音中，择取一音，以法定之形式公定之，名曰国音。

五、归纳母韵：母者辅音，韵者主音。是先缩审定之音之同清浊者为若干辅音，缩其同谐韵者为若干主音。

六、采定字母：就所得根音，或省并，或不省并，制定笔画减少之辅母若干，名曰注音字母。

七、编注字典：编一字典，使若电报新编之状，取采定之注音字母，一一各注所审定之国音于其旁。此字典先由教育部刊刻，任国人翻印。其编首先以音切为纲，而以同音切之汉字系于其下。

八、集刻音表：对于通国各城邑之人，于京省大都会之间，每地延访其一，使倾听注音字母应读之音，注之以相同之乡音，集刻为音表。于是每地之人欲知注音字母之如何读法者，可就音表中择其乡人所注音者习之，则无派人传布之必要矣。

九、颁布学校：取《国音字典》及《对照音表》两书，颁布于通国之小学校。使国文尽依国音授读，实施行政上之力量，使不为空文。[①]

吴先生的九项程序，明确宣告开这样一个空前的会议，所应有的合法名称，会员代表的征集办法，会规、以及审定程序，会后编印国音字典及音表，开展普及实用工作，等等。

1913 年 2 月 15 日，会议正式在北京召开，选举会长为吴稚晖，副会长为王照。与会会员 80 人，其中延聘员 30 余人，部派员 10 余人，各地代表 30 余人。按照地区分列如下：

江苏 18 人：吴稚晖、陈懋治、汪荣宝、顾实、华南圭、陆尔奎、邢岛、杨曾诰、董瑞春、王隺、白振民、朱炎、谢冰、胡雨人、黄中强、伍达、孙鸿哲、朱孔彰（安徽代表）。

浙江 9 人：胡以鲁、杜亚泉、汪怡、马裕藻、钱稻孙、朱希祖、许寿裳、杨曲、

① 吴稚晖：《九项进行程序》，转引自世界华语文教育会编：《国语运动百年史略》，19 页，台湾国语日报出版社，2012 年。

陈浚。

直隶 8 人:王照、王璞、马体干、刘继善、张瑾、王修德、王仪型、陈恩荣。

湖南 4 人:舒之鎏、周明珂、李维藩、陈遂意。

福建 4 人:卢戆章、蔡璋、林志煊、陈宗藩。

广东 4 人:郑藻裳、罗赞勤、陈廷骥(华侨代表)、杨耀焜(华侨代表)。

湖北 3 人:严正炜、陈曾、李哲明。

四川 3 人:廖平、蒋言诗、王锡恩(藏代表)。

广西 3 人:汪鸾翔、蒙启谟、朱资生。

山东 2 人:张重光、隋延瑞。

山西 2 人:杜曜箕、蔺承荣。

河南 2 人:陈云路、李元勋。

陕西 2 人:李良材、高树基。

甘肃 2 人:水梓、杨汉公。

安徽 2 人:洪逵、程良楷。

江西 2 人:高鲲南、徐秀钧。

奉天 2 人:李维桢、张德纯(回代表)。

吉林 2 人:乌泽声、王树声。

黑龙江 2 人:赵仲仁、刘澍田。

云南 1 人:夏瑞庚。

贵州 1 人:姚华。

新疆 1 人:蒋举清。

蒙古 1 人:汪海清。

在这些代表中,已经包含有清末创造各种切音字的名人,如卢戆章、王照、吴稚晖、汪怡、邢岛、马体干、刘继善等,他们已经提供 40 余种各样的切音方案。此外,还有陆续以所著新音字寄到会中备参考者,合计有百余种。

这次会议,一直开到 5 月 22 日才闭幕,共 97 天,会议显然开得很热闹。会议程序有四个议案。台湾在 2012 年出版的《国语运动百年史略》一书中,有比较详细的介绍。下面简要选取该书中史料如下:

读音统一会开会以后,依序处理四个提案:

(A)审定国音

为“选定古今南北不齐之读音以为国音”,读音统一会首先“审定国音”;因为与会者以江苏、浙江人最多,合计有26人,而直隶(今河北)代表只有8个人,为了投票的方式颇有争论,最后经教育部次长董鸿祎出面协调,采用每省一票的方式,才使得会议能够顺利进行。

至于“审定国音”要根据哪一本韵书,与会人员并无异议。都认为李光地(1642—1718,泉州安溪人)等奉敕撰的《音韵阐微》,继承《五音集韵》《古今韵会举要》《同文铎》之系统,并改良其切音,上字取“支微鱼虞歌麻”诸韵字,下字典“清声取于影母,浊声取于喻母”,能免除切语中上字之韵及下字之声所带出的杂音;而诸字所标记的母等声韵四者都完整;一致同意选定《音韵阐微》做根据。

因为每省只投一票,所以把《音韵阐微》中选定的“备审字”,前一夜印发给各省会员,让各省商定音读,与会中预备用以标记声、韵的字母,注重字单上。次日开会时,每省提出一张记音字单,由注音员逐字比较各音读多少,以该字最多数的音为会中审定的读音。这项逐字审音的工作,共计审定了6500多字单“读音”,音节单位共有477个,比北京音系的新国音多66个。此一结果在会后以《国音汇编草》送呈教育部。最后的代理主席直隶代表王璞(1875—1929,字蕴山,河北宛平人),在民国二年底出版《国音捡字》一书,就是根据这6500多字单“审定读音”编写的。

(B)归纳母韵

完成审定读音的工作以后,进行会议第二阶段——“归纳母韵”的工作。归纳结果把《广韵》《集韵》的452组双声还是并为“见溪群疑,端透定泥,知彻澄娘,帮滂并明,非敷奉微,精清从心斜,照穿床审禅,影晓匣,喻,来,日”36字母,再把36字母并为27个声母;又把《广韵》平、上、去、入共206韵归并如“平水韵”的106个韵部,部分调类归并韵部结果,归纳成为15个韵母。这27个声母、15个韵母不再命名,以“注音字母”直接做声母、韵母。

(C)采定字母

确定27个声母、15个韵母后,会议进入第三阶段——“采定字母”。

采定字母一案，会中颇有争执；根据会长吴敬恒后来在《三十五年来之音符运动》一文里回忆说："读音统一会开会的时候，征集及调查来的音符，有西洋字母的、偏旁的、缩写的、图画的，各种花样都有；而且都具匠心，或依据经典，依据万国发音学，依据科学，无非人人想做仓颉，人人自算佉卢，终着意字音符。几乎也无从轩轾，无从偏采哪一种。"

根据搜集考证，在读音统一会以前，用以拼记汉语字音的符号系统计有汉字形体类16家，罗马字母类5家，速记符号类12家，数码代号类6家，还有杨曲的《注音字母集成》符号形状不明，无法归类，共41家。其中有的早已创制，有的专为参与读音统一会而创作；有的早已印行流传，有的由读音统一会油印分发，以供讨论。

这些拼记汉语字音的符号系统，到了读音统一会议定采用"注音字母"以后，除了"速记符号类"成为专业而另辟速记领域以外，只有"罗马字母类"继续改进而成为"国语罗马字、汉字拼音、注音符号第二式、通用拼音"等；其他各类各家都被淘汰，很少有人还知道或认识的了。

读音统一会要采定字母的时候，因为人人都有"竞为仓颉"之势，使采定字母一案争执不下。罗常培在《国音字母演进史》中说："争持许久迄不能决，终于依据马裕藻、朱希祖、钱稻孙、周树人、许寿裳等提议，于3月12日以45人之出席，得29人之赞成，通过制定注音字母之基本原则如下："母韵符号，取有声有韵有意义之偏旁（即最简单之独体汉字。作母用取其双声，作韵用取其叠韵（用古双声叠韵假借法不必读如本字）。"即于13日准此原则公定注音字母38字。……溯其渊源，则本章炳麟所创纽文韵文之例而变更其读法者也。"……

"采定字母"案的讨论尚未结束，4月22日会长吴敬恒却辞职回上海，由副会长王照继续主持会议。5月7日，王照生病请假，最后的十几天，推选王照的学生王璞为代理主席，继续主持会议。

"采定字母"案经过激烈的讨论定案后，另外还议定了声调标注法；实际上当时议定的字音有五种声调以及浊音，旧有的四声点法只能点字四个角落，最后决定：浊音符号在字母右上角作「′」，四声点法于字母四角作点，位置的规定是：

上　去

阴平无符号

阳平　入

(D)议决国音推行办法……

议决《国音推行办法》7条,条文如下:

国音推行办法

(a)请教育部通咨各省行政长官,饬教育司从速设立"国音字母传习所",令各县派人学习;毕业回县,再由县立传习所招人学习以期推广。

(b)请教育部将公定字母从速核定公布。

(c)请教育部速备"国音留声机",以便传播于各省以免错误。

(d)请教育部将初等小学"国文"一科改作"国语",或另添"国语"一门。

(e)中等师范国文教员及小学教员,必须以"国音"教授。

(f)"国音汇编"颁布后,小学课本应一律于汉字旁添注国音。

(g)"国音汇编"颁布后,凡公布通知等件,一律于汉字旁添注国音。"①

另据黎锦熙先生著《国语运动》书中所述,对于"采定字母"过程,有较详细介绍如下:

第二步,照章要核定音素,采定字母,于是乎会场上打起架来了!当时字母主张,计分三派:一、偏旁派　仿日本片假名,用音近之汉字,任取其偏旁笔画以为字母:如直隶王照,江苏汪荣宝,浙江汪怡,福建蔡璋,(又美人丁义华所提)等。二,符号派　自定符号以为字母:如直隶马体干,李业鸿,陕西李良材,江苏吴敬恒,邢岛,王鹤,胡雨人,浙江杨曲,(又张海画所提),江西高锟南,福建卢戆章,湖南陈遂意,广东郑藻裳,(又留意学生会及英人慕维廉、美人厚巴德所提);又有符号双标音义者,如直隶刘继善,(又胡朝镐及浙江赵融兰所提,又广东王炳耀所定)等。三,罗马字母派　符号派中,有兼采罗马字母而变通之者:

① 读音统一会开会内容,见《国语运动百年史略》,转引自世界华语文教育会编:《国语运动百年史略》,22—31页,台湾国语日报出版社,2012年。

如刘继善，吴敬恒，邢岛，(又留意学生会所提)等；其主张纯用罗马字者，则为江苏杨曾诰等。争论不完，终于依据马裕藻、朱希祖、钱稻孙、周树人(即鲁迅)许寿裳等之提议，把审定字音时暂用之记音字母正式通过。此于前三派都无所属，可称为“简单汉字派”，而创其例者实章炳麟也。(详所著《驳中国用万国新语说》，见《太炎文录》之《别录》卷二；他定了声母三十六，韵母二十二，“皆取古文篆籀径省之形，以代旧谱”，注音字母中，有十五个完全是采用他的)。当时定名曰“注音字母”者，即依据元年临时教育会议，“采用注音字母议决案”之原案名称也。①

以上可以想见当年会场上，书生们的认真与热闹争论。至此，中国这几十位书生，用三个月时间，破天荒地通过民主协商，同时又是激烈的争论，为汉字的声音统一，做出了伟大的贡献。他们提出了注音字母作为汉字发音的统一标准与拐棍，将中华民族的现代化进程推前一步，为全民族的语言文化交流打开迅速发展的道路，为消除民众中大多数的文盲提供了方法，也就为全民族文化大发展建立了全新的基础。在会议期间，那些前期的先行者，包括主席吴稚晖，都放弃了自己原先精心研究所得出的各种方案，这固然是汉字传统本身的生命力所致，同时也表明他们为统一而放弃自己一私之见，这胸怀在中国知识分子传统中是很难得的。

会议取得的成果，是很专业的，并不是在白纸上画新图，而是建立在传统汉字小学的基础上。会员先是选定以清代训诂学大家李光地的书为讨论的底本，再用民主的方法由各种地区发音人选定，多数票为定案。其实还是用已有的传统汉字，选择笔画最简单者，取用其双声以为声母，取用其叠韵为韵母。其写法则凡是与楷书体容易相混者，改用隶书体，这样选定声母 24 个，韵母 12 个，介母 3 个，共字母 39 个。会中订的注音字母写法、读法如下：

声母二十四

ㄍ 读若革　　ㄎ 读若刻　　ㄫ 读若愕　　ㄐ 读若饥

① 黎锦熙：《国语运动》，68 页，商务印书馆，1933 年。

ㄑ　读若溪　　ㄫ　读若疑　　ㄉ　读若得　　ㄊ　读若忒
ㄋ　读若诺　　ㄅ　读若北　　ㄆ　读若魄　　ㄇ　读若墨
ㄈ　读若拂　　ㄪ　读若物　　ㄗ　读若资　　ㄘ　读若此
ㄙ　音私　　　ㄓ　音之　　　ㄔ　读若鸱　　ㄕ　音尸
ㄏ　读若黑　　ㄒ　读若希　　ㄌ　读若勒　　ㄖ　读若入

介母三

ㄧ　读若衣　　ㄨ　读若ㄨ　　ㄩ　读迂

韵母十二

ㄚ　读若鸦鸣声　ㄛ　读若痾　　ㄝ　读若也开口　ㄟ　读若諰开口
ㄞ　读若哀　　　ㄠ　读若奥　　ㄡ　读若讴　　　ㄢ　读若安
ㄤ　读若盎　　　ㄣ　读若恩　　ㄥ　读若鞥　　　ㄦ　读若而①

国音字母第一次被唱出来了。

三、国音之运用与变化

中国有一句俗话:好事多磨。书生们催产的国音自一产生,就引来无数的争议,以及执行中各种矛盾或花样。这里只能简单选择一些新发生的事情作些介绍。

1.设立注音字母传习所

读音统一会议在1913年5月闭幕后,政坛又已经变化,教育部主管换人,以致其会议通过的结果被闲置在部内,几乎与废纸一般。熬到1915年,曾最后担任读音统一会代理主席的王璞,联络曾为会员者共25人,在北京成立"读音统一期成会",向教育部建议:"即将公制之注音字母推行到全国。"但是当时教育总长汤化龙置之不理。而社会上也有一些反对公布注音字母的声音,据黎锦熙先生总结道:"不外几个理由:(1)有妨固有之汉字,(2)独用则必须变更文体,(3)用以注音亦无法保障统一,(4)儿童多耗一番脑力;至于批评注音字母

① 注音字母第一次写法,转引自陈懋治:《统一国语问题》,载《最近之五十年》,7页,上海书店影印本,1987年。

的本身,说它根本上就作得不好的,其反对更不用说。所以教育部的历届当局,总持慎重态度,不敢率尔公布,致惹麻烦。”①

到 1915 年 10 月,更换张一麐为总长。王璞他们认为有转机,11 月再次到教育部陈情,并报告愿意由会员捐资在京兆创立“注音字母传习所”。这次得到张总长“应准先行试办”的批示,并且张总长自己也每月捐俸银 200 元为经费;同时还将执行办法上报袁世凯总统,也获得批准。他的想法写在呈文中:

窃闻国之强弱文野,以教育之能否普及为衡。即以全国识字人民之多寡为标准。据各国统计言之,则德居首,英法美次之,日本又次之,然亦过乎百分之九十。我国则千人中仅得七人而已。夫以东亚数千年文物最古之邦,而识字之人乃远在人下,岂人智而我愚耶?一麐尝深求其故,以为文字之难易使然也。盖吾国文字形为主,而他国文字音为主。主形则文字繁,主音则文字简。繁则难记,简则易知。夫文字者,语言之符号也。古人造字之始,亦必先有语言,而后以文字传之,惟其主形而不主音。又古文易而籀篆,籀篆易而隶草,隶草易而真书,即古人之以形为主者,如日月山川之类,已无复形焉者存。而文字与语言转截然离而为二。观三代钟鼎之文,往往字少而用广,凡同音者,皆可以通假为之。故诗三百篇,如罝兔之野人,江汉之女子,皆能发为诗歌,流传千古,则语言与文字尚未分离也。自秦以来,文字既屡变而失真,语言亦参差而各别,期其普及,难若登天。一麐尝追溯科举时代,学政之所录取不过国文而已,然通三年,全国平均计之,县不过入学一二十人。夫一县之大学龄儿童以万计,此三年中仅得此能文之十余人,而各种科目尚未尝肄业。……当此科学昌明之世,非节省童年之脑力日力,殆将无以生存。今欲改造国文,则老师宿儒,必惊诧为斯文之将丧。然吾国识字人民仅有千分之七,此千人中之九百九十三人,既无术使之普及,则更为一种简易文字,以代语言之用,其为有利无弊也明矣。清之季年,若闽之蔡锡勇,苏之沈学,直隶之王照,浙之劳乃宣,多有切音字母之作。暨民国初元,本部慜于我国语文之庞杂,尝召集全国研究字母专家,与夫通晓中外文字及古今音韵学者数十人,又令每省派遣二人,述其方音,开读音统一会于京

① 黎锦熙:《国语运动》,37 页,商务印书馆,1933 年。

师，讨论三阅月，制定字母三十有九，审定常用汉字之读音六千五百余字。以慎重之故，尚未正式颁行。兹据该会会员等禀，设注音字母传习所，请批准立案。前来此项字母，既经全体会员悉心讨论，自非私人著述可比。已指定公共房屋一所，准其试办。①

张总长的见解，代表了当时知识分子对于变革中国教育体制，创造中国新拼音文字的决心，以及为民众识字的基本人权而应有的责任心，自然也就获得上下一致的同意与执行，通过行政官僚程序。于是在1915年12月22日开始，在北京的注音字母传习所开始在王璞主持下工作，陆续得以在京津一带传习。

至于正式成为国家法令政策，还是要等到1918年。而在之前的1917年元旦，由陈懋治等一些原会员，以及新由湖南被调到教育部任教科书特约编审员的黎锦熙先生等人一起，共86人，在北京联合组成“中华民国国语研究会”。元旦的第一次大会上，推举蔡元培先生为会长，张一麐为副会长。该研究会以“研究本国语，选定标准，以备教育之用”为宗旨。该会订下五项会务：“调查各省方言，选定标准语，编辑标准语的语法辞典，用标准语编辑国民学校教科书及参考书，编辑国语刊物。”该会的新思路，不单将国音推广视为必要，还提出关联到国语，标准语、教科书、辞典、刊物等全面普及教育的原则上。结果在全国引起相当大的影响，会员大增，教育部的批文也显示相当支持。当年9月，第三次全国教育联合会在浙江开会，继续鼓动国音、国语之推广；1918年9月，教育部长在北京召开“全国高等师范校长会议”，会上议决高等师范设立国语讲习科。其宗旨为“本科专教注音字母及国语，以养成国语教员为宗旨”。其科目为：“本科之科目为注音字母、声音学、国文读本、会话文法成语翻译、演讲、国语练习、国语教授之研究。”②至此，国音被政府批准就已经万事俱备了。终于，在1918年11月23日，教育总长傅增湘签发第75号令：教育部公布注音字母令。其中写道：

---

① 黎锦熙：《国语运动》，9页，商务印书馆，1933年。

② 中华民国国语研究会文，全国高等师范校长会议文，转引自陈懋治：《统一国语问题》，载《最近之五十年》，9—10页，上海书店影印本，1987年。

查统一国语问题，前清学部中央会议业经议决。民国以来，本部鉴于统一国语必先从统一读音入手，爰于元年特开读音统一会讨论此事。经该会会员议定注音字母三十有九，以代反切之用；并由会员多数决定常用诸字之读音，呈请本部设法推行在案。四年，设立注音字母传习所，以资试办。迄今三载，流传浸广。本年，全国高等师范校长会议议决，于各高等师范学校附设国语讲习科，以专教注音字母及国语、养成国语教员为宗旨；该决议案已呈由本部采录，令行各高等师范学校遵照办理。但此项字母未经本部颁行，诚恐传习既广，或稍歧异，有乖统一之旨；为此，特将注音字母三十九字正式公布，以便各省传习推行。如实有须加修正之处，将来再开会讨论，以期益臻完善。此令。（后附注音字母表）①

如果从1892年卢戆章开始发表切音字计算到此，中国第一代语言变革家们已经奋斗26个年头了。

2.相关论争

以后，国音的实践还是引来不断的论争，历经各种变化，总算慢慢地在全国推广了。本书不打算将其中一些字母发音变化的讨论作细述，仅介绍1920年引发的“京国问题”的争论为代表。据黎锦熙先生介绍：

“京国问题”者，起于南京高师英文科主任本会会员张士一，他于1920年著了一本《国语统一问题》，主张连注音字母带国音，都要根本改造，其办法是：

（1）由教育部公布合于学理的标准语定义，就是定至少受过中等教育的北京本地人的话为国语的标准。

（2）由教育部主持请有真正科学的语音学训练的人去研究标准语里头所用的音，分析后，先用科学的方法记下。

（3）由教育部主持请语音学家、语言学家、心理学家、教育学家制配字母。这个主张，在学理上是很对待；但是在当时时势上，却使行政方面发生极困难的波折，最重要的就是积三十年之力“千呼万唤始出来”的一套注音字母，又要根

① 《教育部公布注音字母令》，黎锦熙：《国语运动》，第36—37页。

本动摇,而"京音"这个名称又须引起全国多数地方的反感。……十一月,黎锦熙约同吴敬恒,并陆衣言、范祥善等,与张士一、顾实、周铭三、陆殿扬等大会于南京,讨论这个"京国问题",但京方领袖始终不变"根本改造"的主张,弄得无结果而散。……不过"国音京调"之论一倡,简直就把国音逼着向"精益求精"的路上走,而促成"时势上修订之必要"。《国音字典》只将声母和韵母拼定字音,不但没有指定何种方言可以作口头上标准之声调,就连纸片上的四声点也没有点进去;这显然是预留一个大地步,可以说是"国音无调"。这在语言教学上,当然是谁都不能满足的。……那年王璞发音之《中华国音留声机片》,则阴阳上去都全依北京,入声就把北京的去声读得短一点儿,可是"短"而不"促","收"而不"藏",据说从前北京讲究读音的老师就是这样教学生的。1921 年,赵元任在美国发音之《国语留声机片》(商务印书馆制),阴阳上去也一律照北京,全如王氏;而入声则标准南京,略同廖氏,虽"短促""收藏",而不如江北之"急"。……到了 1923 年,我草成《京音入声字谱》(商务馆《东方杂志》廿五年纪念刊)。"叙言"上就报告了一般事实:"近来国语界,国音京音不复有争,但实际上的国音却一天一天地有"京音化"的趋势。所谓"京音化"者,并非指《国音字典》中那最小部分和京音不同的字典读音,乃是国音中一个悬案——四声问题——现已纯粹地照北京的活人活话,而得到了圆满的解决。本来中国语言中的四声,足以济单音词之穷,足以使简拙的双节复音词增加色彩,虽然粗略地通词达意不必倚靠它,但在普通教学中的"国语话",和正在建设中的"国语文学",是一定要把它的标准规定出来的;然而自从提倡国语以来,国音算是确定了。对于四声,却只有纸面上的"圆点儿",没有口头上的"准调子",大家各用乡调读国音,闹成许多不南不北,亦南亦北的蓝青官话。现在大家都感着这事实上的困难,自然而然地要认定一处地方的方言中的声调为国语典标准,于是北京语中的"四声"当然取得这种资格。可是……所谓北京的"四声"者,其中有一个很复杂而困难的问题。①

黎先生在后面详细介绍中国南北声调之区别,与如何"统一"到国音下面

① 《京国问题》,黎锦熙:《国语运动》,第 27—35 页。

来的细节，已经超出这里范围，这里就不再引述。

至于专用词的变化，黎先生也曾加以说明，他写道：

查“注音字母”这个名称，本来是沿袭1912年教育部临时教育会议的议案，对它不满，其来已久，但观点不一样：有讨厌“字母”两字的，因为字母者，文字之根源，（此就西文言，其实中国旧名，字母即是音标。所谓守温《卅六字母》者。）注音字母仅“代反切之用”而已，不宜称字母。如1919年统一会第一次大会李步青曾提“请改注音字母命名案”（否决）是也；有讨厌“注”这个字的，因为就是要它独立使用，就是要把它作为新的“文字之根源，何必一定依傍汉字，专任注音？如1920年第二次大会黎锦熙所提“改注音字母名称为国音字母案”（自行撤回）是也。但以后国音字母这个名称渐渐流行。1926年统一会公布“国语罗马字”，便采用了这个名称，而扩充的范围，包含第一（注音字母）第二（国语罗马字）两式，浑言则一，析言则二。1930年1月，国语筹备委员会召开第一届年会之前，主席吴敬恒与委员黎锦熙等商谈：遇必要时，改名为便，因为可以减少社会一般的疑虑，而便利政府积极地推行。座间亦无异议。于是……国民政府……其训令行政院云：案奉（国民党）中央执行委员会函开：“查我国教育落后，国民不识字者，几占我国人口百分之八十以上，实为民族最大之缺陷。是以本党第二届第一九七次常会制定之下层工作纲领，曾以识字运动为首要。顾颁行以来，尚未能推行尽利。考我国文字，优点甚多；其缺点在少音注，不便于孩童及失学民众之初步习练。所以日本辅汉文以假名，即成为通俗最良之工具，反比欧美拼音文字收效尤宏。古代注音之法，曰‘读若’，曰‘直音’，曰‘反切’，皆拘牵门类，自趋繁复，致不适于简易之注音。最简易之注音，即定双声原素若干，叠韵原素若干，总数不过数十，则传习至易。教育部前颁注音字母，即用此法。其于音理之整理划一，实胜于假名；惟其功用，亦不过或注字音，或注语音，足当音注而已；与假名相同，仅适注音，不合造字；称为‘字母’，徒滋岐误，所以应改为‘注音符号’，以副名实。惟其注音而已，并非造字，即不必过省符号之数量，及多设拼音之条例。对于高深学问及主要契约，其声类之平仄，义类之同异，仍皆由汉文负其分别之责，不必再注音符号上又加枝赘之分别。如此则仅仅简单数十符号，知书者三日可以熟认，即可为师；失学者最多习之兼旬，即可毕业。且用此数十符号，注国音可，注土音可，注于文字之旁可，单用而注出口中之语亦可，左宜右有，无音不可注，无语不可传，即予通俗教育以至广极速之效力也。党部得之，可借笔墨之力，宣传主义，普及于大多数失学之民众。政府官吏得之，可收受不识字人之注音状牒，及张布注音文告，而民隐由是大通。教育界之教师与学生得之，皆能费极少之时间，极少之劳力，各指示其母姑姐妹佣人工友。若如是的全国知识界下总动员令，努力宣传，照日本能读通俗假名附注之书报即算识字之例，不难由百分之二十之识字人数目，在短时内增至七八十分。本会认为注音之方法，实识字运动最犀利之工具，亟应尽力推行。"①

全国又继续推广了。

3.国语罗马字拼音法式(第二式)

中文用罗马字拼写，也是17世纪利玛窦在学习中文期间所创造的方法，后来传教士们也不断运用。而第一个把汉字来拼成罗马字式的文字，也还是卢戆章，以后陆续有一些中国人的方案被议论采用，1919年间的《新青年》杂志开始一些讨论，如《国语周刊》第一卷"汉字改革号"上面，就有钱玄同的甲乙两种，赵元任式一种，等等。显然，中国第一代语言学家们太热心，前面讲的拼音符号搞了几十年才开始见成效，又从专业角度看有些不足，于是干脆想再升一级，搞出一个既改音又改形的用罗马字取代的方案。从一开始看，仅仅是6位语言学家搞出来的。那是在1925年9月26日，第一次由刘复发起，在赵元任家中，参与者有钱玄同、黎锦熙、汪怡，第二次林语堂参加讨论，一直延至1926年9月6日，他们数人一共聚会22次，并没有奉什么国家命令，更没有拿国家几级项目经费，仅数人定则定矣。后来被历史起名为"数人会"，他们九易其稿，搞出来一个"国语罗马字拼音法式"，提交教育部国语统一筹备会议决，但是教育部也是不肯公布。统一会干脆自行公布，其中写道：

① 《国民党中委会训令行政院文》，黎锦熙：《国语运动》，第162—165页。

本会于民国十三年开第五次大会时，据中华教育改进社函送“国语字母组”决议案一件，大意称本社为促进本国教育，增加国际谅解，以应时代需求计，承认国语拼音用罗马字母之便利与必要，应取外人在华及本国学者所制定之各种拼音制度比较审查，采取众长，融合为一种罗马字母拼音标准制，呈请教育部公布，与注音字母同时推行等因。……查罗马字母比照华音，始于明末；如万历间西洋教士金尼阁，即著有《西儒耳目资》一书，《四库》著录，已存其目。……迄于今兹，交通日密，税关、邮局、公牍、报章、人名地名，必经西译，于是留华西人竞事规定，华音字典层出不穷；然其拼切法式迄未划一，其流行较广者，惟前驻华英使威妥玛(T.F.Wade)氏所定之威氏式(Wade's System)，及今邮电所用之邮政式(Postal System)，汇编词书，各成巨制，而学校、教会、铁路、报章，仍多自为风气。夫本国方音，随地而异，故香港译成 Hongkong，周姓岐作 Chow，Tseu，此则或因习惯已久，或缘国语未通，果能标准国音，自可归于一致。惟字母拼切根本法式，若彼此殊术，益以为术至疏，似以今情形，良多流弊。例如四声界限不明，则山西与陕西莫辨；平声阴阳相混，则唐山与汤山无殊；以 l 拼 i，黎李可成同姓；将 ang 缀 ch，昌章竟是一名。威妥玛诸人亦感及此，故加符号以辨发音，或用数码以表声调；然书写既苦繁芜，印刷尤多障碍。至今任新制诸案，则多利用二十六字母中不常用者，或参入国际音标，以资识别；然其不便，与前相等，而音节间横出异文，耳目俱困，尤难适用。……且罗马字母，世界适用，辨认拼切，已成国民常识之一。自注音字母公布以来，全国小学固已通行，而略识西文之中流人士，与中等以上学生，以及通都大邑服务工商各界者，则多未免倦于补习；诚得国定之罗马字母与之对照，而为其别体，则借所素习之工具，进而研习国音，可以不学而能，有无师自通之乐。是于国语统一前途尤多裨益。本会既已大会郑重之议决，复经委员会两年来努力之研讨，根据学理，斟酌事实，定此国语罗马字拼音法式，与注音字母两两对照，以为国音推行之助。此后增修《国音字典》，即依校订之国语标准音拼成罗马字，添记于注音字母之后。教育、交通、工商各界，如遇需用罗马字时，即以此种拼音法式为标准，以昭划一而便通行。①

① 《国语统一会公布》，黎锦熙：《国语运动》，第 122—124 页。

理由充足，中国人又多一种新学习中文的工具，但开始使用可并不顺利。

接着，蔡元培先生以大学院院长身份，在1928年9月公布大学院布告17号，其中写道：

查国语统一筹备会制定国语罗马字拼音法式，两年以来，精心研究，已多方试验，期于美善；其致力之勤劬，用意之周到，至堪嘉尚。兹经本院提出大学委员会讨论，认为该项罗马字拼音法式，足以唤起研究全国语言学者之注意，并发表意见，互相参证；且可作为国音字母第二式，以便一切注音之用，实于统一国语有甚大之助力。特予公布，俾利推广而收宏效。①

这里附上当年的国音字母一式二式的单张。（附录三）

1933年，黎锦熙先生总结道：

总而言之："字母"之改名"符号"，犹清资政院严复之将"简字"正名为"音标"也。……统而言之：凡所以蠲除疑虑，便利学习，推广用途，强令施行者，皆为三十余年来所已知言，而未能实行。今竟能由国家最高政治机关下令，督促全国，大有雷厉风行之势，此实打破三十余年来政府方面之沉寂，而为国语运动史上开一新纪元。②

到1937年，黎先生又在电台播音演讲中说道：

这套"国语罗马字"，只用了世界通行的二十六个拉丁字母，可以很细致地写出我们的国语和全国各地方的方言，可以当作一种中国的新文字用。可是"国语罗马字"也有个极简单的基本形式……拼起音来，也只能给汉字注音，不能够离开汉字而独立，所以算不得新文字；近来外国人也有代替中国做的，像瑞

---

① 《大学院公告》，黎锦熙：《国语运动》，第129页。附录三为国音字母一式二式之单张，载同（58），第186页。

② 黎锦熙：《国语运动》，第179—180页。

典国的高本汉(B. Karlgren),像苏俄的"中国拉丁化会议",他们各做了一套,都是基本形式,都只可以算是外国人代替中国做的一套注音符号的"别体"。①

1961年,周有光先生评论道:

国语罗马字的技术特点主要是:1.注重词儿连写,提高了正字法技术;2.用拼法变化表示声调,有详细的拼调规则;3.完全用现成的拉丁字母,不用新字母,不加符号;字母用法比较接近英文,远胜威妥玛式。国语罗马字当然是音素制定。它的设计者不是仅仅考虑汉字注音的作用,而是特别考虑了作为文字应用的要求的。它是第一个接近成熟的汉语拼音文字方案。注音字母公布不过九年而又公布国语罗马字,这是汉字改革运动的一次跃进。可是国语罗马字的身世是坎坷的。不但出生就像"私生子"(自行发表),勉强公布充当"偏室"(第二式),而且始终没有机会进入小学,在社会上也是步履艰难。②

我们今天的读者恐怕会发出感叹,造化有时候真会捉弄人,几十年的一代人光阴,居然能够将2000年没有做到的字同音难题,从下到上地应用社会科学的思想及方法,将汉字同音的原则凝练出来,将汉字同音的实践普及到全民族,真是千古的伟绩。但是,未旋足之间,新产生的拼音字母就面临新的变革,虽然罗马字第二式提高了汉字音调的标准与准确性,"国音"的准调儿依然困难重重,在中国推广的实践也是困难重重。

4.拉丁化新文字

方案不少,这里仅介绍当时的苏联以及瞿秋白先生等人的活动,用周有光先生的说明如下:

汉语的拉丁化新文字是中国共产党员瞿秋白首先倡议设计的。他在1921年到苏联以后就受到苏联拉丁化运动的影响,1927年中国大革命失败以后他

① 黎锦熙讲演:《注音符号与简体字》,载教育部社会教育司编:《教育播音讲演集》,第二辑,63页,商务印书馆,1937年。

② 周有光:《汉字改革概论》,42—43页,文字改革出版社,1961年。

再度赴苏联,跟当时在苏联的中国共产党员吴玉章、林伯渠、萧三、王湘宝以及苏联汉学家郭质生(В.С.Колоколов)、龙果夫(А.А.Драгунов)等共同研究。1929年瞿秋白和郭质生合作写成"中国拉丁化字母"草案……1931年春夏之际在苏联各民族新文字中央委员会通过,成为当时的最后决定。这时候,瞿秋白回国了,吴玉章到了海参崴;萧三、龙果夫、刘宾(Н.И.Люъин)、史萍青(А.Г.Шнринцин)、莱希特(И.Г.Лайхтер)组成突击队到远东华侨较多的海参崴、伯力等地进行宣传。在苏联各民族新文字中央委员会的指导下,1931年9月26日于海参崴召开"中国新文字第一次代表大会"……通过了书面方案《中国汉字拉丁化的原则和规则》,内容是:一、中国拉丁化新文字的原则(十三条),二、中国拉丁化新文字的规则(包括:1.字母,2.拼写的原则,3.写法的规则)。……说明:"要根本废除象形文字(汉字),以纯粹的拼音文字来代替。……要造成真正通俗化、劳动大众化的文字,要采取合于现代科学要求的文字,要注重国际化的意义。要达到以上的目的,只有采用拉丁字母,使汉字拉丁化才有可能。①

以上各种汉字拉丁化方案,引起国内注意,甚至在1935年12月,由蔡元培先生牵头的688位知名人士联名发表"我们对于推行新文字的意见"。不过,这已经涉及政治斗争,这里不细述了。

四、当时对国音变革的评论

国音产生之前,国音产生之后,一直不断有人议论,充斥着那时的许多报纸刊物,仅是编纂成专辑的就有好几本书。② 这里难以全引,仅列部分见解,以见一斑:

英国当代文豪威尔士(H.G.Wells)说:"中国文字之构造繁复,应用艰难,形势固定,不能适应现代简易敏捷准确交通之用。……论者颇以为中国之具有本

① 周有光:《汉字改革概论》,44—45页,文字改革出版社,1961年。

② 参见李中昊编:《文字历史观与革命论》,北平文化学社,1931年。陈其一编:《中国新文字问题讨论集》,开明印刷局,1929年。白占友编:《中国文字改进问题》,天津南洋书店。1934年。

来长处，而在最近四五百年中之进步反大受阻滞，其原因非他，即其文字不善，及其思想上成语之复杂困难是也，全国之心力尽耗费于学习之中，不遑他顾。……故中国往往有虽能认识常见之字，而知识宽广能完全了解新闻之记载者，为数甚寡，至于能领悟奥妙精深之文字者更寥寥矣。……中国之字体既如此奇特，从此种文字而出之教育制度，遂为屡代甄别学子之难关，颇宜于易受范铸及学问渊博之心思，而不适于流动富创造力之学士，故后一种人恒不能居权要而大展其势力焉。……近来中国已有人用种种方法，谋使其字体化为简单，且采用字母制。……

俄国当代诗人爱罗先珂在北平女高师演说《智识阶级的使命》，开首就有一段话："在这四万万人民的中国，怎么只有极少数喜欢文学的人呢？这件事情是很稀奇的，可是也很容易解释的。作工的人，没有空闲去学习，更没有空闲去研究白费工夫而难见功效的稀奇古怪的中国字……全世界没有一个民族的文字，和民众完全隔绝，像不幸的中国文字这种样子！……现在一般工人，并不是对于文字没有兴趣，他们也许是非常有兴趣的；他们不爱文字，只是因为终日要作工，没有希望能制胜这种稀奇古怪的中国字的困难。……因为中国有这种物质障碍，你们智识阶级不但与欧美的土蛮相隔绝，并且与你们自己的人民相隔绝。这种障碍比古代的万里长城更要坚固，比专制君主的野性还要危险。"

孟禄博士之南京高师讲演《我对于中国一般教育的意见》……一段话："文字是求学的工具，学位证是求学问的一种历程，一种手段；文字难则求学问尤难，这是必然的。我们教育上最经济的说话，就是要使学生能于最少时间内习得多量的有用的学问；但要达到这个目的，第一步非把文字弄到简单容易不可。现在中国小学里所教的文字，依我看来，实在太难了。如果不早设法改良，则儿童入学数年，对于文字尚不能应用自如，学问进益的限度，格外是无从说起。所以我以为如要把文字弄到简单容易，这却是现今中国一个紧要的问题。"

罗马瑞伟塔（Silvio Riveitta）教授说："中国无论如何倾向进步，其文字殊足为前途的大障碍。就小学言，学生职务，唯在记得横七竖八的若干字；即此一端，已与事业不宜过费时间，及学校课程仅为基础应用的原理等相违背了。……论字体构造，则奇特异常，凡极普通应用之名，如'苍蝇''盐'等字，均用杂乱无章的数十笔画——所谓横、竖、撇、点、捺、挑、钩、折等笔顺——堆砌而成；其冷僻之字，间有多至六七十画者。故他们写字，于每字的笔顺、次序及发音、意思，均须牢记。不牢记便不会写，所以他们学校都注重书法。"

胡适之先生说："文字革命（保存白话，用拼音代汉字），是将来总该办到的。……此种主张，根本上尽可成立。（赵元任君曾在前年《留美学生月报》上详细讨论，为近人说此事最精密的讨论）即如来信所说：'丝、思、司、私、师'等字，在白话里都不成问题，为什么呢？因为白话里这些字差不多都成了复音字，如'蚕丝''思想''思量''司理''职司''自私''私下里''私通''师傅''老师'翻译成拼音字，有何妨碍？……平常人往往把语言中的字，看作一个一个独立的东西，其实这是大错的。言语全是上下文的，即如英文的 Rite Right Write 三个同音字，从来不会听错，也只是因为这个原故。……其实拼音文字是双方的，拼的音是听觉的，拼成的文字是视觉的。中国文字的大毛病，就是在他偏于视觉一方面，不能表示字音。我们希望——注意——我们现在不过希望——将来能有一种拼音的文字，把我们所用的国语拼成字母的语言，使全国的人只消学二三十个字母，便可读书看报。至于'古来传承的文字'，尽管依旧保存，丝毫不变，正如西洋人保存埃及的象形文字和巴比伦的楔形文字一样。"

钱玄同先生云："中国文字衍形不衍声，以致辨认书写，极不容易，音读极难正确。这一层近二十年来很有人觉悟；所以创造新字，用罗马拼音等等主张，层出不穷；甚至拿很顽固的劳玉初，也主张别造'简'字，以图简省识字之困难。除了那选学妖孽，同城谬种，要利用此等文字，显其能作'骈文''古文'之大本领者，殆无不感现行汉字之拙劣。……我要爽爽快快地说几句话：中国文字论其字形，则非拼音而为象形文字之末流，不便于识，不便于写；论其字义，则意义含混，文法极不精密；论其中今日学问上之应用，则新理新事新物之名词，一无所有！论其过去之历史，则千分之九百九十九，为记载孔门学说及道教妖言之记号。此种文字，断断不能适用于二十世纪之新时代。"

刘复先生,是个语文学专家,他在民国十四年三月从巴黎写来一篇《国语运动略史提要》的文章。……他说:"统一读音并不是一个目的,乃是一种方术,或者说是一种预备的工夫,使字母制的文字,可以实现。按着理说,我们当然不能在半路上停了。但是要使字母制的文字实现,无论是用罗马字或另一种字,我觉得非常困难,虽然这问题是重要到极点。我以为我们应当有点耐心。我们应当将这个问题用最精细的方术去研究;凡是与这问题有关系的事项,都该一一分别讨论,不能放松一点。若不先下这种工夫,贸贸然就尝试,恐怕结果一定不好。"

蔡元培先生说:"汉字的不能不改革,我也早有这种感想。……在我个人意见,国音标记,最好是两种方法:第一是完全革命的,就是用拉丁字母。……第二是为接近古音起见,用形声字(声母)来代替一切合体的字。"①

以上八位中外学者的意见,皆取自白占友编辑的《中国文字改进问题》一书中。笔者以为,还有三位权威的意见很应该明示,故选录如下:

一位是瞿秋白先生,他写的《新文字理论提纲》一文中,提出:

"中国文化的能够统一,和对于异族的同化力的强,主要的原因何在呢?我以为就在同文的政策的实行。这所谓同文政策,不但所写的文字相同,而且所用的文腔也相同。地域很广,交通很不便,方言方音复杂,外来的或者原有的异族很多;如果大家各用拼音文字,分别出方言方音的人话,便可以有许多种的文字,许多种的文腔,而文化便不这样统一了。所以中国历史上统一文化,同化异族的力量,就仗着(一)不用拼音文字而用衍形文字;(二)不用各地分歧的人话的文腔,而用标准统一的鬼话文腔。……它们所用的文字,因为它们所用的语言是孤立语,而孤立语在现在语言学者估价上,又被称为较进步的;所以能不能改用拼音文字和要不要改用拼音文字都是一个问题。"(刘大白《白话文语》,

① 以上八人言论,皆引自白占友编:《中国文字改进问题》,46—74页,天津南洋书店,1934年。

214—215页)刘大白是反对“鬼话”文言很激烈的人,他尚且反对拼音文字,足见得“新中国文”这儿阻碍是多么大了。刘大白接着说:“现在用标准统一的人话文腔,来做统一文化和同化异族的工具,一定合用,而且比标准统一的鬼话的文腔更合用,是可以断言的。”我们特别提出刘大白的话,正因为他是白话文运动的“健将”,他的主张,可以代表“急进的”文腔革命的意见。这种意见是什么样的立场呢?仿佛和章士钊的意见一样。……我们首先要说明的是:同文政策是不应当有的。……中国汉字在远东的“同化作用”,完全依赖经济上生产力发展的程度。当时中国汉族经济上生产力的首先发展,产生了中国的绅士阶级的文字。……现在,中国自己的文化程度,在世界的政治经济舞台上,不能不承认是比较落后的了。……中国不知道联合这些民族去反抗帝国主义吗?如果要联合他们,就一定要表明自己抛弃对于他们的侵略压迫和同化政策。再则,同文政策是不可能的。古代中国的汉字……实际上,所形成的并不是一种文字,而是好几个好几种的文字。……就全中国本部来说,古代各省的秀才举人,的确用的是同一种的汉文文言,开始中国各省的民众说的却是广东话、北京话、上海话……所有这些,都证明用着汉文的汉字,实际上,并不曾实现现代之同文。这种同文政策早已破产。只有到了现在……这种普通话的扩大发展,以至于统一,却是自然的过程,不能够用什么同文政策——国语政策来强迫的。因为社会生活和政治学术上,都有共同通用的语言的必要,所以产生“普通话”。……如果要用同文政策——就算用现代人语之中的一种北京话,来做标准国语,而抑制各种方言的发展,那亦是反动的。而且是不可能的。现在最适当的办法,是适应着自然发展出来的普通话,制造一种新中国文——用罗马字母拼音的文字,作为全国通用的文字。其次,同文政策是不必要的。废除汉字采用罗马字母而制造拼音制度的新中国文,方才能够真正达到“言文一致”的目的。现在用汉字写白话文,大半是“不成话”的白话。这种白话文,仍旧是读出来听不懂的文字,仍旧不能够不看看汉字的形体,——不看汉字只听声音是不能够懂得。而汉字的形体非常复杂,非常地困难。所以即使汉字有“同文的作用”,也是划不来的;……中国言语的落后,是因为经济发展的落后;一切社会关系的比较简单、比较野蛮,使中国人对于物件、事情、时间的种种关系没有精确的概念,所以中国言语是很贫乏的——名词不够用,形容词粗浅,动词的概念模糊，尤其是细密的前置词缺乏——前置词的缺乏使这种言语里面表示方位的能力非常薄弱，而且最显著的是，中国言语文字里面的所谓本质上的名词、形容词、动词等等，不能变化自己的概念来表现更抽象的意思（例如动词当名词用，名词当动词用等等的方法，在中国文里面是非常笨拙的）。中国文字所以停滞在象形制度、半象形制度、以及猜谜子似的谜画制度和思维“会意假借”制度，也是因为以前经济发展的停滞。承认中国文字的落后，一点儿也没有什么可耻的；倒是“妄自尊大”的夸张中国文字是进步的文字，反对拼音制度，怀疑拼音制度的可能，这是没有勇气克服一切困难，去适应现在的中国民众的真正活的言语的进化——这才真正可耻呢！……中国现代言语发展的情形，已经必须需要采用拼音制度，必需要最彻底的文字革命——就是完完全全废除汉字。……赵元任式的国语罗马字，是根据注音字母用北京音做标准的，叫作什么“标准国音”。这种办法的理由，据说是各国都是采用一种方言来做国语，逐渐“打倒”其他一切方言，而在中国，仿佛是北京话最有这种资格。这种理论实际上是不通的……势必至于使“蓝青官话”变成实际上的普通话。……所以我们认为还是用注音字母的第一时期（1925 年以前）所审定的读音做标准，比较好些。[①]

瞿先生的理论，今天的读者读来，应该是似曾相识，无须多言。

还有鲁迅先生，他除了曾参与读音会的提案外，也有自己的见解。他在《门外文谈》中写道：

因为文字是特权者的东西，所以它就有了尊严性，并且有了神秘性。中国的字，到现在还很尊严。……将文字交给大众的事实，从清朝末年就已经有了的。……劳乃宣和王照他两位都有简字，进步得很，可以照音写字了。民国初年，教育部要制字母，他们俩都是会员，劳先生派来一位代表，王先生是亲到的。为了入声存废问题，曾和吴稚晖先生大战，战得吴先生肚子一凹，棉裤也落了下来。但结果总算几经斟酌，制成一种东西，叫作“注音字母”。那时很有些人，以为可以替代汉字了，但实际上还是不行，因为它究竟不过简单的方块字，恰如

① 瞿秋白：《新文字理论提纲》，载《中国文字拉丁化文献》，48—57 页，拉丁化出版社，1940 年。

日本的“假名”一样，夹上几个，或者注在汉字的旁边还可以，要它拜帅，写起来混杂，看起来眼花，那时的会员们称它为“注音字母”，是深知它的能力范围的。再看日本，他们有主张减少汉字，有主张拉丁拼音的，但主张只用“假名”的却没有。再好一点的是用罗马字拼起来——现在连土耳其也采用了——一词一串，非常清晰，是好的。但教我以门外汉来说，好像那拼法太繁。要精密，当然不得不繁，但繁得很，就又变了“难”，有些妨碍普及了。最好是另一种简而不陋的东西。这里我们可以研究一下新的“拉丁化”法……它只有二十八个字母，拼法也易学。……只要认识二十八个字母，学一点拼法和写法，除懒虫和低能外，就谁都能够写得出，看得懂了。况且它还有一个好处，是写得快。美国人说，时间就是金钱；但我想，时间就是性命。无端地空耗别人的时间，其实是无异于谋财害命的。……大众，是有文学，要文学的，但决不该为文学做牺牲，要不然，他的荒谬和为了保存汉字，是要十分之八的中国人做文盲来殉难的。活圣贤就并不两样。……几个读书人在书房里商量出来的方案，固然大抵行不通，但一切都听其自然，却也不是好办法。现在在码头上，公共机关中，大学校里，确已有着一种好像普通话模样的东西，大家说话，既非“国语”，又不是京话，各各带着乡音、乡调，却又不是方言，即使说的吃力，听的也吃力，然而总归说得出，听得懂，如果加以整理，帮它发达，也是大众语中的一支，说不定将来还简直是主力。

鲁迅先生还写道：

比较是最好的事情，当着没有知道拼音文字以前，就不会想到象形文字的困难；当着没有看见拉丁化新文字以前，就很难明确地断定：以前的注音字母和国语罗马字拼法也还是麻烦的，不合乎实用，也是没有前途的文字。方块儿的汉字真是愚民政策的有力工具，不单劳苦大众，没有学习和使用的可能就是有钱有势的特权阶级，花费一二十年的功夫，终究不能学会的也多得很。最近，宣传古文的好处的教授，竟把古文的句子点错了，就是一个证据——他自己没有懂。不过他们可以假装懂得的样子，来胡说八道，欺骗不明真相的人。所以汉字也是中国劳动大众身上的一个脓疮，病菌都隐蔽在这里面，假使不首先把它除去，结果只有自己死。先前也曾有过学者，想出拼音字母来，要大家容易学，也就是更容易教训，并且延他们服役的生命，但是那些字都还是麻烦，因为学者总忘不了官话、四声，并且这是学者创造出来的字，必须有学者的气概。这回的新文字确简易得多了，又是根据实际的生活，容易学，有用，可以用它对大众说话，听人家的话，明白道理，学得技艺，这才是劳动大众自己的东西，首先的唯一的活路。①

第三位是唐兰教授，他在1949年的专著中写道：

中国人自己创造字母，是在甲午以后了。……

这套字母最先叫作注音字母，后来定为国音字母第一式，又后来索性改称为注音符号。民国二十四年以后才提倡铸造，把注音符号钉死在汉字旁边的铅字，成为注音汉字。

有人批评注音字母是退步的，因为劳乃宣的简字是用作民众教育的一种新文字，而注音字母只是汉字旁边的附属物。……由注音字母改称为注音符号，名实更相符了，但是顾名思义，就可以知道这不是一种文字，而只是一种工具，工具是可学可不学的，（例如速记，打字，不是每人都需要的，四角号码，五笔检字，以至度撷法，大多数人都没有学过。）那就无怪推行了三四十年，没有很大效果。

民国十一年以后，有些学者又提倡改革汉字，到民国十五年通过了一套国语罗马字，十七年（一九二八）用国音字母第二式的名义来公布颁行。

从前的罗马字拼音，是为外国人用的，也有是为在中国宣传宗教用……可是是很难学的符号……所以这种国语罗马字尽管公布了多少年，一般人还是用旧式的拼音，旧式外交部、交通部用译音也没有依过这个标准。

民国二十三年跟着大众语运动而来的拉丁化新文字，是一种简单的粗糙的拼音文字，没有四声，所以应用是很不方便（孔子可以读成空子），它们虽然用来写方言，却不能和任何一种方言符合，虽然曾经热闹过一阵，现在似乎已无人

① 鲁迅：《门外文谈》等，载《中国文字拉丁化文献》，128—148页，拉丁化出版社，1940年。

提起了。

……

注音汉字却是道地的,可是十分蠢笨的、旧调重弹的注音文字。由此,可见一般人的保守性。在我们觉得中国文字太难认的时候,就主张文字是应该改革的,可是到了实际要改革时,却畏葸了,退缩了。我们如其想一想中国文字的声符,从来就不固定……我们为什么不在改革文字时,因利乘便,把旧的不容易认识的声符换掉呢?为什么不改革文字而只想统一读音,不创造新文字而只做认识文字的一种工具,注音符号呢?

……

现在,过了十几年来,虽则和钱先生怀同样信念的人还是很多,但是我总是觉得推翻汉字不如改革汉字。……我们也明知道,合理的未必能行得通,通行的未必合理。但是,钱先生墓草久宿,黎先生也垂垂将老,这种屋上架屋、床上叠床的注音汉字,累赘不适于用的注音符号,我们能坐视它延长下去,永远是过渡时期吗?合理的改革,正是我们的责任。①

以上这十一位学者的见解,很丰富地说明当时各色人等的清晰看法,对于国音、罗马字方案、以及拉丁化方案的各种看法,总的认同是时代的需要,是中华民族的文化进步的表征。同时也指出许多操作技巧的不足,以及选择不同解决的方案。今天的读者自可明白,我们民族在时代的转折关头,毅然迈出强力进步的步伐,把几千年没有解决的文字难题,推向了现代化的先锋,并且在这么短的时间内,这么没有经费的运作中,居然能够取得成功。其中,数位学者的急先锋作用是铭刻在历史上的,同时也表明我们民族是拥有巨大潜力的,在文化建设上发出异彩,为我们今天的语言文字建设,做出来榜样。至于留下的后遗症,那是我们后人必须继续努力奋斗前进的。至于后来一些闲人,将这些言论分裂成左、中、右等派别,把政治站队用到学术研究中,那就不是言语文化学所应关注的了。

本节最后,需要再明确当年给"国音"写的定义,在 1927 年出版的《文字学

① 唐兰:《中国文字学》,188—192 页,开明书店,1949 年。

名词诠释》一书中，说是“一国之音也”。[1] 这显然模糊不准确。到 1935 年，由“全国国语教育促进会审词委员会”编辑出版的《标准语大辞典》中，则解释为：“国家规定的统一的语音”。[2]

第五节　国语运动的兴起

一、国语运动之缘由

国语问题，被一代书生们搞成一个全民运动，那应该是历史的必然。孙中山先生在 1919 年曾评论其根源，他在《孙文学说》中写道：

中国文言殊非一致。文字之源本出于言语，而言语每随时代以变迁，至于为文虽体制亦有古今之殊，要不能随言语而俱化。故在三代以前，文字初成，文化限于黄河流域一区，其时言语文字当然一致，可无疑也。至于周代，文化四播，则黄河流域以外之民，巴庸荆楚吴越江淮之族，受中国之文字所感化，而各习之以方言，于是言文始分。……汉后文字踵事增华，而言语则各随所便。于是始所歧者甚谨，而分道各驰，久且相距愈远。顾言语有变迁而无进化，而文字则虽仍古昔，其使用之技术，实日见精研，所以中国言语为世界中之粗劣者。往往文字可达之意，言语不得而传。是则中国人非不善为文，而拙于用语者也。亦惟文字可传久远，故古人所作，模仿匪难。至于言语，非无杰出之士妙于修辞，而流风余韵，无所寄托，随时代而俱湮，故学者无所继承。然则文字有进化，而言语转见退步者，非无故矣。抑欧洲文学基于音韵，音韵即表言语，言语有变，文字即可随之。中华制字以象形会意为主，所以言语随殊，而文字不能与之俱变，要之此不过为言语之不进步。而中国人民非有所阙于文字，历代能文之士，其所创作，突过外人，则公论所归也。盖中国文字成为一种美术，能文者直

① 叶长青编：《文字学名词诠释》，99 页，上海群众图书公司，1927 年。

② 全国国语教育促进会审词委员会编：《标准语大辞典》，121 页，商务印书馆，1936 年。

美术专门名家，既有天才，复以其终身之精力赴之，其造诣自不易及。惟举全国人民而范以一种美术，变本加厉，废绝他途，如上所述，斯其弊为世诟病耳。然虽以中国文字势力之大，与历代能文之士之多，试一问此超越欧美之中国文学家中，果有能心知作文之法则，而后舍毫命简者乎？则将应之曰：中国自古以来，无文法文理之学。为文者穷年揣摩，久而忽通，暗合于文法则有之；能自解析文章，穷其字句之所当然，与用此字句之所以然者，未之见也。至其穷无所遁，乃以神而明之存乎其人自解，谓非无学而何？夫学者贵知其当然与所以然，若偶能然，不得谓为学也。欲知文章之所当然，则必自文法之学始。……中国向无文法之学，故学作文者，非多用功于咿唔呫哔，熟读前人之文章，而尽得其格调，不能下笔为文也。故通者则全通，而不通者，虽十年窗下，仍有不能联词造句以成文，殆无造就深浅之别也。若只教学童日识十字，而悉解其训诂，年识三千余字，而欲其能运用之，而作成浅显之文章者，盖无有也。以无文法之学，故不能率由捷径，以达速成，此犹渡水之无津梁舟楫，必当绕百十倍之道路也。中国之文人亦良苦矣。……夫有文法以规正言语，使全国习为普通知识，则由言语以知文法，由文法而进窥古人之文章，则升堂入室，有如反掌，而言文一致，亦可由此而恢复也。①

孙先生作为一代政治家，他明确地看到中国语言文字的历史上的变迁，提出许多鲜明见解，特别是言文一致与分道、言语变迁与进步或退步、文法缺乏或随意等根本性问题的具有说服力的说明，颇能鼓励中国书生们为之奋斗。

国语运动是一个总称呼，它表示着那个时代的国家与语文、语与文、字和音、白话与文言、大众语、标准语、文法句法语法，等等，因中文变革而引发的一系列论争和行动，或者是因论争和行动而引发中文内在的变革。从时间看，正是从维新变法到新政到五四新文化运动时期，这么一个时代变局中，中国人所实际进行的不仅是运动，而其实质是伟大的文化建设。往扩大的言语文字与社会的关系看，则更是永远变革了中国的文学潮流、社会潮流，以及人们思想的潮

---

① 《孙文学说》，刊于1919年，转引自《中山全集》，第三册，第三章，第21—23页，上海光华图书公司，无出版年。

流等各个方面。因为言语文字是民族进步的工具，新工具经过人的运作而产生新能量。不过本章为避免过于庞杂，仅选择其中与言语相关多的部分作介绍。这里不妨用倪海曙先生在当年做的表解如下：

- 中国语文改革运动
  - 语言的改革
    - 笔头语的口头化
      - 白话文运动：市民语代替贵族语
      - 大众语运动：大众语代替市民语
    - 口头语的共通化
      - 民族共通语运动：发展方言，建立普通话
      - 国语运动：指定标准语
  - 文字的改革
    - 汉字改良运动
      - 限制汉字的字数：平民千字课。——基本汉字
      - 减省汉字笔画：简体字——简字——俗字——草书——手头字——复合字
      - 便利汉字读音：音义字——唯声字——新形声字——注音汉字——别字
    - 拼音文字运动
      - 教会罗马字运动
      - 切音字运动
        - 中式：速记系——假名系——篆文系——草书系——象数系——音义系——杂系
        - 西式：各家拉丁字母切音方案
      - 注音字母运动
      - 国语罗马字运动
      - 拉丁化中国字运动①

在介绍国语运动之前，必须知道国语运动之所以在民国初年发生，其前因重要的一点，是清朝所谓盛世时期，当时的国语是满语，并且在社会中一直存在民族仇恨和言语差异，由于专制皇帝的需要，而故意人为制造大量文字狱，以作为高压统治的必要手段。当年的史料血泪斑斑，这里仅举一例就可以了。“谢济世著书案”，乾隆皇帝谕：“谕军机大臣等，朕闻谢济世将伊所注经书，刊刻传播，多系自逞臆见，肆诋程朱，甚属狂妄。从来读书学道之人，贵乎躬行实践，不

---

① 倪海曙：《中国拼音文字概论》，22 页，时代书报出版社，1948 年。

在语言文字之间辨别异同，况古人著述既多，岂无一二可以指摘之处。以后人而议论前人，无论所见未必即当，即云当矣。试问于己之身心，有何益哉？况我圣祖将朱子升配十哲之列，最为尊崇，天下士子，莫不奉为准绳。而谢济世辈倡为异说，互相标榜。恐无知之人，为其所惑，非一道同风之义，且足为人心学术之害。朕从不以语言文字罪人，但此事甚有关系，亦不可置之不问也。尔等可传谕湖广总督孙嘉淦，伊到任后，将谢济世所注经书中，有显与程朱违悖抵牾，或标榜他人之处，令其查明具奏，即行销毁，毋得存留。乾隆六年九月丁亥。"①我们已经不用了解其下属处理此事的下文了，仅因为如此蛮横不讲理的最高指示，就已经足以让全国书生口服心不服，足以让全国民众三缄其口了。以后长长岁月里，自己民族的语言文字会惹来杀身之祸，毫无保护自身发言之权，谁还敢讲国语变革？谁还敢讲国语统一？

至于中文"国语"一词内涵的沿革，陈懋治先生早年曾有介绍如下：

> 国语一名词，在古代为左丘明所著书名，其义与今所谓国语不同。又有辽金元三史《国语解》一书，虽与今义相同，然指彼三国之语言，非谓为中国语也。前清《四库全书目录》称满洲语为国语，称中国语为汉语，其故虽由当时满汉之见尚未融洽，亦由我国自古以来，有天下观念，无国家观念；有同文观念，无统一语言观念故也。然而，乾嘉以后，满人日渐同化于汉语。而社会上所谓官话者，暗以京语为主体，已合各省之人成为一种公用语，具有国语之资格。②

这里说得很清楚，中国古代虽然一直有"国语"一词，但要看是什么民族皇帝，"国家"之语是属于皇帝所属的民族的。到清朝也是如此，所以满洲语是清朝的国语，汉族只能是汉语。汉语在当时，并不是中国语的唯一代表。

黎锦熙教授也曾解释道：

> 现在所讲，以狭义的国语为限。至于广义的国语，是包括古今一切用本国

---

① 乾隆皇帝谕："谢济世著书案"，原载《清实录》圣训法祖门卷三三，转引自《清代文字狱档》，1页，北平故宫博物院文献馆编印，1931年。

② 陈懋治：《统一国语问题》，载《最近之五十年》，4页，上海书店影印本，1987年。

语文所发表的东西而言。如用英文来表示:广义的国语,便是Chinese;狭义的国语,便是Spoken Chinese。……把各地的方言土语除外,便叫作“国语话”;将国语话写在纸上,便叫作“国语文”。……至于“运动”,便是说“有意的宣传”。假若是无意的,那种事虽忽然风行一时,也不能说是“运动”。假若是有意的从事于研究、调查、实验等等事业,而没有宣传的形式,也不能说是“宣传”。凡宣传都有一种简括的口号,一名“标语”,从前讲学家就叫作“宗旨”。国语运动的口号是:“国语统一;言文一致。”……历隋唐宋明到清末,二千年间,中国社会一切活动、习惯乃至迷信等等,都是以科举制度作中心的,一直到距今不过二十年间才废止。标准文体借科举的力量,真弄得规模大定,而且势力雄厚,推行甚远。这就是现在所谓“文言文”。我们不能说文言文是活的,因为它与语言不一致,说话不适用。但是也不能说文言文是死的,因为它也和“国字”一样,经了二千多年的训练,于不同义的语言之外,得到一种特别的统一,就是上层阶级彼此通行的一种超语言的文体。自然,这种标准文体,只能谓之“文体复古”,和现在的国语运动的“言文一致”恰相反对。……清末甲午战败,戊戌政变,庚子拳乱,国人连受了这三大刺激;有识者都感觉到民智不开,难以立国,便一面主张兴学育才,一面主张启发民智,于是发生一种“字母运动”。他们唯一的宗旨只在“言文一致”,却不甚注意“国语统一”。……桐城吴汝伦,他以桐城派古文老将的资望,热烈地宣传这种字母,自然影响很大。他宣传的理由,却是偏重“国语统一”;国语统一“这个标语,可以说是由他叫出来的。①

接着就是王照、严修、劳乃宣、江谦、严复等书生们的一系列呼吁与宣传,在不断的论争与实践中,总算在1911年6月学部的中央教育会议开会,通过《统一国语办法案》。算起来,清末时期一共做成4件事:一是改官话名称为国语;二是确定音标符号;三是范正汉文读音;四是国语含有语词、语法、音韵三方面内容。但可惜的是4个月后就发生辛亥革命,所有的努力又得再来过。

先行者们在民国初元就欢呼雀跃地更加积极去努力。1916年,《新青年》

① 黎锦熙:《国语运动小史》,原载《早大寒假讲演录》,转引自李中昊编:《文字历史观与革命论》,526—544页,北平文化学社,1931年。

杂志首倡文学革命,胡适先生倡导的“国语的文学,文学的国语”,成为变革的主题,引发一系列文化上的变革。蔡元培等人在北京成立“国语研究会”,呼唤国语为中国语言统一做出贡献。1917 年,第三次全国教育联合会开会决议,其中写道:“我国语言不能统一,凡事每生障碍。欲谋教育普及,亟宜采取与文相近之语言,编制一种标准语,以蕲国语之改良,且助文化之进步。考之东西小学校,不称国文科而称国语科者,盖有由也。……”①到 1918 年 4 月,教育部召集全国高等师范校长会议,议决高等师范设立国语讲习科。到 12 月,教育部设立国语统一筹备会。到 1919 年 9 月,全国教育会联合会在山西开会,议决推行国语,以期言文一致。1920 年,教育部将国语研究会所送来的“国语材料单”转发给各地各校。这份材料具体地展示了当时国语的具体史料,列清单如下:

古语类 《朱子语》宋黎靖德编;《京本通俗小说》元人著;《邵子击壤集》宋邵康节撰;《醉醒石》明人著;《近思录集注》清江永著;《五灯会元》宋;《元曲选》明臧晋叔编;《元秘史》清张穆辑;《四书集注直解》明张居正撰;《古谣谚》清杜文澜辑;《五代史平话》宋人著;《大宋宣和遗事》宋人著,商务印书馆出版。

以上各书可考言语之变迁,供词头之采择。

今语类 《论语话解》清福建闽县陈浚著,曾经教育部审定,商务印书馆出版;《四书孝经今译》四川富顺张佩严著,曾经教育部审查作为参考用书,中华书局发行;《白话左传》包虞臣著,北京日报社出版;《伊索寓言演义》江苏无锡孙毓修著,商务印书馆出版;《科学小说上下古今谈》江苏阳湖吴敬恒著,文明书局出版;《通俗讲艺》湖北通俗讲演团出版;《通俗讲案》陕西;《杭州白话报》;《人民须知》山西省公署颁布;《村长副须知》山西省公署颁布;《实业浅说》农商部印行;《通俗教育讲稿选录》教育部印行;《蒙养院谈话》教育部印行;《京语童话》商务印书馆出版。

以上各书可参考各处方言之异同,求统一之标准。

新文艺类 《教育今语杂志》章炳麟等撰述;《马氏文通要例启蒙》陶散生编;《国语学草创》胡以鲁著;《国语学讲义》黎锦熙著,曾经教育部审定,商务印

---

① 陈懋治:《统一国语问题》,载《最近之五十年》,9 页,上海书店影印本,1987 年。

书馆出版;《大学月刊》北京大学出版;《实验主义》胡适编,学术讲演会印行;《心灵现象论》陈大齐著,学术讲演会印行;《科学与人类进化之关系》王星拱编,学术讲演会印行;《墨家哲学》胡适编,学术讲演会印行;《美国之民治的发展》杜威演讲录,学术讲演会印行;《现代教育的趋势》杜威演讲录,学术讲演会印行;《中国哲学史大纲》胡适编,学术讲演会印行;《梁任公讲坛》时事新报馆出版。

以上各书均近时通行之本,尚有新出者不及备载。

词头类 《新方言》章炳麟著;《恒言录》钱大昭著;《南通方言疏证》孙锦标著;《通俗编》翟灏著;《越谚》范寅编;《言鲭》有正书局出版;《各省府县志方言门》。

以上各书可备编纂词典之用。①

这些书刊,今天的读者已经很少能见到了,但是当年确是中国国语统一与兴起的重要参考资料。也可见当年选择这些书刊之人所能掌握的讯息与权衡标准,从传统著作到当时新著,古今中外全涉及,其倾向性也很明显。接着就在全国中小学校推行国语教育了,那些教材现在已经重印出版,这里不再介绍。黎锦熙教授后来评论道:

但是国语运动的前途和负担,还是艰巨得很,国语界的将士们还是时时刻刻在战线上站着。因为(一)这种革命如果成功,旧文化多少要受一点儿影响(其实于旧文化很有益处),一般守旧家以及落伍的维新家同感东方文化怕要因此而根本动摇;(二)尤其是把向来"士人阶级"所垄断以为利的,所谓"笔耕""砚田"以及"铁饭碗"之类,弄成一个"有饭大家吃",人人可以操觚,使他们靠此为生的老大不愿意。前者属于文化问题,免不了意气的争持;后者属于生活问题,更免不了利害的冲突。所以最近三四年间(1923年以后),常听见有些老朋友们发这样的议论:"既不能文章,何配谈政治?""不读古文,不可以为人!

---

① 国语书清单,载《最近之五十年》,12页,上海书店影印本,1987年。

不作古文，不可以为子!”这实在太不合“逻辑”了！于是章士钊先生乘时崛起。[①]

那时候的争论虽激烈，但多不着边际，因为谁也没有宣布反对国语统一，谁也没有反对中国语言文化进步，这里也就无须再介绍了。到了1926年1月1日，在北京中山公园举行全国国语运动大会，很是热闹，会上的纪念歌云：

十年的国语运动，	十年的国语运动，
到今日才算成功。	到今日还不算成功。
今日的太阳升自东，	今日的太阳慢慢地升，
照着国音字母一片红，	照着那国音字母淡淡的红，
瞎子的眼睛光明了，	快撞起那报晓的钟！
聋子的耳朵也不再聋。	快唤醒那沉酣的梦！
我们的国语宣传到民众，	我们的国语普及到民众，
十年的运动今日算成功。（其一）	十年的国语那才算成功。（其二）[②]

那时候，为推广国语，成立四种教育机构：1916年成立国语研究会，有会报《国语月刊》，各省推行；1919年教育部成立国语统一筹备会；1920年教育部成立国语讲习所；1921年上海成立国语专修学校；1926年上海组成全国国语教育促进会，在全国多地举行过80多次国语运动会，等等。在全中国进行了国语的普及推广，有了领导，有了教师队伍，有了教材，更有大批待受教育的儿童与老人。他们在那么恶劣的政治环境中，依然学习不断，依然信心满满。其中具体内容，分列如下各节。

二、白话文与文言文

白话文与文言文问题，在古代没有这个问题，只有这个实践的需要。它们

① 黎锦熙：《国语运动》，94—95页，商务印书馆，1933年。

② 黎锦熙：《国语运动》，113—114页，商务印书馆，1933年。

俩之间成为问题，是近代中国中文里出现的问题，辩论得相当复杂。《新青年》杂志的同仁们为了鼓吹"国语的文学，文学的国语"，并且要"打老虎"（《甲寅杂志》），就大张旗鼓地硬将白话文与文言文区分成似乎势不两立的敌对势力，占据论战的制高点，引经据典，为民请命，分析得令人眼花缭乱，其实就是把白话文与文言文这两个亲兄弟硬搅成互相排斥的"非我族类"。而且争论至今，似乎争斗的兴趣正浓。但是平心而论，到底白话文与文言文之间有没有问题？需不需要如此讨论？今天看去似乎也是问题。不过，依笔者看，当年的大争论及其演变的成果，还是值得的，对于我们民族的言语进步、文化发展，那是巨大的功劳。现在我们先看看白话文与文言文的义界是怎么样的，再看看言语变化的一些实例，略微谈点思想收获。

笔者的看法是：白话文与文言文是中国语文表述的两种方式，全用中文写，全表述作者的语义，因此，它们是亲兄弟般的血缘关系。只是它们表述的特点有各自不同的要求。在几千年中国有文字的历史中，它们曾经各自发挥其优势与劣势，在不同的时间空间里，在不同的个人作者与读者中，出现与形成一些传承性语文习惯。其中的佼佼者的语文贡献，至今让世人欣赏；其中的平庸者的顺笔胡言，也让后人猜测不已。今人看过去，全是正常的语文现象，问题不在一种文体是属于白话文还是文言文，而是我们应该如何清晰地解读其中语义。

（一）近代白话文与文言文之义界

1.古代

五四运动以来，"白话文"与"文言文"因为使用频率高，一直都是热词。但这两个词的定义是什么？古代有没有出现过这两个词？难道是新词吗？则很少见当年的书生们予以清晰的表述。笔者无奈，只好查之。先看看词的源头情况如何，古人使用情况如何。笔者利用钱锺书先生设计的古典文献扫叶库查询，现在将获得史料简单叙述如下：

"白话文"这个词，在古汉语文献中是没有出现过。说明古人并没有将汉语文句或文章区分为白话与文言两类。"白话"这个词则有，如宋朝诗人李吕的诗中有："年登谷粟贱，逐末贪白话。一逢岁不稔，大半为饥者。"

接着在明清时期的一些小说中，不断出现"白话"一词。

"文言文"一词同样也没有在古文献中出现过。"文言"一词则广泛运用在大量古文献中，选列部分：

文言曰：元者，善之长也。(《周易·上经》)

文言多，实行寡。而不当法者，不敢诬情以谈说。(战国《韩非子》卷17)

言有四术，言敬以和，朝廷之言也；文言有序，祭祀之言也；屏气折声，军旅之言也；言若不足，丧纪之言也。(汉贾谊《新书》卷6)

而乾坤两位，独制文言，言之文也，天地之心哉。(南朝梁 刘勰《文心雕龙》原道第一)

文言蔚于舆表，笔态妩于力外。(唐王维《韦公神道碑铭》)

兼诏卿等，润以文言。(唐白居易)

然其文言浅陋，事理不详。(唐法琳僧人)

四旁相对成文，文皆文言。(晋苏若兰)

实以淳朴之时伤质，民俗之语不经，故饰以文言，考之弦诵。(五代晋刘昫《文苑表》)

若文言者，夫子自作。(宋欧阳修《传易图序》)

文言予岂能，孝节尔谁及。(宋郭祥正)①

2.近代

"白话""文言"这两个词，古代人用得好好的，虽然"文言"一词所表述的语义，有所不同，但没有什么互相不能容的争斗。但随着维新变法运动的深入，在19世纪末年的1898年，裘廷梁先生创办《无锡白话报》，后来将之汇编成《白话丛书》。裘先生为该丛书作序，名为《论白话为维新之本》，明确提出两词的巨大差别，但并非义界。延至五四运动前后，一些新思想的报刊图书陆续出版，引来一些自以为忧国忧民的国学大师的忧虑，典型的如林琴南先生发表致北大校长蔡元培的责难信，其中主要两点就是：一曰"覆孔孟，铲伦常"。二曰"尽废古书，行用土语为文字"。于是蔡校长也在1918年公开回答挑战，以仔细考察的北大教授们的新学术成果，以严密的逻辑和中外史实，给予林先生所代表的顽

① 见扫叶公司古代文献库，"白话""文言"两词的文献。

固观念全面的强有力的批驳，让全国读者得知，新兴的高等学府中出现了历史上所未曾出现的新科学、新民主、新语文和新风气。特别是蔡先生关于“白话”“文言”之争的考察，他写了三条批驳的见解：请先察“北京大学是否已尽废古文而专用白话”？……次考察“白话是否能达古书之义”？……又次考察“大学少数教员所提倡之白话的文字，是否与引车卖浆者所操之语相等”？然后，用三句话就总结道：“白话与文言，形式不同而已，内容一也。”[①]蔡先生还曾讲过：“国文的问题，最重要的，就是白话与文言的竞争。我想将来白话派一定占优胜的。白话是用今人的话，来传达今人的意思，是直接的。文言是用古人的话，来传达今人的意思，是间接的。间接的传达，写的人与读的人，都要费一番翻译的工夫，这是何苦来？……有人说：文言比白话有一种长处，就是简短，可以省写读的时间。但是脑子里翻译的时间，可以不算么？有人说：文言是统一中国的利器，换了白话，就怕各地方用他本地的话，中国就分裂了。但是提倡白话的人，是要大家公用一种普通话借着写的白话，来统一各地方的话，并且用读音统一会所定的注音字母，来帮助他，哪里会分裂呢？要说是靠文言来统一中国，那些大多数不通文言的人，岂不屏斥在统一以外么？”[②]如果我们再看看林琴南先生的信，其中也有一段精彩的话：“总之，非读破万卷，不能为古文，亦并不能为白话。”[③]显然，蔡先生说得很清晰正确，也让我们年轻后辈很能感受到当年书生之间的指手画脚的情景，但是，我们依然得不到他们给这两个词下的定义。

那时候，为之争论的参与者很多，难以一一列举。这里仅选录部分。如傅斯年先生在1919年写的文章中，介绍一位仲密先生的言论道：“我们反对古文，大半原为他晦涩难解，养成国民笼统的心思，使得表现力与理解力都不发达；但别一方面，实又因为他内中的思想荒谬，于人有害的缘故。这种儒道合成的不自然的思想，寄寓在古文中间，几千年来，根深蒂固，没有经过廓清，所以这荒谬的思想，与晦涩的古文，几乎融合为一，不能分离。我们随手翻开古文一看，大

① 蔡元培：《答林琴南书》，见胡适编：《中国新文学大系·建设理论集》，165—170页，上海良友图书印刷公司，1935年。

② 蔡元培：《在女子高等师范学校演讲》，见胡适编：《中国新文学大系·建设理论集》，97—98页，上海良友图书印刷公司，1935年。

③ 林琴南信，见胡适编：《中国新文学大系·建设理论集》，172页，上海良友图书印刷公司，1935年。

抵总有一种荒谬思想出现。……中国人如不真是革面洗心的改悔,将旧有的荒谬思想弃去,无论用古文或白话文,都说不出好东西来。"①

涤洲先生在《雅洁和恶滥》一文中,用现成的例子说明白话与文言,录如下:

你要洁,白话文也可以办到;你要不洁,古文也救不了你。即如孤桐总长(章士钊)停办女师大呈文中说"诸生荒学踰闲,恣为无忌";又说"……不受检制,竟体忘形,啸聚男生,蔑视长上;家族不知所出,浪士从而推波,伪托文明,肆为驰骋;谨愿者尽丧所守,狡黠者毫无忌惮"。这中间什么"踰闲"啦,"竟体忘形"啦,"尽丧所守"啦,闭目想想,他把女师大的学生说成什么样的人物?倘用白话,个个字要有一个明白的解说,大概不至于说出这样污蔑女子的不"洁"的话来吧。我想,他的良心或者未必愿意胡造这样的谣言;只因为又要摇头晃脑地过文瘾,就不觉顾虑字面,忘了含义了。所以平心而论,这雅洁二字,也是白话容易办得到些。②

荻舟先生写的《驳瞿宣颖君〈文体说〉》一文中,介绍瞿先生的观点道:

我愿意先把瞿君赞扬文言的原文节录几句:"缘其组织之法。粲然万殊。既适于时代之变迁。尤便于个性之驱遣。……世间难状之物,人心难写之情,类非日用语言所能足用,胥赖此柔劫繁复之文言。以供喷薄。"啊啊!好文言哪!你真是万能的法宝哇!可是我有点疑问……③

章士钊先生《答适之》文中,坚守他的阵地,他写道:

① 傅斯年文《白话文学与心理的改革》中仲密的文章:《思想革命》,见胡适编:《中国新文学大系·建设理论集》,202—203页,上海良友图书印刷公司,1935年。

② 涤洲文:《雅洁与恶滥》,见胡适编:《中国新文学大系·建设理论集》,213页,上海良友图书印刷公司,1935年。

③ 荻舟文:《驳瞿宣颖君"文体说"》,见胡适编:《中国新文学大系·建设理论集》,216页,上海良友图书印刷公司,1935年。

吾国语文,自始即不一致。以字为单音,入耳难辨。凡于义无取,徒便耳治之骈枝字,语言中为独多。一词骈枝字尽入于文,律之文章义法,殊无惬心贵当之道。古来除语录小说及词曲之一部外,无以白话为文者,此也。今以白话为文,因古之人无行之者,胎心揣摩,举无所施,其事盖出于创。天下事之创者,惟天才能之,岂能望之人人。故白话文愚谓限于二种人为之:一全然不解文事,一文事至高者而已。①

科学家唐钺先生也积极参与讨论,他当然是支持白话文的。在他的一篇批评文章中有一个注释,写道:

"文言文"三个字似乎是累赘不通的名词。但既有所谓白话文,又有与他对待的东西。这对待的,与其说是"古文",不如说是文言文。上"文"取狭义,下"文"取广义,也未尝不可通。②

唐先生明确对应"文言文"与"白话文"两个词。他在另外一篇文章《告恐怖白话文的人们》中,详细列举六条不满意于白话文的理由,然后予以反驳。他写道:

(一)谓白话文之词筒(Vocabulary)太俭也。这种论调,章太炎先生说得最早,也说得最动听。……(二)谓白话文之文法太无变化也。我们以为这是对于白话文完全没有经验的人的话。……(三)曰白话文之词语太俚也。……(四)曰白话文之字句太冗赘也。……(五)谓白话文绝对摒弃文言的字句也。白话与文言之最表特征的异点,不在于名词动词形容词,而在于代名词、关系词——连续词、介词、助词——及感叹词;而代名词与关系词尤是白话与文言不同之所在。所以许多人称文言文为"之乎者也"的文,白话文为"的了么呢"的

① 章士钊:《答适之》,见胡适编:《中国新文学大系·建设理论集》,219—220页,上海良友图书印刷公司,1935年。

② 唐钺:《文言文之优胜》,见胡适编:《中国新文学大系·建设理论集》,253页,上海良友图书印刷公司,1935年。

文。……（六）谓白话文大杀文思也。[1]

傅斯年先生在《怎样做白话文》一文中写道：

中国文言白话分离，已经二千年，文言愈趋愈晦，白话愈变愈坏，到了现在，真成了退化的语言。他在（一）文典学上的缺陷。（二）言语学上的缺陷。（三）修辞学上的缺陷。不知有若干条。想法弥补，唯有借重西洋的语法。……理想上的白话文是怎么？我答道：（一）"逻辑"的白话文。就是具"逻辑"的条理，有"逻辑"的次序，能表达科学思想的白话文。（二）哲学的白话文。就是层次极复，结构极密，能容纳最深最精思想的白话文。（三）美术的白话文。就是运用匠心做成，善于入人情感的白话文。[2]

傅先生给出了理想的很有深度的白话文标准，但那依然很难算是定义。傅先生则还在另外一篇文章中，又有部分说明，不过，似乎还是半明半不明。他写道：

今请把白话文学的"白话"二字解释一番。"白话"二字虽然现在还没有专文论述，但是据胡适之先生所发表而为我们一班倡文学革命的人所承认的有三条：（1）白话的"白"，是"说白"的"白"；（2）白话的"白"，是"黑白"的"白"；（3）白话的"白"，是"清白"的"白"。照第一条看起来，白话既是说白，自必以语言为根据。……按照第二条则白话的本质，必须洁白，本质洁白，然后有艺术种种可言。所以，白话文学，决不是套旧的文言的质地，把几个"之乎者也"换成几个"的呢阿吗"就可以冒充的。再考察第三条则无论做白话如何用艺术，总须清清白白地说过去，本质清白的字句，只要不是典故而能使这里愈增清白，

---

① 唐钺：《告恐怖白话文的人们》，见胡适编：《中国新文学大系·建设理论集》，254—259页，上海良友图书印刷公司，1935年。

② 傅斯年：《怎样做白话文》，见胡适编：《中国新文学大系·建设理论集》，217—225页，上海良友图书印刷公司，1935年。

自然能用;但是决不能堆垒晦涩令人不懂。[①]

胡适写的《国语的进化》一文中,有如下言论:

一个时代的大文学家至多只能把那个时代的现成语言,结晶成文学的著作;他们只能把那个时代的语言的进步,作一个小小的结束;他们是语言进步的产儿,并不是语言进步的原动力;有时他们的势力还能阻碍文字的自由发达。至于民间日用的白话,正因为文人学者不去干涉,故反能自由变迁,只有进化。……我们研究语言文字的退化进化,应该根据这几种用途,一定标准:"表情达意的能力增加吗?记载人类经验更正确明白吗?还可以做教育的利器吗?还可以作共同生活的媒介物吗?"这几种用处增加了,便是进步;减少了,便是退化。现在先泛论中国文言的退化。(1)文言达意表情的功用久已减少至很低的程度了。……(2)至于记载过去的经验,文言更不够用。……(3)至于教育一层,这二十年教育经验更可以证明文言的绝对不够用了。……(4)至于作社会共同生活的媒介物,文言更不中用了。……现在我要说明白话的应用能力是怎样增加的……从古代的文言,变为近代的白话,这一大段历史,有两个大方向可以看得出。(1)该变繁的都渐渐变繁了。(2)该变简的都变简了。[②]

胡先生从中国语言历史角度,明确进步与退步的标准,然后特别强调经典文言文的退化,以及民间白话文的进步特色。特别是白话文该变繁的多都渐变繁了,该变简的都变简了,这两句看似简单的话,实际是我们民族两千年来的语言文化积淀成果,确实是我们民族语言进步的一大根据。他的敏锐清晰的见解,无疑为后人开拓了新的认知中国语言的道路。胡先生没有明说的重心,应该是已经将研究中国文体之根本状况与变革,放在了民间白话文上面,取代历来仅强调古文言文的传统,成为中国语言文化的新代表。至于具体证明,胡先

---

① 傅斯年:《驳胡先骕君的中国文学改良论》,载张若英编:《新文学运动史资料》,171页,光明书局,1936年。

② 胡适:《国语的进化》,见胡适编:《中国新文学大系·建设理论集》,233—235页,上海良友图书印刷公司,1935年。

生的证明内容太长，也太专业，这里只好割爱。

如果回溯近代出现的白话文与文言文之争，也应该以胡适教授的文章为始吧。那就是 1917 年发表在《新青年》杂志第二卷的《文学改良刍议》，该文提出中国文学改良的“八事”，一年后，再修订为“八不主义”：一、不做“言之无物”的文字。二、不做“无病呻吟”的文字。三、不用典。四、不用套语烂词。五、不重对偶——文须废骈，诗须废律。六、不做不合文法的文字。七、不摹仿古人。八、不避俗语俗字。

接着他又提出四条肯定鼓励的要求：

一、要有话说，方才说话。这是“不做言之无物”一条的变相。

二、有什么话，说什么话；话怎么说，就怎么说。这是（二）（三）（四）（五）（六）诸条的变相。

三、要说我自己的话，别说别人的话。这是“不摹仿古人”一条的变相。

四、是什么时代的人，说什么时代的话。这是“不避俗语俗字”的变相。这是一半消极一半积极的主张。[①]

他还解释道：

读者不要误会：我并不曾说凡用白话做的书都是有价值有生命的。我说的是：用死了的文言决不能做出有生命有价值的文学来。这一千多年的文学，凡是有真正文学价值的，没有一种不带有白话的性质。没有一种不靠这个“白话性质”的帮助。[②]

接着是陈独秀教授的积极回应，他写了《文学革命论》一文，提出：

---

① 胡适：《文学改良刍议》，原载《新青年》，2 卷 5 号，1917 年 1 月，转引自王世栋选编：《新文学评论》，54—55 页，新文化书社。

② 胡适：《建设的文学革命》，原载《新青年》，4 卷 4 号，1918 年 4 月，转引自王世栋选编：《新文学评论》，57 页，新文化书社。

余甘冒全国学究之敌，高张“文学革命军”大旗。以为吾友之声援。旗上大书特书吾革命军三大主义，曰推倒雕琢的阿谀的贵族文学，建设平易的抒情的国民文学；曰推倒陈腐的铺张的古典文学，建设新鲜的立诚的写实文学；曰推倒迂晦的艰涩的山林文学，建设明了的通俗的社会文学。①

正是由于他们二位的响亮呼号，引发中国社会上各种讨论，以致在文体问题上引出白话文与文言文的激烈辩论。其实其中有深深的文化含义，简单说就是语言文化急需大变革，急需开放性的研究，以迎接新时代的产生，也才能够给我们留下这样精彩的文论。其中自然有偏激，有糊涂，但更有变革的热情，很应该给我们后人一些沉思与今后的疑问。

以上是一些文人当时的不同论述，他们的争论相当激烈，鼓吹白话文攻击文言文都不遗余力，鼓吹文言文攻击白话文也同样费尽心思。但都不觉得需要给这两个词下一个定义，只有蔡元培校长的说法比较公允。至于当时读者群却也似乎都明白其中含义，恐怕是他们已经在千年的熏陶中习惯地只接受嗓门大的吆喝，而懒于思辨语言的精确表达问题。

3.近代辞书中的条目

近代中国新出现一批历史上没有的工具书——词典。这是学习西方工具书的结果，也是当时中华文化发展的需要。只是由于新产生的工具还算幼稚，大量词语的概念性阐述不到位，大量词语在中文里的来龙去脉清理得不足，造成第一代的词典不尽如人意，使用起来也不完备。但我们在其中，就已经能够发现，对于“白话”“文言”的条目，都已经在一些词典上出现。下列部分条目，以介绍它们所下的定义：

(1)作新社译编：《东中大辞典》，1908 年

“文言(モンゴン)　文辞也。”

(2)方宾观编：《白话词典》，1924 年

① 陈独秀：《文学革命论》，原载《新青年》，2 卷 6 号，1917 年，转引自王世栋选编：《新文学评论》，49 页，新文化书社。

“文言ㄨㄣ　ㄢ　用深奥的字义的文叫文言文。按白话写出的叫语体文。”

(3)方宾观编:《白话词典》,1924年

“白话　ㄜㄏㄨㄚ　不带文词的话叫白话。”

(4)唐昌言等编:《国音白话注学生词典》,1924年

“文言(ㄨㄣ　—ㄢ)　和言语不同的文字,叫文言。”

(5)舒新城主编:《中华百科辞典》,1930年

“文言　[文][哲]

①别于语体而言。现以文章之不用口语体(如呢、吗等)虚字及口语语调者称文言。

②《易》十翼之一。孔子以乾坤为《易》之门户,其余诸卦及爻皆从乾坤而出,义理深奥,发明乾坤之蕴,诠释四德之名,几乎句句用韵,且多用偶;凡偶皆文也,于物两色相偶而交错之曰文,文即象其形也。孔子以用韵比偶之法综其言,故名曰文。”

(6)王云五编:《王云五大辞典》,1930年

“文言　用简练字句或按古人语言所作的文。与白话文不同。”

“白话　口语=口头所说的话。”

“白话文　和口语体裁相同的文字。

(7)唐钺等编:《教育大辞书》,1930年

“白话文与教育

白话文在教育上至少可以促进(一)普及教育;及(二)统一国语。

普及教育　我国教育不普及,原因虽多,文字艰深,要为其中之一。盖吾国先时之教育,皆用古文。古文所代表者,非完全今人之语言。今人欲了解之,须先译成今人之语言;欲习作之,又须将今人之语言译成古人之语言。故了解习作,均非容易,非有长久之时间不为功。时间既久,贫穷之人自然望而却步。此中国向时教育所以不普及也。今若文字教育改用白话,言文一致;口之所说,即笔之所写,书之所记;读文字等于听讲演,作文章无异说话语。写读两便,俱无须长久之时间,虽穷人亦有力以享受此种教育。故白话文,有促进初级教育普及之可能。

统一国语　我国语言不统一,一由于声音不同,再由于组织有异。白话文

作品流传之后,语言之组织可渐归一致。组织一致,则音读亦易谋统一。故白话文有促进统一国语之可能。”

(8)吴廉明编:《中华成语词典》,1934 年

“文言　与语体对称的文言文。”

(9)全国国语教育促进会审词委员会编:《标准语大辞典》,1935 年

“白话　口头说的话。”

(10)蔡丏尊编:《大众实用辞林》,1936 年

“文言　用简练的文字,或古人的语言所写的文章。和白话文相对。”

(11)汪怡主编:《国语辞典》,1936 年

“白话(儿)　ㄞㄏㄨㄚ(ㄦ)　bairhuah(——huall)

口语,即口头所说的话,对于文言而言。”

“白话文　ㄞㄏㄨㄚ ㄨㄣ　bairhuah wen

与口语相同之文体。”

(12)舒新城等主编:《辞海》,上册,1936 年

“文言

①《易》十翼之一,专释乾坤二卦之义理者。孔子以乾坤为《易》之门户,其余诸卦及爻皆从乾坤而出,义理深奥,故特作《文言》以释之;以其诠释二卦之经文,故称“文言”。或谓文为文饰,以前看体大,故特文饰以为文言;实则孔子但赞明《易》道,申说《易》理,文饰云云,殆不然也。参阅十翼条。

②文字之别于语体者曰文言。”①

---

① (1)《东中大辞典》,563 页,作新社编译出版,1908 年。

(2)方宾观编:《白话词典》,55 页,商务印书馆,1940 年。

(3)方宾观编:《白话词典》,95 页,商务印书馆,1940 年。(4)唐昌言等编:《同音白话注学生词典》,卯集,73 页,商务印书馆,1930 年。

(5)舒新城主编:《中华百科辞典》,139 页,中华书局,1930 年。

(6)王云五编:《王云五大辞典》,361 页,商务印书馆,1930 年。

(7)唐钺等编:《教育大辞书》,340 页,商务印书馆,1930 年。

(8)吴廉明编:《中华成语词典》,60 页,中华书局,1940 年。

(9)全国国语促进会审词委员会编:《标准语大辞典》,383 页,商务印书馆,1936 年。

(10)蔡丏尊编:《大众实用辞林》,117 页,世界书局,1936 年。

(11)汪怡主编:《国语辞典》,47 页,中国大辞典编纂处,1948 年。

(12)舒新城等主编:《辞海》上册,卯集,192 页,中华书局,1936 年。

以上12部辞典的相关条目，给出了初步的公允性定义，是与前述学者的争论中的见解不尽相同，今天的读者看来不会满意，但这已经是当年第一代辞典编纂家们的共同学习表述的结果。其中如舒新城先生在中华书局编纂的两部大辞书中，明显前后两部有大改动；而且商务印书馆并没有在1915年出版的《辞源》及其续编中，给出相关的词条。当年的大出版社皆参与其中，出版如此多的辞书，写出如此多的条目，自然对中国文化的深一步发展，提供新的能够为大家接受的语义，而不同的语义表述更让大家关心中文语言的进步问题。

4.白话文的新成绩

固然白话文古已有之，但是特意去弘扬写作，前面已经说明，是从维新变法到五四运动期间陆续扩展起来的。那时候的特意写白话文的人，全都是饱受传统教育之书生，写出来的白话文章也就别有风味。而如果需要吸引读者，那就问题不是仅有“白话”就成功的，必须是要有所想说明的新思想，所想安排的新文体结构，所能从当时西方与中国传统之间获得的新知识，以及当时统治者的允许。应该说真是难得，今天已经可以说是文字变革中的历史文物了。因不见有心人将之编纂，成为现代的一种有趣的读物。故而笔者这里引述很小一部分文章与时调，以见其功。至于那时的白话小说等作品，早有人大量介绍，这里就不介绍了。更为了原汁原味，体验那时的文风，所引之文的原书标点符号，也尽量保留。

前面介绍的裘廷梁在1898年创办《无锡白话报》，后编辑成《白话丛书》，他为书作前言，名为《论白话为维新之本》，该文写于1898年，文中写道：

独吾中国。有文字而不得为智国。民识字而不得为智民。何哉。裘廷梁曰。此文言之为害矣。……文字者。天下人公用之留声器也。文字之始。白话而已矣。……朝廷……文告皆白话。而后人以为佶屈难解者。年代绵邈。文字不变而语言变也。……《诗》《春秋》《论语》《孝经》。皆杂用方言。汉时山东诸大师。去古未远。犹各以方言读之。转相授受。老聃楚人。孔子用楚语。翻十二经以示聃。土话译书。斯为滥觞。故曰“辞达而已矣”。后人不明斯义。必取古人言语与今人不相肖者。而摹仿之。于是文与言判然为二。一人之身。而手足异国。实为二千年来文字一大厄。……乃至日操笔言文。而示以文义之稍古者辄惊愕。或笑置之。托他辞自解。终不一寓目。呜呼。文言之害。靡独商受之。农受之。工受之。童子受之。今之服方领习矩步者。皆受之矣。不宁唯是。愈工于文言者。其受困愈甚。……人之求通文字。将驱遣之为我用乎。抑将穷老尽气。受役于文字。以人为文字之奴隶乎。……后人独视文字为珍贵之物。从而崇尚之者。是未知创造文字之指也。今夫一大之为天也。山水土之为地也。亦后之人踵事踵华。从而粉饰之耳。彼其造字之始。本无精义。不过有事可指则指之。有形可象则象之。象形指事之俱穷。则亦任意涂抹。强名之曰某字某字。以代结绳之用而已。今好古者不闻其尊绳也。而独尊文字。吾乌知其何说也。……请言白话之益。一曰省日力。独文言日尽一卷者。白话可十之。少亦五之三之。博极群书。夫人而能。二曰除憍气。文人陋习。尊己轻人。流毒天下。夺其所恃。人人气沮。必将进求实学。三曰免枉读。……四曰保圣教。……五曰便幼学。……六曰炼心力。……七曰少弃才。……八曰便贫民。①

显然,裘先生的鼓吹白话的文章,却是标准的文言文味道。

《白话丛书》第一集收五篇翻译来自西方的文章,再翻译成白话文;再收一篇用白话注释古文的文章,古文为后汉班昭著《女诫》,裘廷梁的侄女裘梅侣用白话将之注释解说。前面再请吴芙女士写《班昭女诫注释序》,文如下:

梅侣做成了女诫的注释。请吴芙作序。吴芙就提起笔来写道。从古以来。女子有名气的极多。要算曹大家第一。曹大家是女人当中的孔夫子。女诫是女子最要紧念的书。真正一字值千金。要一句句想想。个个字味味。依了女诫的说话。方才成个女人。况且曹大家会做皇太后的先生。会替哥哥做书。就要想着。我是女人。他也是女人。他就万古流名,贤惠到如此。我就依依袅袅。眼孔小到像绿豆。做小姐。单知道衣裳首饰。争多嫌少。做媳妇。单知道靠着丈夫吃。靠着丈夫着。也不知道天东地西。也不知道古往今来。木头

① 裘廷梁编:《白话丛书》,前言1—13页,无出版项,1901年。

一段。石头一块。着好吃好。就算顶好。着到像翠绿鸟。吃到像养胖狗。空闲下来。寻烦恼。说阿婆。骂媳妇。惹姑娘。讲阿嫂。妯娌像冤家。丈夫当家仆。唉。到阎王一请。就此完结。外面人说道。你家里倒拔去一个祸根。家里人说道。我家里又出空一副铺板。唉。人去留名。鸟去留声。何苦何苦。况且昏头昏脑。像木头。像石头。像翠绿鸟。像养胖狗。活力一世。生不带来。死不带去。有什么趣味。能如此细想。就要拿曹大家做个榜样。日日要好。处处贤惠。知书达理。博古通今。空闲下来。写字看书。自自在在。规规矩矩。讲讲故事。教教男女。终日不听见一句高声。没有人不敬重他。他住一处。个个称赞。把他做个好榜样。死了。没大没小。个个眼泪汪汪。不住的哭。隔离二三十年。还说着他底好处。念书人听见了。记到书上。替他扬名。就与曹大家一样。隔开一千六七百年。还个个知道他。闭着眼睛一想。想他少年时候。就一个端端正正、秀秀气气的、贤惠小姐。活灵活现、到眼睛前头来了。想到他年纪大的时候。就是一个慈眉善眼、循规蹈矩的、老太太。活灵活现、到眼睛前头来了。唉。他是一个女人。就会万古流名。个个想念他。敬重他。我也是一个女人。难道我就只好做木头、石头、翠绿鸟、养胖狗。就算一世完结。我想想也不愿意。总要自家挣口气才好。既要挣气。快些先拿女诫。念得透熟。然后慢慢里学像曹大家。也不至白活一世。难道曹大家是个仙人。我就学不成么。光绪戊戌四月吴芙序。①

这位女士的白话,在当时应该算是很漂亮的了,也应该是很能吸引当时男女士们的关注,因为与传统的古书注释的干巴巴嚼蜡的味道差别太大了。作为才女,她们的才气也彰显得令人服气。

20世纪初期,英敛之先生在天津办《大公报》,将报上的白话文章收集起来,印成小书《敝扫千金》。在第二集上,是后来做教育总长的傅增湘写的序,录如下:

---

① 裘廷梁编:《白话丛书》,吴芙序,无出版项,1901年。文中班昭,汉代班彪之女,班固之妹,嫁与曹世叔,世叔死后入宫,为才女,号为曹大家,著有《女诫》等。

前日大公报主人送我一本书　名叫敝扫千金　翻开来看　才知是大公报后页积年的白话　其中也有看过的　也有没看过的　分为　开智　辨邪　合群　劝诫缠足　寓言　五类　第一本先把开智一门印出发卖　不足十数天几千本全卖完了　现在大公报主人恐怕看书的人　单看一类　易于厌烦　又把各类中捡好的印成第二本　要我做篇序文　我尝佩大公主人为人有气概办事有血性　今要我做序　是不能推辞的　但是这书明白浅显　妇孺皆知为将来普及文明的张本　我要做一篇文章　长篇大牍　未尝不可　但文字越高雅　看的人越少　因此也仿做一篇白话,说与诸君听听　中国要求富强　有说要开学堂　有说要练兵　有说要兴农工商矿诸事　平心而论　这都是极要紧的事　但我有一句总话　若民智不开　任凭你办什么　都不会好的　何以见得　因为中国太大　民数又多　从前教育未得法　明白事情的人狠少　办事虽是少数人　但要多数人帮助　才办得动　要开多数的民智　第一章看报纸　但报馆文章　虽是明畅　不通文字的　仍不能看　因此一层　报纸开化的力量　尚有阻碍处　该主人创办大公报时　早已见到此地　因时常把报尾附上白话一段　随时指点　借事发挥　我看这白话的功劳　比做文章还大呢

诸君要晓得日报附白话　是大公报的特色　从前是没有的　上年北京办过京话报　最是好看　惜只出到六期　就停印了　此外尚有杭州白话报　安徽俗话报　潮州白话报　中国白话报　新白话报　成都启蒙通俗报　湖南通俗报各种　又有白话编成的新书　如上海出的白话丛书　温州出的白话史　商务印书馆出的泰西历史　英轺日记各种　都是极易看懂的　我并非与诸君述白话书报的历史　因为诸君既然费钱买敝扫千金　必是爱看白话　不免略述一二　以便诸君多买数种　茶余饭后　闲暇无事　翻阅一遍　也是有益的事体　但是我看此书后　心中尚有一件事　急欲奉告　因为我中国教化不讲识字者十人中只好得一人　此书纵然浅显　也要识得字　才念得过　若只一人能看　那九人岂不向隅　我曾听人说　外国有一种演说会　每日夜晚或礼拜日　趁各处放工众人闲空时候　拣那好报纸　与一切　新闻　向众演说受役外国虽是下等之人　于国家事情　普通真理　没有不晓得的　故尔人人有爱国之心　有利大家合力维持　有害大家齐心防守　民心坚固　不受他人一点欺负　中国演说的事　也时常有之　即如我家四川地方　此风尤盛　但

所说者　如感应篇阴骘文帝君宝训玉历钞传之类　虽是劝人为善　然虚诞的话太多　或反转添出许多迷惑匡谬的思想　至于那鼓儿词说平书等事　北方也多　更是毫无意味　我今奉劝诸君　如喜看这种白话　有钱人家　可以请人按时演说　那启发人的心思　感动人的力量　比善书更快十倍　功德也大十倍　若家居无事之人　花前月下　可拣那趣味新鲜的　说与孩子听　不比鼓儿词说平书更好吗　光绪甲辰四月初八日江安傅增湘叙①

傅先生的白话文说得更是漂亮，将他心中想到的国家大事清楚明白地和盘端出，没有什么书生架子，很不容易。

北京在1906年，也曾有《正宗爱国报》出版，报馆也编纂类似的一月一本的小书，名曰《暮鼓晨钟》。下选第二十二册中一篇文章《养家肥己》观之，作者夏三。

养家就是有钱往家里摟　肥己是凡事图自己合式　这四个字　在不明白时局的人　看着是一句好话　在明白时局的人　看着可不是好名词　无奈中国人气脉太微　魄力太小　但求其能够养家　能够肥己　已竟难而又难　慢说再叫他鼓动国家思想了　要知道　处在如今的时代　只能够养家肥己　没有一点余力去作国民　已竟是个无用的人物　再要是连家都不能养　连自己都弄不圆全　倒不如底根就不生这个人　省得他净倾着分利　有国然后才有家　友人然后才有自己　这个道理　就是倒退几百年　也是一样　中国的风俗　往往有把话说颠倒的时候　自己觉惑不出来　转一句文说　叫作(久假不归)　述义把这养家肥己这类的字样　弄得成立好名词　一来就是摟钱养家　二来就是养家肥己　好像这件事　是作中国人的一个独一无二的法门　自要够的上这个资格　便绰绰有余在世界上混　要都照着这样　这个国字　简直的没人理他　焉能不成了现在这个局面　皆因中国人是生就了的分利的人　所以才用人去养　……　人要是只知有己　不知有人　便是一个极卑污的品格　是事都不能作　可见这个肥己　确是个没出息的事　中国人偏拿他当好

① 《敝扫千金》，傅增湘序，二集，1—4页，天津大公报社印，1904年。

忘了他是个坏事　所以各人心里　都存着肥己合式的心　既要利己　就不能不损人　连合群的思想都没有　还叫他去爱国　岂不是作梦　有能耐还留着肥己去呢　现在要叫人人有国家的思想　必得先设法叫人人能够吃准饭　而后才能办公益　谁也不能枵腹从公　慢说现在人的资格了　①

文章显示的京味真是十足,外地书生是很难写出来的。

1904 年有《最新妇孺唱歌书》,是给蒙学堂学生读的书,多以诗歌形式。如《女学生入学歌》:

二十世纪女学生。愿为新国民。校旗妩媚东风轻。喜见开学辰。展师联队整衣巾。入学去。重行行。

脂奁粉盝次第抛。伏案抽丹豪。修身伦理从师教。吟味开心苗。爱国救世宗旨高。入学好。女同胞。

缇萦木兰真可儿。班昭我所师。罗兰若安梦见之。批茶相与期。东西女杰并驾驰。愿巾帼。凌须眉。

天仪地球万国图。一日三摩挲。理化更兼博物科。唱歌音韵和。女儿花发文明多。新世界。女中华。

紫裙窣地芳草香。戏入运动场。秋千架设球网张。皓腕次第攘。斯巴达魂今来飨。活泼地。女学堂。

鱼更三跃灯花红。退习勤课功。明朝休沐归家同。姊妹相随踪。励志愿作女英雄。不入学。可怜虫。②

在中国女性教育中,如此清新快乐的诗歌,并且充满新知识,那只有白话才可能显现出来。20 世纪的中国女性真是有福了。

民国初年的学校教科书中,就出现各种各样的白话文文章。这里引述一篇《竞争为进化之原则说》。书中前后分别用文言文和白话文(书中名语体文)各

---

① 《暮鼓晨钟》,第二十二册,14—15 页,北京正宗爱国报馆,1909 年。

② 《最新妇孺唱歌书》,17—19 页,上海越社编印出版,1905 年。

写之,这里仅印白话文部分:

看到现在时代的文明,回想上古时代的不文明:谁不说“进化了,进化了”。但是问题吗进化的原则是什么?大多数是张着眼回答不出了。独有西洋的大学问家达尔文氏,推算天演得公理,观察人群的定例,就直揭出来,说是“竞争”。远点不要谈他,想世界上自从有了人类以后,因为和兽类竞争,才知道用武力,造兵器,因为和他人竞争,才知道团体,立法律;因为和上天竞争,才知道造屋子,造衣裳,拏来阻止风,雨,冷,热;因为和地球竞争,才知道造桥梁,造舟车,拏来经过险,阻,深,远;这都是可以证明进化的。而且不但是这几样:读书的和读书的竞争,学问就天天进步;耕田的和耕田的竞争,种植就天天改良;做工的和做工的竞争,制造就能够达到神奇的地步;行商和行商的竞争,交易就能够达到发达的地步;竞争在国内,党派分立,各有主张,就政见更加巩固,法理更加明白了;竞争在国外的,更加交涉,愈是兴起,就武备更加修明,条约更加周密了;拏竞争;来起头,拏进化来收束。从竞争上,一定赶到进化,已进化了,更加猛烈的竞争,在生物界里面,都没有能够跨出这个圈子的。就说竞争是进化的原则,不是真正不错的么?①

那时候中国人际间写信的方式,也被注意而鼓吹写白话文,以作为教育的一部分。如《言文对照女子新尺牍》书中,所列举的信函,同样内容,分别写成文白两种。下列一封白话体的信:

瑞甫我师:

好久没有看见你,纪念得很.我自从进了师范学校,对于各种科学,细细研究,很有心得,而于国文一科,更加觉得有趣味.我们学校里对于白话和文言,争论得十分利害,据我看起来,白话终能够得着最后的胜利;因为白话用现在人的话,传达现在人的意思,是直接的;文言文用古人的话,传达现在人的意思,是间接的,间接的传达,写和读都要费翻译的功夫,这又何苦呢!欧洲各国,在十六

① 《竞争为进化之原则说》,载《言文对照小学论说精华》,卷二,6—7页,广智书局,无出版年。

世纪以前,写和读都用拉丁文,或是希腊文,后来因为学问的内容渐渐复杂了,文化的范围也渐渐扩张了,没有许多功夫,再来摹仿古人的话,所以都改用本国的文字;日本从前的出版物,都用汉文,维新以来,也就用言文一致的文字了,可见这种潮流,决不是一两个咬文嚼字的顽固派所能抵抗的.然而文字也不可以完全废止,可以听其自然,留他做一种美术字,不必个个人都去学他,把他当作随意科就好了,我的意思这样,还要请你指教咧。

凤章.八,二十一.①

在维新变法时期,佼佼者梁启超曾以他生花之文笔间杂日本新词,让中国新书生们敬佩不已。进入民国后,他成为中国风云人物,还是依旧写作。我们看看他在1916年出版的《国民浅训》一书。其第二章为《国体之由来》:

我国何故变为共和国体耶.就是因为如前章所说.国家为我等人民之命根.国家整理不好.人民虽不冤死.亦要饿死.虽不饿死.亦要苦死.但同是国家.何以人国都整理得好.我国独整理不好.有识之士.仔细比较.乃知因为组织不得其宜.即如从前东西各国.政治亦并不见高明.自从近百年来.相率改专制为立宪.使全国人民.皆有机会与闻国事.官吏权限严明.无从作弊.因此政务渐渐改良.遂有今日.我国若要转贫为富转弱为强.亦须从此着手.当前光绪末年.已经许多人渐明此理.当时并非一定不要皇帝.但使政体真能立宪.则国体为君主为共和.原无所不可.无奈前清权贵把持.官僚腐败.预备立宪.全是欺人.眼看大好国家.将断送于彼辈之手.我国民万不得已.乃有辛亥之革命.中华民国之共和国体.自是成立.国家组织.面目一新.不料袁世凯用权术骗得大总统一席.重复专制起来.将新组织一概推翻.事事恢复前清之旧.腐败残虐.转加十倍.不到四年.索性公然自称皇帝.幸而全国人民都怀义愤.费尽无数力量.誓将彼驱除.依旧还我今日之共和国体.我国民试回头一看.当知国体之由来.真非容易.此后如何能保持勿失.责任却是非轻.当袁世凯谋窃帝位之时.就是借口于中国人民程度.不宜共和.故借此行篡逆.夫民国成立四年以来.实未尝一日行共和.宜与不宜.本无从判断.虽然.从

① 《言文对照女子新尺牍》,下册,6—7页,世界书局编辑所编印,1928年。

今以后.我国民真要抖擞精神.立稳共和基业.免致为满洲人及袁世凯之所笑.夫共和必与立宪相缘.而立宪政治所以能维持.专赖全国人民皆关心国事皆尽力国事.尤须常识日渐增加.公德日渐发达.我国民今日是否已能如是.吾实不敢妄言.要在士绅勉其乡邻.父兄教其子弟.使之渐明大义.日起有功.而尤要者则在士绅父兄之自身.真有爱国之诚.共趋立宪之轨.庶乎国体可以不坠.而国家可以日兴也.①

梁先生依然还是他的文风,白话为主,略参文言,动之以情,讲之以理。

近代反对白话文的林纾先生,他自己出的书《吕近溪先生小儿语》《吕新吾先生续小儿语》中的述义,是作为高等小学堂课本,也明显通俗,也用新词,文白参用。至于效果如果,自有后人评说。举两例如:

《吕近溪先生小儿语》:人生丧家亡身。言语占领八分。

林纾述义:言语之招祸。一部廿一史。不知犯者多少。病根实无穷尽。总说一句。不道人短。是大纲。是非场中。人用口。我用耳。不是谏官。勿言国事。不遇真友。勿吐质言。内心明白。外妆糊涂。此诀至妙。

《吕新吾先生续小儿语》:德行立身之本。才识处世所先。孟浪痴呆自是。空生人代百年。

林纾述义:即使欧人。舍德行亦不成为人。而才识尤欧人之所尚。然入学有序。欧人未尝孟浪也。注意智育。欧人未尝痴呆也。游历观摩。欧人未尝自是也。须知孟浪者。弊在粗。痴呆者。弊在固。自是者。弊在犷。除此三弊。而后与讲德育智育。始有途径可寻。②

到了三十年代以后,中文报刊书籍上面,白话文已经铺天盖地了,什么白话小说、白话诗词、白话散文、白话论文、白话戏剧、白话翻译作品、白话歌曲、白话小品等等,应有尽有,存世之作也闪烁其间。而在 19 世纪末至 20 世纪初期的

① 梁启超:《国民浅训》,4—6 页,商务印书馆,1916 年。
② 林纾:《小儿语述义》,7—8、38 页,商务印书馆,1907 年。

文白相间的文风、作品,已经几乎退隐。当时出版的白话选本也很多,这里仅选1926年出版的《白话诗文合选新文库》,列举其中作品名称如下:

思潮

新思潮的意义——胡适; 人要怎样才能自觉?——玄庐;

什么叫解放?什么叫自由?——匡僧;

为我便是争存 牺牲便是为我——石子;

我们今后应当怎样做人?——耕莘; 思想和环境——新城;

文化

新文化运动是什么?——陈独秀; 劳动问题是些什么?——刘秉麟;

论中国家庭应该改组——吴弱男;

少年中国的女子应该怎样?——潘纫秋;

妇女问题杂评——张惠孙; 职工同盟论——C.S.生

学生解放问题——列悲;

哲理

杜威哲学的根本观念——胡适; 杜威论思想——胡适;

《互助论》的大意——高一涵; 近世哲学的新方法——何思源;

伦理

杜威的伦理学——蒋梦麟; 人生真义——陈独秀;

不朽——胡适; 我的人生观——仲九;

教育

杜威的教育哲学——胡适; 现行学制根本改革的意见——汤尔和;

学生自治的研究——陶行知; 职业教育和劳动问题——(杜威讲);

公民教育——(杜威讲);

历史

五一运动史——李大钊;

宗教

美利坚的宗教新村运动——李大钊;

文学

建设的文学革命论——胡适；　　新诗的我见——康白情；

人的文学——周作人；　　白话文的价值——朱希祖；

社会

罗塞尔到自由的几条捷径——雁冰；我们为什么要讲社会主义——东荪；

近代的合作运动——延陵；　　日本的新村——周作人；

卫生

人类的公敌——周宗琦；　　消化系统的浅说——吕介斐；

不合养育小儿的习俗——王恩覃；

医工

乳婴的下药问题——黄胜白；　　发展中国药的入手办法——黄胜白；

修治道路和改良车辆——张如；　　材料考验——杨继曾；

政法

实行民治的基础——陈独秀；　　罗塞尔的政治理想——张东荪；

经济

马克思学说——凌霜；　　合作储蓄银行的研究——戚其章；

学艺(小说)(剧本)

杨尼思和驴子——周作人；　　最后一课——胡适；

决斗——胡适；　　人力车夫——陈绵；

白话诗——(分为:写实、写景、写意、写情、四类,共收36首白话诗。这里从略。)[1]

有趣的是,对于古文的研究也用上新思想、新方法以及新史料。那些新国学大师也无须担心英雄无用武之地,国学研究相当兴旺,文言文的研究也相当兴旺。我们就能明白,文白之争,其实是思想之争,是面向新时代还是守旧时代之争,是中国文字和文章进步与否之争。文白之间其实并没有什么你死我活之斗争。反倒是通过当时的争论,中国书生与民众都大受其益,一方面创新了新文化产品,一方面挖掘了传统文化的精华,更取得字同音与扫除文盲的历史性

① 刘正平纂辑:《白话诗文合选新文库总目》,崇文书局,1926年。

伟大成绩，更锻炼了新一代能够用语言文化武器的书生在世界上弘扬。

笼统地说，在 18 世纪以前，文言文是官方文体的一种形式；而民间长期流传的白话文，虽然一直充满活力，但缺乏整理升华。这兄弟俩经过 20 世纪前半叶的大争论后，至今更加和谐。官方文体也变成白话文，国家标准语也是白话文，但文言文的生存空间依然存在，以典故、成语等形式出现在文学作品中更受欢迎。实际上流行的大众语文体，经常是文白相间，也令读者欢迎。

第五节　大众语文

在 1934 年，即以上所讲过的国音、白话、文言等变革之后，算来已经有 20 多年了吧。突然，如果用现在网络言语来形容，就是在社会上出现一个热词——大众语。在短短三个月时间内，在沪宁一带的许多报纸刊物，全都辟专栏来发表各种关于大众语文的文章，约有 200 篇，发表看法者有语言学界人士、政界人士、影艺界人士、所谓民众代表等等，上至教授名流，下至普通记者、社会闲人。其内容到今天看去，都有令人目不暇接的感受，真是热闹至极。如果我们今天去翻阅，就真像是今天在网络上某一个热词所引发的讨论，七嘴八舌，七长八短，妙句丛生，也昏词胡搅。这当然是我们民族文化的新思想，一旦被解除锢弊后，所迸发的激情的表现，当然也是当时文化发展的需要。到今天，虽然大众语文的讨论远未结束，不啻为近代言语文化的新探索。我们需要略微知道前辈人们已经讨论过什么，以及他们是如何理解与关注的，这正是我们的文化表现。本节仅简略梳理他们的言论，给今天的读者遥想他们的风采吧。

大众语文被成为问题提出来，那是还要早两年的 1932 年，宋阳先生发表文章《大众文艺的问题》，文中写道：

现在中国文字的情形是同时存在着许多种不同的文字：(一)是古文的文言四六电报等等；(二)是梁启超式的文言，法律公文等等；(三)是五四式的所谓白话；(四)是旧小说式的白话。中国的汉字已经是十恶不赦的混蛋而野蛮的文字了，再加上这样复杂的互相之间显然有分别的许多种文法，这叫三万万几千万的汉族民众怎么能够真正识字读书?

在五方杂处的大都市里面,在现代化的工厂里面,大众底语言事实上已经产生着一种中国的普通话,以这种大都市里各省人用来互相谈话、演讲、说书的普通话,才是真正的现代中国语——总之一切写的东西都应该拿读出来可以听得懂做标准,而且一定要是活人的话。[①]

后来聂绀弩先生于1936年著书中评论宋先生的话说:

这意见最正确的地方是指出了文章不但应该用口头话写,并且应该用大众的口头话写。这是和五四时代的白话文运动根本不同之点。不过他太看重了大都市里的普通话。对于普通话底存在的描写,未免多少有点夸张,而忽视了和大众生活有密切关系的各地的方言土话。

……

到了一九三四年,封建残余在各方面开始了五四以来的空前的活跃:有公然主张恢复旧道德的运动,有班禅大师底金刚法会,有张天师底打醮求雨,有各小学读经及禁止男女同学同行,提倡良妻贤母主义的事实,并且盛大的祀孔大典也在政府底命令之下举行了。和这复古的空气相适应,教育界也就有官僚们底中小学应教文言文(汪懋祖),白话文不能算治学的工具(许梦因)等等的主张。[②]

于是在1934年6月,陈子展先生发表文章《文言—白话—大众语》,其中写道:

其实文言白话的论战早已分过胜负了,并不是林琴南章行严诸先生的文言文做得不好,他们赶不上古人;只因中国社会已经走到某种程度变革的路上,基础一动,旧文化全般动摇,文学革命只是其中的一种。

---

① 宋阳:《大众文艺的问题》,原载《文学月报》,第一期,光华书局版,1932年7月创刊,转引自聂绀弩:《从白话文到新文字》,54页,大众文化出版社,1936年。

② 聂绀弩:《从白话文到新文字》,55—57页,大众文化出版社,1936年。

……现在我以为要提出的是比白话文更进一步，提倡大众语文学。……目前的白话文学只是智识分子一个阶层的东西，还不是普遍的大众所需要的。再添上一句简单的话说，只因这种白话还不是大众的语言。

从前为了要补救文言的许多缺陷，不能不提倡白话，现在为了要纠正白话文学的许多缺点，不能不提倡大众语。①

之后，一连串的文章接踵而至。

胡愈之先生写《关于大众文》，文章写道：

在我们这个社会里，几千年来一向占着支配地位的某一个社会层，眼见得是在很快地没落了。跟着这社会层的没落，凡是代表这社会层的一切文化——哲学、道德、教育、法律、恋爱观、文学、艺术——也都在没落的过程中。

……我以为：

（一）"大众语"应该解释作"代表大众意识的语言"。"大众语文"和五四时代所谓"白话文"不同的地方，就是"白话文"不一定是代表大众意识的。而大众语文却绝不容许没落的社会意识，混进了城门。

（二）"大众语文"一定是接近口语的。但是绝对的"文话合一"，当在话的组织有相当进步的时候。

（三）中国语言最后成为大家用的最理想的工具，必须废弃象形文字，而成为拼音字。因此在目前词的连写，笔箱字，国语音标，都值得提倡，因为这是促进中国语文拼音化大众化的一种步骤。②

这是语言问题政治化的说法，当时是挺新潮的。

陈望道教授写《关于大众语文学的建设》，文中写道：

子展先生只提出说、听、看三样来做标准，我想是不够的，写也一定要顾到。

---

① 陈子展：《文言—白话—大众语》，原载《申报》"自由谈"，1934年6月18日，转引自文逸编著：《语文论战的现阶段》，30—32页，天马书店，1934年。

② 胡愈之：《关于大众文》，转引自宣浩平编：《大众语文论战》，55—59页，上海启智书局，1934年。

写的简便化……将来大众语的语汇里头一定不免有外路语输入，但必须用本国文字写它的音，让大家说得出。照过去的经验看来，输入些外路语或起用些古典语，在大众也并不觉得十分不便，只要确实是当时大众所必需的。……这类语汇实际时时在变换，变换起来实际也没有变换语法那样的烦难。不过总要不违背大众说得出、听得懂、写得顺手、看得明白的条件，才能说是大众语。

大众语的修练，只能靠平时，不能靠临时。一切的规律一切的强制，在临时缠住心头，都会妨害了笔头的自由抒写。在写成的文字上显出了不自然的痕迹。……

大众语的言确实是值得学习的。尤其是文法。它有好些地方都已经变得比文言更整齐，更巧妙，更自然。①

陈教授考虑得很专业很仔细，全是从语言学角度出发。

夏丏尊先生写《先使白话文成话》，文中写道：

现在的白话文，简直大不成话了。……

放弃现成的大众使用着的活语不用，故意要用近似的语言来翻译一次，再写入文中去，这就是从来文言文的毛病。白话文对于这点虽经痛改，可惜还痛没有改革得彻底，结果所表达的情意还不十分亲切有味。②

傅东华先生写《大众语问题讨论的现阶段及以后》，文中写道：

我们只能够把握住下面几个要点：

（一）“大众”是跟一切特殊的个人或特殊的群——从皇帝到买办——对立的名词，故一切特殊的个人或特殊的群的特殊用语，无论是口头的或笔头的，都不是大众语。文言文自从专作笔头用语用的时候起，就全部是特殊的群的特殊用语，故全部文言文都不是大众语。“白话文”因它只拿“白”不“白”做标准，无

① 陈望道：《关于大众语文学的建设》，转引自宣浩平编：《大众语文论战》，60—62页，上海启智书局，1934年。

② 夏丏尊：《先使白话文成话》，转引自宣浩平编：《大众语文论战》，73—74页，上海启智书局，1934年。

法防卫自己不被特殊的群拿去利用，故“白话文”不必就是大众语。

（二）“大众语”一面要向大众去学习，一面也要大众来学习，所以它的进展至少得要一点人工的帮助，犹之历史的进程需要人工帮助一样。……

（三）……目前要“话文合一”是办不到的……只好暂时把“大众”的范围缩小起来。……可假定拿现在高级小学的教育程度做我们的大众语的标准。①

叶圣陶先生写《杂谈读书作文和大众语文学》，文中写道：

现今的在校青年说不定真会遇到这样的一天：硬被人家“装”这么一下。只须看一些执着武器的人都在呐喊着“装啊！装啊！”而一班摇着鹅毛扇的谋士也从旁响应着“装啊！装啊！”就约略可知道一点消息。青年遇到了这样的一天，对于古书的道理当然无所领会，古文也一定写不通。然而这并不是青年的重大的灾难，至多使学校教育成为空白的一页罢了。他们离开了学校，或者说，他们丢开了学校的教训和课业，自会从现实生活当中建立他们的意识，写通足以表现他们的意识的文章。写通文章，途径只在乎读书，这本来是很可笑的话。写通了文章，而只像鹦鹉一般说些什么，这尤其是没有意义的事。必须根源于现实生活，文章才真能写通，写来才真有意义。青年只要认清这一层，即使硬被人家“装”这么一下，也就没有什么关系。好像我们的老祖母在我们耳朵旁边念“多心经”“大悲咒”和我们没有什么关系一样。②

叶先生是从青年与教育角度明晰的。

寒白先生写《大众语的产生与建设》，文中写道：

要使大众语成为一种坚强而有力的言语，在中国普遍地发展，我觉得需要注意下列几个问题：

（一）深入到民间去：既然成为一种大众语，那么它一定是人们各方面生活

---

① 傅东华：《大众语问题》，转引自宣浩平编：《大众语文论战》，79—80页，上海启智书局，1934年。

② 叶圣陶：《杂谈读书作文和大众语文学》，转引自宣浩平编：《大众语文论战》，86—88页，上海启智书局，1934年。

的结晶，人们因为受着经济环境的限制，就决定了他们言语的因素，所以要真正能把大众生活具体地反映起来，就必须到民间去体验。

（二）融化各地的方言：……

（三）文字通俗化：……

（四）肃清作家的虚荣心：……

（五）新闻事业的改良：足以成为大众普遍的读物……①

陶行知先生写《大众语文运动之路》，文中写道：

大众语是代表大众前进意识的话语。大众文是代表前进意识的文字。

大众语与大众文必须合一：在程度上合一，在需要上合一，在意识上合一。

大众语文适合大众的程度，需要和意识时，在大众本身所起的反应是高兴。所以大众语文是大众高兴说、高兴听、高兴写的语言文字。这高兴的境界便是艺术的境界。

……大众的生活中是有一个大缺陷，大众没有取得够用的思想的符号，情感的符号，行动的符号：总而言之，没有取得充分的生活的符号。大众的符号是和大饼一样的贫乏。剥削大众的大饼的人是同时独占了大众生活所需要的符号。照这样看来，大众语文运动是有两条大路可走：

（一）智识分子参加大众生活，在大众语演进的基础上努力写作语文合一的大众文。

（二）将生活符号普及于大众，使大众自己创造出语文合一的大众文。

……

拿什么符号来向大众普及？汉字呢？注音字母呢？拼音文呢？我的建议是三管齐下：汉字要教；注音字母要教；用注音字母拼成大众文更要教。

汉字是士大夫的法宝，大众必须认得这法宝，才能看破士大夫的神秘。②

---

① 寒白：《大众语的产生与建设》，转引自宣浩平编：《大众语文论战》，116—118 页，上海启智书局，1934 年。

② 陶行知：《大众语文运动之路》，转引自宣浩平编：《大众语文论战》，190—193 页，上海启智书局，1934 年。

陶先生不愧为新一代教育大家，他的教育理论与实践是我们民族永久的需要，他对于大众语文的深入分析与建议，远远超过当时坐而论道的书生们，更没有书卷气和官场气。

胡绳先生写《“大众语”与“世界语”》，文中写道：

要得到真正的大众语，首先便须竭力提倡各地的方言文学。正如“没有民族语的充分生长，也就没有形成世界共通语的可能”。各地土语文学的发展也正是给予了新的大众语文学一个有力的保障。大众语（全国的普通话）正如也是在实际生活中产生。并且事实上，在今日，特别是几个五方杂处的大商埠，各地的方言互相接触的机会日多，一种融合了各地方言的特性的普通话多少已形成一个基础了。若加以有力的扶助，那么，大众语的产生并不是一件很缓慢的事情。布尔乔亚是无须大众语的。即使言语不通，他们用英语也可以讲话了。在写作上，文言和新文言更足够可以传达情意。因此中国的大众语和国际语一样都应该是属于勤劳群众的，而也只有在勤劳群众的活泼的运用中间才能充分地发展起来。①

胡先生把从苏联捞来的政治名词运用到大众语与世界语头上，今天的年轻读者恐怕难以理解吧。

丹枫先生写《“大众语”在电影中之运用》，其中写道：

我们知道，中国电影的字幕，由于孙瑜开始使用白话文，并不是好久以前的事。然而到现在为止，从字幕或对白方面，我们可以从劳动者口里听到文绉绉的话来。这似乎已成为非常普遍的现象！自然，这种字幕，决不会为一般广大的观众所理解。同样在有声电影中的对白问题，和戏剧中一样，也都是新八股

① 胡绳：《“大众语”与“世界语”》，转引自宣浩平编：《大众语文论战》，中册，37—40页，上海启智书局，1934年。

的运用，活生生的语言变成了死的文字。①

他的文章引来不少电影界人士的反响。

唐纳先生写《从“大众语”方面再论粤语声片》，文中写道：

我以为，方言土语文学在大众语建设过程上是有决定意义的。这话就是说，统一的国语，不是没有一定的社会条件就可以造成的。它是高度发展了的方言的融化，这方言的高度发展，是大众生活的发展的结果。方言在发展中融化，这就是国语统一的过程；在这个意义上，国语是自然生长的；但因为方言根本就是活人的口头语，这种口头语的统一是一个集团创造的过程，我们把握住国语统一的过程，提高大众生活并且提高方言的发展，在方言的融化过程上加以整理的作用，乃是可能而且必要的，从这个意义看来，国语统一不能不是一个目的意识的运动。……我们看现在绅商买办的“国语”，不是成了一种差不多没有人讲的外国话一般的东西了吗？……在现在，电影不是大众的。现在的电影还在高贵的伟大建筑物中给软性绅士们作为“眼睛吃的冰淇淋”。艺术是非为着大众即存在不可的。②

许幸之先生写《在电影中大众语论争的我见》，他写道：

我们必须“肯定”，大众语是从白话文的基础中发展的。大众语在白话文的统治时代已经逐渐生长起来，但同时我们“否定”大众语是不经过任何的“变革”作用，而只是从白话文中“自然发生”的东西。反之，正因为白话文在现在已经成了障碍大众意识进展的语文，大众语便随着大众阶级意识的增长，而在语言和文字上，要求从白话文的奴隶中解放出来。这是一种目的意识的行动。因此，他和白话文是立在反文言文底“统一性的对立”地位的，但它和白话文立

---

① 丹枫：《“大众语”在电影中之运用》，转引自宣浩平编：《大众语文论战》，中册，61—65页，上海启智书局，1934年。

② 唐纳：《从“大众语”方面再论粤语声片》，转引自宣浩平编：《大众语文论战》，中册，69—75页，上海启智书局，1934年。

着两个不同的阶级的基点。①

冯执中教授写《“大众语”究竟是什么东西?》,他写道:

本来国事不敢谈,风月又不屑谈的今日,许多作家,自然无题可做:于是百无聊赖中,提出一个所谓“大众语”半新半旧的题目来做些文章,各副刊编辑,亦以无稿可选,深恐读者失望,乃借此来换换口味,遂有许多“吃饱饭,等屎屙”的人们,一齐讧起来!所谓“大众语”和“大众语文”创造家者,左要打倒“文言文”,右要推翻“白话文”,既反对采用“国语”为“大众语”,复又反对采用各地方言,“大众语”和“大众语文”究竟是什么东西?其实“文言文”自有其数千年之历史,说它封建也罢,腐败也罢,绝对不是几位半通不通的新文豪能将其打倒。“白话文”亦是有“白话文”的长处,呼它为“买办阶级”也好,唤它作“布尔乔”阶级也好,绝非三两个“大众语”家能将其推翻。……欲成立一种语言,并欲使之普及,一定要经过相当时期,更得要有许多条件的帮助,方能达到目的,决不是几位随声附和,毫无研究的人们,写几个文字,或互相谩骂,便能成功。……中国现在最需要的是“统一国语”,而不是创造一种连创造人们亦莫名其妙的“大众语”!更谈不上创造什么“大众语文”!②

冯先生是连大众语这个词都反对。

吴稚晖先生写《大众语万岁》,他写道:

文言一时难得死光,也是实在的。说他会什么复兴,再来代用白话,都是笑话。并且是铁树不能开花,同样的可以肯定。汪柳诸先生他们忽然主张中学以后要侧重文言,救人之意七分,卫道之意或亦有三分。因为他们看见考试的卷子,及毕业的小世兄,实在文言太蹩脚,不适于有司之程式,那就于个人出路,完

① 许幸之:《在电影中大众语论争的我见》,转引自宣浩平编:《大众语文论战》,中册,76—81页,上海启智书局,1934年。

② 冯执中:《“大众语”究竟是什么东西?》,转引自宣浩平编:《大众语文论战》,中册,81—88页,上海启智书局,1934年。

全艰难了。他们要救渡这班“出路先生”，所以望学校大开方便之门，给他们以出路的利器。这七分，是恻然悲悯，我想汪柳诸先生是胸无成见，是殉人的，并非护己的。所谓卫道之三分，则见仁见智，设想不同。他们偶然感觉文言这东西，可以连带保持他们希望之道，比较多一点；亦如白话家或大众语家也相信能够连带迷信到文体有关，况且只有三分，也可以对汪柳诸先生很原谅的。……可见得文言白话大众语，只是工具。只有容易普遍，或不容易普遍之分罢了。[①]

吴先生的话，在当时是获得不少人的拥护。

鲁迅先生也曾写过数篇相关文章，如在《论大众语》中写道：

我的简单的意见在这里：一、汉字和大众，是势不两立的。二、所以，要推行大众语文，必须用罗马字拼音（即拉丁化……）……在交通繁盛，言语混杂的地方，又有一种语文，是比较普通的东西，它已经采用着新字汇，我想，这就是“大众话”的雏形，它的字汇和语法，即可以输进穷乡僻壤去。中国人是无论如何，在将来必有非通几种中国语不可的运命的。这事情，由教育与交通，可以办得到。三、普及拉丁化，要在大众自掌教育的时候。现在我们所办得到的是：（甲）研究拉丁化法，（乙）试用广东话之类……（丙）竭力将白话做得浅豁，使能懂的人增多。……四、在乡僻处启蒙的大众语，固然应该纯用方言，但一方面仍然要改进。……五、至于已有大众语雏形的地方，我以为大可以依此为根据而加以改进。太僻的土话，是不必用的。[②]

鲁迅先生强调“大众语雏形”的判断，颇有见地。至于“中国人在将来必有非通几种中国语不可的运命”的判断，似即为今天中国人中国语的命运。

黎锦熙教授写《大众语真铨》，他写道：

“大众语”这个名词，恕我浅陋得很，简直不知道它和“国语”或“白话”有甚

① 吴稚晖：《大众语万岁》，转引自《大众语论战续编二》，1—9页，上海启智书局，1935年。

② 鲁迅：《论大众语》，转引自《中国文字拉丁化文献》，121—122页，拉丁化出版社，1940年。

么异同；……“国语”是对“外国话”说的，“白话”是对“文言”说的，“大众语”是对“小众语”说的——限于某一阶级（如所谓“买办式的白话”或职业用语之类），或某一地方（如方言）的语言只好称为“小众语”了。但“大众语”也得限于某一时代，如宋元话本明清小说之类，大都是根据当时的“大众语”做的，但到现在却有许多不但不能谈而且不能懂了；现在的“大众语”也是与年俱进，与时为变的，并且限于某一国家或某一民族（若打通国界的“大众话”那便是“世界话”，不在这个讨论的范围了），那么，一国全民族大多数的人同时彼此都能听得懂说得出的语言就叫作”大众语“。”大众语“的定义果然是这样，那我仍旧不知道它和“国语”或“白话”有什么异同了。但是，话也仍旧没有那么简单，凡名词都是各有来历的，打开中国大辞典编纂处的材料抽屉一翻，“大众”这个名词却是古已有之，一方面也是舶来品，可以当它作名词来用，或把它当形容词用，加于其他一切名词上，于是乎“大众语”就从中产出来了。恕我辞费！我此给大辞典先纂一通“大众”的长编（长编原稿是王述达先生拟的，究竟太“长”，这里只好来个节录）：（一）在上古的用法，“大众”是农民被征发而当兵作工的一大堆子人。证之于“经”：礼记月令：“孟春……毋聚“大众””毋置城郭”。……（二）到了中古，用法遂变，“大众”乃是聚在一块儿的和尚尼姑以及居士女居士们，这却是义译的印度“舶来品”了。原来梵语“僧伽”（Saingha），此译“众”，有和合之义。……在中古以后，为释家之常言，其义最为平常，只需具备一个条件：佛教信徒，则虽天魔人鬼，乃至马牛鸡犬等畜生，悉得加入此项“大众”。……（三）近代普通用法，则“大众”就是众人，不但阶级宗教种种限制都没有，并且也不必聚作一堆，就是散在的人们有时也可以叫作“大众”。……（四）现代又有拿来义译西洋的“舶来品”的，“大众”就相当于英文的 The masses（或译作“群众”）。这个原词却已有了阶级性（故又或译为“平民”，或为“下层阶级”），盖始于 1886 年（清光绪十二年）英相格兰斯顿，他把这个词和 The Classes（或译为“上流社会”）作相对语，遂成用法上的新趋势（详见牛津新英文大字典卷六 207 页），最近渐用于多数集体的人民；……其实我们作国语运动的，只顾实际的研究工作，原不稀罕“大众语”这路新色名词，因为把汉字累叠起来尽能任情制造。但古人道得好，“有循于旧名，有作于新名”，既大家发起“新名”，高兴讨论，却也不妨随和。不过“新名”界说，须先约定；就上举诸语源说，总觉得无论何种“大众”，一加到“语”字上，立刻“怨亲平等”，变成“大众化”(Popularization)的意思了。(因为这个“语”字的意思是“言语”之“语”，而非“标语”之“语”也)。……约成数言，以待论定：“大众语”者，是一种有建设性而不具阶级性的标准方言，与其他异于标准的各种“母语”方言并行不悖；随时代而演进，依交通而扩大，应文化而充实，借文艺而优美：这都是自然的。我们从教育的意义上建设“大众语”，就是把落后的“大众”和前进的“大众”所有意识间的冲突、矛盾，统一起来，使这种标准方言成为“一国全民族大多数的人同时彼此都能听得懂，说得出”的“普通话”。“大众语”的定义果然是这样了，那我终于不知道他和“国语”或“白话”有什么异同了！本来他们是“同实而异名”的！本来一切辩论，都不过搬弄几个异名！本来一切问题，不经过实践的工作，都得不到实际的解决。①

黎先生显然并不赞成前述一批人对于大众语的认知，他采用了当时很罕见的词语概念史研究方式，将中文“大众语”一词的来龙去脉全部端出来，详细解析大众语在上古用意，印度佛学传来后的用意，更关键是引用大英百科全书证明英文中近代加进阶级性后，传来中文所形成的新语义。最后他又自订一个新定义，再强调要想辩论，脱离实践是没有解决的希望。果然，不久以后，“大众语”的论争本身渐渐就自然消失了，但又转换成其他问题与形式出现。仅有这么一些文章在历史中留存，以见中国一代书生们的论辩思想与水准。

至于因“大众语”而引起的论争，还是产生并留下巨大的文化财富，这里仅以黎锦熙先生当年著《建设的“大众语”文学》中的部分介绍，就略可把握一二。黎先生书中专门一章标题为：“现在大众语文学的调查、批判和改良”，其中写道：

中国现在的“大众语文学”，可算丰富极了，其数量之多，种类之繁，大约是此刻讨论并提倡“大众语文学”的人未必想到的。但都散在民间，“不登大雅”，并且很多仍是“不著于竹帛”的；自民七(1918年)的“文学革命”起，学术机关

---

① 黎锦熙：《大众语真铨》，转引自《大众语论战续编二》，49—57页，上海启智书局，1935年。

渐注意于调查工作,如北京大学之调查全国歌谣……民教机关则如平民教育促进会之调查定县秧歌……又有私人之搜采和编录(如顾颉刚先生之《吴歌甲集》,钟敬文先生重编清李调元的《粤风》之类……)这些调查工作,是建设"大众语文学"必要的准备。……但是,中国的"大众语文学",无论怎样的丰富,无论怎样具有形式方面的天真和质素之美,其内容方面所谓意识,就现代的眼光看来,那简直是完全要不得的。综其成分,最多的是色情的冲动(这本来是文学的要素,"性"也是无善无不善的,但他们却落了下乘),其次是迷信(缘于千余年来"和尚大众"的势力),是神魔(半由迷信,半属趣味),是"封建"(包括一切传统的制度及教训而言;也有用意甚好的,不过在现代都已不合适了),是英雄的崇拜(这不能说坏,其中也有疾苦不平的呼声,但终于被"封建"和迷信的空气笼罩了);至于带有"讽刺""谴责"意味的,却已是"小众"的消闲作品,非"大众"所能欣赏了。从教育的意义上建设"大众语文学",第一步当然应该就固有的形式先行撤换"意识"。这种工作,近来可分三类:……(1)旧瓶旧酒但取其毒:……这类工作终于没有人做,因为这个办法,教育的意义较薄,而文艺的趣味较厚之故。(2)旧瓶换新酒:全不改变其固有的形式,但换以新内容。……这都是想借着旧瓶的掩护,叫"大众"能喝上几杯新酒。(3)新瓶装新酒:连形式带内容满换新的。……不过马上就发生一个大矛盾:这三类工作,无论对于旧形式或因袭或革除,都是要把"大众语文学"撤换"意识";做这样撤换工作的人,又是立于另一阶级,和三十年前王、劳两先生的"阶级意识"是一样的,虽然比较地能注重外形的技巧。……我以为要建设真正的"大众语文学",自己便要充作"大众"之一员。……建设的"大众语"是没有阶级性的;建设的"大众语文学"也是一样,也是没有阶级性的。这个钤键还只在乎"酒瓶"。上面所举"新瓶装新酒"的"新瓶",尽管用的是新文体,并且有些还注了音,用了词类连书,实在还是"旧瓶"(汉字),实在还不过是旧瓶上贴了一张彩色图案的新商标(新文体,新标点,注音,词类连书),仿佛换了新瓶了。必须掷碎"旧瓶",才能真换"新瓶"。①

---

① 黎锦熙:《建设的"大众语"文学》,57—64页,估计是中国大辞典编纂处出版,1934年。

20 世纪初到卅年代的为汉字变革的大量争论，固然多为书生之见，但也确实是我们民族空前的变革需求中的组成部分，仅因“大众语”之争，就有如此多的见解被大胆释放出来，并因此而鼓动中国的学术界深入、深刻地挖掘中华文化积淀的方方面面，涉及追求中华新文化的方方面面。这本身，就已经是文化进步、文化建设的必要程序与实践。这些文化的创建者，是我们应当继承与学习与剖析的。

第六节　国语

以上三部分所谈到，其实全部属于“国语运动”的组成部分。本节仅介绍一下由于“国语”这个概念所引发的在全国的活动，它主要体现在全国中小学的国语教育上，也体现在全国社会推广上，而成为近代中国言语教育的空前的成果。由于成果太多太零碎，这里仅选择部分作介绍。

一、中小学国语教育

近代中国改革家们总算看明白，中华民族进步的根本在于要将孩子们的教育推向与世界接轨的新方式、新内容。新方式就是不再死读书，科学安排时间与进度；新内容就是以“国语”各方面为表征的丰富内容。而要得到这些变革，就必须提到在 19 世纪末，中华民族在面临空前巨大的危险的压力下，作出了一个伟大的举动，就是对于实行五百年以上的科举制，以八股文录取人才的旧教育制度，被连根拔去。最先是光绪皇帝在 1898 年 1 月 6 日发布上谕，说是按照严修的建议，不考八股，改考六艺。接着张之洞、陈宝箴奏请废止诗赋小楷。1903 年奏定学堂章程，1903 年袁世凯、张之洞奏请递减科举。到 1905 年，各省督抚会奏停科举以广学校之后。这才上下一致地实现了。这并非八股文的错，而是全民实际进步的急需。

那么，中国的教育宗旨也就发生巨大变革，1902 年，时代先锋梁启超发表《论教育当定宗旨》一文，他提出：“教育之意义，在养成一种特色之国民，使结团体,以自立竞存于列国之间,不能为一人之才与智云也。"[①]由此,新教育成为近代中国人热议的大问题,也在几十年间,不断地在社会实践中改变。其中最鲜明的是进入早期的各种中国宪法草案内,成为国家大法中一部分。最早的应该是1913年,所谓《天坛宪法草案》中,仅写有一句:"中华民国国民,有受初等教育之义务。"到1923年,宪法会议重开,教育界普遍认为教育为国家命脉,宪法应该有专章,以明确教育之重要,经请愿后获得在宪法条文中加进专章"第七章教育"。其第一条为:"全国教育,应以致力于人格完善,发展民主国之国民精神为主旨。"第二条为:"义务教育之学年,至少以六年为限。"到1925年,国宪起草委员会通过《教育专章草案》中第十三章教育。其中第一百五十条为:"全国教育,以道艺并重,发挥民主精神为中华民国宪法内之教育专章。"第一百五十一条为:"学校教育,不受宗教仪式及其教材之支配。"第一百五十二条为:"学校教育,不得为党派主义之宣传。"第一百五十三条为:"国民受义务教育,概免纳税。……"[②]这些纸上写的条文,虽难以说有什么实效,但可见当年人们的关注与见解,也见证了中国希望成为现代国家所对于教育的根本认知。

中小学校的国语教育,自然就是全新的问题,除了教员培训之外,主要就是新教材的产生与审定,也就是以什么样的文章作为国语的代表呢?这是个很困难的任务,这件事的进行是与国音方案的产生基本同步的,国音方案在民国初年被批准后,也就在教育部内设立机构来编纂国定教科书,主编者为熊崇煦及陈润霖、李步青、黎锦熙等人,他们实在没有编出什么合适的教材。而各地一些学校,则不能等待,如北京的孔德学校在1918年就自编国语读本,江南则更多。在1919年统一会开第一次大会,刘复、周作人、胡适、朱希祖、钱玄同、马裕藻等人提出"国语统一进行方法"的议案,其中第三件事为"改编小学课本",其中写道:

统一国语既然要从小学校入手,就应当把小学校所用的各种课本看作传布

① 梁启超:《论教育当定宗旨》,原载《饮冰室文集》,卷29,转引自陈翊林:《最近三十年中国教育史》,62页,上海太平洋书店,1931年。

② 引自李建勋:《中华民国宪法内之教育专章》,载《师大教育丛刊》,第一卷四期,1—16页,北平师大教育会出版,1930年。

国语的大本营;其中国文一项,尤为重要。如今打算把"国文读本"改作"国语读本";国民学校全用国语,不杂文言,高等小学校酌加文言,仍以国语为主体。"国语"科以外,别种科目的课本,也该一致改用国语编辑。①

到1920年教育部令第八号宣布:

第四条　国语要旨,在使儿童学习普通语言文字,养成发表思想的能力;兼以启发其德智。首宜教授注音字母,正其发音。次授以简单语词语句之读法,书法,作法。渐授以篇章之构成。并采用表演,问答,谈话,辩论诸法,使练习语言。读本宜取普通语体文,避用土语,并注重语法之程序。其材料,择其适应儿童心理并生活上所必需者用之。国语作法,宜就读本及其他科目已授事项,或儿童日常闻见与处世所必需者,令记述之,以明敏正确为主。书法用字体,为楷书及行书。凡语言文字,在教授他科目时,亦宜注意练习。遇书写文字,务使端正敏捷,不宜潦草。②

黎先生自己评价这个教育部令,说是"把中国教育的革新,至少提早了二十年"③,那自然是因为国语的规定原则清晰,具体详细,相对易于执行。

但是胡适教授还不满意,他提出一个理想的原则,写在《中学国文的教授》一文中,他写道:

究竟我们期望中学毕业生的国文到什么程度?民国元年的"中学校令施行细则"第三条说:国文要旨在通解普通语言文字,能自由发表思想,并使略解高深文字,涵养文学兴趣,兼以启发智德。这一条因为也是理想的,并不曾实行,故现在看来还没有什么大错误。即如"通解普通语言文字"一句,在当初不过是欺人的门面话,实在当时中学的国文与"普通语言"是无有关系的;但是到了现在国语进行的时候,这六个字反更有意义了。又如"并使略解高深文字"一

① 刘复等人:《国语统一进行方法》,转引自黎锦熙:《国语运动》,74—75页,商务印书馆,1933年。

② 教育部令8号,转引自黎锦熙:《国语运动》,76—77页,商务印书馆,1933年。

③ 刘复等人:《国语统一进行方法》,转引自黎锦熙:《国语运动》,81页,商务印书馆,1933年。

句，当日很难定一个界说，现在把国语和古文分开，把古文来解“高深文字”，这句话便更容易界说了。元年定的理想标准，照这八年的成绩看来，可算得完全失败。失败的原因并不在理想太高，实在是因为方法大错了。标准定的是“通解普通语言文字”，但是事实上中学校教授的并不是普通的语言文字，乃是少数文人用的文字，语言更用不着了！标准又定“能自由发表思想”，但是事实上中学教员并不许学生自由发表思想，却硬要他们用千百年前的人的文字，学古人的声调文体，说古人的话，——只不要自由发表思想！事实上的方法和理想上的标准相差这样远，怪不得要失败了！我承认元年定的标准不算过高，故斟酌现在情形，暂定一个中学国文的理想标准：(1)人人能用国语(白话)自由发表思想，——作文，演说，谈话——都能明白通畅，没有文法上的错误。(2)人人能看平易的古文书籍，如《二十四史》《资治通鉴》之类。(3)人人能作文法通顺的古文。(4)人人有懂得一点古文文学的机会。这些要求不算苛求吧？①

胡先生的理想与标准，至今依然在国内探索与实践中。

而实际困难依然还是在课文的编纂与教学，黎锦熙先生当年曾讲述过他自己用七年时间的失败的尝试，就很有代表性。他写道：

就在民国十六年(1927)我真是佞妄得很……从简易的、部分的做起，编一部从高小到中学适用的国语罗马字《国语模范读本》，其旨趣的末一条云：“用现代的标准活语言，介绍近来新文学和四千年来文豪、诗圣、思想家、学术界的重要作品，并及民间的歌谣、故事、戏曲之类，使读者确切地得到整理国故最后揭示之总账，并欣赏古今新旧文学之结晶体而了解其各别之精神。把一个童话故事编成首册印行之后，到现在已七年了，而正式的第一册仍没起头！原计划是这样的：

第一册——以精选现代的创作或翻译的作品为主，间附方言文学。

第二册——以节录近古的白话作品为主，间选译文言的诗文。

① 胡适：《中学国文的教授》，转引自胡适编：《中国新文学大系·建设理论集》，247—260页，上海良友图书印刷公司，1935年。

第三册——以选译四千年来主要文学作品为主,兼载汉字原文,并加注释。

第四册——以选译上古的重要典籍为主,于汉字原文外,更兼载古金石甲骨诸体,详加注释。

第一册工作最容易,只需备一架英文打字机,把"精选"的照打出来就是(但也须酌改少许不合"大众语"的词类和文法。这七年间,我常劝国罗同志们作这件事,然而无成就者,绝对不是拼法上有问题,乃是词类分合上有问题。原因就在对于"大众语"本身的文法还欠精细的研究)。第二册却难了;古白话不能照翻,很费斟酌(例如《水浒传》的武松打虎一段,词类如"大虫"却不可改为"老虎",而句法则须变换一些),文言的诗文当然译意,却也要译成现代"大众语文学"的某种格调。第三册是想把中国文学史作一个总解决,第四册是想把国故思想作一个总解决,更属"谈何容易"!(即如民国十四年,顾颉刚先生用白话译了《盘庚》中上两篇,《金縢》一篇,"因为原意太难弄清楚,而解释又太纷歧了",似乎正续两大部《皇清经解》和未收并后出的书都得查遍。见《古史辨》第二册。)①

不过,终究在20世纪前半叶,中国出版了大量各种各样的中小学校国语教材,那都是一些出版社自行编纂的教材,拿到教育部审批部门审查后,又再自行印刷出版。近年已经有重印本出现,这里就不再介绍了。这里仅介绍教师用的《新式国民学校国文教授书》第七册中一篇,以见当年教师备课的一般程序与内容:

第二十课　国体政体(按原标点)

教材　(课文本身内容……)

要旨　授以说明体之短文。使知国体政体之区别。

时间　三次。

教法

预备事项

---

① 黎锦熙:《建设的"大众语"文学》,69—70页,中国大辞典编纂处,1934年。

(1) 从以前所习过之历史。问答引起。使知我国以前。及今之国体政体。

(2) 检字检订等。

读讲事项

(1) 实质方面　世界列国。国体不同。可分二类。其国立君。世代相袭。人民惟其辅佐或奴属。而其君俨然为一国之主人翁。故曰君主国体。其国不立君。行政之元首。名曰总统。由人民用选举法。择其能者而举出之。数年改选。其民俨然为一国之主人翁。故曰民主国体。法政主权。揽于君主或总统一人。或揽于少数之政府人员。人民不得预闻。惟命是听。或为政府假弄。仅有民意之形式。而人民实受抑于权力之下。故曰专制政体。……今世民智开通。民权发达。少数人宜听命于多数人。故无不行立宪政体。

(2) 形式方面

文字	音声	义	备注
……	……	……	……
宪	献去	法也。一切政治。以法律为范围。其根本要则曰宪法。	
……	……	……	……

练习事项

(1) 实质方面　专制政体。令出自一人。或少数人。故不免于私。往往暴君污吏。擅弄威福。生杀予夺。惟其所欲。故其政多敝。……各国人民。皆欲自立其国。以与强国遇。其国必亡。故无不厉行立宪政体。以图群策群力。否则固步自封。只知专制而不肯立宪。纵能施威于己国。必将受侮于外人。亡国之祸。不旋踵矣。

(2) 形式方面

(1) 字句　……

(2) 篇段

｜君主

｜(一)国体｜民主

｜　　　　｜专制

国体｜(二)政体｜立宪

｜(三)各国之立宪

说明体。说明今世国体政体之类别。照世界现状说明。并不加臧否。施威说明也。如加论断。则兼议论体矣。其起国体政体。各作一段分列。末总结之。

应用事项

(1)实质方面　今世各国。如英日俄德为君主国体。美法等国为民主国体。皆为立宪国。　再设问如下　亡国之国体何如。　政体如何。　亦算文明国否。

(2)形式方面　正误法　板示谬误之语句。命儿童改正之。　例如……

参考①

至于当年应该如何学习好国语国文？夏丏尊先生曾经有篇精彩的讲演《学习国文的着眼点》,选录部分如下：

我的意思国文科是语言文字的学科,除了文法修辞等部分以外,并无固定的内容的。只要白纸上写有黑字的东西,当作文字来阅读来玩味的时候,什么都是国文科的材料。国文科的学习工作,不在从内容上去深究探讨,倒在从文字的形式上去获得理解和发表的能力。凡是文字,都是作者的表现。不管所表现的是一桩事情,一种道理,一件东西,或一片情感,总之逃不了是表现。我们学习国文,所当注意的并不是事情、道理、东西或情感的本身,应该是各种表现方式和法则。……凡是文字语言,本身都带有内容,文字语言本来就是为了表现某种内容才发生的,世间绝不会有毫无内容的文字语言。不过在国文科里,我们所要学习的是文字语言上的种种格式和方法,至于文字语言所含有的内容,倒并不是十分重要的东西。我们自己写作的时候,原也需要内容,这内容要自己从生活上得来。……我们的目的是：要从古人或别人的文字里学会了记述的方法,来随便叙述自己所要叙述的事物,从古人或别人的文字里学会了议论的方法,来随便议论自己所想议论的事情。……诸君于小学里学国语,第一课

① 吴研蘅编:《建〈新式国民学校国文教科书〉》,第七册,61—64 页,中华书局,1921 年。

恐怕是"狗、大狗、小狗。大狗叫、小狗跳"吧。这寥寥几个字,如果从文字的形式上着眼去玩味,有单语和句子的区别,有形容词和名词的结合法,有押韵法,有对偶法,有字面重叠法。但是试问诸君当时读这课书,曾经顾到这些吗?……从前的读书人学文字,把大半的工夫花在揣摩和诵读方面。……他们的文字虽然单调,形式倒是通的,只是内容空虚顽固得可笑而已。近来学生的文字,毛病适得其反,内容的范围已扩大得多了,缺点往往就在形式上。这是值得大大地加以注意的。……我是主张学习国文应该着眼在文字的形式的,我所讲的方法也是关于文字形式方面的事情。打算分三层来说:(一)是关于词儿的,(二)是关于句子的,(三)是关于表现方法的。……一个词儿的意义是多方面的,编辞典的人不能一一列举,只能把大意用别的同义词来表示罢了。词儿不但有意义还有情味,词儿的情味,完全要靠自己去领略,辞典是帮不上忙的。……词儿在句子中的用法,这普通叫词性,是文法上的项目。我在前面曾经讲过,中国文字本身是一个个的方块字,一个词儿用作名词动词形容词副词,有时候都可以的。……可是在文法上的词性各不相同。……句子的种类是很有限的。确实不敢说,至多不会超过一百种的式样。……句子的式样是就句子独立着的情形讲的。……文字语言的一切技巧,可以说就是表现的技巧。……末了,我劝诸君能够用些读的功夫,朗读或默读都可以。学习文字的方法就是读。自有学校教育以来,对于文字往往只用眼睛看,用口来读的人已不多了。其实读是很有效的方法。①

夏先生的见解,与当年叶绍钧、朱自清合著的《国文教学》一书中的见解,是一致的。他们都是同样从语文老师的角度出发,深刻讨论语文教学所应该注意的原则与方法,到今天依然应该是有效的。

二、国语推广

国语推广是一个太大的题目,在近代社会几十年间,在多方面曾经做出大

① 夏丏尊:《学习国文典着眼点》,1936年9月24—26日演讲,原载《中学生》,1936年第68期。引自王子坚编:《各科学习研究的方法》,158—170页,经纬书局,1936年。

量活动。那是可以写出好几本书来。例如近代电影中的国语推广与成绩；近代新戏剧中的国语使用与成绩；近代新诗中的国语状况；近代小说中的国语状况；近代报刊中的国语状况等等。但那已经超出本书范围。故而本节仅选择三个小专题，以见推广的实际状况。

1.《国语周刊》

《国语周刊》简称《语周》，寓意谐音"宇宙"，乃是钱玄同、黎锦熙等先生私人主办的小报，作为《京报》副刊出版，第一期共 8 页，发表在 1925 年 6 月 14 日，标题为手写汉语拼音字，有收稿处：北京西北园九号师大寄宿舍钱玄同。有定报处：北新书局；儿童报社。有售价：铜元四枚。那时候为什么会产生此周刊呢？那时候中华民国国语研究会自 1916 年成立已经十年了，拥有会员一万五千人以上，该会会刊《国语月刊》也在 1922 年产生。但是他们依然要办，黎锦熙先生明确说出他们的意图：

> 我们这个周刊却不尽然：有时嬉笑怒骂，有时"垂涕泣而道之"，有时也要搬起面孔来说话。主张不必一致，只要和国语有关。也没有一定的主撰人，实在是一个公开的邮政柜。……言论绝对自由，责任各自负担。①

笔者记录到此，不由得从心底产生一种敬意，遥想前辈们的事业心胸是多么坦荡，为了中华民族的进步，而不惜做最基本的文化建设工作。此周刊也就像是今天全球网络上一样，有言就发。这些参与者，多数已经为大学教授，各有所长所见，却一致地敢于向旧文化挑战，放言天下。他们也不讳言，之所以编纂此报，就是与当年章士钊们主办的鼓吹文言文、反对白话文的《甲寅》杂志公开唱对台戏的。这里选几篇报上的文章，以飨读者。有一些已经在上面引用过，就不再重复。

该报发刊辞是钱玄同先生手笔，他讲出三点见解：

> （一）我们相信这几年的国语运动是中华民族起死回生的一味圣药，因为

---

① 黎锦熙：《国语研究会底年谱和我们底严重的声明》，载钱玄同等主编：《国语周刊》，1925 年第 1 期。

有了国语，全国国民才能互通情愫，教育才能普及，人们底情感思想才能自由表达。所以我们对于最近“古文”和“学校底文言课本阴谋复辟，认为有扑灭它之必要；我们要和那些僵尸魔鬼决斗，拼个你死我活！

（二）我们相信正则的国语应该以民众底活语言为基础，因为它是活泼的，美丽的，纯任自然的，所以我们对于现在那种由古文蜕化的国语，认为不能满足；我们要根据活语言来建立新国语。

（三）我们相信中华民族今后之为存为亡，全靠民众之觉悟与否；即唤醒民众，实为智识阶级唯一之使命。……必须用民众的活语言和文艺，才能使人们真切地了解。……我们要仔细地搜集考察民众的语言和文艺底真髓，用它来建设种种新的民众文艺。[①]

渭川老师（估计是董渭川先生）写了一篇《谈谈中学校底国文教学》，文中介绍了他自己到北京7座学校中听老师讲述国文课的情况，颇见真实情况。可惜文章太长，就不引用了。[②]

沈从文先生发表一首71行的新白话诗：《乡间的夏（土话）》。诗太长，不引了。在诗后写道：

我所见到的散文诗，左看右看总分不出它是短的散文还是诗来，所以甚至于连别人但提到散文诗时我脑壳就掉了转去，不参末议。至于最新的什么白话诗呢，那中间似乎又必须加上“云雀，夜鹰，安琪儿，接吻，搂抱”才行。我耳朵没有其他少年诗人那么大福气，除了麻雀同蝈蝈儿外，委实没听过什么夜鹰。眼睛又患近视，见不到什么仙人。接吻则并看也不曾看过，吻是甜的还是酸的我也在怀疑。至于搂抱，那不消说梦也不曾梦过来！没有会作诗而又做出写出与诗约略相似（一律中国字，一样的用量点韵）的东西来，无以名之，乃谓之为“土”话。……我的文学解释是：用笔写出来的比较上新鲜、俏皮、真实的话而已。若因袭而又因袭，文章的生命一天薄弱一天，又哪能找出一点起色？因此，

① 钱玄同：《发刊辞》，载钱玄同等主编：《国语周刊》，1925年第1期。

② 渭川：《谈谈中学校底国文教学》，载钱玄同等主编：《国语周刊》，1925年第4期。

我想来做一种新尝试。[1]

建功先生(估计是魏建功先生)写了一篇《摘译文体雅洁的教育总长停办北京女子师范大学呈文》,通过把章士钊总长的丑陋文风直译成白话文,让新一代读者明白章总长古文内的腐朽思想。这里仅选后一部分:

(原文)其中流以上之家,凡未成年之女子。殆无不惟家长阿保之命是从。文质彬彬。至可爱敬。从未见有不受检制。竟体忘形。啸聚男生。污蔑长上。家族不知所出。浪士从而推波。伪托文明。肆为驰骋。谨愿者尽丧所守。狡黠者毫无忌惮。学纪大紊。礼教全荒。如吾国今日女学之可悲叹者也。

(译话)那中等以上的人家,凡是没有成年的女孩子,大概没有不是专门听从家长和女先生的命令的,她们那种文质彬彬的样子,狠可以叫人爱怜敬仰,从来没有见过不受管束,忘记了自己是什么形体,喊招男学生聚在一起,看不起长辈上人,家族不晓得是谁生的(这句是遵照"不知所出"四个字译的,附记),无赖汉从中推波助澜,假托了文明的名目任意瞎搅,老实的人把操守都丢尽了,浮滑的人没有一些忌惮,学校的风纪大乱,礼教完全抛荒,像我们中国现在的女学校那样可悲可叹的。像上面这几段,哪里是教育当局应该说的话!村妇市侩互相诟骂,有时也还要有点分寸,而所谓堂堂教育总长也者的呈文竟这样的"肆意诋谋"起来,这是雅洁吗!他骂白话文;但我们知道白话文是赤裸裸的真情文字,是有分寸有伦次的人话,不是表面文雅而内容扩鄙的"虎"话。……我始终懊悔,我不值得做这件翻译的工作。[2]

李遇安先生记录了小学生要在国语运动会上表演的小剧本《钓个鱼》,其中一段是两个小女孩的对话,如下:

---

① 沈从文:《乡间的夏》,载钱玄同等主编:《国语周刊》,1925 年第 5 期。

② 建功:《摘译文体雅洁的教育总长停办北京女子师范大学呈文》,载钱玄同等主编:《国语周刊》,1925 年第 12 期。

郭　就在今儿晚上，住在河沿那边的那位王小二要到这儿来钓鲤鱼嗯！

朱　（惊奇）王小二要钓李遇安哪，是要钓陆衣言哪？

郭　不是来钓李遇安陆衣言，是要钓鲤鱼。只为他母亲爱吃鲤鱼，所以……

朱　哟，我还不知道吴稚晖老先生的母亲爱吃鲤鱼。

郭　胡说！

朱　胡适之先生近来不大说话，不是他的话。哈哈哈哈！[①]

顾颉刚先生编辑《吴歌甲集》，胡适先生作序，也刊登于此，文中写道：

老实说罢，国语不过是最优胜的一种方言；今日的国语文学在多少年前都不过是方言的文学。正因为当时的人肯用方言作文学，敢用方言作文学，所以一千多年之中积下了不少的活文学，其中那最有普遍性的部分遂逐渐被公认为国语文学的基础。我们自然不应该仅仅抱着这一点历史上遗传下来的基础就自己满足了。国语的文学从方言的文学里出来，仍须要向方言的文学里去寻他的新材料，新血液，新生命。……所以我常常想，假如鲁迅先生的《阿Q正传》是用绍兴土话做的，那篇小说要增添多少生气呵！可惜近年来的作者都还不敢向这条大路上走，连苏州的文人如叶圣陶先生也只肯学欧化的白话而不肯用他本乡的方言。最近徐志摩先生的诗集里有一篇《一条金色的光痕》，是用硖石的土白作的，在今天的活文学，要算是最成功的尝试。[②]

何霭人先生写：

国音字母将绕道儿“到民间去”了！其中他写了一件信息：“国音字母产生，据说好多日本人对我们颔首而又蹙额：颔首是同情的表示，认为被方块字迷困得行将结果了的华人居然也有“假名”一类的文明东西出现了；蹙额是惧嫉

① 李遇安：《钓个鱼》，载钱玄同等主编：《国语周刊》，1925年第15期。

② 胡适：《〈吴歌甲集〉序》，载钱玄同等主编：《国语周刊》，1925年第17期。

的神情,意味此后的中国或有一个转机罢。待到国音字母颁布了三四年后看一看,不但未能到民间去,办教育者流重视它的也就不多,所以没有什么效果。因此,领首的变作摇头,蹙额的放心微笑了。(谭君曾向日本人说,“国音字母很好打电报。”日本人说:“奈贵国人不知利用它何?三十年后再说罢!”)平民教育不利用国音字母的原因,闻有二说:一谓教育家们以为国音字母简陋,不能持久;一谓他们与提倡国语教育的人闹意气,不肯用。前者想系实情,因为在我们贵国,精通语文的高瞻远瞩之士诚然不少,办平民教育的诸君子中不见得没有此种超人;后人不愿也不好意思认作实情,但放言看看我们这“礼让之邦”的学术界的现状,不禁唏嘘至再了。①

潘汉年先生写:

《关于民间文艺》的一封信,他写道:“玄同先生,您要问把‘收藏袋’里的宝贝陆续寄给‘ㄩㄓㄡ’,请放心,我决无吝色;您当知道我是‘穷人大肚皮’呀!‘收藏袋’掉渣上海,不在手边,现在暂不能陆续寄奉。……胡先生虽有‘八不主义’的提倡,一旦打破了旧的桎梏,要实行创造有生命的语体文,正如现在的‘半老徐娘’取消她的‘一对金莲’中的裹脚布,穿了天足女学生的皮鞋,走起路来,一扭一捏,总难免‘牛吃蟹’,不料刚会行路的天足女孩,倒要来学假天足的胡梁二先生,其丑如何?——何况先天有别,死也学勿像!”②

以上这些以轻松笔调写出来的文章,今天作为史料看,还是很可以一读的,何况其中一些作者,都是在近代历史中各领风骚的人物。

2.台湾光复时期的国语教育

在近代国语教育普及中,有一个特殊的案例,那就是台湾省在被日本人强占51年之后,终于得光复,3.6万平方公里的宝岛,以及2000多万中国住民,回

① 何霭人:《国音字母将绕道儿“到民间去”!》,载钱玄同等主编:《国语周刊》,1925年第17期。

② 潘汉年:《关于民间文艺》,载钱玄同等主编:《国语周刊》,1925年第23期。

到中华民族大家庭。但是由于日本长期推行的日语奴化政策,当时居住在台湾的民族族群大致分为原住民族、闽南人、客家人、外省人四大类,本来就方言复杂,使用闽南语系和客家语系的人群约六百万人,虽然基本上没有文盲,但都是以日语为主要交流的工具。因此,国民政府的首要任务就是在台湾推广中文国语,以摆脱日本国语的牢笼。在 1945 年 11 月,教育部就委派国语推行委员会常务委员魏建功教授,专任委员何容等一行 8 人直达台湾,进行国语推行工作。接着成立台湾省的国语推行委员会,魏先生任主任,何先生为副主任,短短几年间,取得极大的成绩,成为国语运动中很骄傲的成绩。半个世纪后,台湾民众已经是 80%以上的人说着一口流利的国语了。

魏先生等学者的推广思路是成功的一个关键。魏先生在到达台湾的第二周日,就到台湾广播电台进行播音演讲,再整理成为一篇文章《"国语运动在台湾的意义"申解》,全面阐述他的深刻的颇具说服力的见解。他的文章解决了两大问题,摘录如下:

"国语是什么?"(原辞)我们都知道台湾光复了以后第一件要紧的事情,是推行国语。……这样,我们在台湾就可以用台湾话当作国语,无庸另外再有一套什么用北平话做标准的国语了。(申解)我们的国语是用北平话做标准的。北平话的标准也是有条件的。这条件是北平社会受过中等教育的人日常应用的话,并不是北平话一概算做国语。提到"国语"这一个名词,它的沿革就包含了很多的民族兴衰的回忆了。伟大的中华民族器度是没有种族和血统的歧视,纯粹从文化上融合起来,历代往往容纳进许多的宗族。宗族和宗族之间的交际,互相采取足以达到完全了解的工具,所以用声音表示的语言工具有所谓"雅言"。记录语言用图形或符号表示的文字,在我们国家就成了一种共同表意的标识。我们的文字可以被宗族以外的民族借用的道理就在这里。一般人误解了这个道理,把成为表意标识的一点儿作用当作天经地义,而埋没了表意的标识的语言中间的联合一致。当初的"雅言",实在就是现代所谓的"标准语","雅"字的古训是"正","正"即是"标准"。……民国成立了以后,才演变成第三阶段现在的意义,"中华民国人民共同采用的一种标准的语言是国语;国语是国家法定的对内对外,公用的语音系统"。这个系统由许多语言不同系统的人荟萃在一处，互相融合，尽力推心置腹，不知不觉，去泰去甚，选择出最方便容易的声音锻炼成最简单明了的组织。国语包括：(1)代表意义的声音叫“国音”；(2)记录声音的形体叫“国字”；(3)声音形体排列组合表达出全部的思想叫“国文”，排列组合的规矩就是“文法”。……“标准国语是纯粹雅言的演变。”(原辞)按着“客随主便”的惯例，在国际间的交际上，从“主权”以及“地位”的关系，倒是应该互相尊重，两方面的语言要有同样行使的权利和机会；若是大家共同选择一种语言来做双方表达意思的工具，就显得更加“开诚布公”些。……我知道，这样长的历史和这样广的散布，中间发生了若干交流的变化，逐渐消除了许多隔阂，在语言方面是共同选择了一种大家应用最方便的声音系统，顺着大家共同方便的组织习惯，来表达意思，就是“国语”的正确性质。我们可以说这种标准的国语条件是：声音系统和组织习惯是全国人民最方便使用的。……

“标准国语跟台湾方言中间的脉络”(原辞)。上面我说的意思，是说明国语是跟各地方言土语中间血脉相通的一种简捷明了，当得起全国人民开诚布公用的语音系统。这更不用说，日本东京话的声音和组织的两项系统，都跟我们不同，只配做他们自己国家的国语。……或者有人要把日本语里从外国语言里借去的汉字音读认作是日本话和台湾话相同的证据，就是大错！国语和台语是兄弟姐妹的关系，国语的字音和日语音读是外祖外孙或舅甥的关系，台语与国语地位相当，你想台语跟日语汉字音读是什么关系吧？……所以，平情说，日本人能断行推用东京话做标准语是他们的聪明，并且也得到了进步和健全的成果；在他们处心积虑之下侵略我国，强夺本省去统治了五十一年，硬要本省父老昆弟诸姑姐妹用他们的东京话做国语，是绝对要不得的！……台湾光复了以后，推行国语的唯一的意义是“恢复台湾同胞应用祖国语言声音和组织的自由”！……我呼吁本国同胞之间似乎不应该用外国语言做交际语！是国家“主权”和“地位”的表现！是政府语文教育成绩的表现！是所谓“精诚团结”的表现！说老实点，是“体统”！是“面子”！……新中国一切应该真正标准化！度、量、衡、衣、食、住、行，再加上写和说！……我相信，敌人夺得去台湾的河山，已经重归了祖国版图；台胞表达意志的方式，根本敌人是不能改变的，恢复起来一定很快！我们要稳稳实实地清清楚楚地先把国语声音系统的标准散布到全台湾。这是在台湾同胞与祖国隔绝期间，国语运动的目标，传习国音——“统一国语”的基础。……从今以后，我们由台湾丧失而积极开始的国语运动，将要在台湾收复以后又巧巧地从台湾积极开始完成大功！

“言文一致”（原辞）。我们还有一个目标，也可说是期望统一的效果——“言文一致”。言文一致的问题是国语在时间上先后有了演变发生出来的。……我们语言文字的声音系统随着应用实际情形有分别，最普通的是“文言”“口语”的不同。……能分辨清楚，说得出，写得下，人家一念就听得懂，便是国语运动的成功，便是真的国文建设。……敌人统治过台省，反由他们交还来了一个值得我们慎重将事的言文一致的教育环境。我们很担心，很高兴，将如何顺势利导地建设这言文一致的教育，就是这个台湾教育界的责任了！……我们要仔仔细细地坦坦白白地再把敌人搅乱过的语言组织方式，一一从全台湾返本还原起来！……我们只有今天提醒国人，大家注意工具的利用，头脑科学化起来，才能接着敌人的后面建设一切，别再延长“八股”精神，凡事都像在做“翻天妙手”的文章了！因此，我们觉得台湾的国语运动是要把“言文一致”的实效表现出来……

我们祖国国语运动被一个附带作用拖累到现在……扫除文盲……台湾同胞足以快慰的，这里文盲问题可算没有。但是对面语音不通，大家成了“有耳朵的聋子”，固然令人焦急；那语言组织方式被搅乱，说出写出像可以懂而实在不可以通，便成了“能说话的哑巴”，实在叫人忧虑；所以我们在台湾的国语推行工作不仅是“传习国语”和“认识国字”两件事，而最主要的就在“言文一致”的标准语说写。最后，我用两句概括的话指出国语运动在台湾的意义：文章复原由言文一致做起；解脱“文哑”从文章复原下手！①

① 魏建功演讲：《“国语运动在台湾的意义”申解》，原载台湾《人民导报》，1946 年 2 月 10 日及 17 日，转引自《魏建功语言学论文集》，310—323 页，商务印书馆，2012 年。

魏先生在以上发言中，首先明确“国语”在台湾的定位，就是台湾人用的台湾语就是国语之一种，声音系统和组织习惯是与全国民众使用的一致。这样就使当时台湾各地区方言族群的人能够从心里到行动上都清楚了要学习的目标。其次是借助几位女工学习国语的发音，以及明示日本语与中国国语的根本区别，特别是在学习方法上，由于日语的缺点，我们必须把中文的学习方法来使用，用台湾方言与国语的对应规律来学习，而不能用学习日语的方法来学习国语等。最后还讲到在大陆自台湾沦陷期间所进行的国语变革，特别是言文一致的问题，鼓励台湾人恢复自由使用国语，推行标准语言。顺便还批评了大陆的“八股”精神。这些都显示一位语言学家面对如此特定的语言形势，而迸发出来的清晰的热情的中国情怀，以及聪明科学的表述方法。

魏先生接着还在台湾发表数篇文章，继续深入规划与分析探讨的原则与方法。如他在《国语运动纲领》一文中，依照当时教育部印发的国语运动纲领五条，改写成台湾省适用的六条，如下：

1.实行台语复原，从方言比较学习国语。
2.注重国字读音，由“孔子曰”引渡到“国音”。
3.刷清日语句法，以国音直接读文达成文章还原。
4.研究词类对照，充实语文内容建设新生国语。
5.利用注音符号，沟通各族意志融贯中华文化。
6.鼓励学习心理，增进教学效能。[①]

魏先生又在《国语运动书端》一文中写道：

国语包括了本国语文的全部分。这个观念明白指示出来的人要算是国语运动的元老吴稚晖先生。当民国三十三年春天，我们在重庆举行国语运动周的时候，他曾经把“国音”“国字”“国文”三者包括起来，算做“国语”的内容。这是极精辟的见解，可以纠正一些谬误观念的说法：（一）国语就是“注音”符号；

① 魏建功：《国语运动纲领》”转引自《魏建功语言学论文集》，320—321页，商务印书馆，2012年。

（二）国语就是北京话；（三）国语就是白话！我们要记清楚下面的几行记录：

1.声音表现意思——形成语言；

2.图形表现意思——形成语言；

3.动作表现意思——形成语言或文字；

4.语言与文章表现意思——形成文学；

5.民族共同所有的表现意思的声音是国音；

6.民族共同所有的表现意思的图形是国字；

7.民族共同所有的表现意思的编录是国文；

8.用国音读出来国字写出来的国文就是国语，最精彩的成为文学；

9.国语有时间空间的不同，因为如此标准也有些变迁，就成为国音沿革、国字源流、古今文体以及文学史。①

魏先生还专门写一篇《何以要提倡从台湾话学习国语》，文中写道：

日本的"国语政策"行了五十年，达到他"使由之不使知之"的成功。说起来很合理，我们只要有标准语，何必再说方言，我们现在台湾话可以不必管它。……受日本语五十年的侵染，教育文化上如何使得精神复原，这才是今日台湾国语推行的主要问题，这才是整个的、核心的、百年大计的。所以我们不感觉普通运用国语普及不普及成问题，而日夜焦心的是如何能使教育文化成为促进精神复原的工具，完善而敏捷地使大家能自由运用起来。……我们不是拉一大群地道北平人或生长北平的人，以至于能说一口好"京话"的人来担任"训练"工作，就可以成功。……在台湾有了日本假名辨音素养的学习环境里，你就不容易做"训练人的人"……

一是　台湾人写文章，多少有一点受日本语法的影响。

二是　台湾人认国字（汉字），几乎全是日本语里所用的汉字概念。

三是　台湾人学国语，很有日本人语音的影响，也大半用日本人学中国话的方法。

---

① 魏建功：《国语运动书端》，转引自《魏建功语言学论文集》，322—323页，商务印书馆，2012年。

四是　台湾人说台湾话没有说日本话方便了！

五是　台湾人在交际场合往往不知不觉一起使用日本话，即是日本人所谓"挨拶"的时候都要说日本话。

六是　台湾人因为台湾话与日本话没有关系，因而对于祖国国语的感觉也大有毫无关系似的。

七是　台湾人因为日本语的标准训练，养成很自然的信守标准的习惯，对祖国国语没有绝对标准颇感困难。

八是　台湾人自己嘴里的台湾话用词与国语相同，却不知道国语用词是什么，往往感觉国语词汇难得知道。

九是　台湾人不知道寻求一条捷径，去学国语，即是没有外省各地自然从复原对照现象学国语的观念。

我的意思在于给台湾人警觉，保存母语，推行国语，成了光复以后的双重责任。这不过是一种原则，意义在：恢复民族意识，建设学习心理。①

魏先生还有一篇文章《怎样从台湾话学习国语》，文中列举许多具体词语，作台湾话与国语的对照介绍，更主要在引述日本侵略台湾，力图毁灭中华文化的意愿。魏先生写道：

我们必须恢复起台湾人读汉字的观念，所以从台湾话里学习国语不仅是"统一语音"的要紧办法，实在是光复台湾固有祖国文化的唯一道路。台湾人不能自如地说台湾话，不能把台湾话改写成国语文章，神明华胄的灵魂就丧失了！我们不要上日本人的当，丢开自己的方言，死呆学国语，不是办法！……日本人没有想到他要失败，居然在昭和十四年(1939)上发表了他们在本省所做的文化侵略政策的经过，公然表示要进一步毁灭我国全部文化的野心。……我们要深深发愤，不要还用着敌人的语言，忘了自家的乡土语！台湾人要建设新

① 魏建功：《何以要提倡从台湾话学习国语》，转引自《魏建功语言学论文集》，324—326页，商务印书馆，2012年。

台湾，还要担负起建设新中国的大责任，请从此恢复母语，对照学习国语！[①]

魏先生真是书生意气，但一针见血，说到了学习中文的关键点上。

有了明确指针，还需要教员来进行实际教学。1946 年 3 月估计需要 156 名教师，于是分别从北京、上海、厦门等地召来，予以培训，分别上任。例如俞敏教授为魏建功先生的学生，追随来到，任推行委员会调查研究组长；编辑审查组由孙培良负责；训练宣传组由齐铁恨先生及王炬负责等。至于全民教育的手段，那就十分丰富了，这里仅约略介绍部分：

A.编撰一批教材。

B.进行全省国语演说竞赛会。

C.成立示范国语推行所。

D.台湾广播电台播放“读音示范”。自 1936 年 3 月 1 日开始，使用由重庆运来的“社会教育留声片”。其中一张为赵元任发音的“注音符号及注音符号歌”。又从 5 月 1 日开始，请齐铁恨先生现场播讲。先播注音符号发音示范，接着播小学、中学中的国文教材等，同时有闽南话翻译。当时全省 959 所国民学校教师都提前一小时到校听播音，然后才上课。此项教法，连续执行十年。取得很大的好效果。

E.举办国语运动周

F.举办全省语文竞赛。

G.成立《国语日报》社。把当时北平的《国语小报》社的一台破旧的四开印刷机运到台湾，借来一些不全的五号注音字铜模，终于出版成功。

H.编纂出版《国语辞典》等工具书。

I.调查台湾方言。

3.冰心女士在战后日本介绍中国国语

二战结束，中国政府代表团作为战胜国之一，与其他战胜国代表一同进驻

① 魏建功：《怎样从台湾语学习国语》，转引自《魏建功语言学论文集》，327—335 页，商务印书馆，2012 年。

战败国日本。中国成员中有吴文藻教授及其作家夫人谢冰心女士。冰心女士的基本见解是：侵略战争是军国主义者反人类的罪行，而两边的民众是被迫卷入战争，遭受痛苦。因此，当时东京大学教授仓石武四郎在东京找到冰心女士，提出希望能够将中国当时拉丁化语言介绍给日本人的时候，冰心女士接受了这个提议。经过一番准备，仓石教授由竹内实先生、赖惟勤先生、荒井昌昭先生协助安排，而冰心女士则带领5位10岁左右的中国女孩子，包括她的两个女儿：吴宗远、吴宗黎，以及曹庆稀、曹庆颐、田英英共五位小姑娘。仓石教授选定的中文罗马拼音母本，是一部由美国教授霍凯特（Charles. F. Hockett，1916—2000）和房兆楹（Chaoying Fang，1908—1985）在战时编辑的《Spoken Chinese》，这是一部适合西方人学习中文发音的教材，书中用耶鲁大学肯尼迪教授所作的罗马拼音体系，通篇不用汉字，由情景会话构成篇章，以听为主，曾使中美联军在缅甸战场战胜日本军队起到很好效果。该书后来曾在1976年、1980年重印出版。仓石教授将之略作调整，加上他曾在30年代在北京学习中文的体验，然后写出中文对照稿子，排成20节课文形式，由冰心她们诵读，由哥伦比亚公司录音制作。最后在1952年出版《中国语模范会话》，在1953年出版《中国语初级教本》，均为仓石武四郎编集著作。教材体例是以日文与美国人编写的中文罗马拼音对照，每一课下有注解说明。书后有20节课文的汉语注音字母与中文比对表；以及汉语拉丁化第二式发音的介绍；以及第一式与第二式比对；汉语语汇种类；汉语语法的基本介绍；以及常用一千个汉语字词介绍，包括指示词、数量词、名词、动词、形容词、副词、介词、助动词、助词、接续词、感投词；以及常用一千语的索引表；最后是音节表。该书还附有录音胶片，现在依然可以清晰地听到冰心等人的清脆读音。[①] 据了解，此两部书在50年代的日本，曾经起到很好的作用。

冰心以一位中国母亲的身份，身体力行，以德报仇恨，展示了她的伟大胸怀。而这件国际文化交流中的小小实践，是通过中国人的心声、美国人的学习中文的智慧，以及日本学者的明智之举和肯于学习新知识的愿望，才机缘巧合

---

① 参见仓石武四郎著《中国语初级教本》，日本岩波书店，1953年6月；仓石武四郎编《中国语模范会话》，日本コロムビア株式会社，序于1952年。

地顺利又简单地实现。这当然也是表明,变革后的国语能够适应国际上的需要。故笔者将之写在此,以供后来者的深思。

(附注)中山大学范长喜副教授在东京国会图书馆发现此两部教材,赐余一观,并告知:他在国会图书馆看书时,是有转录的原片声音。可惜不准他转录,只是复印到该书。余即建议:可否请当年的发音人之一,冰心女士的小女儿吴宗黎(吴青)来回忆一下?结果我们得到吴青女士的热情回应,在 2014 年 1 月 21 日,在北京吴青女史家中,听她讲述她对此的回忆,以及她深情地重新吟诵。现在范先生正在整理这一段国语史的清晰的痕迹。也让笔者能够聆听到国音历史的重演。特记录于此。

第七节　讲故事、说笑话、演讲

一、讲故事

中国人的口腔运动经过几千年有记载的训练,已经形成各种生活中的专业。其中,讲故事和说笑话更是获得民众永远的追捧,唐朝就有“俗讲”的职业,宋朝的说书更是繁盛,在民间已经广泛流传。有陆游的著名诗句为证:“斜阳古柳赵家庄,负鼓盲翁正作场。身后是非谁管得,满村听说蔡中郎。”明朝末年的柳敬亭说书,已经在本书上篇有介绍。到了近代,由于社会变革的大解放,城乡民众需要的休闲活动中,讲故事和听故事就成为十分热闹的形式之一,讲故事的专业人士,也有艺术上的大幅度提高,陈汝衡教授曾给予很高的评价:

窃以为说书家求艺术之惊人,实较优伶为难。盖一剧中有大面、老生、青衣、小丑等,各有专长,各致其用。说书家则不然,集生旦净丑于一身,冶万事万物于一炉。伶人演剧,有配角,有场面,有布景,为之点缀衬托。说书为现身说法,无论巨憝大恶,忠臣孝子,全恃辞句间表出,与伶人可以勾涂粉墨者不同。说书家状物表情,须顾五到(心到、目到、口到、手到、足到),欲求惊人须擅八技

(吼叫、爆头、鸡鸣、犬吠、牛喊、马嘶、状哭、状笑)。苏州光裕社昔有短靠名家黄永年者,说《水浒传》石秀屠猪时,能于瞬息间发出七种不同之猪叫声,若拖捉时声,缚扎时声,按捺时声,屠砧时声,刀入颈中时声,抽刀流血时声,及断气微嘶时声。七声由一口气出,音分七样,闭目静听,如身在屠宰场中,闻屠夫之捉宰也。而说大书者,又须侧重爆头,以见其艺术。爆头者,长声之喊叫,初极宏大,继转尖锐,终则如长江大河,一泻千里,排山倒海,势不可当焉。盖说书者,发挥其全部气力,滚转其舌,大声以示勇夫之发威,有时至达两三分钟之久。名家说张飞"三闯辕门"时,起一声爆头:"老张来了。"四字从丹田中提出,声音嘹亮中,字义极清晰。且发音愈后愈高,于高叫之中,又隐有脚步声,驰骋声,艺术之精,臻于化境矣。虽然,评话家使用口技,固属难能而可贵,世更有以无声见长者,无声之声,尤觉可珍。……又在说书时间内,自始至终,必有数处故作滑稽之语,俾听者掩口葫芦,或捧腹大笑,盖说书本在娱乐,如一味情节悲苦,或声容过庄,皆非其道。故说书家插科打诨,最见能力,决非率尔者所能办。[①]

讲故事在近代兴旺,除了说书家的勤奋外,更因摆脱封建牢笼而有了言语自由,不需要太多的言语顾忌;另外就是故事的内容范围被大大充实了,古代人物正反面故事被用白话、国语来重新叙说;当代人物故事也可以无所顾忌地大讲特讲,活着的军阀丑事照讲不误;老百姓的悲欢情爱、生活苦难和梦想也编成故事;儿童的童真和祈望,也同样述说;更广泛地引进西方故事的方方面面,被翻译,被改写,让中国人同样通过故事接触到世界各族的故事,许多世界名著都是通过讲故事的形式传递给普通民众,特别是年轻人通过中文言语去认识遥远的外部世界;还有传统的神怪故事被改造了,参照西方希腊神话模式、格林童话模式、安徒生童话模式,屏弃传统中宣扬迷信的观念,而弘扬人性在幻想世界中的翱翔;总之,古今中外、社会生活、奇幻梦想,都凭借讲故事的形式,在近代大量出现,还培养了新一代整理故事、写新故事、翻译故事等的许多新作家。例如林舒先生带头以自己并不懂英文,而强行"翻译"许多西方故事,给予中国书生以极大影响。近代中国还出版过几百本故事书,当年给新的一代人以学习认

---

① 陈汝衡:《说书小史》,106—107页,中华书局,1936年。

知，也给今天留下史料。

这些故事书的文笔质量，如果与大文豪的作品比较，是多有不足，中文的遣词造句功夫是很难很难的，而这些故事的搜集整理及加工编写，则还在起步阶段，保留了很多文字加工的痕迹，即故事的原始性，但加工一般简单粗糙。到现在，对于这些故事的研究，似乎还是不足。

由于近代故事内容太过丰富，而且每一篇故事内容如果引入本书，会占篇幅过多，本节只能作简单的部分引述。不过，这些故事书的编著者，往往会写下他们的感受于序言中，故选录如下：

(1)《民间故事》，第一、二、三、四集编著者分别为韦月侣、吴若华、唐次颜、韦雨苹，广益书局，1930 年出版。

韦月侣在“付印之前”中写道：

民间的故事，的确是我们真正民族精神的浓厚的表现者。可惜这些无目的稀世之珍，几千年来，都被一般所谓士大夫者流所唱的高调来蒙蔽了，来埋没了！以致消失的渐渐消失，会坏掉慢慢毁坏。而欧风美雨，反来乘机潜入，喧宾夺主，混乱听闻。唉！想起了，何异不肖子孙把祖上遗产无端浪费，一样的可痛，一样的伤心呢！……我能够这样把我们民族的庄严灿烂的、和善细致的艺术精神的一部分表现出来，给大家看见，给大家知道，也总算是我对于民族革命里，尽了微微的力？

该书中目录选：一个鼻子八尺长，竹半仙，厚棺材依旧薄棺材，陶和尚，炒焦黄，乞丐艳遇，沈万三的故事，孟姜女死后的传说，吕纯阳的故事，田螺壳里的娘子，呆女婿的故事，等等。

(2)米星如编：《吹箫人》，商务印书馆，1929 年出版。

米星如在序中写道：

最可恋的，是父亲在受了祖母命令之下，用那奇妙不测的口，对我讲出那些紧紧地抓住了我心的故事。叵耐父亲不肯多讲，祖母虽也要听，却总不肯直接的向他提出，必待我三番四次地向祖母吵着，甚至哭了的时候也是有的，于是祖母方发出那样动人的命令:“好,就再讲一个罢!”父亲奇妙不测的口中,方才缓缓地出声了,我的心也就被他的声音紧紧地抓住了。父亲的身体是显然不大好的,平时说话的声音也很微细,但讲起故事来,却绘形绘声,把各种奇奇怪怪的人物,都能陈设在我的面前。我到了十岁……小窗下讲故事的职务,我便代替了父亲;我把书中得来的故事,长篇大套地对父亲和祖母讲,他们听得很起劲,特别是祖母笑眯着眼,把我紧紧地搂在怀里。我为形容故事里人物的动作,往往摆脱了,手舞足蹈,做出各种的姿式,这却更足引起父亲和祖母的发笑了。但这样并不能使我真个满足,因为我所讲的故事,父亲是没有一个不知道,而且在讲的时候,往往由他给我纠正错误。偶尔他再说出一个或两个故事来,总是各本书里所未曾见到的,却没有一个不是紧紧地抓住了我的心,使我凝神专注向往于故事中奇妙的境界。……集子里的故事,有些是照着原样写下来的;有些却用我个人的想象给装点起来;更有些只得着一点零碎的材料,而后凭空创造出来的。我不能说这是“童话”,因为有些地方是太不像“童”了的;但我为保留固有的天真的童心起见。这由于童心中流露出来的东西,或足给读者以一些童心唤回的力量罢!

该书中目录选:吹箫人,林中少年,仙笔王良,枯树开花,等等。

(3)王忱石编:《徐文长故事》,四集合编,经纬书局,序写于1938年。

王忱石在弁言中写道:

当我幼年的时候,几乎常常依在父亲的膝前,听着他讲故事,有时父亲一时想不出,我竟会哭叫起来,非他再讲一个,决不罢休。但其中给我印象最深而最感趣味的,却要算徐文长了。他的每一件故事,不但都令人发笑,且当故事的终局,是没有一个人会嫌恶他,反觉得他是个顶可亲昵的人,这大概近于儿童心理所使然罢。……下面的百余则故事,是我空闲的时候,凭着记忆所及,及参考其他书籍写下来贡献给读者……概其主旨在增加生活兴趣而已。

该书中目录选:被角写字;一瓶蚱蜢;喜听好话;讲碎话;进士第;对课;点心店;圣贤愁;介福楼;看告示;讲孟夫子;等等。

(4)谷万川:《大黑狼的故事》,周作人序,亚东图书馆,1929年出版。

该书后附录有著者谷万川写给周作人的信(原载《语丝》52期),以及周作人的回信。谷万川写道:

作人先生:……不觉联想起我乡——直隶望都县——的那个“大黑狼的故事”来。这个故事传播得很广,据我们乡里一位曾经到过江西的老太太说,有一次她在那里住着,觉得寂寞得不得了,便和本院的一位妇人谈天。谈来谈去,便谈到这个故事,那本地妇人所说的也正和外来这位老太太所知道的一样。前天我和一位四川的同班谈起来,他说他们乡里也有和这个相差不多的故事,只是记不清楚啦。

周作人回信写道:

万川先生:承录大黑狼故事的上半,后来又将下半补抄寄来,很是感谢。我看那故事实在是两篇,是别一种类的,下半在我的乡间叫作“蛇郎”,上半叫作“老虎外婆”,单独流行,不相连属。大黑狼在上半是一个恶人,所以掉下井去了。但下半却是一个恋人,是一个很笨的恋人,他终于找到他的故妻。大约因为都是讲狼的,后人便把这两篇连在一起,其实是脉络不相通的;但现在通行的既是这个形式,我们主张也应当保存它的原相。来稿记录得极好,只因篇幅稍长,要略迟几时才能注销。

该书中目录选:大黑狼的故事;张瞎说的故事;八百钱;鸡狗耕田;人心不足蛇吞象;太阳和月亮;连话也不会说;巧嘴的媳妇;等等。

(5)[英]薛尔登辑述:《西藏故事集》,胡仲持译,开明书店,1930年出版。

英国人薛尔登博士在西藏考察研究,在巴塘被杀。其妻A.L.薛尔登将丈夫生前搜集到的西藏故事编辑成书出版,并写有序文:

据西藏人的古代历史里说,住在北印度山中的女魔和西藏森林中的猴子结成配偶,这才产生了西藏的人种。他们的文学大都有着神圣的性质,所说到的就是他们的人种的创始,世界的构造,佛陀及他的神异的生死,佛陀的轮回和教训。此外还有一种用以占卜的,略带天文学性质的历书,还有许多充满着教义和迷信的书籍,内中也有崇拜邪教和恶魔的。这本书里的短短的故事,都是西藏人坐在天幕里边三块石头搭成、上面搁着茶壶的火炉周围的时候所讲述的。这些故事从父传于子,从母传于女,虽然往往充满着他们的迷信,其中却也散布着诙谑的风味,和道德的真理的教训,是我们所意想不到的。这些故事是在西藏人的族群中,在夜间他们天幕里的火炉周围,以及高山上他们黑色的天幕里边,A.L.薛尔登博士在其旅行中所收集的。……愿这些故事把这一种欢欣和快乐在各处增加一些罢,愿这些故事用任何国语翻译出来,给任何地方的人诵读罢。

胡仲持则在付印后记中写道:

民间故事是一切文学的源泉,荷马的史诗,莎士比亚的戏曲,歌德的浮士德,这些不朽的文献,不都是从那里脱胎的么?近年来,在我国,有不少的人们似乎也知道各地的民间故事有相当的价值,而从事于搜集了。但是,我们来搜集流传于自己乡土间的故事还容易,倘要到边远的省区,像语言文字风俗人情和我们大不相同的西藏那种地方,去做搜集的工作,那可就是办不到的事了。英国A.L.薛尔登博士,冒了种种的艰险,从西藏人中间,实地采集了这四十余篇深有趣味的故事,使没有搜集能力的我们,能够现在来欣赏,这真是我们的幸福呵。

该书中目录选:聪明的蝙蝠,老虎和青蛙,呆笨的头人,人的忘恩,特拉苏和女神们,结交朋友要看眼睛,法师的故事,人和猴,等等。

(6)戚肖波编:《分类短故事》,上虞金星出版社,1935年出版。

该书按照内容分类为:呆趣、暗示、凑巧、讨便宜、大头天话、教训、嘲笑、诡计、报复等。

(7)黄芝岗:《中国的水神》,生活书店,1934年出版。

该书有16章,全是介绍中国各地有关水神的种种故事。内容的考察研究性质很明显。

(8)刘万章编:《广州民间故事》,中山大学民俗学会,1929年出版。

该书前有赵景深先生的长篇序。是专门研究故事的。这里仅引一小段:

> 我们诸公的民间故事大都是“宿命论”的,不过这种宿命论是乐观的,不是悲观的。用常说“乐天知命”四个字,大约可以说明中国的老百姓们的心理了罢?所以中国人只会起一个头,许多新发明仿佛都是中国早,然而却不求进步。“横竖是命中注定的!”一句话就把中国人的脚钉牢了。中国人虽然也还喜欢钱财,但仍觉得钱财也是命中注定的。好比说,金银应该是陈仰忠的,在地下的金银上便早已写好了他的名字(仰忠街故事);乌金石应该是呆老的,竟无意中会被呆老拾来(呆女婿故事);银子应该是陈君济的,也会写上他的名字,从图上飞下来(陈君济故事)。——总之,银子都是有主的,这都是命中注定的。这样的故事,再与“诚实与虚伪式”连合起来,又成了新式,我拟名为“天财式”

容肇祖教授也有一篇序,他写道:

> 聪明、幸运的英雄,政治舞台上的角色,与其他有特长的人物,在历史家的眼光里,褒扬与贬抑,纪实与传疑,在社会下层人物的心理中,何尝不是赞叹与崇拜,然而在他们赞叹与崇拜中,不能缺的就是主观的、迷信的、自然渲染的适合于他们理想中的神奇。故此孟姜女的哭夫,变化莫测;狸猫换太子,层出不穷。而这些下层社会的心理中的英雄、人物和他们的理想、迷信,适合地混集一炉。在事实上虽不可承认为真,而在内容中就是他们的知识,与迷信、风俗与习惯等种种的实际的表现。由这些表现的风俗习惯与心理状况的认识,我们可以说民间故事,就是民间的历史的断片。

刘万章自己在书后还附有他的两篇文章,在《记述民间故事的几件事》中写道:

> 民间故事,材料丰富,所谓遍地珠宝。……民间故事材料的命题,比不上歌

谣那么成为问题:(钟敬文兄《客音情歌集》出版后,有许多人说他命题不当,最近在《民俗》廿九、卅合期以及卅三期,罗香林先生《读钟著〈民间文艺丛话〉》一文,更闹得一片高兴。)因为故事总有捉摸的可能性,我们记述故事,只好和写文章一样,全篇的关键所在,便给它一个题目!那些“我们乡下一个故事”之类的题目是暧昧的,没人知道的,是不行的。

(9)谢六逸:《海外传说集》,世界书局,1929年出版。

该书实为两集合订。第一集为日本传说10个故事。谢六逸在其解说中写道:

桃太郎在日本是最普遍的传说,为英雄的国民传说,起源甚早,其后马琴写在他的《燕石杂志》里。……日本是一个岛国,有相当的面积,与有古文化的大陆国家接近,于是他成为文化的吸收所,别的不用说了,即以民间传说而论,他吸收中国、印度、南洋一带的痕迹,历历可指。但经混合以后,便具有他的特色。日本的传说和亚欧大陆的比较起来,多为轻快的,朴素的,单纯的,没有像阿拉伯、波斯、土耳其、德国那样的怪幻味,或Weird味,以及凄惨味。传说里的妖魔,也多为滑稽的,轻快的,很少有像西洋的妖巫,阴惨凄怆的人物。

第二集为古罗马传说22个故事。谢六逸在其解说中写道:

是一部拉丁文写成的传说与奇谭。内容以罗马的历史、传说、奇闻占多数,一部分为东方及欧洲各国的故事。此籍何时产生,不能确考,大约在十三世纪末或十四世纪初。作者亦不传。……原书在文学上具有相当的价值。

(10)董均伦:《刘志丹的故事》,天下图书公司,1949年出版(之前在1947年东北书店已经有出版,1947年晋察冀新华书店也有出版)。

该书前有诗人柯仲平1946年在延安写的序言,他写道:

我们有无数的先烈,为民族,为人民解放,流尽了最后一滴血。这些先烈们永远被怀念在人民的心里，被歌颂在人民的口里。……文艺永远是歌颂人民和人民领袖的。目前可惜我们的这种人民文艺还不多。我们相信，今后一定能够渐渐多起来。因为中国人民已经开始抬起头来了，任何独夫民贼都不能再把人民压下去了。

二、说笑话、滑稽话

笑话和滑稽话是人类生活中的润滑剂之一。人们在社会生活中，不如意事情常八九，确实可以用说笑话、听笑话、看笑话来获得一些心灵上的转变。因为笑话能够让人发笑的关键，就是其言语中的逻辑推导意外地成功，并且是要在合适的文化环境中，而于不知不觉中改变了自己习惯性的自以为是，或者悲观的情感得到新的动力。笑话效果能够调整听者的压抑心态，能够产生许多想入非非的新思路，其源泉，也依然是人们几千年生活体验所得到的宝贵知识，和必要的自我奋斗的精神。

笑话在古代文献中多有记载，但系统研究却颇缺乏。直到1933年，周作人先生写《〈苦茶庵笑话集〉序》，有比较系统的见解，直引部分：

查笑话古已有之，后来不知怎地忽为士大夫所看不起，不复见著录，意者其在道学与八股兴起之时乎。幼时读圣经贤传，见孟子述宋人揠苗助长茫然归情状，不禁微笑；孔子说其父攘羊其子证之，至今尚有如此笑话；若韩非子所录种种宋人故事，简直是后来呆女婿的流亚了。隋《经籍志》中著录魏邯郸淳的《笑林》三卷，至唐有侯白的《启颜录》等……明代中间王学与禅宗得势之后，思想解放影响及于文艺，冯梦龙编《笑府》十三卷，笑话差不多又得附小说戏曲的末座了。然而三月十九天翻地覆，胡人即位，圣道复兴，李卓吾与公安竟陵悉为禁书，墨憨斋之名亦埋没灰土下，《笑府》死而复活为《笑林广记》，永列为下等书，不为读书人所齿，以至今日。其实，这是很不公道的，笑话自有用处，显明可数。其一，说理论事，空言无补，举例以明，和以调笑，则自然解颐，心悦意服，古人多有取之者，比于寓言。其二，群居会饮，说鬼谈天，诙谐小话亦其一种，可以破闷，可以解忧，至今能说小话者犹得与弹琵琶唱小曲同例，免于罚酒焉。其三，当作文学看，这是故事之一，是滑稽小说的根芽，也或是其枝叶，研究与鉴赏者均可于此取资，唯中国滑稽小说不知为何独不发达，笑话遂有孤苦伶仃之感耳。其四，与歌谣故事谚语相同，笑话是人民所感的表示，凡生活情形，风土习惯，性情好恶，皆自然流露，而尤为自截彻透，此正是民俗学中第三类的好资料也。……石天基记录过一则笑话，说儿子割了别人的股去行孝。这一面是"二十四孝"提倡的一个反影，一面又何尝不是中国社会的一个写真，忠实地写下来，只略略滑稽化而已。我们自国难以来，这两年里所见所闻，像这"割股"的事情岂不亦已多乎？这种的笑话是先民的脉案，然而到现在还可应用，皮鞭打出去，鞭梢还回到自己的脊梁上来，笑话也而有苦辣的讽刺小说的风味，此又其别有意义的用处之一也。①

周序中还介绍了几篇古籍上关于笑话的言论，颇能代表明代文人对于笑话的见解，笔者相当欣赏，故此也引述两篇。一篇是《笑府》撰者墨憨斋主人（冯梦龙）写的序：

古今来莫非话也，话莫非笑也。两仪之混沌开辟，列圣之揖让征诛，见者其谁也？夫亦话之而已耳。后之话今，亦犹今之话昔，话之而疑之，可笑也；话之而信之，尤可笑也。经书子史，鬼话也，而争传焉。诗赋文章，淡话也，而争工焉；褒讥伸抑，乱话也，而争趋避焉。或笑人，或笑于人，笑人者亦复笑于人，笑于人者亦复笑人，人之相笑宁有已时？《笑府》，集笑话也，十三篇犹云薄乎云尔。或阅之而喜，请勿喜；或阅之而嗔，请勿嗔。古今世界一大笑府，我与若皆在其中供话柄，不话不成人，不笑不成话，不笑不话不成世界。布袋和尚，吾师乎，吾师乎。墨憨斋主人题。②

另一篇是李卓吾辑的《开卷一笑》中的《布袋和尚呵呵令》：

① 周作人编：《苦茶庵笑话集》，I–XXVI 页，北新书局，1933 年。

② 周作人编：《苦茶庵笑话集》，I–XXVI 页，北新书局，1933 年。

你道我终日里笑呵呵,笑着的是谁?我也不笑那过去的骷髅,我也不笑那眼前的蝼蚁。第一笑那牛头的伏羲,你画什么卦,惹是招非,把一个囫囵囵的太极儿弄得粉花碎;我笑那吃草的神农,你尝什么药,无事寻事,把千万般病根儿都提起;我笑那尧与舜,你让天子;我笑那汤与武,你夺天子,他道是没有个旁人儿觑,觑破了这意思儿也不过是个十字街头小经纪。还有什么龙逢比干伊和吕,也有什么巢父许由夷与齐,只这般唧唧哝哝的,我也哪里工夫笑着你。我笑那李老聃五千言的道德,我笑那释迦佛五千卷的文字,干惹得那些道士们去打云锣,和尚们去打木鱼,弄些儿穷活计,哪曾有什么青牛的道理,白牛的滋味,怪的又惹出那达磨老骚胡来,把这些干屎橛的渣儿,嚼了又嚼,洗了又洗;我笑那孔子的老头儿,你絮叨叨说什么道学文章,也平白地把好些活人都弄死;又笑那张道陵许旌阳,你便白日升天也成何济,只这些未了精精儿到底儿也只是一个怨苦的鬼。住住住!还有一笑。我笑那天上的玉皇,地下的阎王,与那古往今来的万万岁,你戴着平天冠,穿着衮龙袍,这俗套儿生出什么好意思?你且去想一想,苦也么苦,痴也么痴,着什么来由干碌碌大家喧喧嚷嚷的无休息。去去去!这一笑笑得那天也愁,地也愁,人也愁,鬼也愁,三世佛也愁,哪管他灯笼儿缺了半边的嘴。呵呵呵!这一笑,你道是毕竟的笑着谁?罢罢罢!说明了,我也不笑那张三李四,我也不笑那七东八西,呀,笑杀了他的咱,却元来就是我的你。①

近代出版过数百部笑话集,这里仅选数部,以见一斑。

(1)吴研人:《我佛山人滑稽谈》,扫叶山房石印,出版时间不详。

选一笑话:

淮南子校勘记

《淮南子》,载仓颉作画,天雨粟,鬼夜哭。 注 书契作,诈伪生,去本就末。天知人将饿,故雨粟;鬼恐为文所劾,故哭。或读之而疑曰:“此必有误,雨粟断非天知人将饿,如天知人将饿,即雨粟,则近年饥馑相望,何反不见粒粟子

① 周作人编:《苦茶庵笑话集》,I-XXVI页,北新书局,1933年。

雨也?”天雨粟,当是奖励作书之意,亦已见为士者,可不耕而食也。至于鬼恐为文所劾之说尤谬。文字又何必独劾鬼哉。此鬼字,当是兔字之误。人问:然则作书与兔何预而夜哭?对曰:“兔知作字之后,必将取其毛以为笔,那得不哭!”

(2)马寿堂:《杏奩笑谈》,北京宣文阁,1915年出版。

作者在其序中写道:

于是不得不求其所以解忧之法,因思人世之足以解忧者,其殆莫如笑谈也。庄生云:“人除病瘦死丧忧患,其中开口而笑者,一月之中,不过四五日而已矣。”然人于疾病忧患之外,非尽属暇逸优游之日月也。吾人对于家国世界,皆有当尽之义务。况复有礼教之约束,职业之劳瘁,庆贺问吊之所往来,终日役役,何者不占吾时间也。然则其所谓四五日,犹自其羸岁月之如流,叹欢娱之无几,天地悠悠,绝少赏心之具。而笑言晏晏,宁非行乐之资耶。外国古以笑谈成书者甚少,虽一二语之足解人颐。

(3)崔俊夫编著:《一看就笑》,大中华书局,1935年出版。

选一笑话:

现世报

有新学巨子甲乙二人,不通文墨,在倭国留学数载,只学得几十个新名词,其余一概不知。然自命通才,意气凌人。一日,甲忽欲开办报馆,与乙商议。乙曰:“这有何难,像我这样才学,做了大主笔,怕不一纸风行吗?但是报的名目,都被人家用去,我们开起来,取什么报名呢?”甲曰:“日报周报月报旬报,都要眼前新鲜的事,我就取名《眼前报》,你道如何?”乙曰:“眼前二字,好是甚好,可惜不是新名词,究嫌太旧。据我的愚意,不如叫作《现世报》吧!”

(4)杨汝泉编:《滑稽故事类编》,天津大公报社,1933年出版。

编者在引言中写道:

滑稽即一切谐谑之总称，谐谑为庄重之相对，庄之与谐，犹礼乐之相须，而不可偏废；易言之，庄谐即变相之礼乐，可以相辅相行。何则？庄者礼之表，谐者乐之余；其所异者：礼乐有一定之规律，庄与谐则否也；然而亦有不尽然者，是在行之者适应与否而断也；庄而适度则合乎礼，谐而及时则合乎乐；庄而骄矜则失于礼，谐而轻薄则失于乐；反言之，礼而失度则近乎骄，乐而失雅则近乎淫，其与庄谐之相去也，又几何哉？……模仿古人，虽应取其特长，以为时用，然当茶余酒后；或置厌倦无聊，庄言相对，毕恭毕敬，闷损何似？设各逞机锋，共为谐辩；以祥和之口角，发诙诡之清谈，互为笑乐，俾奋发精神，陶冶性灵，岂不胜于妄议是非乎？……人之一生，逆境多而顺境少；职是悲苦情深，欢忭几微，百岁浮生，忧思何益？攻苦境，破愁城，以助人生者，其惟滑稽乎？是则滑稽之为用，不特有系于治道，更足裨益于人生。此本书编纂之所由起也。

他还专门写一篇《滑稽溯源》，文中写道：

滑稽一词，始见于楚辞“卜居”：“突梯滑稽，如脂如韦。”……姚察云：“滑稽，尤俳谐也。滑读如字，稽，计也，以言谐语滑利，器知计疾出，故云滑稽也。”又《史记·樗里子列传》曰：“樗里子滑稽多智。”……滑稽——顺应时俗；机变诙诡；言行俳谐。——……三国时以思想进化，而失其规劝意义，竟以滑稽为纯粹讽刺嘲弄之工具。因模仿失真，而造成讽刺、嘲笑两派。晋人之浪漫行为，又基于此。自是而后，诡谏、寓言、讽刺、嘲笑并行于是，争奇斗巧，如万壑之争流，遂又产生超然一派。所谓超然派者，不以现实为对象。隋唐以来，此派即已风行，以赵宋以后为最盛。

选一滑稽诗：

旧有四喜诗曰：“久旱逢甘雨，他乡遇故知，洞房花烛夜，金榜挂名时。”隆庆戊辰科，有以教官登第馆选者，山阴王对南家屏相戏曰：四喜只五言，未足为喜，当添二字。”曰：“十年久旱逢甘雨，万里他乡遇故知，和尚洞房花烛夜……”某公大笑曰：“莫说莫说。是教官金榜挂名时。”

(5)陈筱梅编:《笑话库》,仿古书店,1937 年出版。

该书自序曰:

一班卫生家都是这样说:"每人每天能笑三次,不但使身体康健,而且能却病延年,比一切补品都好。……"揆诸事实,这话并没有落半个字的空。为了要达到发笑的目的,只有两条门径:第一,由眼睛钻进;第二,从耳朵钻进。从眼睛钻进,又有两种:1.亲眼看见发笑的事体,忍俊不禁哈哈地大笑起来了;2.这第二种作用,便是和钻进耳朵里去的效果是完全相同的,是看别人收集的笑话资料的书本,捧着肚子,疯狂地哈哈哈地笑个不住。从钻进耳朵的这方面来讲,那当然是听了人家说的笑话,使自家来笑个痛快。

选一笑话:

好个现身说法

甲乙二教员,相与闲谈。甲曰:"吾辈担任教务,于上课时,若不现身说法,断难使学生明白,否则智者尚能告往知来,愚者未免有向隅之叹矣。虽海上教员,多于过江之鲫,未必能如某之尽心周到也。今日且喜闲暇无事,某之教法,不妨与君一谈何如?"乙曰:"愿请承教。"甲曰:"曩时某授学生经学,至孟子反不伐而殿一节。首先用裤子一条,悬挂讲台之侧,以当城门,命助手在内防守。再以一小学生作马,某假作骑马式,手拿教鞭,以驱其行。到城门前,偏又畏怯不进。助手喊曰:'孟子既奔而殿矣,为何不快快进来。'某对曰:'孟某固能征惯战之士,难道连迟速都待你说。'须知某并非迟迟落后也,实恨马不肯前进耳。学生闻某一番教授,个个引起兴味,鼓掌称妙。"乙答:"君子教法,虽然不差,然独不及小弟之现身设法,还要比兄妙肖得多呢。"甲曰:"倒要请教。"乙曰:"某所教者,亦是经学,乃臧文仲居蔡一节。朱注以蔡为大龟。这个龟字,若不现身作为模范,那里能讲得明白呢。于是我头戴尖顶瓜皮小帽,身披从前老式大衣,将四肢落地,在讲堂四周,爬来爬去,的的确确活像一只大龟模样。学生见我情形,无不哄堂大笑。我想我的教授,非特超出教授法之外,不更胜足下一筹么。"

(6)周作人编:《苦茶庵笑话集》,北新书局,1933年出版。

选一笑话:

补 癛

孔子绝粮于陈,命颜回往回回国借粮,以其名与国号相同,冀有情熟。比往通讫,大怒曰:"汝孔子要攘夷狄,怪俺回回,连你也骂着,说回之为人也择(贼)乎。粮断不与。"颜子快快而归。子贡请往,自称平日奉承,常曰赐也何敢望回回。群回大喜,捭粮一担先令携去,许以陆续运付。子贡归述孔子。孔子攒眉曰:"粮便骗了一担,只是文理不通。"

三、演讲

演讲是中国近代言语文化中独特的一支。演讲一般是一个人讲,许多人听,全凭演讲人的思想和言语的表述,达到能够让听者明白或认同,这是很不容易的事情。因为关键前提是演讲者和听众之间是处于平等地位。所以,古代中国虽有"演言""演说"等词,却只有封建的上下级统治关系。皇帝想说明他的愿望,不需要演讲去说服别人,只需要颁布"圣旨",就能够强制别人执行。因此,古代中国人对于演讲就很是稀罕了,只有到清代,李渔曾写道:"待兄弟手舞足蹈,演说一番,只当作出戏文。"

近代中国大变革,各种见解涌出,急需演讲这种方法来达到各自的目的。梁启超先生恰当其时,有很深刻的分析道:

历史上人类之大事业,什九皆缘论辩之结果而睿发也。其在印度,诸大学者有所发明主张,恒鸣椎号众,订期结坛,广聚诸异己者为累月之论诤,往往以生命赌胜负。上自国王耆宿,下至士庶,咸辐辏观听以为乐。……夫彼土宗教思想哲学理论之发达,何以能夐然独绝千古,盖非树义甚坚应辩无方者,不足以成大师;凡一学派之建设,必有其盛水不漏者存。而民众以此机缘,得所听受,以鼓其兴味而增其辨别力,则于学之普及,为宏多矣。欧洲亦然,希腊罗马之民，即以观听雄辩为公众娱乐之一。学者及政治家欲有所表见，不能不以此为利器。故该撒、昔西罗之辞令，至今犹诵之。彼土之政治学艺，所以波澜壮阔而一归民众化，皆此之由也。秏矣哀哉！吾国之文化，他事或不后人，而独于此何寂寂也？孔门虽有言语一科，其学与术皆不传于后；以当时学风测之，度亦不过应对酬酢之用耳。战国有所谓纵横家者流，其操术虽颇经简练揣摩，然乃以对一人，非以对大众，故谀词诐说易行焉，不复为世所重。自汉以还，论学论事，皆恃笔简，而口舌之用殆废。其言语论争唯一之公案，仅有汉武帝时，诸（贤良）（文学）与（丞相史）（御史大夫）面诤盐铁之一事，其语具见于桓宽之《盐铁论》。而两造之争，无公认之方式，卒以忿诟终。以视印欧辩者，堂堂焉建大将旗鼓者，何不侔也。乃若魏晋清谈，专弄玄机；宋明讲学，更无敌难。（宋明诸大师虽有笔札争论，绝无集众对辩之事。）其为政者，则唯有所谓密勿启沃，端拱成化；其于与人之诵，漠不关心，更无论矣。呜呼！我国之民众的政术、学术、艺术，所以阅千年不一见，而长滞于晻昧肤薄之域者，岂不以是耶？岂不以是耶？①

他的大声疾呼实在动人，能够纵观全球，有史有实，逻辑清晰，毫无强词夺理之势。

梁启超在日本时已经训练成演讲家，他的演讲集就出版过数本。而近代中国第一名演讲家，只能是孙中山先生，这是大家公认的，无须在此介绍。此后，在近代中国环境中，许多政治家、哲学家、科学家、言语学家等，都在演讲方面取得巨大成就。

关于演讲术、辩论术、谈话术、朗诵法等的介绍与研究，也开始涌起。如费培杰翻译的《辩论术之实习与学理》一书中有几个关键词的说明，及译者见解：

辩论——正反两面，依一定的规则，当面演述各人的论证，叫作辩论。……

论证——带说服的性质的言语文字，叫作论证。……

说服——“说服”就是“劝”，就是把自己的意思向他人发表，使他人与我怀同样的意思，或使他人照着我的意思去实行某事。……

---

① 梁启超序二，载《辩论术之实习与学理》，Ketcham 著，费培杰译，共学社，商务印书馆印，1923 年。

演述——“演述”就是“用口头说出”。

正反两面——带有说服性的言语文字，常有两面，一面说“应该”，他一面便说“不应该”；一面说“是”，他一面便说“不是”。……

一定的规则——1.两面都要有当面演述自己的论证的机会。2.两面都要有单面答辩或攻击的机会。……

辩论有些什么法门？——1.归纳论证。2.演绎论证。3.因果论证。4.类比论证。5.谬误。6.驳论。……

……我们中国大多数的读书人，有几个很深的毛病：第一，思辨力不清楚，凡遇一件事，古人怎么说，他便怎么信。孔子说“敬鬼神而远之”，他也说“敬鬼神而远之”。不管究竟有没有鬼神，不管鬼神为什么应敬，也不管既是应敬，又为什么要“远之”。他人说的话，不知道拿来细细分析，找出一个所以然，只管囫囵吞枣，糊糊涂涂地过去。……这种现象，纯是由于没有追根究底辨异析歧的习惯所致。而造成这种习惯的原因，最大的有两件：1.中国论理学不发达。2.中国辩论术不讲究。

第二，只会读书作文，不会说话。这层弊病，有三个重要原因：(1)旧时言文不相一致，读书是读书，说话是说话，学校里只知道咀嚼古人的文字，没有人研究时人所说的话。所以“之”“乎”“者”“也”用得十分好，“油”“盐”“柴”“米”的家常话还不会说。所谓书痴，就是这样。(2)读书人轻视辩论，所谓舌辩之士，苏张之徒，乃是儒雅君子所不乐为的。……

第三，没有争论的精神。事事主张退让，总以少管闲事、少惹是非为妙。因为真理泯没，是非颠倒，很少有人去管它。有些人心知其然，不过因为辩正是犯难的事，遂甘心屈服，让人占胜。有些人，心知其然，却以为真者自真，伪者自伪，他人尽管会说，尽管能以辞乱理，但是真理依然无损，我何必要去与他辩。这种精神的结果，影响于中国的政治学术不小。

第四，不留心常识。四书五经诗文而外，什么社会国家的问题，概不过问，所以常识缺乏。……

以上四端，都是从许多年代遗传下来的旧习气，也就是从来教育不完备的恶结果。[1]

近代演讲在中国成为热门表述的工具，被广泛运用，大到国家级的广播电台上广播演讲；有大中小学校中教授或学生的自发演讲；有城市街道上拉上一面旗，站上一个人，就可以为某事而大声疾呼；有农村中自愿下乡的宣讲队；有妇女中专门宣讲的新女性和书报读物；有在各地的《白话报》一类中，突出针对社会问题的演讲，更有各类的演讲书籍。而演讲内容，则几乎涵盖近代中国人所关注的方方面面。从天文地理到人情世故，从政局纷扰到生活新诉求，等等，无所不包。讲的人热情满怀，听的人似懂非懂。其中最阳春白雪的，似乎是朱自清教授在一篇文章《论朗读》中所介绍的，他写道：

近年运用纯粹口语——国语、北平话——的才多些，老舍先生是一位代表。……抗战前北平朱孟实先生家里常有诵读会。有一回，一位唐宝钦先生"说"老舍先生的"一天"，活泼轻快，听众都感兴趣。……作者在清华大学一个集会里也试过"浑家"先生的"奉劝大爷"（二十五年二月三日立报），那是讽劝胡汉民先生的。听众也还感觉趣味。……作者曾在清华的诵读会里试说过他（徐志摩）的"卡尔佛里"一首，一面是说得不好，一面也许因为题材太生疏罢，失败了。但是还值得试别首。……作者……曾请老舍先生读过"剑北篇"的一段和"大地龙蛇"里那段押韵的对话。听的所得比看的所得多而且好。特别是在看的时候总觉得那些韵脚太显著，仿佛凸出纸面上似的刺眼，可是听的时候只觉得和谐，韵脚都融化在句子里好像没有了一般。老舍先生不像吟旧诗、词等的样子重读韵脚，而是照外国诗的读法顺着辞气读过去。再说"剑北篇"原用大鼓调句法，他却只读不吟唱，大概是只要郑重和平静的效果的缘故。[2]

至于普及的演讲记录太多，这里仅略选部分：

《浙江各县宣讲稿选粹·第一编》，1914年由浙江行政公署教育司选订出

---

① 《辩论术之实习与学理》，1—12页，Ketcham著，费培杰译，共学社，商务印书馆印，1923年。

② 朱自清、叶绍钧：《国文教学》，165—168页，开明书店，1945年。

版。书中共选演讲 70 篇，标题有：说宣讲原因；说共和大意；说国民常识；说勿信谣言；说振兴实业；释自由；劝爱国；劝女学；劝破除迷信；戒赌；等等。

《通俗教育讲稿选录》，第一辑（1916 年），第二辑（1918 年），由通俗教育研究会选印。第一辑收录有 87 篇演讲，分别来自京师模范通俗教育演讲所讲稿；京师学务局讲稿；奉天讲稿；山东讲稿；浙江讲稿；湖北讲稿；湖南讲稿；广东讲稿；广西讲稿；四川讲稿；陕西讲稿。第二辑收录有 88 篇演讲，也是分别来自各地。

《教育播音讲演集·民众教育篇》，1936 年由教育部社会教育司编辑，商务印书馆出版。书中收集有 56 篇演讲。演讲人及题目如：中央政治学院寿勉成《合作运动的重要和推行》；全国经济委员会水利处长郑肇经《水利的主要和推行》；实业部秘书金诚夫《全国实业状况》；中央大学教授赵连芳《稻麦改进》；中央工业实验所所长顾毓瑔《手工业之改良》；中央研究院史语所研究员赵元任《国语训练大纲》；等等。

《教育播音讲演集·中等教育篇》，1937 年由教育部社会教育司编辑，商务印书馆出版。书中收集有演讲 38 篇。演讲人及题目如：中央大学教授孙本文《青年与社会》；北平师范大学文学院院长黎锦熙《注音符号与简体字》；正中书局自然科学组主任薛德焴《生物学对于人类的贡献》；中央大学教育学院院长艾伟《学习问题》；教育部督学郝更生《世界运动大会》；等等。

第八节　唱歌

新歌曲在近代社会流行，是一种很好的民众宣传的工具，得到大众特别是年轻人的欢迎，得以抒发他们在时代中的情感，也培养了令人赏心悦目的歌唱家，特别是女歌唱家，因为这是与当年的电影事业、剧场演出联系在一起，更是在经济中开发成一种新产业。古代“风”曲恐怕早已失传，而在近代所产生的新国语的音调、词义，则大大被中国第一代新作曲家、歌唱家们利用，几十年间，曾经出现大量歌词、歌曲的作者以及歌唱家，有一些歌曲流传至今，也有当年各唱片公司所灌制的歌曲唱片。当时创作的歌词，应该说其实就是新的白话诗，这种歌词与吟诵的诗还是有一些区别,更何况被配上曲调唱呢。

对于唱歌的认识,可以以吴道一先生在《百代公司教育唱片汇编》上写序为代表:

娱乐之事,以乐之感人为最深,可以调和其百体,振奋其心志,故孔子曰:"移风易俗,莫善于乐"。昔春秋时吴季札遍观列国之乐,而知其兴衰;孔子以郑声之淫,而加以放逐;其关于一国之文化与教育,顾不重哉。是以古代之乐,敻乎尚矣:舜时舞干羽于两阶,七旬而有苗格;孔子闻韶至三月不知肉味;至汉唐乐府,宋元词曲,犹有古乐遗音。自后传奇歌曲繁兴,如明季之昆弋,选声协律,炼词传神,惜非通俗一般能尽晓,至清而易之二簧西皮,尚有慷慨激昂之意,燕赵之气未泯也。晚近欧风东渐,新歌迭出,五线之谱,遂以盛行,其曲调清新俊逸者,固亦不鲜,而含高尚之思想,雄伟之魄力者,殊不数觏,近年世风愈超颓靡,于是有迎合社会下级趣味,相率而为佻达浮薄之滥调俗词,如斯靡靡之音,于国民品性辄生恶化。①

由于本书中只能介绍歌词,难以连带曲谱,所以从中选择很少一部分,全是灌过唱片的。列如下:

清末最早的新歌曲开拓者之一,要算李叔同先生了。他以外国人写的曲调,配上自己写的词《送别》。真是情景交融,在百年间一直回响在中国大地上,让多少书生在情景中抒发愁肠与痛苦。歌词如下:

长亭外,古道边,芳草碧连天,晚风拂柳笛声残,夕阳山外山。天之涯,地之角,知交半零落。人生难得是欢聚,唯有别离多。

长亭外,古道边,芳草碧连天,问君此去几时还,来时莫徘徊。天之涯,地之角,知交半零落,一觚浊酒尽余欢,今宵别梦寒。

韶光逝,留无计,今日却分袂,骊歌一曲送别离,相顾却依依。聚虽好,别虽难,世事堪玩味,来日后会相予期,去去莫迟疑。

---

① 《百代教育唱片汇编》,吴道一序。无出版项。

如果说李先生的歌词古文味道尚浓，到国语运动以来，白话的歌词可就如雨后春笋般涌现。《种花曲》为姚敏曲，周旋唱：

春来了，春来了，遍地东风飘飘，吹醒了草儿萋萋，唤起了花儿丛丛。看，一片锦绣山河，处处是万紫千红。灌溉培壅莫放松，指望那弥漫的青葱。哼唷呵！要收九秋的果，先做三春的工。种瓜得瓜，种豆得豆，播种的人乐无忧。

《卖烧饼》歌为吉士编集，周旋唱：

卖烧饼，卖烧饼，卖香的甜的饼，穷苦的朋友，饥饿的朋友，快来买我的饼。卖烧饼，卖烧饼，卖香的甜的饼。出汗的朋友，出力的朋友，快来买我的饼。卖那香的甜的呀，卖那疗饥治饿饼。（一阕）

《夜来香》歌为金玉谷词并曲，李香兰唱：

南风吹来清凉，那夜莺啼声凄怆，月下的花儿都入梦，只有那夜来香，吐露着芬芳。吻着夜来香，我爱这夜色茫茫，也爱这夜莺歌唱。月下的花儿都入梦，只有那夜来香，吐露着芬芳。吻着夜来香，夜来香，我为你歌唱，夜来香，我为你思量。

《卖栗子》歌为严华作词撰曲，韩菁清、严华合唱：

（合）甜又香，糖炒栗子甜又香。（女）糖炒栗子产值良乡，想起来良乡栗子颇有名望，用糖炒蜜蜜甜，热气烘烘香香。（男）香味儿绕回肠，（女）赛过了人参汤。（男）燕窝的味儿比不上。（女）价钱公道，买来尝一尝，快来买。（合）现钱交易，绝不赊账。（女）先惠账，你后请尝，栗子真正香。（合）男女老幼赞美，盖世无双。（男）小姐们，你尝一尝，樱桃满口儿芬芳，容颜生荣光，谁都爱你漂亮。漂亮的姑娘想嫁郎，嫁个郎儿开银行，乐洋洋。养个儿郎银行充大王。

(女)男子汉,你们尝一尝,风流倜傥多健壮,小的娇娇女常把你来想。

《你这个坏东西》为舒模词曲,为电影《八千里路云和月》插曲:

你你你,你这个坏东西!市面上日常用品不够用,你一大批,一大批,囤积在家里。只管你发财肥自己。政府的法令你是全不理。你这个坏东西,你这个坏东西!坏东西,坏东西,囤积居奇,抬高物价,扰乱金融,破坏抗战,都是你!你的罪名和汉奸一样的。别人在抗战里,出钱又出力,只有你整天地在钱上打主意。你这个坏东西,真是该枪毙。(一阕)

《打砖歌》为聂耳作词作曲,聂耳唱:

(一)今天打砖,明天打砖,从早到晚不分班;臂骨痛,腰骨酸,打砖为了要吃饭。

(二)小孩打砖,老头打砖,老老少少都打砖;你出汗,我出汗,血水汗水都流干。

(三)拉起来哟,吭唷呵!放下去哟,放下去哟!一天到晚,吭唷呵!两毛小洋,吭唷呵!哎哟太阳晒死啰!肚皮饿死啰!别人惬意呵!拉起来哟,吭唷呵!放下去哟!吭唷呵!一天到晚,吭唷呵!两毛小洋,吭唷呵!停一停哟。吭唷呵!

《渔光曲》为任光作曲,安娥作词,为电影《渔光曲》主题曲,王人美唱:

(一)云儿飘在海空,鱼儿藏在水中,早晨太阳里晒渔网,迎面吹过来大海风,潮水升,浪花涌,渔船儿飘飘各西东,轻撒网,紧拉绳,烟雾里辛苦等鱼踪,鱼儿难捕租税重,捕鱼人儿世世穷,爷爷留下的破渔网,小心再靠它过一冬。

《凯旋歌》为范烟桥词,李七牛曲,为电影《长相思》插曲,周旋唱:

看国旗风翻，听欢声雷动，我们的英雄，战胜顽敌，湔雪奇耻，写成了历史的光荣。我们生命更新，我们骨肉重逢，从今后，复兴民族，促进大同，泱泱大国风。

《花样的年华》为范烟桥词，林牧曲，为电影《燕燕于飞》插曲，周旋唱：

花样的年华，月样的精神，冰雪样的聪明，美丽的生活，多情的眷属，圆满的家庭。蓦地里这孤岛笼罩着惨雾愁云，惨雾愁云。啊，可爱的祖国，几时我能够投进你的怀抱，能见那雾消云散，重见你放出光明。花样的年华，月样的精神。

《墙》为谢添作词，三敏选曲，为电影《十三号凶宅》插曲，白光唱：

风吹窗，身儿凉，风吹柳梢儿呼呀呼呀响，人家鸳鸯同罗帐，奴家有夫不成双。哎呀呀儿哟，越思越想越心伤。（一阕）

《野海棠》为田汉词，费克曲，为电影《鸡鸣》插曲，女声独唱：

春季里桃花香，夫妻们勤苦度时光，我在家中把纱纺，丈夫每日下田忙。忽然间东洋鬼子来到了，一家大小走慌忙，不跟儿子做牛马。自古道人穷志也短呀，千思万想浑没主张，做了个攀折随人的野海棠。（一阕）

《荒唐歌》为色蕾词，戈忻曲，姚莉唱：

荒唐歌儿说荒唐，从前某朝某时光，某处出来一个大魔王啊！脸儿生得怪模样，啊呀呀，这种事情真荒唐。真荒唐。（一阕）

《青纱帐起》为安娥词，任光曲，为电影《游击进行曲》插曲：

乡亲们，咱们把高粱当帐篷，咱们把大地当卧床，咱们把太阳当心肠。几时老百姓得到了自由解放，咱们大伙儿一齐回转家乡。

《西子姑娘》为傅清石词，刘雪庵曲，姚莉唱：

柳线摇风晓气清，频频吹送机声，风光旖旎不胜情；我如小燕君便似飞鹰，轻渡关山千万里，一朝际会风云，至高无上是飞行，殷劝寄盼莫负好青春。（一阕）

《我住长江头》为李之仪作词，青主作曲，管喻、宜萱唱：

我住长江头，君住长江尾，日日思君不见君，共饮长江水。此水几时休？此恨何时已？只愿君心似吾心，定不负相思意。此水几时休？此恨何时已？只愿君心似吾心，定不负相思意。……

《教我如何不想他》为刘半农词，赵元任曲，管喻、宜萱唱：

天上飘着些微云，地上吹着些微风。啊！微风吹动了我头发，我如何不想他？月光恋爱着海洋，海洋恋爱着月光。啊！这般蜜也似的银夜，教我如何不想他？水面落花慢慢流，水底鱼儿慢慢游，啊！燕子，你说些什么话？教我如何不想他？枯树枝冷风里摇，野火在暮色中烧，啊！西天还有些儿残霞，教我如何不想他？[①]

以上这些歌词，连同作者和歌唱家们，表述了近代中国的流行歌曲，也更反映了当年中国社会文化中人们的思想愿望，以及他们的艺术修养，大大美化了中国民众的生活素质。

---

① 移山歌词，摘自《广播歌剧选》，199—499 页，有歌谱，谷声广播电台、万国广播电台、陪都广播电台选编，文光印刷所，1949 年。

第九节　言语工具书之兴旺

中文在中国文人手中随心所欲地搬弄几千年后，当近代中国面临巨大变革时期，大家发现中文的结构、表意与学习，都不适应新知识的涌入，于是变革中文成为突破口，很多人都想从文字、言语中寻找新出路，正如梁启超先生在1896年就写道：

> 稽古今之所由变，识离合之所由兴，审中外之异，知强弱之原，于是通人志士，汲汲焉以谐声增文为世界一大事。……吾师南海康长素先生，以小儿初学语之声为天下所同，取其十六音以为母，自发凡例，嘱女公子编纂之。……窃私喜此后吾中土文字，于文质两统可不偏废，文与言合，而读书识字之智民可以日多矣。①

可以说，近代中国人对于中文，认识到必须进行两方面的变革：一是清理和规范历史上羁留下来的中文字形、字音、字义问题，并且与新词语相结合；二是全民普及中文的学习及运用。一百多年后的今天，我们看到，尽管取得惊人的成绩，但言语海啸依然猛烈地肆虐在中华大地上，问题依然很多。

成绩之中，最惊人部分，应该就是言语工具书的兴旺。这里仅简单介绍六方面的言语工具书。

一、国音字典

“国音”一词是古汉语中就有的，早在晋朝翻译佛经中，就出现“外国音”“众国音”词组，在南朝谢庄写的《赤鹦鹉赋》中就有一句：“审国音于寰中，达方声于裔表。”可惜古人并没有想到把“方声”统一到“全国音”这样的层面上。到

① 梁启超：《沈氏音书序》，原载上海《时务报》，1896年11月，选自《乙丑重编饮冰室文集》，卷三，转引自《清末文字改革文集》，8页，文字改革出版社，1958年。

了 1913 年，“国音”被突然高度使用，一方面一些有识之士在十多年前，就提出各种各样的取代反切法的汉语拼音方案，一方面当时教育部鼓励成立“读音统一会”，首任会长吴稚晖，副会长王照，请来全国各地民间代表 79 人唱音讨论，达成妥协方案。他们所依据的理念，正如吴稚晖先所写的：

> 中国文字，本统一也，而语言则必有一种适宜之音字，附属于旧有之文字以为用，于是声音亦不得不齐一……盖文字有二职，一为志别，一为记音；中国文字志别之功用本完，所少者，记音之一事。……最要者，当先刊字典一册，即如日本所翻印之中国字典；字附音训于其旁，凡小学读本及通俗之书报，莫不如上文所云，增附切音字之音训。①

决议随后被教育部作为公文向全国公布。

《国音字典》能够成书，还是吴稚晖先生于 1918 年在上海起草，将会议原先审定的 6500 多字（是以清朝李光地的《音韵阐微》为基础选定），再添 6000 余字，以及科学新字 600 余，共 13000 余字，名为《国音字典》。吴先生拿草稿到北京，邀陈懋治、王璞、马裕藻、钱玄同、黎锦熙等人共商，两夕而定，交由商务印书馆在 1919 年 9 月正式出版。出版后陆续引来复杂的辩论，前后大修改五次，到 1949 年以前，以《国音字典》名义出版的书，共有 40 余种不同版本。例如：

1.教育部读音统一会编：《国音字典》，商务印书馆，1919 年。

2.方毅、马瀛编：《国音学生字汇》，商务印书馆，1919 年。

3.陆衣言编：《中华国音新字典》，中华书局，1921 年。

4.赵元任编：《（国际音标）国语正音字典》，商务印书馆，1926 年。

5.瞿世镇等编：《标准国音学生新字典》，三民图书公司，1933 年。

6.刘复编：《标准国音中小字典》，北新书局，1937 年。

这些字典的内容都差不多，全是以统一的 39 个注音字母，注在每一个中文字的旁边，给予中小学生学习很大的便利，它能够在全国各地区迅速推广。其

---

① 吴稚晖：《书“驳中国用万国新语论”后》，发表于 1908 年 7 月 25 日，引自梁冰弦编：《吴稚晖学术论著》，328—329 页，上海合作出版社，1925 年。

中吸引人眼球的有"留声机片"两份,一份是中华书局陆衣言主持,在1920—1921年间印制的《中华国音留声机片》及说明书;一份是商务印书馆赵元任主持,在1922—1923年间印制的《国语留声片》及课本。不管其注音方案优缺点如何,这在中国历史上是空前的创新。

二、一般字典、辞典(词典)

(一)一般字典

1912年,一个新政权在中国产生,国民教育成了当时头等大事,一股全新的力量在亚东求知于世界,于是除了改良一个封建社会的教育落后外,还十分需要全新的工具书来给予民众学习的知识和方法。新型字典、辞典的出现,就是我们民族在新时期的进步要求和行动。而三百年前出版的《康熙字典》,已经明显不能适用于近代中国书生,于是产生第一部应该是恰逢其时的由商务印书馆编辑出版的《新字典》,该书由蔡元培先生作序曰:

> 人类之所以轶出他动物者,由其有应变无穷之语言。语言之所以能应变而无穷者,由其有文字以为之记载。文字之记载,所以能互相通晓而无误,则字典之功也。……方今书图浩博,识职分功,科学释名,类有专籍。我国作者,则别出辞书于字典之外。则字典之范围,狭于往者。然要其影响于语言思想者,固未尝不重且大也。近世我国所习用者,有《康熙字典》。即同文之邻国,亦仍用之。其书行世二百余年,未加增改。不特科学界新出之字,概未收入,即市井通用者,亦间或不具。其释义则直录古代字书,而不必适周乎世用,欣合乎学理。且往昔文字之用,每喜沿袭成语,而正名百物,初不求其甚解。故全书不附一图,是皆其缺点之最大者。商务印书馆诸君有鉴于此,爰有《新字典》之编辑,五年而书成,适为中华民国成立之岁,于是重加订正,以求适用于民国。……得此适用之新字典,其于国民之语言及思想,不无革新之影响,此则吾所敢断言者也。①

① 蔡元培序,陆尔奎等编:《新字典》,商务印书馆,1912年。

蔡先生看到新字典对于中国人的用处。

吴稚晖先生接着在书后讲述与主编陆尔奎的相知过程：

于此承教于先生数十次，始知旧日字书之舛误复杂，非意料所及。需订正者，若何繁重。方言俗诂，寻索其源流，不能拘于寻常之记载者，若何曲折。下一定义，增一短解，斟酌于古今学术之殊异，欲调和于义训之习惯与科学之定理者，若何困难。每有一条，而经历数十易，一语而思索数十日，犹以为未可。稿成而毁弃者屡，板就而搁置者又屡。呜乎，此固非书贾巨翦之业，乃名山著作之事。①

吴先生强调了编纂新字典之难。

笔者统计在1949年以前，已经出版一般字典50多部，例如：

1.陆尔奎等编：《新字典》，商务印书馆，1912年。

2.王文儒等编：《中华新字典》，中华图书馆，1914年。

3.欧阳溥存等编：《中华大字典》，中华书局，1915年。

4.方毅编纂：《白话字诂》，商务印书馆，1920年。

5.王云五编：《（四角号码）王云五小字汇》，商务印书馆，1935年。

（二）一般辞典（词典）

把选定的两个字、三个字或四个字并在一起，形成一个新的意思，一般叫作词义。由于历史上中文的字为基础，古人往往把一个字当作好几个意思来表达，而缺乏创新造出大量辞（词）来，只有相对比较少的一些辞在古文中出现，这也就不需要什么辞典（词典）来给大家使用。当近代言语海啸涌进中文时，大量新词语是很难用一个中文字来对应，尤其是近邻日本人利用中文字创造出许多新词，更出版许多日文辞典来承载，于是，中国人也就迅速在19世纪末至20世纪初，很热闹地出版一批辞典，笔者曾统计到约有300多部，内容涉及言语学科、社会科学、自然科学，以及综合各个方面的。其中编纂优秀的大中型辞典

---

① 吴稚晖书后，陆尔奎等编：《新字典》，商务印书馆，1912年。

就有多部。[1] 这些辞典的内容，具有许多中国传统中所缺乏的新知识，除了编纂体例宗旨的新见解外，最关键就是辞典的条目撰写，是须要表达一个词的概念本体，而非传统的观念介绍，这就让读者能够接触到准确的、公允的新知识。时至今日，词已经与字合作组成中文的基本模块，通过口述或撰写出现代文章来，显然，近代辞典的功劳不可抹。这里仅选几部综合型的一般辞典简述。

1.汪荣宝、叶澜合编：《新尔雅》，上海明权社，1903 年。内容分为 14 类。应该是编者从日本词典中译编而成。

2.《东中大辞典》，上海作新社编译出版，1908 年。该书共有 1479 页，共收录日本用词"三万五千八百余语。凡日本现用字雅语、俗语、新语、古语及政治、经济、哲学、伦理等形上诸学之术语，理化、博物、天文、地文等形下诸学之术语，以及日本书报、华译新书中所散见之语，莫不广加搜采，罗列篇中"[2]。

3.黄摩西编：《普通百科新大辞典》，上海国学扶轮社印行，1911 年。该书总类分为：政治、教育、格致、实业等四类，下面再分为 63 门专门知识，共收词条 11865 条，约为 60 万字。其内容广录博取，科学概念准确，重视国内外新知识。黄摩西自己作序曰：

> 吾国之仅有字书、类书，而无正当用词之专书也。彼欧美诸国，则皆有所谓词典者，名物象数，或立界说，齐一遵用，严于律令，非如字书之简单而游移，类书之淆杂而灭裂。故名实不僢，异同互资，其国势之强盛，人才之发达，此一大原动力焉。……顾吾国而欲从事词典，则其困难有百倍于他国者。言文既猝难一致，形声又大半段借四千年历史之事物，即巧历而莫纪。数百国舌人所输入，恐七圣之皆迷。虽然，扛鼎者固不无绝膑之虞，而担畚者亦未绝移山之望。且地味不生，则稗食为宝。中流失济，则一壶千金。故国学扶轮社主人沈粹芬君，发心欲编词典，漫以相属。而鄙人亦遂忘其谫陋，毅然担任而不辞也。[3]

---

① 参见拙编著《中国近代辞书指要 1912—1949 年》，商务印书馆即出。

② 《东中大辞典》，绪言，3 页，上海作新社，1908 年。

③ 黄摩西编：《普通百科新大辞典》，序，上海国学扶轮社印行，1911 年。

黄摩西作为东吴大学国文系教授，南社诗人，生平没有出过国，但他却能编纂成如此丰富先进的辞典，有些条目的撰写要比后来的《辞源》还精确，实属难得。

在该书学科分类中，专门有“言语学”一类，含32条目。这里选数条：

口语——言

用于谈话之语，对于文语而称。我国两者无异。今文明各国渐次分离，以语转文，为言文一致。

言语——（英）Language（法）Langage　言

以有节之声音表章思想也。言语学上，世界之言语，有三大别：（一）中国语。虽用于文字，但多假借。而语根体形，毫无变化，是为孤立语。（二）西洋各国语。语根多变化曲折，以表种种之思想，是为曲折语。（三）日本语。于语根附加种种体形，以表意义，是为胶着语。

言语学——博言学　言

研究人类言语之科学。与声音学、心理学、名学、史学、人种学、教育学等，皆有关系，相须而发达。

言文一致——文

以普通言语连缀成文。但我国言语文字，隔绝甚远，一致之效，尚难骤至。非如西文之用字母，日文之用假名，沟通较易也。

国字改良论——文

一国所有之文字，因经历时代，至言语声音，有不谐不备之点，而提倡改良之议论。

标准语——言

能通行于全国内，而人人易于领会之语。约言之，则为一国内用作模范之言语。如中国前此之中州音，及今日之北京官话是也。英国以伦敦最良教育社会之语为标准语；法国则以教育社会之外，学士会雕琢之言语；德国以剧场语；而日本则有教育中等社会之东京语也。言语随时代而变，国语教育上，可采方言中最有势力而广行者以为标准语。图各方言之统一,宜使其接近于此。①

4.陆尔奎等编:《辞源》,商务印书馆,1915年。

5.朱起凤撰:《辞通》,开明书店,1934年。

6.舒新城等编:《辞海》,中华书局,1936年12月—1937年8月。

7.吴研因等主编:《辞渊》,上海青光书局,1948年。

8.王云五编著:《王云五大辞典》,商务印书馆,1930年。

9.中国大辞典编纂处编,汪怡主编:《国语辞典》,商务印书馆,1937年。

以上这六种辞典,今天依然能够看见在使用,就无须笔者再作介绍。

(三)言语学工具书

从言语学角度观察、梳理、界定中文的字词各方面问题,当时也有学者进行研究,并且将研究成果以工具书形式公布,给后来的学者很大的启示。笔者也统计到十余部,这里也仅引述几部,不再展开。

1.国学扶轮社编:《文科大辞典——修辞学之部》,约1912年。

2.艮思氏:《辞征》,1912年。

3.陈独秀:《字义类例》,亚东图书馆,1925年。

4.孙锦标撰:《通俗常言疏证》,南通翰墨林,1925年。

5.叶长青:《文字学名词诠释》,群众图书公司,1927年。

6.杨树达:《辞诠》,商务印书馆,1928年。

7.施括干编:《虚助词典》,亚东图书馆,1923年。

9.顾雄藻编:《字辨》,自刊,1933年。

(四)俗语、成语、谚语、格言辞典

历史上积累了大量俗语、成语,谚语、格言,而大规模的收集、整理、说明,则是在近代一些学人努力下进行的,他们不单进行了清理工作,还有幸能够被编

---

① 黄摩西编:《普通百科新大辞典》,子集,49页;卯集,71页;未集,45页,戌集,45页,上海国学扶轮社,1911年。

纂出版。笔者所见亦有20余部,这里仅引述几部,不再展开。

1.胡蕴玉、胡怀琛编:《俗语典》,广益书局,1922年。

2.琴石山人编:《通俗日用稽古录》,会文堂书局,1924年。

3.吴痴汉主编:《切口大词典》,东陆图书公司,1924年。

4.孔仲南:《广东俗语考》,南方扶轮社,1933年。

5.汪仲贤著述:《上海俗语图说》,社会出版社,1935年。

6.庄适编纂:《国文成语辞典》,中国图书公司,1916年。

7.周如辉等编:《中国成语大辞典》,潮锋出版社,1938年。

8.史襄哉编:《中华谚海》,中华书局,1927年。

9.董镇南等编:《古今中外格言集成》,经纬书局,1945年。

10.江忍庵编:《分类楹联宝库》,广益书局,1927年。

(五)方言辞典

中华民族所在的土地辽阔,民族众多,各地呈现的方言就相当多样复杂。近代中国人需要广泛地交流知识,言语之间争取互相理解和明白,成为十分重要的大事,而横亘在各地间的方言就成为拦路虎。也就只好耐心地进行调查、分析、整理,也有幸编纂出版。这里也选几部为代表。

1.章太炎:《新方言》,日本秀光社,1907年。

2.程先甲辑:《广续方言》,四卷,1897年。

3.范寅撰:《越谚》,三卷,谷应山房,1882年。

4.张慎仪撰:《蜀方言》,二卷,成都聚昌印刷公司,1919年。

5.翁辉东:《潮汕方言》,十六卷,上海,1943年。

6.李方桂:《龙州土语》,商务印书馆,1940年。

7.杜学知原稿修订:《洛川方言谣谚志》,西安泰华印刷,1944年。

8.范紫东:《关西方言钩沉》,克兴印书馆,1947年。

(六)新韵书辞典

古代中国书生对于字的读音特别痴迷,陆续发展和总结出每一个字多能读出三声或四声来,这在有意无意间给每一个字背上沉重的负担。因为每一个字音很可能就是不同的字义，让听者用者都需要仔细分析把握。其实质上是让字音显示多样性，却增加学习与运用的困难。其副产品就是传统韵书的多样及变化，自从魏晋时期开始有专著统计或分析中文字音，但这些书多已失传；唐朝有《切韵》残卷存留；宋朝有官修的《广韵》；金人编《平水韵略》；元朝人编《中原音韵》；明朝官修《洪武正韵》；清朝人编《佩文韵府》《音韵阐微》等等，构成一个庞大的死钻硬背的专业体系，把美好的发音求美的愿望变成吭哧聱牙的苦差事。把一个字按四声分别读，就变成几个不同的声音，也就变成几个不同的字；另外，把一个字的声音轻重读、拖长读，也就可能变成不同的字音。清朝三百年间的音韵学研究，恐怕已经是世界上最难理解的学问了。这么多发音不同、分类不同的韵书，让后来人如何选择认定？

近代中国人对于声韵的问题很困惑，有些人选择白话诗、白话文，就无异是扬弃古韵的约束；有些人力图死守古韵"规律"，并且力求年轻人也以他们为导师；有些人就来改良，通过注音字母的形成、国语运动的普及，中文音韵问题也随之在新平台上得到重新认知，只是并非大家一致同意，而是发表许多互相冲突的见解，和以辞典形式编纂新韵书。而同是编新韵书，也反映各自见解。例如：

玉农先生在《诗韵大辞典》前作叙曰：

声也者，生于心者也。音也者，节于外者也。韵也者，和于声音者也。夫天地之初辟也，有声焉，有音焉，有韵焉。是声韵非定之于人，乃发至于天，即所谓天籁者也。故夫上古三代之世，不知有声韵之学，而其文辞浑浑穆穆，自然合律而应节，洎乎千载之下，天人之气渐远，天籁浸微而人籁兴。声韵之学，由是而起。后之人以为无声不足以成文，无韵不足以成籁也，汲汲焉求之。自魏晋以迄明清，探索究辨之而不遗余力。此亦人籁之极焉。顾人籁既精，天籁愈显，秦汉以下之文辞，戛戛乎，雍雍乎，渊懿璀璨，实得人与天调之美焉。①

此叙作者，将音韵问题，上升到天籁与人籁，实在让今人看不懂他的意图与

① 玉农：《诗韵大辞典》，叙，王恺予编，教育书店，1937年。

崇高目标。

李炳卫先生在他编的《韵典》自序中写道：

> 本编幸生于注音符号普及之后，一以字之音素为主，凡尾音素相同之字，分别统于十二纲，每纲首音素相同之字，分别统于廿四目，中间音素相同之字，与中间不含音素者，分别归等，不含尾音素（无正式韵母）字，与单纯声母字，列于编首，以为学韵者入手之初步。其单纯音素之韵母字，以及结合韵母字，各从其韵，冠于各该纲之首。……纵言之，字各从声母以归目矣；横言之，音各从介母以归等矣，纵横同韵以称纲矣。……考古今诗韵，错综而不分等，汇韵而不序次，除分五声外，别无系统，使人读之，烦恼横生；且其所分之声，如上平之东冬，下平之庚青蒸，上声之董腙梗迥，去声之送宋敬径，各系有何不同之点？均成为悬而不解之疑案；至于真文元之别，萧肴豪之别——直无人能道其详。本编于其各韵中之不同韵者，均依教育部公布之《校改国音字典》，分别归类……①

该书编纂相当详细，书前还附有语音机关图，对每一个声母的注音符号、汉字和国语罗马字，都附上发声图（口腔形状）和比声图（某种物件发声的图形）。可惜后来音符不断修改，难以派上大用场。

抗战时期，《中华新韵》是由政府名义正式公布，在 1941 年 10 月 10 日。当事人之一黎锦熙教授曾对此的来龙去脉，在 1948 年写出过详细的报告。并且分析其实际效果。他写道：

> 综合各方面对于此书之观感，可分数派：一、新诗人大都根本不用韵，对此不感兴趣。……四、只有旧诗人得到相当的刺激，意见又可分为三小派：一派自认落伍，作诗押韵要不照那向来奉为金科玉律的平水诗韵，碍难遵命；一派赞成解放，但既打破了平水诗韵，就愿意照他自己的方音随便押韵，不愿意再受一种统一的拘束；我听取了这两小派的意见，顾虑这《中华新韵》或许又遭遇着五百年前明太祖高皇帝开国新颁《洪武正韵》同样的命运了？可是还有第三小派，

① 李炳卫：《韵典》，自序，李炳卫编，北平民社发行，1934 年。

就是旧诗人中，也有能摆脱当年科举制度“赋得”“应制”之下所养成之心理的桎梏的，因为他们于“近体”外还工“古体”，又会词曲，“古体”诗和词曲，用韵向来宽泛，却又苦于漫无边际，而坊间流行的词韵和曲韵之类，实在都没有取得共信共守的地位，于是一见国颁新韵，不禁拍案叫绝，矢志信守奉行。他们虽然是仅站在旧诗人的立场，但老眼无花，窥见此中妙处，就是树立了古近体诗和词曲用韵“一贯性”的标准，解决了过去九百年间陆续创体而到现代还在活着的这三数种旧体韵语在拟制上都不痛快的纠纷。这一派的论调和情绪，正反映出此书确实是能“斟酌古今，权衡文质”的（三十年十月二日教育部布告中语）。不过旧诗人接受新韵的，对于他的编制体例，感觉小有不便……何况现今学子，大多数根本不辨四声，初学做旧体诗，一韵中包含四声，偶不留神，就不免平仄误押。而我个人的意见，也觉得声调（即四声）在华族语言上有特殊的自然需要，而且是超级的，……西方拼切语言，先声纽（子音），次韵部（元音，或有附随的子音），最后声调（Accent 之类）；华族语言的轻重次序，恰恰相反，声调当头，次辨韵部，次分声纽。①

黎教授观察得很仔细，分析得也很仔细，更是详细介绍了《中华新韵》中的学术关键点。

当时出版的韵书辞典也有不同的各种，这里仅罗列三部如下：

（1）李炳卫编：《韵典》，北平民社出版，1934 年。

（2）王恺予编：《诗韵大辞典》，教育书店，1937 年。

（3）中国大辞典编纂处编：《增注中华新韵》，商务印书馆，1950 年。

另外，当时出版的社会科学辞典类有 130 多部，自然科学辞典类有 80 多部，其中自然有大量专业词语问题，本书就不再介绍了。

---

① 黎锦熙：《增注中华新韵》，序，中国大辞典编纂处编，1950 年。

第十节　近代口述史书一斑

古代没有录音机，却有很好的口述史料，汉朝司马迁写《史记》，其中就有很大量口述史料的运用，这在中国形成传统，历代许多认真的学者都能够把握重视。但是也就有一些人把口述史料当作游戏资料，编纂出一些口述与幻想相结合的“口说无凭”的笔记故事之类，渐渐败坏了“口述”的名声，导致今天我们只能从历史文献的缝隙间窥探其真实的“口述”史实。

近代中国人也还是没有录音机，但是他们一些人逐渐掌握科学的头脑，知道真实的价值，知道记录一些人的言行的珍贵，于是老老实实地收集口述史料，老老实实地整理口述史文献，通过笔录，并将之出版，尽量回复某人口述之真实内容，这就是近代口述史书的来由。口述史书是由访谈者与受访者诚信合作而成，笔录加工是当时所能有的工具，其真实度就与近代笔墨所写的文献真实度是相同的。

这里仅选择数部口述史书来作代表，以见一斑。

（1）康有为口述，黎祖健笔录：《南海康先生口说》，1896 年。

维新变法的鼓吹者康有为先生，在 1891—1897 年间，在广州万木草堂讲学。他仿效孔丘先生的口述讲学方法，鼓励学生们记录他的言论。他的学生之一的黎祖健在 1896 年记录有笔记本，延到 1985 年，由吴熙钊、邓中好点校，中山大学出版社出版。

该书从栏目看，似与传统国学标题差不多，但其内容实质，则是已经引进当时的西方新知识，来给予传统流行的文献作出新诠释，不再做以经注经的呆板方法，其中涉猎自然科学的“实测”，生物进化论的阐述，重新认识人性论、平等观等等。这些只能说是开山之“说”，似是而非和观念混淆之处相当多，但引来年轻人的渴望与追求，引来反对派的讥讽，不过确实是康先生的思想体系的表述。

（2）蒋宋美龄：《与鲍罗廷谈话的回忆》，台湾黎明文化事业公司，1976 年。

这是蒋宋美龄女士记录的她在 1926 年与革命家鲍罗廷（M.Borodin）的几

次坦率谈话，并加上她的分析见解。中英文合订本。

(3)陈衍石遗说，钱锺书记：《石语》，中国社会科学出版社，1996年。

陈衍先生是诗人，号石遗，他与钱锺书先生是忘年交的诗友。据钱先生在1938年写道："犹忆二十一年(1932)阴历除夕，丈招予度岁，谈谳甚欢。退记所言……一以著当时酬答之实，二以见老辈爱才之心……"[①]这部记录的手稿，直到1994年，钱先生又在上面写道："绛捡得余旧稿，纸已破碎，病中为之粘衬，圆女又钉成小册子。槐聚记。1994年4月4日。"[②]终于在1996年，由中国社会科学出版社影印出版，让后人得以领略前辈们笑谈鸿儒的风采。

(4)马相伯口述，王瑞霖笔记：《一日一谈》，复兴书局，1936年。

马相伯老人是神学博士，曾任徐汇公学校长，以及创办震旦学院、复旦公学，当年以97岁高龄，依然热衷于中国政治和教育事业，颇受公众尊敬。记者王瑞霖在1935年10月5日至12月21日，连续67次访谈于老人，用笔记录下来，当年连载于天津益世报等。第二年集结成书出版。

记者在第一篇上就先写道：

> 记者和九七老人马相伯的初次见面时在今朝七时，时老人方在他的小客厅里进早餐。他的早餐很简单：两个鸡蛋打碎，用开水冲一大碗；吃完后，再进苦咖啡一杯，佐以饼干少许；末了，则进水果(香蕉)一枚。我问老人，中餐与晚餐吃什么东西？他说："和早餐一样。"老人起居虽须人扶持，耳朵亦不大方便，然而精神却很饱满，和他谈起话来，还是滔滔不断，并时做手势以助其语气。据友人告我：老人从前非常擅于讲演。现在看他口讲指画的精神，始信友人之言为不诬。我们正谈话时，恰好今天的报纸送了来，打开一看，方知我们几个月所猜度的"意阿战争"，已于昨日开幕。记者遂将报纸指给老人看过，并叩老人有怎样的感想。老人很兴奋地述说他对于这一战争的观察如下……[③]

这第一篇的标题就是"莫索里尼的算盘"。如此融洽的认真仔细的访谈开

---

① 陈衍石遗口述，钱锺书记：《石语》，29—30页，中国社会科学出版社，1996年。

② 陈衍石遗口述，钱锺书记：《石语》，27页，中国社会科学出版社，1996年。

③ 马相伯口述，王瑞霖笔记：《一日一谈》，1—2页，复兴书局，1936年。

始,实在是我们后生所应该老老实实地学习的。该书以后的66篇,均有不同的主题,并给出题目,真正显示相伯老人的认知力的深邃,判断力的尖锐,以及说服力的明显。例如第55篇:

中国人的演说

当我创办复旦公学时,我曾立下规则:凡是星期日上午,学生均不准外出,由我拣定许多演说题目,轮流命诸生练习演说。我并把演说必需的方法,如分段,如开始怎样能以抓住听众;结论怎样能使人对于他的演说获得具体的了解,一班学生都很感兴趣。大概中国人对于演说,知所注重,恐怕就是从这时候起的。不过,演说只是人类在社会中发表自己的意思的一种工具,演说最好的人不见得就是好人;而真正有非常之才与德的人,其演说必有可观。所谓"有德者必有言,有言者必有德"。因此我想起法国的一个大政治家,他的名字叫退尔Thiers,他少年时只是一个店员,十八岁以前便常常投稿到报纸做文章,大为报纸编辑所赏识,旋即被请去当编辑。他后来竟做了拿破仑第三的大臣。他的演说非常有力,当他任期满时,国会一般人对于他都非常反对,但当他在国会做一度辞别的演说时,国会又全体投票举他留任,如是者三次。但到后来,国会不许他再做辞别的演说了。可见天才的演说的"吸引力"之大!①

(5)《家庭访问》,无作者名,封面写:子弟小学丛书,1936年印。

该书引言为署名"鸿韬"写,他写道:

联络家庭,是学校教育的一种重要设施;访问家长,是联络家庭的一种实际工作。……一年来联络家庭之多方推进,访问家长之认真实行,我们相信从获得的结果中,已证实了有下列的几点收获:一、教员在课余的时候去访问家长,认为富有兴趣的工作;已不视为一桩艰难巨重的担子了。二、家长和教员为着孩子的问题,而共同密切了人与人间的情谊。……这次将各位先生家庭访问的

---

① 马相伯口述,王瑞霖笔记:《一日一谈》,172—173页,复兴书局,1936年。

记实情形，付印成册[1]

该书中记录了十三位小学老师（笔者猜测该小学为杭州笕桥小学，因为家长们多住在笕桥一带。）各自访问4—6位小学生的内容。每一篇包括“说明”和“访问记实”，有该学生及家长的具体背景材料；访谈中过程，双方各自说了些什么相关内容，引述相当仔细，还有分析。显然，这对于教师、学生、家长都是会获得很好的人性及教育的关怀。社会从该书中也能领略到这种访谈教育的温暖情怀，并留下历史珍贵的一瞥。

（6）赵君豪：《旅行谭荟》，中国旅行社，1937年。

赵君豪先生作为《旅行杂志》的编辑，安排该杂志开辟“旅行讲座”。据他自己说：

《旅行杂志》规定，每期访问一人，系就旅行的范围，随便提出些问题讨论。……所访问的人，当然需要足迹最远；尤其是性嗜游历的旅行家。初意此事并不困难，但是经过了几次访问，始觉得也不很容易。因为健谭的人，固然不用我多所请益，便滔滔不绝地讲出来；其比较不喜多说的，如果我不想出问题来，有时便相对无言。后来，我每次出发访问之前，必先预备若干问题，怀之袖中，于必要时提出请教。然而我所能想得出的问题，能有多少呢？于是颇有访问难之苦。其次，在访问时，固然需要细心静听，还要振笔疾书，归来后，再重写一遍。当然不能把谭话的真意失掉，尤其要描摹当时说话的神情。黄任之先生，我也曾去访问过一次，后来他读到我的访问记，便写信来，说：“吾兄速记，殆具天才！”其实我何尝有速记天才，不过当时疾写，事后追思，勉强完成，不失谈话的真意而已。[2]

赵先生的口述访谈做得很认真，本书中所访谈的20位当时名人，皆明示访谈的时间、地点和过程，以及配备受访者的相片和签名或题签。这是一种专业

① 《家庭访问》，无作者名，封面印：子弟小学丛书之三，引言，1—2页，1936年。

② 赵君豪：《旅行谭荟》，序言1—3页，中国旅行社，1937年。

记者的口述访谈。例如他与蔡元培先生的谈话：

"先生第一次出外旅行的情形怎样?"

"那时是到杭州去考试,我第一次出外旅行,当然是杭州了。从绍兴到杭州,是坐一种撸船,绍兴人称为乌篷船,总是夜里动身上船。第二天早上到西兴,过江就是杭州。在那个时候,新市场还是旗营。我们去游西湖,是从涌金门外下船,和现在大不相同了。"……

我又问:"先生,在中国,喜欢些什么地方呢?"……

先生又继续告诉我:"可是我很爱西湖;富春江真可爱;我还爱恋北平的西山。现在看看太湖。西湖有许多地方,可以比瑞士。但是拿瑞士比西湖,西湖是太小了。如果要比瑞士的话,应该拿西湖的全部,连太湖、天台、雁荡这许多地方合起来,才可以和瑞士相比。"

"旅行是奢侈的,是要舒适的。关于坐火车,坐轮船,住旅馆,总要求其华美罢！先生对于这一点有什么见教?"我很犹疑地问。

先生笑了,继续说道:"假使经济宽裕的话,当然啰,不妨这样办。依我的意见,就是舟车和旅馆不舒适,我相信旅行所得到的快乐,也可以抵偿的。"

"北平现在不是办游览区么？先生的意见如何?"

"那是很好的。北平游览的去处有两种:一种是郊外的风景;一种是城里的古代建筑,还有许多美术品。假使交通和旅馆办得好一点,一定可以吸引许多游客的。"①

总　结

一、6000余年所留存的言语文献是如此之多,笔者再有愿望,也不可能全面清理。本书仅是大海一粟,以求显示我们民族的言语文化的一斑。

二、言语文化这个研究视角,是人类口腔运动的必然显示,我们能够力图寻

① 赵君豪:《旅行谭荟》,17—29页,中国旅行社,1937年。

找其中的文献和文化特质。

三、自古至今，似乎还没有一部中国言语文化史书出现，笔者不知深浅，开启这潘多拉宝盒，虽然兴趣甚浓，但也明白自己的能力相对欠缺，所领略的文献还差得很远。但既然甘冒大不韪，也就只有拿出来给大师们扫描。祈望长江后浪推前浪，一浪更比一浪高吧。

四、本书内容没有按照目前单项标准，而是硬将大量过去井水不犯河水的专业和文献，在言语文化学的指引下，如数罗列，成为言语文化的实证史料。

五、书中所引古代文献，早经前人重复，人多尽知，故注释不用多引，以免太过重复；而近代文献，则是尽量以当年出版物原文为准。

六、笔者崇信“让文献自己说话”，所以简史部分，就是以文献为主；而基础部分，也不空泛地讲述各种理论派系和一些“大师”的高见。也更祈读者把注意力放在文献内容上面。

七、对于言语学而言，人的思想、行为，决定言语。言语导致文字，而非文字导致言语，只是文字可以影响言语。人们经过几千年的实践之后，明白一句话的本质意思，是可以口述出来，也可以用文字写出来，即言语和文字是语义的统一体的两种表现方式。

八、现代口述史作为一种方法来看，是相当重要的研究人与社会的方法。上至近代轶事，下至昨天发生的与人与社会相关的任何事情，全可以仿效古人口述方法，仿效今人口述方法，依靠访谈者的真诚愿望，以及受访者的真实言谈，再加上录音、录像的科技手段，确实能够把历时的或共时的各类有兴趣的事物，一一真实地展现出来。把人的记忆的能量尽情释放出来，把人的口腔运动升华到更真、更美的新阶段。